跟着地名寻月饼

张亚杰　王殿彬　著

中国社会出版社
国家一级出版社 · 全国百佳图书出版单位

图书在版编目（CIP）数据

跟着地名寻月饼 / 张亚杰，王殿彬著．-- 北京 ：
中国社会出版社，2022.9
ISBN 978-7-5087-6816-8

Ⅰ．①跟… Ⅱ．①张… ②王… Ⅲ．①节日－风俗习惯－中国－通俗读物 Ⅳ．①K892.1-49

中国版本图书馆 CIP 数据核字（2022）第 141361 号

出 版 人：浦善新　　终 审 人：王　前
责任编辑：魏光洁　　责任校对：刘海飞
封面设计：时　捷

出版发行：中国社会出版社　　地　　址：北京市西城区二龙路甲 33 号
邮政编码：100032　　编 辑 部：（010）58124851
网　　址：shcbs.mca.gov.cn　　发 行 部：（010）58124868
经　　销：新华书店

印刷装订：河北鑫兆源印刷有限公司　　开　　本：170 mm×240 mm　1/16
印　　张：23.75　　字　　数：450 千字
版　　次：2022 年 9 月第 1 版　　印　　次：2022 年 9 月第 1 次印刷
定　　价：120.00 元

中国社会出版社微信公众号

中国社会出版社天猫旗舰店

序

王胜三

国家版图之内，在伟大祖国广袤辽阔的陆地和浩瀚无垠的海洋上，最大的地名就是“中国”，我们华夏母亲的芳名，指代的是龙的传人世世代代繁衍生息的地方。从地名学的视角观察，读音、字形、含义、位置、类别、时间是地名的六大基本要素，但要全方位立体动态地描述中国母亲的优雅神态和娇容玉貌，仅仅依靠这六大要素是远远不够的。由此及彼，地名工作者该如何拓宽视野，怎样以平视的心态，站在中外文化相互交流、借鉴与融合的高度，融通古今，从更广更新的角度把中国故事讲得更好，为中国读者乃至世界各地的朋友们，完美地展示中国文化的独特风采和魅力，是中国地名学会近年来探索的重点课题之一，本书就是这种探索取得的代表性成果。

地名学属于交叉性学科，涉及语言、地理、历史、民族、考古和社会等诸多学科，有时与饮食和节日亦关系密切。欲要了解中国，首先要了解“中国”二字的含义和中国人的习俗，欲要了解中国人的习俗，就要从人类最原始和最基本的吃食切入，而最能集中体现吃食特色的莫过于传统节日食品。节日在历史的时空中形成和传承，在演变中固化，在固化中缓慢调整，进而形成了一个民族的文化符号、时代烙印、历史记忆和精神家园，并且在特定的区域和族群中流行，进而逐渐渗透到地名文化之中。在中国，中秋节是仅次于春节的第二大传统节日，中秋月饼是观察中华文明的一扇独特窗口。广西北海合浦，苏轼吟唱“小饼如嚼月，中有酥与饴”诗句的地方，“合浦大月饼”不仅成了中国国家地理标志产品，而且这里还建起了集生产与观光于一体的特色产业园“月饼小镇”；还有，与月饼诞生有直接关联的“西域胡饼”“寿阳茶食月团团”“潍坊蒸月”“无锡推酥麦饼”等，也都无一例外地与地名紧紧地捆绑在了一起。

春节的水饺，元宵节的汤圆，端午节的粽子，中秋节的月饼，是中国最著名的四大节日标志性食物。前三者皆出自中国本土，唯有月饼是中西文化交流的产物。伴随着“丝绸之路”上悠扬的驼铃声，作为西域文化使者的“馕”一路东行，在中原改姓更名为“胡饼”，不仅成为上自君王下至百姓舌尖上的美食，满足着人们的味蕾需求，而且不断地与大唐内地美食切磋交流，在华夏历史悠久的月亮崇拜文化浸润下，最终在宋代国破家亡而经济异常繁华、国求一统家盼团圆的时代背景下，演变成了“月饼”。之后的岁月人们以饼事神，月饼登上了中秋舞台，成了人与月神相沟通和祈福纳祥的供品，充满着神灵之气，进而成了中秋节标志性食物。

月饼连着中原，连着西域，连着宫廷，连着边关，连着千家万户，连着诗和远方。月饼不仅与水饺、汤圆和粽子一样是节日食物，而且还具有前三者所没有的独特多样造型和图案纹饰。月饼图案纹饰中，既有新石器时期的芒星纹、八卦纹，仰韶时期彩陶上的旋涡纹；也有嫦娥奔月的神话，唐明皇游月宫的传说和仙姬送子的故事；还有五星红旗飘扬和神舟飞船遨游太空的雄姿。它们再一次印证了中华文明千年不断的秘籍，文明不是不断地抛弃和取代，而是不断地积累和融合；它们淋漓尽致地展示着中国人的信仰追求和历史观、价值观、伦理观，活灵活现地体现着人们的造物思想、审美趣味、工匠精神、技术能力和生活追求，是民族文化心理结构、精神诉求、集体记忆的延续性存在，始终保持着物质文化与精神文化兼容，物质文明与精神文明同构，特色美食与节日习俗有机统一且融会贯通，具有极强的集体性、传承性和地域性，反映了漫长历史进程中民族精神面貌和心理状态的变迁，使得月饼成了最具代表性的中国传统饮食文化符号之一。

人类从结绳记事到发明使用文字，总在记录那些刻骨铭心的惊天动地大事，而对于事关自身生存繁衍的衣食住行等日常琐事，又总是视而不见和见而不记，此种现象古今中外概莫能外。正是缘于此，典籍对月饼由来的记述几乎为空白，使得今天的研究举步维艰无据可查。为此，本书作者以“上穷碧落下黄泉，动手动脚找东西”的勇气和毅力，用了三十多年的光阴，足迹遍布二十多个省、自治区、直辖市，实地考察各地保留的古老中秋习俗和食物；在山西介休的街摊上，亲眼目睹老人的寿桃月饼、男人的月牙月饼、女人的葫芦月饼和男孩的猴王月饼、女孩的玉兔月饼；在古老的“丝绸之路”上，慢慢咀嚼着“张掖蒸月饼”，仔细寻觅着胡饼东进演变的蛛丝马迹；走村串户逛市场，搜集了宋代以来各种月饼印模两千余件。在此基础上，综合运用史料记载、民间传说、实物模具、乡间民俗四位一体，相互印证补充的研究方法，透物见人、见史、见精神，以物证史、补史、叙史。整体研究从寻找全国各地历朝历代与中秋月饼类似的节日食物入手，广泛收集月饼由来传说故事并进行分类辨析，判断其真伪、价值和作用，从文化、节日、心理、习俗、物质、技术、社会七个方面，探究月饼诞生的主客观条件，梳理月饼诞生的历史脉络，最终得出结论：月饼的产生是一个历史过程，孕育于汉唐，诞生于宋，成长于元，成熟在明清，绝非一人一时一地所为，是依据华夏月亮崇拜文化和社会祈盼家国团圆的心理需求，东西方文化相互交流融合，若干代先民集体智慧的结晶。

在探究月饼由来的同时，本书还对打制月饼的工具月饼印模，从由来演变、材质、形状和制作工艺，以及图案主题、内容特色等诸多方面，进行了刨根问底、追本溯源，从全国各地历代千姿百态的月饼中，精选了 38 种逐个介绍，以展示月饼背后不为人熟知的璀璨历史和文化，并在最后介绍了与中秋和月饼密切相关的知识要点，回答了人们对中秋和月饼时常迷惑不解的若干问题。月饼是属于千家万户的，维系的是民情、亲情、国情，联结的是民族精神的文化根脉，体现的是国家一统和家人团圆的恒久理念，铭刻的是民间乡愁的生活记忆，研究月饼文化的书理应属于亿万普通民众。依据此种原则，作者选择了人们喜闻乐见的通俗形式，将研究成果编写成了 120 多个故事。如果在中秋之夜万家团聚的时刻，一家老小围坐在一起，听长者讲述老家在何方，哪朝哪代搬迁到何处，何年何月又来到现今住地，本书中的故事若能穿插其中成为附带话题，那将是我们地名工作者最欣慰的时刻，也是对开阔创新地名工作视野的莫大鼓励和褒奖。

文化自信源于文化自觉，文化自觉又源于文化自知，文化自知的前提是做好文化的研究、解读和普及推广。中华文明属于原创性文明，它有别于西方学术界流行的以冶金术、文字和城市出现作为迈进文明门槛的“三要素”标准，主要以中国标准，即王权、国家、都邑的出现，阔步迈入了文明的殿堂，并以独有的“重瓣花朵”形式，多样性与统一性共存，成为世界上唯一没有中断，绵延传承五千年至今，傲然屹立于世界东方的文明。这是世界文明史的奇迹，是龙的传人的骄傲。悠久的历史，代代传扬的神奇故事，是中华古老文明的原始基因。遥远的夏商传说，我们正在系统地研究破解，但相对较近的南宋所记载的月饼，其起源问题一直处于莫衷一是的状态，缺少科学严谨、符合逻辑和全面系统的研究和解读，还处在民间口耳相传的自发水平，经不起严肃的追问和探究，这不能不说是一种缺憾。而随着本书的出版，将要朝着告别这种缺憾的方向，迈出坚实的步伐，为传播普及中华优秀传统文化作出积极的贡献。

2021 年 4 月

（作者为中国地名学会会长）

【目录】

第一章 月饼演变历史

众说纷纭话月饼

讲述月饼的故事，首先要了解什么是月饼？

人世间，越简单的事，越常见的物，就越难以用语言进行准确的界定。这一亘古难题，生活在两千多年前的老子就遇到了，所以便有了《道德经》“道可道，非常道。名可名，非常名”的惊世开篇。

月饼，对于中国人而言，下自刚会走，上至九十九，都见过吃过。但是，每当中秋节前后笔者恭敬地在超市向各色人等请教“什么是月饼”时，被问及的人先是一愣，继而上下打量，最后三种不同身份的人几乎重复着这样的答复。学者模样的会略微思索一下回答：月饼？月饼……对不起，没有研究过。干部模样的则大多会好奇地反问：这也是问题？普通百姓会指着柜台上堆积如山的月饼，或购物车中刚刚挑选的月饼，直截了当地告诉你：这就是月饼，没见过？

的确，这是一个问题，一个众说纷纭莫衷一是的问题。不信，查查最权威的三本辞典对“月饼”是如何定义的。

一是商务印书馆出版的《现代汉语词典》对月饼是这样描述的：“圆形有馅的点心，中秋节应时的食品。”第二，还是商务印书馆出版的，被读者视为某一语词源头和是非标准的《辞源》，对月饼的解释是：“一种圆形有馅的饼饵，为农历中秋节应时食品。”三是汉语大词典出版社出版的《汉语大词典》对月饼的定义是：“月饼，一种圆形有馅的饼饵，为中秋节应时的食品。”

这三本辞典，是针对不同层次的读者而编纂的，但谈到月饼时，不约而同地用到了“圆形”二字，仿佛月饼必须是圆形的，非圆形者不能称之为月饼。事实上，月饼的形状有很多，如方形、椭圆形、六边形、扇形、寿桃形、半月形、仙人形等，五彩缤纷、多种多样。不信您看看我收藏的一块清代山西月饼模，“福寿康宁”四个一套，形状各异。

古代的资料记载与现实也是一致的，沈榜的《宛署杂记》记录了明万历年间的燕京风俗：“八月馈月饼，士庶家俱以是月造面饼相馈，大小不等，呼为‘月饼’。市肆至以果为馅，巧名异状，有一饼值数百钱者。”可见当时的

清代山西木质“福寿康宁”四件套月饼模

月饼，不仅名称华丽精巧，形状也异样纷呈，且有的价格昂贵。一言以蔽之，单就形状而言，显然不是一个“圆形”所能囊括的。至于月饼是否必须有馅，那也不尽然，比如大同混糖月饼就没有馅儿。

那么，将月饼定义为“圆形”的依据是什么呢？概括起来有两点：一是我国古代祭祀有“所祭比象其类”的规矩，《周礼》中记载：“礼神者，必象其类，璧圆象天，琮八方象地。”八月十五的月亮圆圆的，祭拜月神的供品也必须是圆形。明代刘侗、于奕正《帝京景物略》载：“八月十五日祭月，其祭，果饼必圆，分瓜必牙错瓣刻之，如莲花。”二是月饼在民间又名“团圆饼”，名字本身就表明了月饼应该是圆形。清代富察敦崇在他的《燕京岁时记·月饼》中记述：“至供月，月饼到处皆有。大者尺余，上绘月宫蟾兔之形，有祭毕而食者，有留至除夕而食者，谓之团圆饼。”

由以上“其祭，果饼必圆”和“巧名异状”的记述可以看出，用于拜月供品的月饼一定是圆的，而用于食用的一般月饼则是五花八门形状各异的。这与笔者乡村田野考察的结果完全吻合。

月饼，“中秋节所食之饼也”。这是台湾中文大辞典编纂委员会编纂的《中文大辞典》的定义。这一描述，既没有涉及形状，也没有关乎馅料，只确定了时间，外延极大就是饼，给人们留下了充分想象、寻找和发现的空间，可谓是俊智聪慧之举。台湾之所以这样定义月饼，自然有它的道理。台湾文化学者简荣聪先生在其《台湾粿印艺术》一书中曾言：台湾在清代的中秋节，因传习古风，如拜土地、赏月，故其祭品亦以粿、饼为主……中秋月饼，台湾民间俗称“中秋饼”。简先生所说的“粿”指“糯米粿”，由福建传入台湾。

台湾学者对月饼的定义虽然聪慧，但却过于宽泛简约，有使人不知所云之嫌。于是，物极必反，最复杂最详尽的定义应运而生，那就是叶大兵和乌丙安主编，上海辞书出版社出版的《中国风俗辞典》：

“月饼，我国中秋节节日传统食品。流行全国。传说起源于唐初。唐高祖李渊与群臣欢度中秋节时，兴高采烈地手持吐蕃商人所献的装饰华美的圆饼，指着天上明亮的月亮，高声笑道：‘应将圆饼邀蟾蜍’，随即把圆饼分与群臣共食之，同庆欢乐。元代，相传高邮张士诚在暗中串联，利用中秋节互相馈赠麦饼的机会，在饼中夹带字条传递消息，约定八月十五晚上同时动手，举行起义。从此，每年这一天家家户户都吃麦饼以庆胜利。唐代称圆饼，南宋周密《武林旧事》与吴自牧《梦粱录》上曾出现过月饼一词，元代又称麦饼。明代以后始有关于中秋节吃月饼的大量记载。明沈榜著《宛署杂记·民风》中‘八月馈月饼’注云：‘士庶家俱以是月造面饼相遗，大小不等，呼为月饼。市肆至以果为馅，巧名异状，有一饼数百钱者。’明田汝成《西湖游览志余》亦有杭州中秋节吃月饼的风俗，说明当时八月十五吃月饼已很普遍，制作月饼的技术也相当高。清代月饼的品种质量都有新的发展，馅好、味鲜、形美，饼面上印有‘嫦娥奔月’、‘三潭印月’以及福、禄、寿、喜等图案。全国各地因地区不同和用料、调味、形状等的差别，形成不同风格的品种。其馅更是种类繁多，甜、咸、荤、素各有特点，色味香俱佳。制法尽管各地有所不同，但不外乎提浆、酥皮、硬皮三大类：（1）提浆月饼，也叫‘浆皮月饼’，熬糖浆调入面团，做月饼皮，分咸肉馅、甜肉馅、火腿馅、豆沙馅、枣泥馅、莲蓉馅、椰蓉馅等。饼面印有花纹和馅的名称，广东月饼即是。（2）酥皮月饼，将面粉、白糖、饴糖、猪油用热水搅拌做皮，有百果、豆沙、火腿等馅，吃起来酥香甜美，苏州月饼即是。（3）硬皮月饼，用面粉、白糖、饴糖、香油加小苏打和面做皮，冰糖、白糖、香油、桂花、瓜子仁、核桃仁、青红丝等搅拌为馅，北京的自来红、自来白即是。吃月饼象征团圆，清潘荣陛《帝京岁时纪胜》：‘十五日祭月，香烛品供之外，则团圆月饼也。’中秋之夜，月圆如镜，银光满地，合家老幼围桌而坐，赏明月，饮美酒，分食数斤重一个的大月饼，称为‘吃团圆饼’。月饼现在依然是很受群众欢迎的美味应节食品。其质量更有提高，花色品种也更加丰富多彩。主要品种有京式、苏式、广式、潮式、滇式等多种。”

上述文字，洋洋洒洒，近九百言，不但有定义、发展历史、别称雅号，还有逸闻典故、月饼种类、制作方法，可谓林林总总，令人对月饼的前世今生有了初步的了解。

根据多年来月饼印模的收藏与研究，笔者心中的月饼是：以拜月供品为原型，在融合各民族面食文化及外来面食文化的基础上，由胡饼、锅盔、月团、月儿、麦饼、团圆馍等逐渐演变而成的中秋节令食品。采用烤、蒸、烙、煎等多种方法熟制，形状和图案千姿百态，但以圆形为主。

饼的起源

中国的饼，外国的面包，看起来风马牛不相及，其实二者的源头，都是从一种石板烤面糊的原始食品开始的。

中国是原创性文明古国，与我们同样是原创性文明古国的还有古埃及、古巴比伦和古印度等国家。原创性文明的特点是自成体系，一些看似相同的东西，或者完全相同的东西，各自的叫法和归类及其内涵和外延都相差很大。特别是在食品上，更是如此。

饼是圆形薄片或扁圆形的面制食品，这是我们中国人的定义。同样的东西，古埃及有时叫饼，有时称面包。在饼或者面包的起源上，两个文明古国流传着几乎一样的传奇故事。更令人费解巧合的是：古埃及的面饼走进了《圣经》，具有了神圣的宗教性；而古老的中国面饼破茧成蝶，演变出一种让全球华人中秋节共同分享的月饼，成为凝聚华人情感的载体。这其中的奥秘，至今少有探究。

中国广袤的北方是一种现代人叫谷子，古人称之为粟或禾、稷的农作物的发源地。在中国，饼的起源和谷子这种作物紧密相连。

相传，尧生活的时代，先民们吃谷子碾成的小米有两种方式，一是用树叶包裹烤着吃，二是用陶器煮着吃，二者都属于粒食，当时人们还没有发明面食。有一年，尧帝像往年一样，一边指挥男人们收割谷子，一边指挥女人们给谷子脱壳碾米，之后把谷子和小米分别入库储藏起来，以备长期食用。收割储藏刚刚完毕，尚未来得及享受丰收的喜悦，一场倾盆大雨不期而至，一下就是好几天。小河满了，大河涨了，粮仓倒塌了。碾好的小米有的变成了小碎块，有的变成了细碎末，黄花花烂乎乎成了一片米浆，没法吃了，尧帝非常痛心。天晴之后，太阳如火，尧帝让人们把米浆弄到青石板上晒。不一会儿，青石板上的米浆变干变脆了，散发出诱人的香味。尧帝拿起一块放到嘴里一嚼，非常好吃。受到这件事的启发，尧帝把人们叫到一起，教他们用石头捣碎小米，用水调和成不稀不稠的米浆，然后在青石板下架起干柴生起火，待青石板被烧得滚热烫手时，再把米浆薄薄地均匀泼洒在上面，摊制米饼。这种饼与现在煎饼的制作方法基本一样，民间称之为“尧王饼”，又叫“石子饼”，被后人美誉为“华夏第一饼”。石子饼的诞生，标志着华夏先民们跨入了石烹时代。

这个传说与文献记载大致吻合。魏晋之际史学家谯周所撰《古史考》记载：“神农时，民食谷，释米加烧石上而食之。”这就是“石上燔谷”，其他典籍中也多有所载。《礼记·礼运》有“其燔黍捭豚。污尊而杯饮”。燔黍，以黍米加于烧石之上，燔之使熟之。这种方法是把石块烧热，将谷物泡至软化，在石臼中捣磨成浆直接放在石上而制熟。这主要是利用石块传热慢，散热也慢，布热比较均匀的特点，以达到控制火候的目的。这种方法一直为后人所沿用，石子饼被誉为远古烹饪的“活化石”。

尧帝发明石子饼时，华夏先民是否发明了文字，还不得而知。到目前为止，尚未发现甲骨文有“饼”字。我们现在能见到的关于饼的最早文字记载，是春秋战国时的《墨子·耕柱第四十六》。墨子对鲁阳文君说：“现在这里有这么个人，喂养着大批牛羊，厨子整天给他杀牛宰羊，肉多得吃也吃不完。一次他看见别人在做饼，却居然去偷吃……”历史就是这样的诡异，“饼”字就是这样以记述盗窃行为登上了汉字的舞台。墨子认为，如果此人不是得了“窃疾”（偷窃病），其行为就难以理解。因为当初的饼相当粗糙，不足以令人大快朵颐。

然而，当历史进入公元前113年，随着小麦的广泛种植，石磨技术的快速发展，以及铁鏊在民间逐渐代替了石鏊，饼进入了发展的快车道。相传，这一年汉武帝刘彻率领群臣到河东郡汾阳县祭祀后土，百姓们敬献给他们的美食就是石子饼，不过此时的石子饼已不再是米浆摊制，而是改由细白小麦面粉和面擀成薄饼烤制而成。所以，公元100年，许慎编写《说文解字》时写下了这样的文字：“饼，面糍也。从食，并声。”清代知名学者段玉裁的《说文解字注》曰：“面，麦末也。面糍者，饼之本义也。”比许慎稍晚的刘熙，在其《释名》中进一步说：“饼，并也。溲面使合并也。”意思是用面粉加水揉和而成的食物叫饼。现在山西的“石子饼”，仍沿用祖传的方法制作，成了当地一种别具风味的旅游特色小吃，吸引着各地的游客边品尝边发思古之幽情。

让我们把目光从华夏转向遥远的伊拉克和埃及。大致相同的东西，两河流域的古巴比伦和尼罗河流域的古埃及就和黄河流域的中国叫法不同。

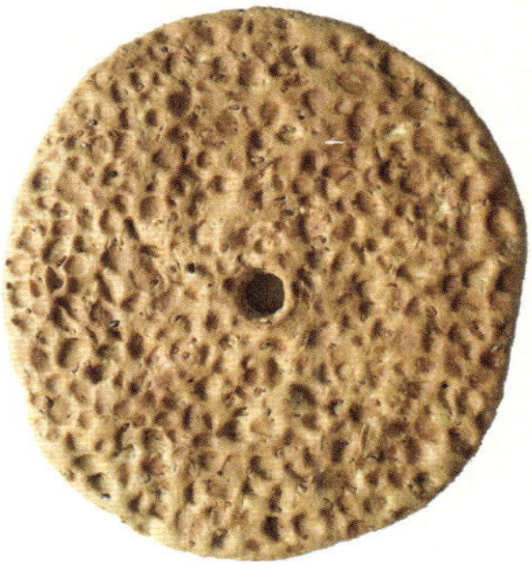
石子饼

美索不达米亚是古希腊对两河流域的称谓，在这里，人类最早开始种植大麦和小麦。在美索不达米亚的盐碱地上，大麦是生长最好的谷物之一。苏美尔人选择把大麦研成粗粒，炒麦片吃；也有把大麦舂碎，掺水搅拌成浆，在烧热的石头上烘烤制作无酵饼。这便是面包的雏形，也是中东延续到现在的食品。这种“无酵饼”，就是我们中国人说的死面饼。这种未经发酵的烤饼就是面包的原型，在它诞生大约2000年后，被古巴比伦人带入了古埃及。在埃及，古老的壁画中多次出现收割小麦的场景：丰饶女神伊西丝的头上有一把标志性的小麦装饰……一个奴隶在为主人做饼，他把水和面粉做成生面饼之后，竟不小心睡着了，炉子灭了也不知道。等到他一觉醒来，生面饼已经发酵膨胀到原来的一倍。他害怕主人发现，赶紧生火把膨胀后的面饼塞回炉子里去继续烘烤。奇迹发生了，烤出来的面饼竟然又松又软。就这样，人类历史上第一个面包就这样意外地诞生了！

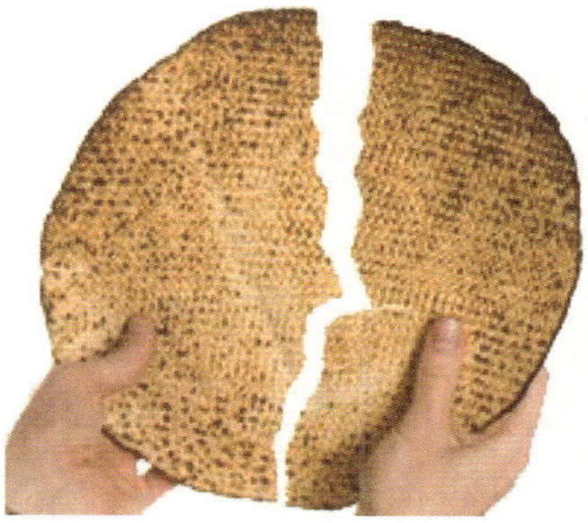
无酵饼

大约在公元前13世纪，摩西带领希伯来人逃离埃及，临行前吃的就是无酵饼。时至今日，犹太人每年守逾越节时，都要制作逾越节薄饼“马佐（matzo）”。无酵饼是犹太人逃离埃及、摆脱奴隶身份的象征。无酵饼对犹太教和基督教具有特殊的宗教意义，承载着人们的灵魂和信仰。

文化是在不断交流中创新发展的。当地理概念的西亚与人文概念的中东缠绕在一起，通过丝绸之路把与无酵饼和发酵面包有千丝万缕联系的馕（胡饼）等食品传入汉唐后，和中国本土的饼相互借鉴融合，竟无意间参与了中国特有传统节日食品“月饼”的奠基礼。

月饼行的祖师爷

世上之人，各有所信。有的信上帝，有的信佛祖，有的信鬼神，有的信不信。中国人，广而言之，崇拜祖宗，表现为人人都有姓，家家都有祖，各行各业都有祖师爷。家族祠堂供奉祖宗牌位，行业神龛供奉祖师爷神像。

月饼既是糕点的一个品种，又是糕饼的一种类型。糕点业的祖师爷是闻仲，糕饼业的祖师爷则是诸葛亮，月饼横跨糕点和糕饼两个行当，属于交叉学科，这就让糕点铺或糕饼铺供奉谁为祖师爷，成了复杂的问题。不过，解决此类问题祖先早有规矩，各地自选，约定俗成。

月饼的始祖是“太师饼”，太师指的是闻仲。闻仲不是真实的历史人物，是古典小说《封神演义》中塑造的文学形象。他是商纣王的老师，座下墨麒麟，手使雌雄鞭，一生南征北战。相传，商朝晚期，周武王伐纣，纣王派太师闻仲率兵迎战，闻仲就制作了一种糕饼，饴糖馅儿，边薄心厚，作为行军干粮。后来这种饼传到民间，就被叫作太师饼，成为月饼的前身。1949 年前的老北京，糕点铺子中供奉的祖师爷就是闻仲。另外，京式糕点八大件中有太师饼，其馅有枣泥、豆沙或白糖等，至今还在制作出售。

太师饼的传说，经不起科学分析。上海交通大学江晓原教授，根据天象记载，运用现代天文学星历表进行推算，得到了武王伐纣的准确时间，即公元前 1045 年 12 月至公元前 1044 年 1 月，距今已有三千多年。三千年前的商周之交，我们的祖先还处在粒食时期，行军打仗吃饭的问题，一是自带小米，统一埋锅造饭，焖制小米干饭；二是自带干粮。当时还不具备大规模制作甜饼的物质基础。

《诗经·大雅·公刘》叙述了古代周人祖先公刘带领周民从邰迁徙豳地的壮举。一个族群的迁徙，男女老少一起走，比行军打仗还艰苦。其中有“乃裹糇粮，于橐于囊”的诗句，描写的是出征前准备的情景，包裹起糇粮，大袋小袋都装满。诗中的“糇”，形声字，从米，侯声。“米”指粮食；“侯”指古代地方诸侯。米与侯联合起来表示“地方长官因公出差或率军出征所携带的干粮”。糇粮就是干粮没有异议，至于这干粮究竟为何物，至今众说纷纭。

有的说是炒面，有的说是蒸饼或馒头，还有的说是把蒸好的小米饭曝干捣碎做成块粒状干饭的。笔者比较同意后一种说法。当时小米是主粮，碾米和做饭的过程在《诗经·大雅·生民》中有具体描述："或舂或揄，或簸或蹂。释之叟叟，烝之浮浮。"通过舂、簸、揉把谷子脱壳去糠碾成小米，再淘洗蒸煮做成米饭。那时还没有大型的石磨和石碾，很难把米加工成面，当然就不可能有炒面、蒸饼和馒头之说了。

科学上站不住脚的问题，也许在文化上无比正确。科学和文化之间有时可画等号，有时不可画等号。古语：三百六十行，无祖不立。一个行业没有祖师爷，就如同一个人没有父亲一样，属于野种的范畴，一辈子抬不起头。有需求就会有创造。于是乎，人们选择了闻仲。

选择闻仲做糕点业祖师爷是有充分理由的。一是他足够古，比别的祖师爷年龄大、辈分高，还发明了太师饼。二是他还有制作糕点饼馍必不可少的焖炉、吊炉、灶炉三项发明专利。关键是第三，在《封神演义》中，太师死后被封为"九天应元雷神普化天尊"。原文："今特令尔督率雷部，兴云布雨，万物托以长养，诛逆除奸，善恶由之祸福；仍率领雷部二十四员催云助雨护法天君，任尔施行。尔其钦哉！"职能是"主天之灾福，持物之权衡，掌物掌人，司生司杀"。如若胆敢有人冒犯，天打五雷轰。请出这样的人当祖师爷，哪个敢不崇敬。还有，他是雷神，雷击之下，必然焦黄，与烧饼外貌相匹配。

糕点，是一种副食品，以面粉或米粉、糖、油脂、蛋、乳品等为主要原料，配以各种辅料、馅料和调味料，初制成型，再经蒸、烤、炸、炒等方式加工制成，一般人不把副食当主食。糕饼是糕点和饼的合称，饼有很多种，有的是副食，有的是主食。在逻辑上讲，糕饼和糕点是包含和被包含的关系。所以，无论是国内还是国外，讲行业一般称烘焙糕饼业。糕饼糕点，一字之差，祖师爷换人了，诸葛亮丞相替代了闻仲太师。

《三国演义》第九十一回：诸葛亮平蛮回至泸水，风浪横起兵不能渡，回报亮。亮问，孟获曰："泸水源猖神为祸，国人用七七四十九颗人头并黑牛白羊祭之，自然浪平静境内丰熟。"亮曰："我今班师，安可妄杀？吾自有见。"遂命行厨宰牛马和面为剂，塑成假人头，眉目皆具，内以牛羊肉代之，为言"馒头"奠泸水，岸上孔明祭之。祭罢，云收雾卷，波浪平息，军获渡焉。

这段故事不见正史，只在一些笔记中讲到。如宋朝的《事物纪原》、清朝的《谈征》中就说：盖蛮地人头祭神，武侯以面为人头以祭，谓之蛮头。今讹而为馒头也。明人郎瑛《七修类稿》也记载：“馒头本名蛮头，蛮地以人头祭神，诸葛之征孟获，命以面包肉为人头以祭，谓之‘蛮头’，今讹而为馒头也。”

自从诸葛亮用馒头代替人头祭祀泸水之后，馒头就开始跻身于宴会和祭享用品的行列。晋束晳《饼赋》：“三春之初，阴阳交至，于时宴享，则馒头宜设。”三春之初，冬去春来，万象更新。俗称冬属阴，夏属阳，春初是阴阳交泰之际，祭以馒头，为祷祝一年的风调雨顺。当初馒头都是带肉馅的，而且个儿很大。

在中国台湾，仍然保留着行业祭祀祖师爷的习俗。2005 年 9 月 27 日，新华社台北消息《台宜兰糕饼业者制八千凤梨酥祭“祖师爷”孔明》：

相传馒头是三国时代的诸葛亮所“发明”，他因而被中国传统糕饼业者奉为“祖师爷”。26 日是孔明生日，在台湾的宜兰县，当地的糕饼同业特别制作了 8000 个凤梨酥，以三献古礼隆重“祭孔（明）”。根据传说，当年孔明率蜀军平定南方后，在回朝途中，为渡泸水，曾以面食塑成人头，内以牛羊肉为馅，首创了“馒头”用以祭江。

台湾媒体报道：宜兰县糕饼商业同业公会在 1969 年雕塑了诸葛亮神像，永久奉祀为“祖师爷”，并在每年农历八月二十三日举行祭典，持续至今已 37 年。在今年的“祭孔（明）”典礼上，同业会员请出了孔明神像，献上了鸡、猪、活鲤鱼等牲礼及寿桃、糕点等祭品，尤为特别的是专门制作了 8000 个凤梨酥作为献礼。

月饼行除了供奉闻仲和孔明外，还有供奉汉宣帝为“饼师神”的。汉宣帝刘询，是汉武大帝的曾孙。年幼时恰逢“巫蛊之乱”，爷爷和父母全部遇难，为躲避追杀只好隐姓埋名流落民间。他自幼喜欢吃饼，经常自己去买。据说凡是他到过的饼铺，生意都特别红火，连他自己也觉得奇怪。因了这个原因，他侥幸做了皇帝后，京城长安的饮食行业就把他供奉为面案的“厨神”，请他保佑自己的生意火爆，财源滚滚。宋人蔡绦的《铁围山丛谈》卷六对此记述：“汉宣帝在仄微，有售饼之异，见于《汉书·宣帝纪》。至今凡千百岁，而关中饼师，每图宣帝像于肆中，今殆成俗。”

月饼的品种数以百计，但以熟制方式而论，大多为烤月饼和蒸月饼两种。在南宋，蒸月饼最先以“月饼”之名登台露面，成为月饼王朝的开国之君；而在之前的北宋，苏轼吟诵的“小饼如嚼月，中有酥与饴”中的“小饼”，实际上就是烤月饼，因其品种多、制作精良而广受欢迎，成为“月饼”舞台的恒久霸主。

以往，烤制月饼的糕点铺大多供拜闻仲；蒸制月饼的糕饼铺大多供拜诸葛孔明；既烤又蒸的店铺和关中的糕饼铺，以及普通饭店的白案师傅则喜欢供拜汉宣帝。现在，约定俗成，闻仲、孔明和汉宣帝，都是月饼行业的祖师爷。

秦军身背锅盔打天下

月饼由若干种不同的饼融合发展而成，锅盔就是其中之一。西北地区的陕西、甘肃、宁夏、青海、新疆等地都制作锅盔，最有名的是陕西，并且荣登“陕西八大怪”之列。但是，更奇怪的是，陕西的锅盔，在甘肃敦煌却被叫作月饼，以至于年轻人分不清到底是锅盔还是月饼，干脆把两个名字合在一起，叫“锅盔月饼”。

关于锅盔的来历，有若干个传说，其中一则听起来好像最不着边际，但细究起来却最有道理。

据说，锅盔最初不叫锅盔，因其外形酷似树墩子的横截面，因而被叫作“墩饼”。两千多年前，秦始皇统一中国时，长相和装束与兵马俑一个样的士兵们，列队出发前每人先配发两个墩饼。墩饼的直径半米左右，厚度15厘米，重量五六斤。士兵们的携带方式也很独特，两个墩饼为一组，在每个墩饼上钻两个眼，用牛皮绳系好，前胸、后背各搭一个，如同民间过去常用的褡裢一般，也像是古代铁甲战袍的前后护心镜。这一特殊携带方式在突发遭遇战时，墩饼竟成了极好的单兵护具，起到了防弹背心的作用。更令人难以想象的是，敌军射过来的箭，扎在墩饼上，被秦军士兵顺手拔出，反过来搭弓又射向敌军。墩饼能“吃箭”等于自带了兵工厂，“弹药”做到了部分自动补给，这可是一举数得，成了秦军获胜的一大法宝。后来，士兵们就把墩饼叫作“锅盔”，意思是用锅烙出来的硬面盔甲。“锅盔”也由此而名声大振。

战争的硝烟已经散去，诞生于战争中的一些意外发明，却顽强地流传了下来。现在，家住边远地区的老陕们，出远门还是家中必烙锅盔，背着锅盔上路，这一习俗延续至今。

如果这个故事是真的，那么其他六国为什么不向秦军学习，也制作锅盔，也搞个锅盔借箭呢？结论：非不想学也，实学不来也！因为，除了秦国，其他六国都没有条件大面积种植小麦。这个条件就是“郑国渠”。

中国社科院考古所有一些专门研究考古出土植物遗存的植物考古学家，人称“植物人”，赵志军先生就是他们中的一位。他在《中华遗产》2010年第1期上，发表了《小麦：秦统一天下的力量》。讲述了一个远超常人想象力的“猜测”。

战国末年，国家走向统一的洪流已势不可当。但是，由齐、楚、燕、韩、赵、魏、秦七雄中的谁来完成这一神圣使命，还未露端倪。战争打的是经济，秦国的战略是发展关中农田水利，以提高秦国的粮食产量。

韩国是秦国的东邻。战国末期，在秦、齐、楚、燕、赵、魏、韩七国中，当秦国国力蒸蒸日上，虎视眈眈，欲有事于东方时，首当其冲的韩国，却孱弱到不堪一击的地步，随时都有可能被秦并吞。公元前246年，韩桓王在走投无路的情况下，采取了一个非常拙劣的所谓“疲秦”的策略。他以著名的水利工程人员郑国为间谍，派其入秦，游说秦国在泾水和洛水（北洛水，渭水支流）间，穿凿一条大型灌溉渠道。表面上说是可以发展秦国农业，真实目的是要耗竭秦国实力。

这一年是秦王政元年。本来就想发展水利的秦国，很快地采纳这一诱人的建议，并立即征集大量的人力和物力，任命郑国主持，兴建这一工程。在施工过程中，韩国“疲秦”的阴谋败露，秦王大怒，要杀郑国。郑国说：“始臣为间，然渠成亦秦之利也。臣为韩延数岁之命，而为秦建万世之功。”秦王政认为郑国说得很有道理，同时，秦国的水工技术还比较落后，在技术上也需要郑国，所以一如既往，仍然加以重用。经过十多年的努力，全渠完工，人称郑国渠。

由于郑国渠的修建，关中平原可以种植小麦的土地面积大幅度增长，原先仅能种植谷子的土地现在都可以改种高产作物小麦了，由此粮食的平均亩产翻了几番，秦国农业得到了突飞猛进的高速发展，为秦灭六国打下了坚实的经济基础。赵志军先生在文章中对“郑国渠”有一段精彩的点评：久居中原的韩国人不了解来自西方的小麦，秦国借助他们的馊主意，将计就计，郑国渠建成之日，也是秦力量大涨之时。于是秦大举发动了统一天下的战争。

我们猜测，秦国人也许早就学会了比粒食更美味可口的烹制小麦的方法，那很可能就是面食……韩国人忽悠秦国人修建郑国渠，却不料帮助熟悉小麦的秦国成就了统一天下的大事。

这个“猜测”一经出世，便引来了质疑。但是，一个不争的事实是中国的小麦种植，是由黄河中游逐渐向外扩展的。种植小麦比种植谷子更需要水利的支撑。关中地区恰恰地处黄河中游，有郑国渠、白公渠。历史的车轮行驶到唐高宗永徽六年（655年），雍州长史长孙祥上奏高宗：为了加工小麦面粉，富商大贾们纷纷在郑渠、白渠边建造水力推动的磨坊，已经影响了当地的农田灌溉。由此可以想象关中小麦种植的普及程度，也由此产生了锅盔来历的第二个故事。

相传，高宗和武则天在修建他们的乾陵时，征用了数万名匠人和民工。当时，有个叫冬娃的小伙子，从小没了娘，和老爹相依为命。后来，老爹也病了，干不了重活。冬娃生性聪明，朴实勤快，为了照顾好体弱多病的老爹，冬娃还练就了一手灶台上的功夫。一样的粮和菜，经他的手一烹调，立刻鲜香可口。修建乾陵征用民工，冬娃代替了他爹。工地上人山人海，不能按时吃饭。一天，肚子饿得实在撑不住了，他就悄悄在路边挖了一个土窝窝，架上自己的头盔，把面和匀放在盔内，在盔下烧着柴火，过了一会儿，他从头盔内取出烙成的馍一尝，酥脆可口。回家后，冬娃改用铁锅烙制，更加方便快当。这事儿传开了，因为既可以用锅烙制，也可以用头盔凑合着烙制，所以这馍就有了“锅盔”的名字。

锅盔不是西北地区所独有的，全国各地不少地区也有，传说更是丰富多彩。博望锅盔，是河南南阳地区的古老食品，用酵面团与冷面团经揉和、揪剂、盖花纹烙制而成，吃起来酥香甘甜，美味可口。据传，诸葛亮火烧博望坡大败曹操后，班师回新野，派关羽带兵驻守博望。当时天旱缺水，饮水做饭都不方便，士兵纷纷抱怨。关羽派人请示诸葛亮，诸葛亮对来人说：“告诉你家关将军，多用干面，掺水少许，和成硬块，大锅炕之，得食为盔。”关羽命令士兵如法制作，果然香甜满口。博望锅盔与陕西锅盔相比，就是在表面上增加了各种图案，既好吃又好看。锅盔上有了图案，在形制上向月饼迈进了一大步。

2017年9月27日，网络平台“视觉武威”上发布了一组照片，名为《甘肃人的奇怪馍馍叫烧月饼或者叫锅盔》。照片下有说明，不但在形制上把馍馍、锅盔和月饼连在了一起，而且名字上也连在了一起。武威是“丝绸之路”上的一个重要节点，遗留着很多月饼形成过程中的古老信息，这里既有烧月饼，也有蒸月饼，是研究月饼起源必须考察的地方。

烧月饼，就是把一张放着生馍馍的铁鏊子或铁皮，用砖头或石头支架起来，然后上面盖上一个铁锅或者铜脸盆儿，之后在铁皮下和铁锅上同时放上柴草烧，到了一定时间，停止烧火，直到火焰熄灭变为灰烬，拿开铁锅就是焦黄的烧月饼。看到烧月饼这种简单实用的加工制作方法，解决了困扰笔者多年的难题：古代普通百姓之家如何烤制中秋月饼？

古代普通百姓是像现在这样用烤箱烤月饼？不可能。还是家家或者若干人家合伙共同垒砌一个像馕坑一样的烤炉？在乡间走访调查时没有听到过，更没有见到过。在乡间见到的烤炉，都是商家建造的，成批生产销售。一个家庭，一年只在中秋烤制一次月饼，就要独自垒建烤炉，学习掌握烤制技术，这几乎是不可想象的。而武威民间烧月饼的制作方法，是用自家的铁鏊和铁锅，搬到院子支起来就能自制月饼，家庭主妇们一看便会。古代普通人家烤月饼，使用的应该就是这种办法。

在时间的长轴上，锅盔早于月饼而诞生，锅盔的一些加工制作方法和形制，对月饼的形成和发展，产生过直接和深刻的影响，这是毋庸置疑的。

汉灵帝刘宏爱吃胡饼

人们普遍认为，月饼是由“胡饼”演化而来的。月饼是东西方文化交流的产物，是传统饮食文化借鉴、消化、吸收外来饮食文化并创新发展的典范。

胡饼是汉代传入内地的，《续汉书》有“灵帝好胡饼，京师贵戚皆竞食胡饼”的记载。“胡饼”是内地人的称谓，之所以这样叫，有两个代表性的说法：一种认为因地得名。胡饼出自胡地，“胡”的意思，原指我国北方和西北的少数民族，后来引申扩展为国外的民族。凡是来自西域方向的物品或食品都冠以“胡”字，那么来自西域的饼，自然就是胡饼。至宋代，黄朝英在《缃素杂记·汤饼》中就说：“盖胡饼者，以胡人所常食而得名也。”另一种说法因胡麻得名。汉代刘熙的《释名·释饮食》曰：“胡饼，作之大漫冱也，亦以胡麻著上也。”“胡饼”是在饼的表面附着有胡麻粒的饼。第三种说法因形状似鳖而得名。所谓“漫沍”，毕源疏证称：“此（漫沍）当作蔄胡。案郑注《周礼·鳖人》云：‘互物谓有甲蔄胡，鱼鳖之属。’则蔄胡乃外甲两面周围蒙合之状。胡饼之形似之，故取名也。”亦有一说，“漫沍”的意思为无边际，形容其饼大而平整。总之，汉代的胡饼应当很大，并在表层撒着胡麻。胡麻就是芝麻，由张骞出使西域归来时带入内地。

汉灵帝是泱泱中华帝国的皇帝，什么好东西没见过，什么好吃的没吃过，惜字如金的史书为什么记述汉灵帝喜欢吃胡饼这样的生活琐事呢？其关键就在于，胡饼的制作方式与我国传统食品的制作方法完全不同，它的引入对我国食物加工的烹饪方式影响深远，为后世烤制糕点的出现奠定了基础。

中华传统农业，北方干旱少雨，主要种植旱作粟，俗称谷子，碾压去壳后就是小米；南方降水充沛，主要种植水稻，稻谷加工去壳后就是大米。小米和大米，是中国人的主食。古人以粒食为主，小米和大米加工熟制的方式有三种：一是煮粥喝，多放水少放米，熬烂即熟；二是焖米饭吃，少放水多放米，慢火熬煮待米将水吸收完便可；三是先煮后蒸做干饭，放适量的水和适量的米，待米煮到七成熟时捞到蒸笼中再蒸，软硬根据自己的喜好掌握。

什么人喝粥与何时喝粥，什么人吃干饭与何时吃干饭，要根据季节和劳动强度而定。一般在播种、收获的繁忙季节，干重活的男人吃干饭，妇女、儿童、老人则大多以喝粥为主。春秋农忙吃干饭，冬天农闲喝稀粥。劳动力和长身体的孩子吃干饭，妇女和老人喝稀粥。这种不成文的规矩已经成为习俗，在我国农村延续了数千年，直到 20 世纪 80 年代改革开放以后，随着农村的逐步富裕，人们才慢慢放弃了这一古老的习俗。

在古代，用来熬粥、焖饭和制作干饭的炊具，主要有鼎、镬（huò）、甗（yǎn）、鬲（lì）、甑（zèng）等。其中鼎、镬、甗、鬲只有一层，用来熬粥和焖饭；甑分为两层，底层相当于现在的锅，上层相当于现在的笼屉，用来蒸干饭。

我国古代也有饼，但与胡饼不同。秦汉以前的饼主要是汤饼或蒸饼。《释名·释饮食》曰：“饼，并也。溲面使合并也。”崔实《四民月令》言：“立秋日食煮饼及水溲饼。”《汉书·百官表》在“少府”属下有“汤官”，主饼饵。这些都是煮汤作饼，像现在的面片汤或面条汤。至于蒸饼，《晋书》记载，何曾尊豪，累世蒸饼上不作十字不食。《次柳氏旧闻》载，唐玄宗食俎有羊臂臑，太子割余污漫刃，以饼洁之，玄宗看见了很不高兴。这里说的饼，都是蒸饼，非常松软，可以用来擦拭刀。

胡饼是舶来的烤制食品，既不用传统的炊具加工，又和传统的汤饼、蒸饼不同，它的到来和普及，为我国饼类大家族增加了新的成员，注入了新鲜血液。

艾曼克

胡饼是内地的称呼，在新疆叫馕。“馕”字源于波斯语，流行于阿拉伯半岛、土耳其、中亚西亚各国。维吾尔族原先把馕叫作“艾曼克”，直到伊斯兰教传入新疆后，才改叫“馕”。馕的加工制作方法，是在面粉中加些盐或者酵母，和匀、揉透、稍发、成形，然后放入馕坑烤制熟。馕的品种很多，因添加成分、面饼形状、烤制方法的不同，就产生了不同的品种和名称。添加羊油烤制的叫油馕；用羊肉丁、孜然粉、胡椒粉、洋葱末等作料拌馅烤制的叫肉馕；把芝麻与葡萄汁拌和烤制的就是芝麻馕。

“艾曼克”是一种大型薄饼，中间较薄，四周边沿略厚。饼面上撒满芝麻和洋葱碎，一般直径有 40 ~ 50 厘米。这种薄馕一个需要用上 1 千克面粉，也被称为最大的薄馕，特点是便于携带，久放不变质，是丝绸之路上的必备食品。

“托喀西”是所有品种里最小的馕了，精致而秀气。直径一般 10 厘米大小，有时也会做得更小，就像小点心，颜色焦黄，香气扑鼻。主要以面粉、鸡蛋、牛奶、砂糖、奶油或清油为主要原料。具有酥、松、软的特点。

烤馕的灶具是馕坑。维吾尔族家的馕坑，有的建在庭院中，有的建在家门口。过去以烧木柴为主，现在也开始用无烟煤。不同的地区，馕坑的建筑材料和式样也不相同。一般馕坑由黏土和入羊毛砌筑而成，高约 1 米，肚大口小，形似倒扣的宽肚大水缸。底部架火，通常是夯土结构，馕坑四周用土坯垒成方形土台，以便烤馕人在上面操作。馕底部留有通气口。南疆一些地区喜欢用硝土制作馕坑坯，乌鲁木齐一带则习惯用砖块做馕坑坯。

人类告别茹毛饮血，开始加工食物的历史，是从烧烤开始的。烧，是把食物直接放入火中让食物成熟；烤，是把食物放在火的附近借助火的热量使食物变熟。烤有直接和间接两种方式。间接烤是将石子或沙子等材料烧热，之后用它们掩埋食物让其成熟。用馕坑烤馕属于直接烤制，还有一种不用馕坑烤制的馕叫“库麦其”，是一种最原始的馕。原始人类进入初始农耕时期时，既没有锅灶，也没有烹饪的炊具。当时人们以炙烤肉食为主，后来逐渐过渡到以植物的根茎以及籽种作为食物，并掌握了将籽种研磨成粉制成烤饼的技术，沙烤“库麦其”馕也许是流传至今最古老的烤饼方式。

烤制“库麦其”

网上有一篇短文叫《沙坑库麦其》，介绍了库麦其的制作方法：

晚上尽是温暖的梦境。第二天，天蒙蒙亮，院子中就有了动静。原来是司马义的儿子在院子里挖了个沙坑，又用红柳枝点起了熊熊大火。大清早，干吗在院子里生火？走进司马义全家住的简易屋子才发现，原来主人是要为我们做这里最有特色的“库麦其”。

屋内地上放着一盆拌好的馅，上好的羊肉丁加葱头和作料。女主人和女儿一起将不知何时准备的发面，擀成锅盖大小的两个面饼，又把肉馅严严实实地包裹在面饼中间。

此时，院里的大火已熄灭，变成滚热的草木灰。母女俩将大面饼径直放入灰里，并用周围的炭灰埋上，最后覆盖了厚厚的一层沙子。

这一切看得我们眼睛直勾勾的，张着嘴巴说不出话。据司马义介绍，千百年来，他们这些沙漠居民家里没有锅，就用这种炭烧沙埋的方式烹制各种食物，除了库麦其，还有烤馕、焖羊肚子肉等。过去，库麦其是主食，人少烤小饼，人多烤大饼。现在，库麦其只在重大节日或来了客人时才做。

大约半个钟头，翘首以待的库麦其出炉了，从沙中一扒出这个热乎乎的家伙，鼻子前就升腾起一股麦香，面饼表面竟然没有烧黑。女儿捧着库麦其，司马义走上前庄重地俯身，认真地将库麦其表面剩余的草木灰和沙子吹掉。当老人的白须顺着气息在库麦其上方抖动，我们突然觉得是否吃到美食已不重要，这份情谊足以慰藉心灵。

在炕上，每人拿起一块香喷喷的库麦其，一咬，外壳焦脆裹着麦香，里面的羊肉香嫩无比。沙子里能烤出如此美食，实在是太神奇了！

饮食文化是在相互交流中发展的。胡饼的引进和普及，为烤制月饼的诞生提供了技术支撑，为月饼的形制提供了借鉴。从烤馕到胡饼，从胡饼到烤月饼，应该是烤月饼发展演变的技术路径。

唐玄宗御赐胡饼改名叫月饼

唐玄宗御赐“胡饼”改名“月饼”，史书上有记载吗？没有，但民间传说是这样。民间传说靠谱吗？不好说。对民间传说，笔者的态度是不可全信，也不可不信。要怀着一颗虔诚之心对待老祖宗留下的东西。最近就有这样一个实例。

2022 年，张家口的崇礼要承办冬奥会滑雪比赛，冬奥村选址在一个叫太子城的村庄。关于村名的来历，当地百姓有两个传说：一是唐朝女皇武则天因生活放荡，生了一个长着驴耳朵的太子，为了隐藏这个秘密，太监出主意，找个青山绿水、边远封闭的地方建座城，把太子藏起来。这个被选中的地方就是现在的太子城。二是秦始皇的太子扶苏曾在这里修建城池，抵御匈奴，故名太子城。

这两个传说可信吗？多数人认为是无稽之谈。

大型基建项目动工前，要例行开展文物考古调查、勘探。2017 年 5 月，河北省考古队来到将要开工建设的现场，半个月下来，石破天惊，挖出了城墙，几个月下来，挖出只有皇家宫殿才能用的龙头鸱吻，接着又出土了刻有“尚食局”款的御用瓷碗。最后，一座完整的宫殿遗址横空出世，专家们断定，它就是《金史》中金章宗（1168—1208 年）的驻夏行宫“泰和宫”，是辽王朝“四时捺钵”制度在金代残留延续的特殊产物。当时曾为重兵把守的皇宫禁地，一般人难知其详，之后八百多年间百姓口耳相传，“泰和宫”发生语音流变，被叫成了“太子城”。

传说中的“太子”子虚乌有，但“城”确实存在。这就是民间故事传说的不可全信和不可不信。

书归正传。相传，有一年八月十五，唐玄宗李隆基和杨贵妃在一起赏月，旁边的长条桌上，摆放着西域特产葡萄、西瓜、石榴，还有十多种各式各样的糕饼，有甜的、咸的，有带馅的、不带馅的，有方的、也有圆的。杨贵妃拿起其中一个带馅的饼尝了一口，感觉非常好吃，随口就问，这是什么饼？谁知，在座的竟无一人叫出名来。于是就派宫女去问做饼的御厨，御厨说叫“胡饼”。唐玄宗听后说：“这个名字不好听。”杨贵妃聪明乖巧，知道皇帝家族有胡人血统，内心不喜欢“胡”字，就手指天上又大又圆的月亮说：“这饼好像天上的月亮啊，就叫月饼吧！”唐玄宗高兴地说：“好，叫月饼好，传旨！”从此，胡饼就改叫月饼了。

月饼之名是否是杨贵妃所起，史书没有记载。但杨贵妃吃过胡饼，《资治通鉴·玄宗》记载的却清清楚楚：天宝十五载，即756年，安史之乱爆发，六月十三日唐玄宗带着杨贵妃仓皇从长安西门出逃，走到40里处的咸阳望贤宫时，已是临近中午，本来唐玄宗出发前就派宦官王洛卿出去打前站，通知沿途各地为皇帝准备吃住，可周围的县官全跑了，连王洛卿也跑得没影儿了。见皇帝和贵妃挨饿，大唐宰相杨国忠，也就是贵妃的本家哥哥，就到外面买了一些胡饼。小皇孙们见到胡饼，早就忘了往日体面，个个争抢而吃。一会儿饼没了，孩子们还没吃饱。吃完这顿午饭唐玄宗领着群臣家属们接着逃跑，十四日中午，到达马嵬驿，就发生了著名的“马嵬驿兵变”。杨贵妃被赐死，唐玄宗与杨贵妃的千古风流传奇到此悲惨结束。后人调侃，杨贵妃是吃着胡饼，走向西天的。

除了玄宗贵妃与月饼的故事外，在大唐一朝，还有两位重量级的皇帝也加入了月饼传说的行列。

一种说法，唐高祖年间，大将军李靖率军征讨突厥，打了大胜仗。在八月十五这一天班师回朝。唐高祖李渊为他设庆功宴。这时，有一个来唐朝经商的吐鲁番人向皇帝献上了他们家乡的特产，一种很好吃的饼，表示祝贺。唐高祖看着漂亮的圆饼，觉得跟空中明月有点相似，就说：“应将胡饼邀蟾蜍（月亮）。”于是，把饼赏赐给群臣分食，都说这饼好吃。从此以后，胡饼就流传开了，每到八月十五，就边吃胡饼边赏月。后来，胡饼又改叫月饼。

另一种说法，与上面的故事几乎一样，只是换了主角。传说，唐高祖年间北方突厥常常侵犯中原，多次派兵征讨，都难以平定。到唐太宗李世民继位后，就开始御驾亲征，转战边塞，屡战屡胜。八月十五这天班师回京。为了庆祝胜利，长安各界敲锣打鼓迎接凯旋。当时有个在长安开胡饼店的老板，向太宗皇帝献上一盒胡饼，表示祝捷。太宗接过后，看着圆圆的饼上轧压着精美的图案，犹如天空中的皓月，不禁说道："应将胡饼邀蟾蜍。"随后，将胡饼分给有功臣的文武百官共食。从此宫廷中就有了八月十五吃胡饼的习惯。后来，胡饼让杨贵妃改名叫月饼了。

综合上述三个故事，我们可以得出这样的结论：一是胡饼确实很好吃，人见人爱；二是胡饼的确很普及，不但繁华的长安城有专卖店，即使是在边远闭塞的乡下也能买到；三是胡饼开始和中秋发生联系，这一点很关键。这三条是月饼产生的先决条件，必须同时具备才有可能成为中秋的节令食品，而胡饼恰恰满足了这些条件。因此，我们有理由推断，月饼的祖先是胡饼。

韩愈的寿阳茶食月团团

在介绍月饼由来的图书和文章中，总少不了一个叫"月团"的东西，据说北宋民间过中秋时就吃此物。那么，月团为何物长的啥模样呢？没有具体的介绍。这也难怪，历史上很多东西，只闻其名不见其物的情况是常有的事。其实，对于美食而言，大凡一经诞生出世，只要食材不绝，就会长久流传。只是在流传过程中，名称时常变更，美食还是那种美食，名字变了，后人不知就里，以为老名字所指代的美食消失了，其实它就是现在的某种美食。月团就属于这种情况。于是，四处打听寻找月团的下落便成了一大癖好，每每与人聊天或听人聊天，总是竖直了耳朵捕捉与月团二字相关的信息。

2001 年 9 月初，北京开往太原的列车刚刚驶出西客站，邻座一位老伯和一位大妈，便操着浓重的山西口音拉开了家常，主题是中秋将至给亲戚朋友们送什么礼。老伯的意思与时俱进，想买高档的月饼送；大妈则坚决反对，坚持按老规矩办，送自己亲手制作的"月团团"。听到"月团团"三字，像触电似的，我本能地微笑着和老伯搭讪起来。老伯 75 岁，山西寿阳人，中学历史老师，他说“月团团”是当地土语，大名叫“寿阳茶食”，这名字是唐代大文豪韩愈的无意之作。老伯以他深厚的历史根基和老师讲课的技巧，把个“月团团”由来的故事，讲述得活灵活现，将笔者和周围的旅客们带回到了一千多年前的唐朝。

据《资治通鉴》记载：唐元和十五年（820 年），统领现在河北一带的成德镇（今正定）节度使病故，唐穆宗任命田弘正接任。成德军都知兵马使王廷凑不服，竟然起兵造反，屠杀了田弘正一家老小和僚佐三百多口，攻占了冀州、深州、蔚州和棣州，还把朝廷围剿他的十几万大军打得落花流水，要挟朝廷承认他为节度使。到了 822 年，唐穆宗不得不接受要挟，赦免了王庭凑及其部下和兵卒，任命他为成德节度使，并派兵部侍郎已经 55 岁的韩愈，远赴正定去宣慰乱军。

韩愈是晚上到达寿阳的，一天的长途跋涉，鞍马劳顿，早已饥渴交加，一进驿站就急令上饭。此时已过了饭点，厨房的灶火已经压熄，厨师们一时有些慌忙。驿丞是见过世面的，先敬茶后用餐，喝茶吃点心，是当时的习俗，他先安排上茶，又让大厨把中午烙饼剩下的面包上糖馅，用鏊子精心烤制，随即送上。饿得前心贴后背的韩愈一吃，味道甜美可口，就问这是什么吃食？驿丞随机应答：“专为大人饮茶而制。”韩侍郎听后点点头，脱口道：“噢，茶食。”说话的工夫，饭菜也端上了桌，韩侍郎非常满意。饭后，韩愈兴致勃勃地望着天边的明月，仍然念念不忘刚才的茶食，即兴在粉墙上留下了一首七绝——《夕次寿阳驿题吴郎中诗后》：“风光欲动别长安，春半城边特地寒。不见园花兼巷柳，马前惟有月团团。”之后吩咐驿丞：明天早餐还是茶食，多做些，路上吃。

韩愈吃茶食即兴赋诗的故事，很快传遍了朝野上下。这首诗真实地记录了韩愈途中的景物和感悟，其中的“月团团”三字，不同的人有不同的释读。有人说是实景写真，就是天上圆圆的明月；有人说借景抒情，表达了诗人期盼国家一统，百姓阖家

传统山西寿阳茶食月团团的烤制

团圆的理想。但寿阳人自有寿阳人的理解，他们说明的是写圆月，暗的是写对圆饼茶食的思念。

韩愈返京后由兵部调到了吏部，还是做侍郎，随着时间的推移，对“茶食”的思念日加强烈，于是就将寿阳驿的大厨调进了京城，并极力向皇帝及百官荐食。自此，“茶食”成了贡品，岁岁进奉。后来茶食流传到民间，成为当地一种独特风味小吃，它外酥里脆状如酥皮月饼，食之香甜可口，时至今日，寿阳人还把这种包糖馅的面饼称为“茶食”呢。每逢过年过节，尤其是中秋，家家户户动手制作，走亲访友相互馈赠。平时遇有婚嫁或喜庆之事，也多用它招待宾客，特别是庄严的祭祖敬神，也用它作供品……

列车缓缓地停在了正定站，透过车窗，老伯深情地望着远方的古塔，似乎在想象当年韩愈冒死深入虎穴，单枪匹马到此说服叛乱官兵，大义凛然“勇夺三军之帅”的壮举。

朝代更迭，唐亡宋兴，“寿阳茶食”又成了宋朝宫廷的美食。这种小饼因与韩愈有关，名字中又有团团圆圆的吉祥含义，与中秋团圆的主题不谋而合，于是便成了宫中的中秋应节食品。后来贴着中秋专用标签的“月团团”重新回归民间，因来自唐宋两朝皇宫，便被人们尊称为“宫饼”；其发源地寿阳，清楚它的由来经历，仍旧称其为“月团团”，或简称为“月团”；而那些不知这个来龙去脉的，便本能地根据外形和体量称其为“小饼”。北宋元符三年（1100 年），被贬海南儋州的苏轼，接到朝廷的赦免诏书，调迁途中路经合浦，写下了“小饼如嚼月，中有酥与饴”的诗句，从此“小饼”有了文字记载，并和以后的月饼有了千丝万缕的联系。而“月团”二字，在文字记载中多用于称呼茶叶，“月团团”呢，在典籍中仍然用于描写圆月，其当茶食讲的含义，仅在晋中百姓口语中使用；近年来对已有千年历史的“月团团”，终于有了这样明确的界定：“是一种烙饼和月饼合二为一的早点食品”，与“寿阳茶食”同义。

事实上，“寿阳茶食月团团”与韩文公密切交流的时候，月饼还在母体中孕育，尚未出生。月团团是胡饼汉化为月饼过程中一个非常重要的节点和品种，为日后月饼的诞生奠定了坚实的基础。

南宋临安与今天张掖的蒸月饼

“今人不见古时月，今月曾经照古人。古人今人若流水，共看明月皆如此。”把诗仙李白的这四句诗用来评价人们对“蒸月饼”的争论，再合适不过了。

到目前为止，宋代以前的文献和实物中没有发现有关“月饼”的记载和踪迹。“月饼”二字最早出现在南宋吴自牧（约 1161—1237 年）记录当时都城临安风貌的《梦粱录》中。该书编写年代不详，其卷十六“荤素从食店”中记载，当时“四时皆有，任便索唤，不误主顾”的“蒸作面行”，出售“芙蓉饼、菊花饼、月饼、梅花饼、开炉饼”等，明确记载此时的“月饼”属于蒸作食品，并且一年到头都有制作出售。该书卷四还有中秋节的记载，说王孙公子登轩玩月，酌酒高歌；一般铺席之家登小小月台，安排家宴，团圆子女，以酬佳节；但是都未与“蒸作面行”所卖的“月饼”相联系，说明“月饼”在当时虽然已经成为面点，也能在中秋节期间买到，但还不是中秋团圆的象征。另外，稍后的周密（1232—1298 年），在他的《武林旧事》卷六“蒸作从食”中，同样记载了“月饼”，同样是“蒸月饼”。

由此，就牵涉出月饼的认定问题。有的学者认为蒸月饼不是月饼，月饼应该是烤制的，因为现在人们心中的月饼就是烤制的，以目前的标准衡量、检验、判断古人。也有的学者认为，月饼的产生是一个历史过程，不同的时代，不同的地域，月饼的样式和熟制方法是不同的。蒸月饼是月饼的一个品种。两种观点，长期争论不休。

历史的记载是滞后的，充满着随机性和选择性，尤其是事物发展的初期。一棵幼小的嫩芽，谁也无法断定它日后能否长成大树。世上的事物和人，记载了就有据可查，没有记载就无从可考。其实，这个世界，载入史册的东西少，被历史遗忘的东西多。尤其是吃喝拉撒睡这样的琐事，更是如此。典籍没有记载的俗事，就应该去民间考察，说不定还完整地保留在老百姓的习俗中呢。

我第一次听说民间还有蒸月饼，是在 2007 年的国庆节，闲来无事在网上发现的，9月26日《鹤壁日报》的文章，题目叫《月儿圆 饼儿甜》。作者说，小时候在农村长大，自己的母亲每年八月十五都要蒸月饼。“时近中午，母亲便会把发酵好的面团放在案板上一遍一遍地揉，将大面团拽成小面团，继续一遍一遍地揉。面团揉好后，母亲把准备好的红糖包进小面团里揉结实，接着在月饼模里撒上芝麻，再把裹着红糖的面团放进月饼模里使劲按平并迅速倒过来扣在案板上，轻轻将月饼模揭起，一个等待上笼屉的图案精美的月饼就做好了……随着袅袅炊烟的升起，那令人垂涎的月饼香气慢慢四溢开来。停火开屉，一个个玲珑剔透、精美绝伦的手工月饼便呈现在我们眼前。”

作者像是位女性，写得情真意切，细腻委婉，把揉面、模制、装屉、蒸月饼、开屉的全过程描绘得活灵活现。河南是中华文明的重要发祥地，北宋都城汴梁（今开封）就在河南，鹤壁仍有蒸月饼习俗，意义非同一般。河南有，全国其他地方也一定会有。

果然如此。第二次听说民间还有蒸月饼，是2009年9月9日，也是在网上，题目叫《武威的中秋节习俗：家家蒸大月饼以示全家团圆》。这篇报道以两张照片为主，照片下是说明性文字，它的好处是让我第一次见到了蒸月饼的尊荣，这道深藏千年不露面的美食，终于揭开了它神秘的面纱。原来如此之大，与乾陵县的大锅盔有一拼。这种蒸月饼，先是用来祭拜月神，然后切开大家分食。

2013年，利用国庆节小长假，我专程来到张掖。张掖位于甘肃省河西走廊中部，在古“丝绸之路”南北两线和“居延古道”交会点上，两千多年来，东西方行旅客商在此云集，各民族长期共同生活，使这里成为东西方文化交流、民族融合的重要节点。特别是隋大业五年（609年），隋炀帝御驾亲征，彻底消除了吐谷浑对河西走廊的威胁，并在张掖城外的焉支山下，史无前例地召开了一次由西域27国参加的万国博览会，为张掖留下了一笔宝贵的西域文化遗产，时至今日，张掖还保留着很多古老而独特的西

河西走廊蒸月饼即“奥尔”馕

域民间习俗。在这里笔者将实地考察当地民间馕以及蒸月饼的制售情况，希望对月饼的起源研究有所帮助。

考察工作进展异常顺利。笔者是晚上入住张掖华辰国际大酒店的，一觉醒来去用早餐，发现自助区糕点餐台上，和西式面包、蛋糕、蛋挞摆放在一起的，竟然有蒸月饼。服务生介绍说，蒸月饼是这里的地方特色小吃，客人们非常喜欢，酒店食谱规定，天天都上，满足供应。笔者又问了餐厅值班经理，回答和服务生一样。

餐后，笔者去了酒店附近大佛寺旁的早点摊儿。这里的早点有臊面包子、牛肉面、糊粕、红油干拌抄手以及油条、馕、烧饼等。在早市上，笔者和一位刚吃完牛肉面的白大爷聊起来。白大爷是地地道道的本地人，清瘦干练，留着长须，虚岁85，据说祖上是阿拉伯商人。我向他了解蒸月饼的情况，他夸我好眼力，一眼就能认出他是回民。他说："蒸月饼什么时候有的我说不清，但这一带的人世世代代就蒸月饼。因为蒸月饼，一是省钱省油，姜黄、苦豆子、芝麻本地就出产，有糖没糖、糖多糖少都可以；二是省事儿，家里现成的锅灶就能做；三是巧手笨手女子都会蒸，会蒸馍就会蒸月饼。烤月饼是跟烤馕学的，与蒸月饼就不同啦，一要有专门的烤炉或吊炉；二要有专门的手艺；三要有钱，油、糖、葡萄干、核桃仁、瓜子，这些馅料，哪样都要花钱买。这里也有烤月饼的，都是富裕人家，一般百姓做不起。"

白大爷朴实无华的讲述引起了我的深思。一种食品能否流行，以及流行的时间和地域，是由经济条件决定的。从这一立足点推论，我国早期的月饼应该是蒸制、烤制同时并行的。多数人吃省钱、省事的蒸月饼，少数人吃费钱、费事的烤月饼。后来，随着经济的整体发展，社会富裕程度的总体提高，费钱、费事、豪华、好吃的烤月饼慢慢占据了主导地位，致使部分专家不承认"蒸月饼"是月饼了。至于"四时皆有，任便索唤"，更是市场行为，只要顾客有需求，肯掏钱消费，任何一种节日食品都可以一年365天出售。正月十五的元宵，端午节的粽子，早已成为速冻食品进入超市随时可买，你能由此就否定它们是节日食品的资格吗？

告别了白大爷，继续逛早市。当我驻足在一个石榴摊前时，后背被人拉了一下，回头一望，白大爷正笑着示意我跟他走。他边走边说，刚才一时忘啦。听老辈人讲，蒸月饼是跟"奥尔"馕学的。"奥尔"就是蒸汽。把发好的面擀成薄饼，中间抹上奶皮子或芝麻油，撒上芫荽和盐，做成馒头形，或者卷成长条形，放在笼里蒸。蒸熟后切成两寸长的小段，放在盘里手抓着吃，非常适合老人和孩子们食用。

正是，听君一席话，读懂了古人书。《武林旧事》卷六“蒸作从食”中，既记载有月饼，也记载有胡饼，长期以来很多人不理解，胡饼是烤的，为什么要列入蒸食呢？原来此处的胡饼，就是“奥尔”馕，而“奥尔”馕很可能就是临安和张掖的蒸月饼。

苏轼的小饼是什么

“小饼如嚼月，中有酥与饴”，经常被作为介绍月饼的诗句来引用。这句诗出自苏轼的《留别廉守》，诗中的“小饼”究竟是不是月饼，一直众说纷纭。

有人说是月饼。从文字上分析，“小饼如嚼月，中有酥与饴”中，暗含了“月饼”二字，与杜甫的名句“露从今夜白，月是故乡明”暗含“白露”一样。从食物上分析，比较小、有馅、饼状，还有“月”字，不是月饼是什么！

也有人认为，诗中的“小饼”就是一种带馅儿的饼状点心，和月饼相似但不一定是月饼，因为月饼到明代才有。

这是一个难以断定的疑案。判断此类问题，最好的办法就是到实地去调查研究。这首诗的创作地在广西合浦，让我们还是去那里寻找答案吧！

苏轼一生宦海沉浮。绍圣四年（1097 年），年已 62 岁的苏轼第三次被贬，一叶孤舟把他送到了徼边荒凉之地海南岛儋州（今海南儋州市）。据说在宋朝，放逐海南是仅比满门抄斩罪轻一等的处罚。元符三年（1100 年）一月，哲宗驾崩，徽宗即位，五月大赦天下，苏轼被调回廉州安置。六月二十日夜渡海北返，他转身望了望琼岛，吟出了“九死南荒吾不恨，兹游奇绝冠平生”的诗句，七月四日在廉州写下了回归经历《记过合浦》，记录了归途中遭遇暴雨，自海康、官寨登岸，过合浦海，辗转到廉州的过程。八月底离开廉州奔赴永州任职，在此居住生活了两个月左右。当时，恰逢八月，廉州太守张仲修（字左藏）及士人邓拟、刘几仲等在合浦清乐轩热情招待宴请了苏轼，于是就有了这首诗——《留别廉守》：

编萑以苴猪，瑾涂以涂之。
小饼如嚼月，中有酥与饴。
悬知合浦人，长诵东坡诗。
好在真一酒，为我醉宗资。

译文：

苇编笼装着猪仔饼，彩秸秆装饰小笼子。
吃的小饼好似月亮，中间有酥油饴糖馅。
预知厚道的合浦人，代代传诵东坡的诗。
真一酒真是好酒呀，太守的品格令人醉。

以往，人们总是盯着“小饼如嚼月，中有酥与饴”，而忽视了第一句“编萑以苴猪，瑾涂以涂之”，这一句里有一个重要的民俗活动和食品，与“小饼”关系密切。

先疏通一下文字。萑，音 huán，芦苇类植物；初生名“菼”，幼小时叫“蒹”，长成后称“萑”。苴，音 jū，包裹。瑾涂，黏土。《礼记·内则》“涂之以谨涂”。汉代郑玄注：“谨当为墐，声之误也。墐涂，涂有穰草也。”穰，音 ráng，稻、麦等的秆。这两句诗究竟描述什么？有人说是一道菜，就是烤乳猪，制作方法是用芦苇和黏土把乳猪包裹起来加以烧烤。然而合浦人不这样认为，他们说是他们当地的著名小吃“猪笼饼”。

猪笼饼，又名猪仔饼，中秋节时送给小朋友的传统食品，流行于岭南的广东、广西一带。因做成小猪形状并装入小笼而得名。猪笼饼一般没有馅儿。它的来历很简单，是中国人勤俭持家、珍惜粮食的产物。饼师烤饼之前，先要用不放馅料的面团测试炉温，以便掌握火候，决定装炉的时间。这些测试炉温的面团，烤出来后便是猪笼饼。另外，每天烤饼中剩

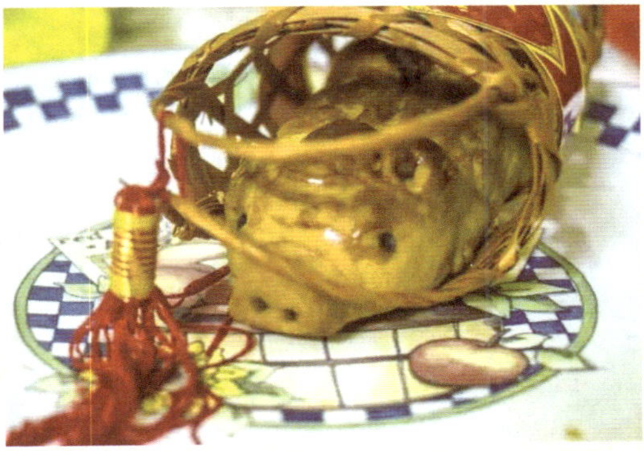
猪笼饼

余的下脚料，在结束工作之前，为免得浪费，也要烤制成猪笼饼。早些年间，猪笼饼从不出售，凡有客人惠顾饼店购买月饼，店家便会将猪笼饼作为赠品，连同小猪笼一同送出。还有解释说，买卖讲求意头吉利，喜欢成双，忌讳单数，故此卖月饼送猪笼饼，是用来凑数。

上面这些说辞都是表象，其实还有更深层次的文化内涵。传统文化非常重视“长幼有序，大小不同”，有些事只许可大人做，小孩子是不能做的。家里来了客人，长辈作陪，孩子不准上桌。旧社会南方一些地方，小朋友一般不会有月饼可尝，哪怕家中很富有，也只会留予成年人享用，小孩子们没有份儿。旧观念认为，给小孩吃而不知其味，赏之以“贵重食物”，不但过于奢侈，更有暴殄天物之虞……乳臭未干的小儿，只配吃“猪笼饼”！

还有另一种说法，没有这样严肃。说月饼是来祭拜月神的，只有祭拜完月神后才能食用。而且人吃的时候一定要掰开或切开，因为神是整个的吃，人和神的吃法不能一样。小孩子嘴馋，见家中买了月饼会等不到过八月十五就吵闹着想吃。为了既等到拜完神再吃，又防止孩子在此之前的吵闹，所以用下脚料做了猪笼饼哄孩子玩。这一说法显得非常接地气，合情合理。

小孩吃猪笼饼，还有希望“猪笼入水”，家财兴旺的意思。“猪笼入水”是一句祝福语。原先，猪笼是一种用竹篾扎成的笼子，为方便运送猪而编织，因呈网状，放到水里时，四周的水都向猪笼里灌。因为岭南人喜欢“以水为财”，所以“猪笼入水”通常用来形容一个人财路亨通，财富从四方八面滚滚而来。让孩子吃猪笼饼，也是一种祈盼和祝福。

这就是烤制月饼和猪笼饼的关系，这就是中秋节大人吃月饼，小孩吃猪笼饼的习俗。

月饼小镇展示厅内的苏轼与合浦月饼场景雕塑

千百年来，在合浦，月饼与猪笼饼相生相伴，苏轼的“小饼如嚼月，中有酥与饴”代代相传，其制作工艺被原汁原味地保留下来，传承至今。2017 年 12 月 29 日，合浦大月饼，被国家批准成为“中国国家地理标志产品”。2019 年 1 月 2 日，中国饭店协会授予合浦县“中国大月饼美食之乡”荣誉称号。当地政府，为了发展月饼产业，还建起了“月饼小镇”。

走进月饼小镇展示厅，迎面就是苏轼和童子的站像，桌子上摆放着月饼、猪笼饼和小竹笼。好客的当地导游会向你介绍合浦的历史。

合浦虽然地处祖国边陲，但并不闭塞，早在汉代它就是海上丝绸之路的起点。满载丝绸的商船从这里起航，经南海通向遥远的印度和斯里兰卡，返航时带回的是璧琉璃、奇石异物等。发达的对外贸易，使得这里非常富有，当地的官员和富商经常将一些珍奇异宝送往官府和朝廷，京城和皇宫流行的东西也会出现在这里。相传，苏轼吃的“小饼”就是仿照当时皇宫里的“宫饼”烤制的。“宫饼”其实就是月饼，由唐朝宫中的“红绫饼餤”演化而来。人世间好吃的东西，大多是先在皇宫里流行，最后流出宫中在民间流行的。至于“宫饼”之名，好古的文人墨客一直在用，清代黄鼎铭《望江南百调》中就有“扬州好，暮景是中秋，大小塔灯星焰吐，团栾宫饼月痕留，歌吹竹西幽”。

导游的话，虽然不像学术著作那样言必有据，但还是相当有道理的。唐朝宫中的“红绫饼餤”，宋朝宫中的“宫饼”，合浦的“小饼”，明朝的“月饼”，这也是一条研究月饼发展演变的重要路线图。

事实上，名和实并不是一对一的，往往是一种东西有好几个名字，同一个名字，也往往指代好几个不同的东西，更何况还有时空的差别。要判断某种东西何时诞生于世，既要考察东西本身，又要考察名字的变迁，最终做到名实相符。

岳家军吃的同心饼

同心饼是一种正面有同心圆纹样的糖饼，八月十五买不起月饼的人家就用它来代替月饼。在20世纪80年代以前的冀中农村，有模具的人家用模子打制，没模具的人家就用大小饭碗在饼上凑合着压轧几道圆圈，效果和模子打制的也差不太多。

据说同心饼与岳家军北上抗金关系密切。岳家军由两部分组成。一部分是岳飞及其部将领导指挥的南宋正规军；另一部分则是全国各地打着岳家军旗号的地方抗金武装，如当时遍及北方的民间抗金队伍忠义社等。由于这种原因，民间传说中的岳家军作战范围包括了现在的浙江、安徽、江苏、江西、湖北、陕西、河南、河北、山东数省，远远超出了其实际的作战区域。这样，使得岳家军和同心饼的故事有了在黄河、长江中下游地区广为流传的群众基础。

相传，南宋朝廷腐败，奸臣当道，金兀术乘机率兵入侵中原，所到之处，奸杀抢掠，无恶不作，百姓陷于水深火热之中。当岳家军渡江北上抗金时，受到沿途各地官民的热烈欢迎。当时恰逢中秋，岳家军驻地附近村庄，家家用麦粉和红糖馅儿烙成碗口大的饼，肩挑手抬送到军营犒军。于是军民一道吃饼，一起唱歌，美其名曰为吃“同心饼”、唱“同心歌”，同心杀敌保家邦。岳家军不负众望，奋勇杀敌，杀得金兵丢盔弃甲，大败而逃。为了纪念这次胜利，岳家军和行军沿线的百姓，每逢中秋节都要吃同心饼。

清晚期磁州窑同心饼饼印 a

从故事的描述中我们可以明确地知道，同心饼其实就是糖饼，河北、山东、河南三省交会地带，把这种糖饼叫糖火烧。至于“同心”之名，反映的是军民同仇敌忾抗击外敌入侵的爱国主义情怀。除去传说的成分，南宋时期普通百姓可以烙红糖饼，是毋庸置疑的，这符合当时的社会生产力水平。然而，2016 年国庆黄金周的河北磁县之游，笔者在古董摊上购得了制作同心饼的饼印之后，才懂得了“同心”二字远非字面含义那样简单。

到磁县一游的动因，是 2016 年 7 月 6 日《光明日报》的一篇文章。文章说：“南宋抗金名将岳飞《满江红 · 怒发冲冠》千百年来广为流传。但‘驾长车，踏破贺兰山缺’曾引起不少学者对该词的争议，其中就有‘贺兰山’地理方位的确定问题。清初历史地理学家顾祖禹在《读史方舆纪要》中指出，贺兰山有两处：一在宁夏中部，一在河北磁州，也就是现在的磁县。为挖掘和开发贺兰山历史文化资源，宁夏地方志办公室专家日前对磁县境内贺兰山进行实地考察后，认同河北专家观点，岳飞《满江红》中的‘贺兰山’就是磁县贺兰山。”

岳飞早年的抗金活动以贺兰山所在的磁州为中心，北起真定（今正定），南至包括其家乡汤阴在内的黄河岸边。这一广袤的地域，留下了很多岳家军的传说。至今，磁县城隍庙中奉祀的还是岳飞，磁县有多处地名也因岳家军而得名。

磁县交通便利，县城东就是京港澳高速公路，最吸引外地游客的景点是中国磁州窑博物馆。磁州窑是汉族传统制瓷工艺的珍品，中国古代北方最大的民窑体系，窑址分布在县城周边的彭城镇和观台镇一带，故而素有“南有景德，北有彭城”之说。此地宋代叫磁州，所以得名磁州窑。磁州窑创烧于北宋中期，并达到鼎盛，南宋、元、明、清仍有延续。

磁州窑博物馆周围有些零散的古董摊点，一块塑料布地上一铺，摆上几件瓷器和少许残破瓷片，摊主在后或坐或蹲，就是一个标准的古董摊。笔者有逛古董摊儿的习惯，也有逛古董摊儿的技巧。摊主也是老手，一言不发。当笔者发现摊上的饼印，装作漫不经心地问价时，摊主说：“咱们都是行里的人。这东西是我们这儿磁州民窑烧的，民俗品。”笔者明知故问：“这是啥玩意儿？”答：“我看您知道个大概其。这东西是老辈儿人做火烧用的模子，八月十五也用它打月饼。现在人们不用了。您出价吧。”笔者有一搭无一搭地说：“200 块钱。”摊主不紧不慢地说：“老哥，到城隍庙拜过岳飞爷了吗？听导游讲过岳家军和同心饼的故事吗？这模子就是做同心饼用的。晚清的东西，一百多年了，还这么完整，可遇不可求。真心要，300。”摊主爽快，笔者也麻利。成交！

踏破铁鞋无觅处，得来全不费工夫。就这样，笔者得到了这个同心饼模子，准确地讲是同心饼印。关于糕饼模和糕饼印的区别与联系，以后会具体详说。

搞民俗研究，能到实地考察就一定要实地考察，能参与民俗活动就一定要亲自参与；能见到实物就一定要见到实物，能参与物品制作就一定要亲自制作。这样做了，会得到书本上感悟不到的东西。

在得到这个同心饼印之前，笔者已经收藏了若干个同类的东西，只是缺少像摊主这样的点拨，无法将这些藏品和图案与同心饼联系起来。这下好了，一通百通。

假如岳家军吃同心饼的传说是真实的，那“同心”之名就是写实性的客观描述，并且是早已约定俗成广为言说的。也就是说，宋朝民间早已开始制作食用同心饼，特别是在中秋节。目前传说中同心饼所包含的“同心协力杀敌”的词义，是在写实性客观描述词义基础上的延伸和附加。不是为纪念岳

清晚期磁州窑同心饼饼印 b

家军打胜仗中秋节才吃同心饼，而是中秋节吃同心饼早已成俗。

学问是反复揣摩出来的。古人为什么将这样的图案用在食品上呢？仅仅是为了好看美观吗？圆形象征着团圆，中秋节是团圆的节日，明代一些地方把月饼称为“团圆饼”，或者说团圆饼是月饼的前身和别名。

团圆是有条件的，那就是一定要至少两个人，孑然一身是无所谓团圆与否的。沿着这个思路，把团圆、人、同心圆联系在一起，其隐藏在图案背后的真实含义就慢慢显现出来。

民俗学家赵国华先生，在其《生殖崇拜文化论》一书中早已得出了结论：“所谓‘同心圆’，乃是女阴的直接描摹，主要显示的是生儿育女的阴户。这些纹样都反映了母系氏族社会以女阴崇拜为主要标志的生殖崇拜。”至今同心圆的纹样，在一些兄弟民族地区仍在使用。彝族把公虎和母虎画在葫芦瓢上，挂在门首镇宅。公虎和母虎的形象差别很大，公虎的鼻子像阴茎，母虎的眼睛是同心圆像阴户。

一语道破天机，图画形象逼真。同心圆，承载着远古的信息，是祈求月亮保佑繁衍生息、人丁兴旺、家庭昌盛的密码。在宋代，同心饼大概还有祈盼打败入侵者、收复失地、实现国家团圆大一统的意愿吧。

古画中的月饼摊铺

民以食为天。一家人围坐一起，无拘无束，大口小口地吃喝，乃人生一大乐事。特定的节日，吃专门固定的食品，年复一年，这就是传统，于是节令食品应运而生。节令食品不但好吃，而且有故事，好听。一边吃，一边听长辈讲述千年不变的故事，更是一种升级版的享受。

月饼属于节令食品，按农历计算，一般从七月下旬开始制作售卖，到八月十五过后结束，满打满算也就一个月的时间。所以，世上没有一家一年到头专门制售月饼的铺子，月饼是由饼铺和饼摊兼做兼售的。买卖跟着节令走。

人之所以为人，有一点很关键，就是好奇，总想知道以前或者未来的事情。经常有朋友半认真、半开玩笑地问笔者："你收藏月饼模子，见过古人怎样做月饼卖月饼吗？"每遇此问，笔者总是从容地说："老祖宗早就想到你会问这个问题，已经为我们画好了，就在古画里。"

目前，反映古人制作买卖月饼场景的画有三张最具代表性。第一张是大名鼎鼎的《清明上河图》。

这幅画是北宋画家张择端的作品，现藏于北京故宫博物院，是国宝级文物，中国十大传世名画之一，被誉为"中华第一神品"。作品采用散点透视构图法，生动记录了中国12世纪北宋都城东京（又称汴京，今河南开封）的城市面貌和当时社会各阶层人民的生活状况，是北宋时期都城汴京当年繁荣的见证，也是北宋城市经济情况和市井生活场景的真实写照。

画面上绕开虹桥往前走，在靠近城门平板桥的地方，有一辆牛拉的席篷大车，车后竖着一把撑开的遮阳伞，伞下一张方桌铺着深色的桌布，桌布上或躺或立摆放着圆形的东西，圆东西中央星星点点，似是图案，又似是芝麻粒。桌子旁，一个头戴幞头、身扎围裙的伙计，手指圆形的东西在介绍推销。这圆形的东西即是饼，如果黑色斑点是芝麻粒的话应该是胡饼，就是我们今天所说的馕。馕的正面，既有芝麻也有图案。月饼是由馕发展演变来的，见到了馕，就等于见到了月饼。

《清明上河图》中街摊桌子上摆放的胡饼

第二幅画，来自一本叫《太平欢乐图》的画册。绘制者是浙江的画家方薰。1780 年，乾隆帝第五次南巡，作者通过曾任刑部主事的金德舆把他的画册进呈内廷，得到了乾隆帝的褒奖，从此名扬天下。这本画册共绘图一百幅，另配一百篇文字说明。用工整清秀的小楷写就。其内容大致分为市井万花筒、市井娱乐和浙江名特产三大部分，依次展现杭嘉湖地区百业兴旺、经济繁荣、百姓安居乐业的生活情景。作品线条流畅，生动细腻，技法娴熟，造型逼真。一卷在手，犹如照片一样，二百多年前的风土人情历历在目，一览无余，具有珍贵的史料价值。其中第 15 幅为“中秋月饼”。

画面中，两条三角凳支撑着一方案板，前面是各种馅料，一头摆放着装月饼的盒子。老师傅正在制作月饼。案板的一角旁，是炉火和吊炉，地上放着劈柴、扇子和火钳，一应俱全。这种打制月饼的场景，在边远的乡下和民俗旅游点还能见到，制作的是烤月饼，也就是我们平常吃的月饼。

这幅画，不仅有图，还有说明性的文字，译成现在的白话是：明朝田汝成《西湖游览志余·熙朝乐事》记载，八月十五日，民间相互赠送月饼，是取团圆之义。现在浙江的风俗还是这样。所卖月饼有桂花馅、枣泥馅、豆沙馅等。亲戚邻里相互赠送，把它叫作“节礼”。清朝人的图画文字，说他们过中秋节吃的月饼和送礼的习俗，与明朝一样。从 1780 年到 2022 年，242 年又过去了，我们过中秋的习俗与吃的月饼，和老祖宗没有什么太大变化。这就是中华文化绵延不绝的神奇！

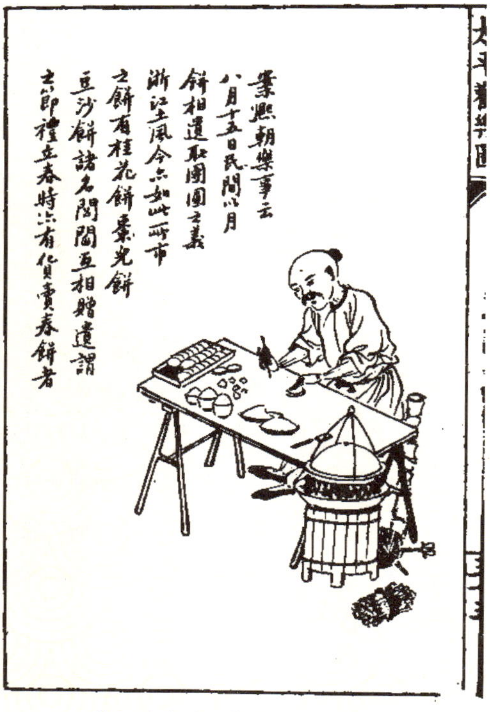

《太平欢乐图》之中秋月饼

前两幅画，一幅画在绢上，一幅画在书中，这第三幅画与众不同，画在庙里的墙壁上，是壁画。2009 年 7 月，在河北省蔚县夏源村关帝庙内，发现了保存完整的 64 幅清代同治年间绘制的《百工图》壁画，真实反映了清代市井生活的状况，表现了64种社会行业的从业情况，是研究清代社会、政治、经济、人文、民俗、宗教等诸多方面的珍贵资料，具有极其宝贵的历史研究价值，被人们称为清代的《清明上河图》，其中一幅名为“饼面铺”。店铺比摊贩规模大，有固定的门面，一般而言，质量也好于摊贩。早在唐宋时代，就有了固定的食品店铺。

河北省蔚县清同治年间绘制的《百工图》之饼面铺壁画

画面中，饼面铺内矗立着顶梁柱，空间宽敞，地面上铺着灰白两色地砖，卫生洁净。柜台上，长者在揉面，壮年在做剂，中间放着擀面棍和调料盒。旁边，一个青年人在灶台前拉风箱烧火，灶锅上摞着四层蒸屉。中秋来临之际，这种店铺就开始蒸月饼出售。

元朝的月饼叫月糕

2018年8月15日，网上出现了这样一则广告——“惊艳老佛爷的中秋礼，寺库颐和园联名月华糕限量开售”。

广告说：这款产品不仅是美味，一块小小的月饼融合了潮流时尚设计元素与古典之美的文化传承，在中秋节到来之际把精品生活和精致美味一起呈现，这是会惊艳到老佛爷的御宴珍馐。

月华糕的创意源于慈禧太后的故事。据传，慈禧非常喜欢吃月饼，但认为“月饼”之名不雅，与女人每月一次的“月病”谐音，于是让宫里上上下下所有人不许再叫月饼，而要改叫“月华糕”或者“月糕”。不为别的，只为讨个口彩吉利，月儿华美，高高在上，图个欢心痛快。这样的说法出自颐

月华糕

和园，其可信度是非常高的。清末民初蔡省吾的《北京岁时记》中，也有“月华糕即月饼也”的记述。

慈禧可不是寻常女子，其学识和胆识非同一般，她这样做其实并非心血来潮，而是有根有据。从现实层面讲，民间糕饼二字大多联用，街面上糕饼铺或糕饼摊的字号牌匾和广告幌子就是实证。从历史层面讲，元朝宫廷就曾把月饼称为“月糕”。元末明初的文学家、史学家陶宗仪，写过一本《元氏掖庭记》的书，详细记述了1309年元武宗在皇宫的太液池，也就是现在的中南海和北海欢度中秋之夜的故事。故事的主角吃的就是“华月之糕”。文章原文：

> 己酉仲秋之夜，武宗与诸嫔妃泛月于禁苑太液池中。月色射波，池光映天，绿荷含香，芳藻吐秀，游鱼浮鸟，竞戏群集。于是，画鹢中流，莲舟夹持。舟上各设女军：居左者冠赤羽冠，服斑文甲，建凤尾旗，执泥金画戟，号曰凤队；居右者，冠漆朱帽，衣雪氅裘，建鹤翼旗，执沥粉雕戈，号曰鹤团。又彩帛结成采菱采莲之舟，轻快便捷，往来如飞。当其月丽中天，彩云四合，帝乃开宴张乐，荐蜻翅之脯，进秋风之脍，酌玄霜之酒，啖华月之糕，令宫女披罗曳縠，前为八展舞，歌《贺新凉》一曲……由是下令两军水击为戏，风旋云转，戟刺戈横。战既毕，军中乐作，唱《龙归洞》之歌而还。

译成白话就是：

1309年中秋节的夜晚，元武宗海山携带他的三宫六院七十二妃，在紫禁城的太液池，也就是今天的中南海和北海，月下划船泛舟。皎洁的月光投射在水波上，池水映衬着蒙蒙的夜空，绿色的荷叶散发着幽幽的清香，芬芳的水草疏疏地漂浮在水中，鱼儿漫游野鸭游荡，成群结队竞相游戏。此时此刻，皇帝乘坐在画着大鸟的巨船上，周围是采莲的小船。有两条女子船，左边船上的女子头戴红色羽毛冠，身穿斑点花纹的铠甲，打着凤尾旗，手持涂着金粉的画杆方天戟，名字叫“凤队”；右边船上的女子头戴红漆朱帽，身穿雪白色皮大衣，打着鹤翅旗，手持贴着银箔雕刻着花纹的戈，名字叫“鹤团”。还有扎结着彩绸的采菱船、采莲船，轻快便捷，来回飞奔。当美好的圆月升到天中央时，祥云围绕，皇帝命令鼓乐齐鸣，中秋宴会开始。先上的是蜻蜓模样的各类果脯，后上的是秋天的各种野味，喝的是神仙玄霜美酒，吃的是“华月之糕”，就是花瓣形的月糕。宫女们身披长长的绫罗绸缎，表演着元代独创的八展舞，歌唱着美妙动听的《贺新凉》……之后，皇帝下令凤队和鹤团两军，开始水战，风旋云转，戟刺戈横，好不热闹。最后，音乐高奏，两军唱着《龙归洞》的歌曲欢送皇帝回宫。

多么豪华，多么好玩，多么奢侈！

斗转星移，元武宗海山赏月泛舟的太液池，变成了慈禧太后的中南海和北海。慈禧比元武宗更会享乐，能不知道上面的故事，能不知道元朝的月饼叫“月糕”，信手拈来，既去了“月病”不雅的烦恼，又古为今用，彰显了皇家高贵的气势，何乐而不为之！这应该是慈禧改“月饼”为“月糕”的真实目的。

元朝的麦饼变月饼

无锡有句老话，叫“八月半，糖馅麦饼镬里熯”。镬是古代烹煮食物的大锅，熯是烘烤的意思。

相传，无锡一带做麦饼吃麦饼的习俗，要追溯到三千多年前的吴国第一代君主泰伯。公元前1123年，泰伯为了顺从父亲的意志，让位于三弟季历并传位给其子昌，带着二弟仲雍以采药替父治病为名，来到荆蛮句吴，建立了吴国。临行时，泰伯准备了大量的干粮，以便中途食用，其中就有推酥麦饼。泰伯来到荆蛮以后，为了取得当地先民的信任，就断发文身，入乡随俗，与先民们打成一片，把多余的干粮分给他们吃，当他们吃到酥松可口的推酥麦饼时，连连称赞。时值农历八月半，一轮明月当空，人们手捧麦饼，祝福天长地久，团圆吉祥，永不分离。后来，泰伯把制作麦饼的技术传授给了当地先民。从此以后，每年农历八月半，这里的人们家家都要做麦饼吃麦饼，还拿着麦饼走亲访友，相互赠送。以此表示对泰伯的真诚敬意和永恒纪念，这一习俗一直沿袭至今。

无锡民间原始“麦饼”

到了1353年，大一统的元朝最后一位皇帝元顺帝，荒淫残暴，百姓生活苦不堪言。江苏泰州有个贩卖私盐的人叫张士诚，他召集贫苦盐民密谋暴动，就利用人们八月十五馈赠麦饼的机会，在饼中夹了纸条，约定中秋午夜起义。起义军攻破泰州，占领高邮，定都苏州，张士诚自称“吴王”。

从此以后，苏州一带的百姓，把纪念泰伯和庆祝反元胜利合二为一，每年中秋节，家家户户吃麦饼。麦饼也越做越大，越做越好吃。制作麦饼的主要原料是面粉，馅料由芝麻、白糖和猪油混合而成。手工包好后，用擀面杖压成薄饼状，两面再沾上些芝麻，然后放在锅里烘烤，烤熟冷却后会变得又松又脆。

以前麦饼都是自家制作，手艺不专业，加之饼擀得又大又薄，用锅烘烤时，稍微不留意就会烤煳焦，所以苏州的糕饼店就对它进行了改进。饼皮儿用小麦粉、饴糖、食用植物油或猪油、水等，温水调制，让部分小麦淀粉糊化，体积膨大，黏度增强，筋力减弱，再采用小包油酥的工艺折叠；馅料制备上，不加水分，肥而不腻，口感松酥；体积个头上，也变得比较小和厚，慢慢地形成了一种与众不同、别具一格的独特酥皮糕饼，这就是现在的苏式月饼，以松酥著名，为中国四大月饼流派之一。

苏式月饼讲究多。烤制时，月饼下方一定要铺垫一张方形纸片，其作用是分散热量，确保颜色金黄，防止受热不均，部分区域颜色过重，同时防止粘底。出售时，自家吃用纸包，一定铺垫一大一小两张包装纸；送礼时用盒装，盒内也要铺垫纸张。据说，是以此象征当年麦饼夹纸条传递起义消息的故事。

明代的月饼还叫团圆饼

在中华传统文化中，圆象征着天，是神圣的。百姓的团圆，是以家庭为单位，一家人围坐在一起边吃边聊，其乐融融，是神圣的天大的事儿，人们永恒的追求和共同的期盼。

最早将月饼和团圆联系在一起的，是明代的田汝成（1503—1557）。他是钱塘人，也就是吴自牧第一次将月饼载入史册的《梦粱录》中的南宋临安，今天的杭州。他在《西湖游览志余》说："八月十五日谓中秋，民间以月饼相送，取团圆之意。"生长于月饼记录地或诞生地的人，又一次对月饼的内涵进行了补充，增加了团圆和谐，这也许是巧合，也许是历史的必然。

最早记录月饼还叫"团圆饼"的，是明朝万历、天启年间太监刘若愚（1584—？）。崇祯二年（1629 年），刘若愚被列入魏忠贤党被捕入狱，在狱中用 12 年时间写了一部叫《酌中志》的书，回忆自己耳闻目睹的一些宫闱之事。该书第二十卷"饮食好尚纪略"中记载："八月宫中赏秋海棠、玉簪花。自初一日起，即有卖月饼者，加以西瓜、藕，互相馈送。至十五日，家家供月饼、瓜果，候月上焚香后，即大肆饮啖，多竟夜始散席者。如有剩月饼，仍整收于干燥风凉之处，至岁暮合家分用之，曰团圆饼也。"说八月十五，如果有吃剩下的月饼，就整理收放在干燥、通风、阴凉的地方，等到年底全家人再欢聚在一起分着吃，这叫团圆饼。

至今令人费解的是，为什么不是所有的月饼都叫团圆饼，而是八月十五吃剩下，年底再分吃的月饼才叫团圆饼呢?

细思量，从八月十五到农历年底，四个多月，存放如此长的时间，这种团圆饼应该是用油和面制作，用炉火烤制的，油多不易干燥，才能经得住存放。如果是用水和面制作，用笼屉蒸制的，存放四个多月，即使放不坏，自然条件下肯定会干透，到年底也难以食用。我们专门买了烤月饼和蒸月饼，做了对比实验，证明我们的判断是正确的。

无独有偶，与刘若愚《酌中志》大致同时代的小说《金瓶梅》，也有相似的描写。第四十二回：正月十五元宵节，是西门庆小老婆李瓶儿的生日，乔

陕西关中烙制的团圆馍

亲家提前送来了生日礼，西门庆要回礼，就派仆人去糖饼铺定下了四盘蒸饼，其中两盘“果馅团圆饼”，两盘“玫瑰元宵饼”。蒸饼、果馅团圆饼，与《梦粱录》中的蒸作月饼一样。都是蒸饼，同样随时可以买到，在南宋叫“月饼”，在明代叫“果馅团圆饼”，只是多了“果馅”二字。

历史的发展轨迹非常清晰，在明代团圆饼既有烤制的，也有蒸制的，两者同时并存，任随顾客选购，十分方便。另外，清末民初的蔡省吾在其《北京岁时记》中说：“团圆饼，以糖烙饼，供后，合家分食之。”此种团圆饼就是普通的烙糖饼，一般百姓的自造月饼。与史书记载的“团圆饼”不同，还有一些地区把月饼叫作“团圆馍”，只差一字，大多为家庭制作，自家享用或馈赠亲友。依据省事、省钱的原则，其熟制方法与“团圆饼”一样，也是两种，只不过把烤制改为了更加普及方便的烙制。

陕西关中、河南豫西一带是小麦主产区，每逢中秋家家户户要做团圆馍。团圆馍分上、下两层，中间夹芝麻。上层用男人们吃饭的大海碗拓一个圆圈，象征月亮。在月亮周围，用女人们做针线活的顶针、大针扎出各种花形，然后放在锅里蒸熟。吃时切成尖角状，全家每人一角，如果有人短期外出未归，要留一角等他回来吃。出嫁的姑娘，也要派兄弟送到婆家。所有的习俗，都是在祈盼全家团团圆圆，和和美美，蒸蒸日上。

烙制团圆馍，别有一番情趣在其中。特别是对于童年的孩子，帮妈妈制作团圆馍，是一生最美好的记忆。网上的一篇充满生活气息的质朴的短文这样记载：

“独在异乡为异客，每逢佳节倍思亲。”又到中秋，勾起我对家乡中秋的回忆。临潼的每个秋天，硕果累累。院子里那棵几十年的大枣树上红红的枣儿坠着想要落地，母亲就开始准备一家人的中秋“团圆馍馍”。

天刚亮，母亲就起床干活。她从面缸里拿出搁置的酵头，用温水捏碎，往里打鸡蛋，再和着面粉揉成团。醒上半天工夫，擀成六七分厚的面饼。机灵的大哥早已爬上枣树，用竹竿打着，院子里下起了“枣子雨”，我和妹妹提着小筐欢快地捡着，枣子不停地落在身上。父亲将枣洗干净上屉笼蒸，十几分钟后拿出淋上蜂蜜交给母亲。母亲在面饼中间用搪瓷碗扣出圆圈，就吩咐身为“烧火丫头”的我来帮忙。

烧火是有讲究的。我抱来一捆麦秆，引火后，就开始拉风箱。慢慢地往里送着麦秆，始终保持灶膛是中火。母亲用油刷子把锅底刷上油，开始放馍烙。上下翻面，边烙边撒芝麻。待灶膛尚有余火时，停止翻动，把用蜂蜜泡过的熟枣镶嵌在馍中圆圈上。依次成圆一圈圈放枣，间隔均匀，大大的馍馍瞬间变成了“比萨饼”。盖上大木锅盖，蒸汽缓缓透出，用小火慢慢煨熟，母亲这张直径约为 0.7 米的“团圆馍”就出锅了。面香四溢，不断刺激着我们几个孩子的味蕾。

月亮升起来了，传统的祭拜开始了。母亲在院子的石榴树下摆上香台，台上供上香案，“团圆馍馍”隆重地摆在中间，旁边是祭拜的瓜果、“红星软香酥”之类，被父亲切成莲花形状的西瓜也端上了案台。母亲召集孩子们“祭月”，父母虔诚地祈祷着，我们也都各自许愿。祭拜结束，母亲将馍馍切成窄块扇形，分给每人一块。在奶牛厂工作的小叔还未下班，母亲也会想着给他留出一块儿。我们大快朵颐，兼顾忙着抠出彼此馍馍里的蜜枣，打闹声、欢笑声在柔柔的月光下久久回荡……

明代的月饼又叫金饼

在明代，月饼作为节令食品已经普及，月饼之名也已基本固定，但十里不同风，百里不同俗，月饼的称谓各地还是不尽相同，小说《金瓶梅》中就把月饼叫“金饼”。

《金瓶梅》是中国文学史上第一部由文人独立创作的章回体长篇世情小说。成书时间大约在明朝隆庆至万历年间（1567—1620 年），作者署名兰陵笑笑生。被人称之为明代百科全书，对当时民间生活细节的描写尤其令人称道。在这部小说第三十四回中，有一本中秋节西门庆给各级官老爷送礼的账本，其中的“金饼”就是月饼。

小说是这样描写的，西门庆的“书箧内都是往来书柬拜帖，并送中秋礼物账簿。应伯爵取过一本，揭开观看，上面写着：蔡老爷，蔡大爷，朱太尉，童太尉，中书蔡四老爹，都尉蔡五老爹，并本处知县、知府四宅。第二本，是周守备，夏提刑，荆都监，张团练，并刘薛二内相。都是金段尺头，猪酒金饼，鲥鱼海鲊，鸡鹅大礼，各有轻重。”

其中的“金饼”是什么东西，有不同的理解。有的说是茶叶饼。因为词典上说，金饼是茶叶饼的美称。唐李郢《酬友人春暮寄枳花茶》诗云：“金饼拍成和雨露，玉尘煎出照烟霞。”唐皮日休《茶中杂咏·茶焙》诗言：“初能燥金饼，渐见干琼液。”有的说是和月亮有关的东西，因为金饼常用来比喻月亮。宋代苏舜钦有“银塘通夜白，金饼隔林明”的诗句。孙平父一联云：“坐待银盘生海底，俄惊金饼上云头。”

解铃还须系铃人，“金饼”究竟为何物，在《金瓶梅》中就能找到答案。第十回《武二充配孟州道　妻妾宴赏芙蓉亭》，西门庆打听武二已被充配孟州牢城，一块石头方落地，心中如去了痞一般，十分自在。于是吩咐家人收拾打扫后花园芙蓉亭，叫了一起乐人吹弹歌舞，他和大老婆吴月娘居上，小老婆李娇儿、孟玉楼、孙雪娥、潘金莲两旁列坐，合家欢喜饮酒。席间，隔壁花太监派一小厮，一个小女儿，才头发齐眉儿，送来两个盒儿。“一盒是朝廷上用的果馅椒盐金饼，一盒是新摘下来鲜玉簪花儿。”

西门庆中秋礼物账簿上的“金饼”，应该是宫中美食“果馅椒盐金饼”的简称，这分明就该是月饼。中秋节送月饼，合情合理，礼品与节日正好吻合。

那么，西门庆们为什么把月饼称之为金饼呢？这除了讨口彩吉利外，还可能与汉代的黄金货币“金饼”有关。

汉代的金饼一般为纯金圆形饼状，不作流通使用，只是作为贮藏、赏赐、馈赠、进贡、赎罪等用途，是权力和富贵的象征。当时，有些官员死后，为了实现生前梦寐以求享有金饼的梦想，有仿照金饼样式用陶土做成饼状并外饰金色制作冥币陶金饼的习俗，在陕西和河南等地的汉墓中均有出土。这种陶金饼冥币，用模具批量制作，不但与月饼的样式相近，其制坯工艺也与用模子制作月饼的工艺一模一样。也许就是这个缘由吧，民间有把月饼称为金饼的实例。

文化既需要传承，更需要创新。也许是有意为之，也许是机缘巧合，400

年之后，眼界开阔，头脑灵活，商业意识超前的广州人，率先把文创理念运用到食品领域，将金饼、南越王、月饼这些文化符号巧妙组合，在2003年中秋节前夕推出了“南越王金饼”月饼。

据媒体报道，开发者认真考证了两汉饮食文化，从出土的类似于今天月饼的南越国金饼中，认真研究其样式和纹饰，并结合现代工艺精制而成。金饼在取料和命名上都力求尊重史实，古时金饼多用五谷杂粮，现代金饼也是以仁果类原料为多，因此金饼口感有些类似五仁月饼，但回味更好，而且极具分量的两斤重大饼，颇有南越国君主尊贵之风。由于这款特制月饼色泽金黄，所以就起名为金饼。

历史就是这样有趣，无意中丢掉的东西，过些日子会有意识地捡回来。

清宫御用月饼

清朝皇帝吃的月饼是啥样子？这既是个现实的问题，也是个历史的问题。皇帝吃的月饼也是月饼模子磕出来的。模子是啥样，月饼肯定就是啥样。只要能找到故宫中的月饼模，或流落于民间的宫中月饼模，这个看似难解的问题就迎刃而解了。

人间万事万物，只要和皇帝或宫廷牵扯在一起，立刻就会产生一种神秘感和高贵感，身价立即倍增。河北省过去叫直隶省，怀抱北京，天子脚下，在宫里当差打杂的人自然多，关于宫中的各种故事当然也就多了。

据和宫里有些瓜葛的人说，紫禁城里的月饼模子分三种：纯金的，是给皇帝做月饼用的；纯银的，是给皇后做月饼用的；和田玉的，是给格格、阿哥们做月饼用的。至于各个王府中的王爷，只能用景德镇官窑的瓷月饼模子做月饼；到了贝勒爷这一等，和普通老百姓就没有多大差别了，用杜梨木的模子。对此，笔者查阅了各种正史、野史，没有相关记载。拜访了众多名流大家，答案也是扑朔迷离，有的和笔者一样只是听人说过，从未见过实物；有的干脆不屑一顾，说是此等茶余饭后的话题，真正的学者耻于谈及。有位理性的长者认真地告诉笔者，孟子言：君子远庖厨。厨房里的事只有厨子最清楚，不登大雅之堂，正史不记，野史不清楚，你找不到结果的。最后善意地提醒：皇宫里烹制满汉全席用的炒勺是黄金打造的吗？也是铁做的。但是，作为月饼文化爱好者，笔者还是想得到无可置疑的答案。

1987 年，笔者的疑问随着一篇名为《清宫糕点模具》文章的发表有了答案。文章发表在双月刊《紫禁城》上，这个杂志由北京故宫博物院出版，作者是故宫保管部的童燕女士。故宫出版、故宫人员撰文、照片根据故宫文物拍摄，所有这些，保证了信息的绝对真实和权威。文章说："清宫做点心用料讲究，做工精细，味道可口，并要求花样繁多，具有特色。清宫用点心皆由宫中膳房制作。故宫博物院仍保存着一批属于清代中晚期宫廷制作糕点的各式模具，均为硬木雕刻而成。模子可分为圆和椭圆带柄两种形状，所刻纹饰多为龙凤、福寿等宫中常见的图案。"

一锤定音，宫中的食品模具全都是用硬木雕刻的，并无纯金、和田玉、官窑瓷之说，倒是纯银之说有几分靠谱。文章最后说："除专用做食品的模具外，故宫博物院还珍藏有一种镶银里的模具，专门制作祭祀食品。这种模具同样以木做托，将范锤打成型的银片嵌入木托内。图案有轮、螺、伞、盖、花、罐、鱼、盘等。这种模具的工艺较之前者纯木模要复杂。但其用途单一，将蒸熟、烘烤的点心放在佛堂供桌的盘内，一般不食用。"顺便加一句，作者的行文非常老到，把祭祀食品表述为"一般不食用"，那是在富有的皇宫和大户人家，于普通百姓而言，只要把供品掰成两半就可食用，不但可以大饱口福，而且还可以得到神灵和先人的庇佑。

至于为什么给活人做点心要用木模，给神灵做供品一定用镶嵌银皮的金属模呢？这和我国传统的阴阳五行文化有关。木主东方，象征春天和生长，草木繁茂，百花争艳，用于活人是美好的祝福；金主西方，象征秋天和肃杀，草木枯黄、百花凋零，用于神鬼是真实的写照。这种木模和金属模的不同功用，仅限于皇家和官府。

令人惋惜的是，这篇文章只是笼统地讲了食品模，没有单独谈月饼模。自从读了这篇文章以后，能够藏有一个宫中月饼模，便成了笔者的一大夙愿。

收藏是有缘分的。是你的跑不了，不是你的留不住。2004 年夏天，在北京潘家园——中国最大的古玩市场，笔者发现了一个制作精良、器型端庄、个头较大、包浆自然、保存完好、刻有"上用"二字的月饼模子。立刻，心脏突突狂跳起来。它叫笔者想起了《红楼梦》第二十八回，王熙凤让贾宝玉写的那段话："大红妆缎四十匹，蟒缎四十匹，上用纱各色一百匹，项圈四个。”想起了《清史稿·高宗纪六》中的记载：“加和琳太子少保衔，赏福康安、和琳上用黄里玄狐端罩各一。”

清代杜梨木“上用”月饼模

上用，就是御用，皇帝用的。真是踏破铁鞋无觅处，得来全不费工夫。喜从天降。买古玩有讲究，越是高手越是藏而不露，见到中意的藏品一定不能喜形于色。笔者心不在焉地问，“这模子多少钱？”“1000。”我的天，卖家是个外行，他要知道这是宫里的东西，开两万也不为过。遇到要价要到圈里的时候，也不能满口答应。卖家见你满口答应往往会捂住不出手。古玩行，漫天要价就地还钱。最后，笔者以 800 块钱买下了“上用”月饼模子。

买到“上用”模子后，回到家做的第一件事就是精心擦拭，然后找来橡皮泥拓制了一块“皇帝上用月饼”。气度果然与众不同，没有繁复的纹饰，底部中间形似供桌，摆放着竖书“上用”牌位，牌位上方一片祥云飘荡，左右两旁对称矗立着昂扬向上的花卉，整个图案融天地人为一体，古朴、大气，王者气象。

收藏的乐趣在于研究。研究是一个不断提出问题和不断解答问题的过程。大胆买入，小心求证。书本上的记述，一定要用实物印证，才能确保准确无误。目前，故宫珍藏的御用品中，有镌刻或书写“上用”的东西吗？资料显示，故宫藏有镌刻“上用马褂”的衣料盒。另外，网络上有明代“上用”款辣椒红龙纹盘图片，相关拍卖会宣传材料上，也刊载类似的照片。

经多方实物和材料证实，笔者收藏的“上用”月饼模，的确是宫中之物。那么，还有一个问题时常萦绕于心，挥之不去：模子上为什么刻“上用”而不刻“御用”呢？

2016 年春节，应“天与民藏——京津冀民间收藏”展览筹备组和首都博物馆之邀，笔者携带收藏的月饼模，参加了这次展览。其间，向有关专家和同行请教了这个问题。原来，清宫皇家御用品，大多为内务府造办处制造。但是造办处也制造不了的东西，空缺的部分就到民间采购定做。由此形成了一个不成文的规矩，造办处制作的一般署“御制”款，宫外订购的一般署“上用”款。

笔者收藏的“上用”月饼模，属于民间订购品。根据其形状和做工判断，属于“京做”。根据有关资料记载，清晚期为皇宫定制食品模的是京城的孙家。孙家居住在北京市顺义区阎家营。他家这门手艺，世代相传，从太爷爷的岳父那一辈开始，到现在已经延续了200多年。第二代传承人孙万祥曾是慈禧六十六寿筵“团圆饼”的模具雕刻师，当年制作的“百福百寿饼”模子，至今仍收藏在故宫博物院里。2007年，孙氏糕点模具木刻手艺被评为北京市非物质文化遗产，第五代传人孙宝德先生，先后为老字号稻香村、宫颐府和北京饭店、国际饭店等五星级饭店雕刻过月饼模，其作品还远销美国、日本、韩国。

至此，笔者收藏的“上用”月饼模，找到了它的刻制者。但问题又来了。它与2019年故宫发布的限定月饼广告中的月饼模，风格迥异，这其中又有什么奥秘和讲究呢？尚需认真研究。

古老的潍坊蒸月

潍坊，山东省下辖的一个地级市，古称“潍州”“潍县”。这里至今保留着一个古老的习俗，每逢八月十五，家家户户都要蒸月、念月、供月。清末潍县进士梁文灿写过一阕词《蝶恋花·中秋》，真实地反映了潍城过中秋节的情景：“八月中秋分一半。枣饼层层，面镂千花瓣。枣上插香香不断，小儿对月声声念。亭亭火树蒿灯转，灯烬归来，忙底分神馔。雪藕冰梨堆满案，一家男女团圆宴。”词中的枣饼就是“月”。

这种“月”，是一种原始的月饼。月饼是在多地祭祀月神的供品基础上，长期交流相互借鉴而逐步形成的。在形成过程中，各自的地方特色逐步弱化，缓慢地向着趋同的方向发展。但潍坊的“月”却特立独行，一直保持着自己独有的特色，没有向月饼方向演变，而成为古老拜月祭品的活化石。这也许是潍坊人对华夏历史的一份特殊贡献吧。

“月”是蒸制食品。以往，每到中秋节的前几天，人们就开始忙着做“月”了。一般家庭除给自家做外，当姥姥的还要给外孙做。主妇们常常聚在一起，取长补短，把“月”做得又大又漂亮。做“月”有五个步骤：

第一步发面，用面粉和酵母和面，在面盆中发醒两三个小时。

第二步是做底，根据所做“月”的大小扯面团，先擀两个尺寸、厚度差不多的圆饼作“底座”，在两层“底座”之间填满红枣；然后再擀一个很薄的圆饼，铺在最上面做面皮。

潍坊的蒸“月”

第三步做“云肩”，在最上层的面皮边缘，用剪子剪出花边，犹如古代妇女披在肩头“制如四垂云”一样的披肩。

第四步装饰“云肩”，用小面团捏制成小兔、刺猬、金鱼、小鸟、小猪等各种动物，杏花、天竺、竹子、石榴等各种花卉，压放在最上层的云肩上。花蕊中间按上五颗大枣，象征日子像鲜红的大枣一样，红火甜蜜。给孩子做的“月”，一般都会做一只活泼可爱的小兔，用红豆点睛，那小白兔一下子便活了起来。做“月”的技术高低，关键就在这一步。

制作好生“月”后，稍醒一会儿，就可以进锅蒸了，这是第五步。

“月”的做法多种多样，但面一定要揉得硬些，蒸完后不要马上就吃，放到半凉半热时会更加筋道好吃。

全国为什么只有潍坊蒸“月”，而且保留千年不变呢？这可能和这里独特的历史有关。一半历史记载，一半故事传说，潍坊市的寒亭区，是寒浞和嫦娥生活的古寒国，这里的云台山，是嫦娥升天奔月的地方。

“寒”是远古时期东夷的一个部落，黄帝的后裔，任姓，因生活在寒水一带，所以名“寒”。他们的始祖寒哀曾是黄帝的马车夫，就是《世本》中记载的“寒哀作御”。据《路史》记载，黄帝的儿子青阳娶了寒哀的女儿，生了少皋氏。到了夏代，寒哀后世子孙中有一个叫寒浞的，当了寒部落的首领。

当时，夏朝年幼的第四代国君帝相刚刚继位，难以服众。朝中的大权，掌握在因射日有功的后羿手中。他趁帝相少不更事，暗中邀请寒浞加盟，一起发动政变赶走了帝相，取而代之，成为夏朝的国君，这一事件被后人称为

“后羿代夏”。后羿当政以后，沉湎游猎，把国家政事全都交给寒浞处理。寒浞则借此收买人心。终于在后羿篡权八年以后，寒浞指使后羿的徒弟逄蒙将其暗害，自己当上了夏朝的国君，并在寒亭一带建立了寒国，还确定以“月亮”为寒国的图腾。寒亭就是现在的寒亭区。

寒浞不但夺去了后羿的权力，还迎娶了后羿如花似玉的娇妻嫦娥。为讨嫦娥欢心，寒浞在寒国境内的云台山上修建了一座宫殿，并以国名“寒”命名为广寒宫。寒浞和嫦娥非常恩爱，生了两个儿子，一个叫浇，一个叫豷。对此，《左传》有明确记载：“浞因羿室，生浇及豷”。寒浞死后，夏朝的少康帝励精图治，又从寒浞两个儿子的手中夺回了大权，史称“少康中兴”。嫦娥见此，只好吃了仙药躲到了月亮上。为怀念故土，她居住的地方还叫“广寒宫”。有学者认为，这其实是嫦娥离开后羿来到以月亮为图腾的寒国、改嫁寒浞的神话隐喻。有的学者对此持有异议。

神话是民俗的根。不管别人信不信，潍坊人世世代代口耳相传着自己家乡的故事，坚守着蒸月、念月、供月的习俗。

八月十五的晚上，皓月当空，孩子们几乎是人手一“月”，用各种器物盛着，柳编的篮子、藤编的笸箩、高粱秆扎的箅子，这些物件都用上了。等“月”们聚成了堆，那阵势俨然就是一种朝拜。点上一支香，孩子们开始念“月”了：

念月了，念月了，一斗麦子一个了；念月饼了，好年景了；念粑谷（窝窝头）糠了，盖瓦屋楼了；念煎饼了，骡子马子拴一天井了……这琅琅的念诵之声，此起彼伏，洋洋盈耳。

当孩子们外出念“月”的时候，妇女们则毕恭毕敬地开始供“月”。供桌要摆在天井的西北角，面对东南角冉冉升起的圆月。除香烛外，主要供品是“月”和月饼，另有西瓜、葡萄、梨、枣等水果。也有的要给祖先牌位上供，让祖宗一起分享“月”的芳香。

等孩子们念“月”归来，供桌也就到了该撤的时候。一家人围坐在一起，特别是孩子，开始享受供桌上撤下来的美食。往往一个月饼被切成好多块，每人吃一小角。等吃完了美食，如果还有闲情逸致，那就要赏月了……

年年岁岁如此，岁岁年年重复。

来自草原的混糖月饼

月饼是团圆与祥和的象征，体现着亲情与和平、友爱。但是，在历史的长河中，一个耐人寻味的悖论却反复出现。月饼总是和战争结缘，为战争服务，为庆贺战争的胜利而受到追捧，进而在民间迅速推广、普及。商代闻仲的军粮太师饼、秦代秦军的干粮锅盔、唐代裴寂的军用小圆饼、宋代岳家军的同心饼、元末明初传递起义军情的麦饼，无一不是从战场上走来的军需品。就连沿着丝绸之路而来的胡饼，也曾有唐高祖为欢迎征讨匈奴凯旋的大将军李靖，笑对明月说出“应将胡饼邀蟾蜍”的传说。

混糖月饼也是如此，它从草原走来，在战争中经受洗礼。相传，清康熙二十九年（1690 年）的夏天，塞外狼烟弥漫，噶尔丹率 10 万精兵大举东进，在乌兰布通扎下营盘，马刀直指长城，威逼中原。清朝康熙大帝为维护中华统一，打击分裂势力，御驾亲征平叛噶尔丹。战争进行得异常残酷，久战不胜，连绵的大雨使得后方的粮食发霉，正当后勤保障紧急时，一对叫武丰、武隆的兄弟献上了自家饼铺做的混糖饼。康熙知道这事后，重奖了两兄弟，还让军营学做混糖饼，作为军中之粮。有了混糖饼吃的清军，个个精神抖擞，准备和噶尔丹决一死战。

1690 年农历八月初一，清军与噶尔丹在乌兰布通展开激战，噶尔丹把上万匹骆驼缚蹄卧地，背负木箱，盖上浸了水的毯子，排成一道“驼阵”防线，士兵躲在“驼阵”后面放枪射箭。清军用火炮、火枪对准“驼阵”的一段集中轰击，打开了缺口，步兵骑兵一起冲杀过去，噶尔丹大败，带领残兵逃向了漠北。清军在凯旋的路上，恰逢八月十五，士兵们吃着混糖饼，欢度中秋。从此，混糖饼名声大振，家喻户晓，成了河北省、山西省、内蒙古自治区三省区交界处一带八月十五的月饼，人称混糖月饼。

据说，现在内蒙古自治区乌兰察布市所辖的丰镇、隆庄两地，就是为纪念武丰、武隆兄弟，取其丰、隆二字命名的，一直沿用至今。这里加工生产的混糖月饼，誉满长城内外。

混糖月饼的最大特点就是没有馅儿。将西北高寒干旱地区特产的胡麻油（亚

丰镇混糖月饼

麻油）烧热，把深井凉水烧开放入红糖或白糖，趁高温时快速把油和糖水倒入面粉中，然后翻搅均匀。这样面、油、糖、水很快凝聚在一起，面粉在油与糖的浸透下呈现出金黄的色泽，软弹细腻，之后是反复揉搓制成面团。余下的工序就是制剂、成形，芝麻可有可无，最后入炉烘烤。

丰镇混糖月饼，简单粗犷的制作工艺，焦黄松软、香脆可口、绵甜悠长、油而不腻、浑然天成的特点，恰好符合北方人豪爽的性格和口味。刚出炉时，饼内层次分明，面锋如刀，入口松化，有“飞毛利刃”之称。高温滚油和面，更利于长期储存，八月十五打的月饼，能够从容地吃到过年，是待客送礼的上等美食。尤其是晾冷后存放在瓷坛当中，再随手放杯白酒和几个水果，更是香飘四溢，别有一番风味。

混糖月饼无馅儿，是大草原的自然环境决定的。中原和南方以农业为主，种植各种农作物和蔬菜、水果，食材非常丰富，并且长期定居一处，有足够的时间和空间，追求食不厌精的目标。而北方草原上的游牧民族则不然，以牧业为生，挥鞭打马，牵着牛拉的勒勒车、领着狗、赶着羊群，天苍苍，野茫茫，逐水草而居，过着迁徙不定的生活。这样的生活环境，很难让人安下心来去耗时费力地制作一种美食。

南宋官员彭大雅，在其所著《黑鞑事略》中，曾这样描述他看到的蒙古牧民的饮食：“其食肉而不粒。猎而得者，曰兔、曰鹿、曰野彘、曰黄鼠、曰顽羊、曰黄羊、曰野马、曰河源之鱼。牧而庖者，以羊为常，牛次之。非大宴会不刑马。火燎者十九，鼎烹者十二三。……其饮，食马乳与羊牛酪，……其味盐一而已。”

牧民很少吃粮食。他们的粮食主要靠长城的边贸与内地交换。核桃、花生、杏仁、松子以及薏仁、青丝、玫瑰，这些馅料，对于草原牧民来说是可望而不可即的。

事实上，以丰镇混糖月饼为代表的草原月饼，也是清朝入主中原，康熙大帝废除长城后，由关内传到关外，并结合草原的物产特点而发明的。是因地制宜，农业文明和游牧文明相互交融的结果。

月饼是古老的，月饼是常新的，它随着时代的发展而不断发展，随着地域物产的不同而不断创新，月饼的品种会越来越多。

民国前的各色月饼

月饼，默默地来到人间，以致人们至今也不知道它的准确出生地和确切生日。但是，它一经出世，便势不可当，不断发展壮大。

中华民国以前，一千多年的月饼制作与消费，一直是沿着三条路线齐头并进的。

第一条路线，在广大的农村和近代城镇市民阶层，家庭自己制作，自己消费，这一条线的队伍最为庞大。其月饼因地制宜，随地取材，地域特色鲜明，包括名称在内，品种繁多，花样迭出，是月饼文化基因的宝库，随着农村的发展和物联网的普及，它们走出沉默乡野人未识的处境，是指日可待的，届时将大放异彩。

第二条路线，在皇宫官府和富商大贾的特权阶层，他们拥有御厨和私厨，月饼由专职厨师制作，食材高精尖，制作不计成本，代表着月饼技艺的最高水准。清朝乾嘉时期著名诗人、散文家、文学批评家和美食家袁枚，曾被当时明府女厨制作的私家花边月饼所折服，在其《随园食单》中专门记述："明府家制花边月饼，不在山东刘方伯之下。余常以轿迎其女厨来园制造，看用飞面拌生猪油子团百搦，才用枣肉嵌入为馅，裁如碗大，以手搦其四边菱花样。用火盆两个，上下覆而炙之。枣不去皮，取其鲜也；油不先熬，取其生也。含之上口而化，甘而不腻，松而不滞，其工夫全在搦中，愈多愈妙。"袁枚是美食家，其嘴必定很刁，他专门用轿子去抬请一位女厨制作月饼，可见其手艺之高明。这条路上的队伍人数最少，但技术最高，大多身怀绝技，制作工艺和馅料配方秘不示人。保守者，如果没有儿女或贴心徒弟，宁可将手艺带入棺材，也绝不外传。这是一份宝贵的非物质文化遗产，有待用心深入挖掘！

第三条路线，商家制作。或现做现卖，小本经营；或前店后厂，规模经

清代木质“福兴仁”月饼模

营，自产自销；或著名糕点行制作，家大业大，批发零售，外销各地。从唐代开始，城镇就有专门的糕饼店铺；到了宋代，糕饼店铺已经普及，几乎每个县城或大的集镇都有；清朝以来，已经诞生了一些著名的糕点字号。如苏州的稻香村、叶受和、老大房，广州的莲香楼，北京的致美斋，昆明的吉庆祥等。他们平时制售各类糕点，中秋出售月饼，是一支训练有素的专业队伍，其规模随着时代的发展不断壮大。

到了民国时期，糕点业已小有规模，帮式月饼的体系基本形成，出现了一些广为人知的品牌。京式月饼产地以京、津、冀等北方地区为主，主要品牌有北京桂香村、稻香村、正明斋，天津桂顺斋等；苏式月饼产地以江苏、浙江、上海等长江中下游地区为主，主要品牌有上海王仁和、老大房，苏州叶受和、稻香村等；广式月饼产地以华南地区为主，主要品牌有广州莲香楼、陶陶居等；滇式月饼产地以云南为主，四川、贵州也有生产，主要品牌有昆明吉庆祥、冠生园等；宁式月饼产地分布在浙江和上海，主要品牌有上海三阳南货店、叶大昌等。

民国时期，战乱不断，民不聊生，糕点业不可能真正地繁荣，月饼行业整体的兴旺，还有待人民生活的全面富强。

新中国的国标月饼

1949年，新中国成立，一切官僚剥削阶级被打倒，权力属于人民。历史发生了翻天覆地的变化。月饼制作与消费的途径，也随之由三条变成了两条，特权阶层享用的豪华月饼退出了历史舞台。

第一条，广大的农村仍然是家家户户制作月饼，自做自用。只是在一个特定的历史时期，拜月习俗被列为“封资修”，受到批判和禁止，一些地方的广播喇叭里“月饼”之名被“丰收饼”和“忠心饼”取代。善良温顺的百姓没有任何反对，但心中坚守着一条不成文的规矩，祖宗的规矩是不变的。坚守不变，延续不断，是中华文明最显著的特点，《易经》谓之“文明以止”。城市市民阶层，由于翻身做主人广泛就业，家家都有上班的职工，计划经济下的工厂企业，特别是国有大中型企业，简直就是一个小社会，幼儿园、学校、粮店、菜市场，无所不有。因了这个原因，职工家庭制作月饼的习俗很快放弃，改由职工食堂加工按福利分发，或凭副食票到副食店限量购买。富裕了的农村，也开始从乡村供销社购买月饼。

第二条，月饼的商业化生产和销售，发生了前无古人的巨大变迁。1956年公私合营，原来的糕点作坊、糕饼店和流动摊贩等，实行了大联营，组成了大规模的副食品厂，开始按照国家的指令性计划生产和销售。月饼生产所需的面粉、食油、糖以及其他辅料，全由国家统一调拨，生产的月饼也全由国家统一调配包销。城镇居民凭票到门市部购买，有钱没有票证，或有票证无钱，都无法买到。这一时期，月饼生产的规模在扩大，工业化生产水平在提高，但生产制作月饼的方式，仍然是手工操作。

1978年后，改革的春风吹遍神州大地，月饼的生产和销售，进入了一个百花争艳的春天。随着人们生活水平的提高，各式各样的月饼，特别是一些高档月饼，受到了消费者的追捧。1989年中秋节，仅北京上市的月饼就有50多个品种。为了提高月饼质量，1992年，上海市率先制定了《月饼质量卫生标准》，对月饼生产实施准产证管理。1995年，国内贸易部制定发布了BT/T 10226《月饼类糕点通用技术要求》。1996年，中国焙烤食品糖制品工业协会，成功举办了首届“中国月饼文化节”，标着社会对月饼的认知，开始从节日食品向节日文化的方向发展，传统文化自觉已经苏醒。

进入21世纪以来，2003年，中国商业联合会发布了SB 10350月饼馅料和SB 10351广式、京式、苏式月饼行业标准，极大地促进了月饼市场的繁荣。有一利必有一弊。一段时间，月饼市场出现了过度礼品化的问题，天价月饼竞相登台。月饼盒内，竟然装进了高档洋酒、金手表、金项链、金麒麟和戒指、耳环等奢侈品，一应俱全，一时成了腐败的代名词。为减少资源浪费，遏制过度包装，提高月饼质量，2005年，国家质检总局、国家标准化委员会制定颁发了GB 19855《月饼国家标准》，该标准为国家强制性标准，促使月饼生产与销售回到了健康良性的发展轨道。

该标准从月饼的范围、规范性引用文件、术语和定义、产品分类、技术要求、试验方法、检验规则、标签标志、包装、运输和贮存等10个方面进行了规定，提出了具体要求和技术参数。还规定了月饼的英文名字为Moon cake，为推介中国传统文化，让全世界更多的人品尝中国千年的节日食品，提供了方便。

国家标准的制定，不仅提高了月饼的质量，还促进了月饼的生产制作从传统手工操作向机械化、智能化的发展，使月饼这一古老的节日食品，乘上了信息化的时代列车，月饼自动生产线应运而生。

最具时代意义的是，国家第一次为月饼下了定义：使用面粉等谷物粉、油、糖或不加糖调制成饼皮，包裹各种馅料，经加工而成在中秋节食用为主的传统节日食品。这个定义不仅有浓厚的学术味道，还很长。但是，它解决了一些辞书因将月饼定义为圆形，而备受质疑的问题；同时，还解决了社会上长期将蒸月饼排除在月饼之外，进而造成学术界对南宋《武林旧事》中记载的蒸食“月饼”是否是月饼争议不休的问题。用该标准衡量，南宋的蒸月饼就是月饼。

关于月饼的加工工艺，即熟制方法，国标将其规定为烘烤、熟粉成型和其他三类，还提到了炸制方法，为全国各地民间的“土月饼”名正言顺地进入国家认可的月饼行列，提供了法规依据。正是这一开放开明的举措，催生了一个新品种冰皮月饼的诞生，受到了青年人的热捧。

冰皮月饼

“冰皮月饼”第一次将月饼和冷冻连在了一起。它工艺简单，先是将糯米粉、黏米粉、小麦淀粉掺入牛奶搅拌均匀，蒸熟放凉做皮，然后包馅成型，无须烘烤或笼蒸，直接放在冷冻箱里保存，售卖时存放在冷藏柜中。口感酥软滑爽，略有弹性，色彩洁白如雪，有吃雪糕的感觉。

新品种的不断推出，反过来又促进了国家标准的更新。2015年，新的国家标准《月饼》（GB/T 19855—2015）颁布实施。新标准由强制性标准，修改为推荐性标准，核心是为月饼的制作松绑。加工工艺分类由“烘烤类月饼、熟粉成型类月饼和其他类月饼”修改为“热加工类和冷加工类”。派式特色分类由原来的三类增加到了九类，实现了国标月饼的大扩容。

在新国标的引导下，一些消失多年的特色月饼被重新挖掘出来，以古老崭新的面貌出现在国家各级非物质文化遗产目录中；以往不上台面的乡村“土月饼”，被隆重地端上了农家乐的炕头餐桌；威严的紫禁城也推出了“故宫月饼”，在互联网上广而告之。

月饼家族，瓜蒂绵绵，人丁兴旺，成员越来越多，历史性地实现了大聚会，大联欢！

地方派式特色月饼分类表

月饼类别	主要产地	主要品种	熟制工艺
广式月饼	广东	蓉沙类、果仁类、肉与肉制品类、水产品类、蛋黄类、奶酥皮类	热加工
		水晶皮类、冰皮类	冷加工
京式月饼	北京	提浆月饼、自来白月饼、自来红月饼、但酥皮（翻毛）月饼	热加工
苏式月饼	苏州	蓉沙类、果仁类、肉与肉制品类、果蔬类	热加工
潮式月饼	潮州	酥皮类、奶油皮类	热加工
		水晶皮类	冷加工
滇式月饼	云南	云腿月饼、云腿果蔬食用花卉类月饼	热加工
晋式月饼	山西	蛋月烧类月饼、郭杜林类月饼、夯月饼、提浆类月饼	热加工
琼式月饼	海南	果蔬类、蓉沙类、果仁类、肉与肉制品类、蛋黄类、水产制品类	热加工
台式月饼	台湾	桃山皮月饼	热加工
哈式月饼	哈尔滨	川酥类、提浆类、奶酥类	热加工
其他类月饼	全国各地	以其他月饼加工工艺制成的风味独特的月饼。如无馅混糖月饼	各种方式

第二章 月饼由来传说

嫦娥奔月与月饼的传说

相传，远古时天上有十个太阳同时出现，晒得庄稼枯死，民不聊生。一个名叫后羿的英雄，力大无穷，擅长射箭，他同情受苦的百姓，登上昆仑山顶，运足神力，拉开神弓，一气射下九个太阳，并严令最后一个太阳按时起落，为民造福。

后羿因此受到百姓的尊敬和爱戴，还娶了个美丽善良的妻子，名叫嫦娥。后羿除传艺和打猎外，终日和妻子在一起，人们都羡慕这对郎才女貌的恩爱夫妻。不少志士慕名前来投师学艺，心术不正的逄蒙也混了进来。

一天，后羿到昆仑山访友求道，巧遇由此经过的王母娘娘，便向王母求得一包不死药。据说，服下此药，能即刻升天成仙。然而，后羿舍不得撇下妻子，只好暂时把不死药交给嫦娥珍藏。嫦娥将药藏进梳妆台的百宝匣里，不料被小人逄蒙看见了，他想偷吃不死药自己成仙。

三天后，后羿率众徒外出打猎，心怀鬼胎的逄蒙假装肚子痛，留了下来。待后羿率众人走后不久，逄蒙手持宝剑闯入内宅后院，威逼嫦娥交出不死药。嫦娥知道自己不是逄蒙的对手，危急之时她当机立断，转身打开百宝匣，拿出不死药一口吞了下去。嫦娥吞下药，身子立时飘离地面、冲出窗户，向天上飞去。由于嫦娥牵挂着丈夫，便飞落到离人间最近的月亮上成了仙。

傍晚，后羿回到家，侍女们哭诉了白天发生的事。后羿既惊又怒，抽剑去杀恶徒，逄蒙早就逃走了，后羿气得捶胸顿足，悲痛欲绝，仰望着夜空呼唤爱妻的名字，这时他惊奇地发现，今天的月亮格外皎洁明亮，而且有个晃动的身影酷似嫦娥。他拼命朝月亮追去，可是他追三步，月亮退三步，他退三步，月亮进三步，无论怎样也追不到跟前。

后羿无可奈何，又思念妻子，只好派人到嫦娥喜爱的后花园里，摆上香案，放上她平时最爱吃的甜饼鲜果，以怀念在月宫里的嫦娥。百姓们闻知嫦娥奔月成仙的消息后，纷纷在月下摆设香案，向善良的嫦娥祈求吉祥平安。

后来，遥拜嫦娥的甜饼，就被人们称作“月饼”。

嫦娥托梦后羿做圆饼

嫦娥是远古时期后羿的妻子，因为偷吃了丈夫从西天王母娘娘那里求来的长生不老药，变得身轻如云，飞向了月宫。

但是，琼楼玉宇，高处不胜寒，她倍感孤独寂寞，十分想念人间的丈夫和儿女。后羿自从妻子奔月后，也是昼思夜想，竟至百病缠身。有一年八月十四，嫦娥托梦给后羿，说："平时我没法下去，明天晚上月圆的时候，你和一块面，做一个像月亮一样的饼，放到院子的石桌子上，上面插上香，然后就领着孩子连续不断地呼唤我的名字。到后半夜三更时分，我就能飞回来和你们见面了。"

后羿醒后，十分高兴，一切按照嫦娥的托付操办，八月十五的晚上，嫦娥果然飞了回来，一家人围坐在石桌旁，品尝着圆饼，其乐融融，直到东方发白，嫦娥才飞回月宫。

从这以后，八月十五做圆饼请嫦娥回家团圆就成了习俗。所以，中秋节又称"团圆节"，月饼也叫"团圆饼"。

嫦娥与月亮饼的传说

月亮饼，是江苏省泗阳县王集镇的一种美食，又叫"王集小团饼"，以色、香、味俱佳而闻名遐迩。月亮饼因其有一个与月宫中嫦娥相关的传说而得名。

相传有一年月宫中的嫦娥偶尔下凡，飘荡至王集上空时，猛然间一阵奇异的香味扑鼻而来。低头一看，但见街道上人来车往，市井繁华，街旁一户人家门前摆放着形似月亮的团饼。小团饼的香味令嫦娥流连忘返，欲罢不能。遂降落闹市，想尝尝这人间的美味。

她径直来到这户门前，伸出纤纤玉指，轻轻拿起一块团饼收入绣袋，当她掏兜拿钱时，不觉满脸绯红。原来，下凡时忘了带钱袋，在这众目睽睽之下，如何是好？就在嫦娥心慌意乱、左右为难之时，卖饼的俊俏后生见买饼的女子天生丽质，楚楚动人，连忙施礼道："这位大姐，你若没带钱，我给你免了。"嫦娥见卖饼后生不仅一表人才，而且举止端庄，待人谦和，便试探道："敢问你尊姓大名，何以得闲做此营生？""我本姓王，只因内无妻室，又兼双亲年迈，故在家做此营生，以度日月。"嫦娥闻听此言，心中暗自思忖：王郎仪表堂堂，心地善良，孝顺父母，十分难得。我何不帮他一把。打定主意，嫦娥辞谢王郎，款款离去……

第二天，就在王郎起早准备和面烙饼时，却惊奇地发现面盆内装了满满的团饼，每块团饼既圆又香，这些饼刚摆到门前，就被人们抢购一空，王郎异常高兴。第二天早上，王郎发现面盆内又装满了团饼。第三天，第四天，第五天……天天如此，王郎纳闷之余，决定弄个究竟。这天夜里，王郎悄悄藏在了饼房一角。子夜时分，睡意蒙眬的他忽然听到一阵响动，屋内的灯已被点亮。他屏住呼吸，睁大双眼，忽见买饼的姑娘飘落屋里。只见她轻手轻脚和面烙饼，不到一个时辰，就烙好了一盆香喷喷的团饼。

就在嫦娥准备返回月宫之时，王郎猛地关闭门窗，拦住嫦娥的去路问道："你是何方人氏，为何如此？"嫦娥见被王郎发现，只得编说自己家住蓬莱，自幼喜欢美食云云。王郎信以为真，从此，嫦娥每天都来为王郎烙饼。日久天长，嫦娥越发觉得王郎为人诚实，勤劳善良。便由报恩为感恩，由感动到心动，由动情到钟情，最终以身相许，决定留在人间与王郎结为秦晋。王郎也喜欢美貌多情的嫦娥，两颗心渐渐地融合到了一起。婚后，小两口你恩我爱，男耕女织，举案齐眉，相敬如宾，日子过得甜蜜幸福。

常言道："天上一日，人间一年。"这天，玉皇大帝闻报月宫嫦娥下凡已有三日未归，龙颜大怒，着太白金星领旨下界寻访，限嫦娥午时三刻重返天庭。

月亮饼又名王集小团饼

当太白金星寻至王集上空，发现下凡人间已有两年的嫦娥正在加工团饼，团饼奇特的香味令一向贪吃的太白金星垂涎欲滴，他竟然把玉帝的圣旨忘得一干二净。只见他降落云头，摇身变作一个农夫来到嫦娥的团饼案前，伸手抓起一块香味扑鼻的团饼，张口就咬。这一咬令太白金星大吃一惊，原来这团饼不仅香味扑鼻，而且松软可口，筋道十足。原来人间竟有如此美味，难怪嫦娥下凡不归。饱餐之后，太白金星这才想起玉帝的圣旨。只见他现回原形，展帛宣旨。嫦娥闻听圣旨，泪如雨下。跪在地上恳求太白金星手下留情，上天回奏玉帝网开一面，恩准臣女继续留住人间。知道实情的王郎这才恍然大悟，原来与自己同枕共眠的妻子竟是月宫里的嫦娥！他顾不上多想，也跪在地上恳求上仙不要带走嫦娥。心地慈善的太白金星不忍拆散他们夫妻的幸福生活，动了恻隐之心。只见他驾返云头，径至养心殿，回奏玉帝，苦苦帮助嫦娥求情，也许是玉帝一时高兴，当即准奏。后觉不妥又改口道："每逢八月十五月圆日，嫦娥务必返回天庭，待晚间方可下界。"太白金星当即下界传旨。嫦娥接旨后，喜极而泣，感谢皇恩浩荡。

从此，嫦娥每年农历八月十五日，白天准时返回天庭广寒宫与众仙团圆。晚间再到凡间与家人团聚。王郎每年八月十五都要烙上好多团饼，期待嫦娥归来团聚，并且将其取名"月亮饼"。斗转星移，王郎每年八月十五烙饼等待嫦娥下凡团圆的做法逐渐被其他人家效仿，故而后来就有了"八月十五吃月亮饼"的习俗，以此祈求年年团圆，家家团圆，人人都能娶到像嫦娥一样美的媳妇。从此，"月亮饼"在王集一直流传到今天，还有不少人家以此谋生立业。

焦作七仙女与月饼的传说

焦作市武陟县小董村是董永故里，所以在焦作地区到处流传着董永和七仙女的神话故事，都说焦作月饼与董永和七仙女密切相关。

传说七仙女被天兵天将抓回天宫后，给董永留下了一个儿子，叫琢儿。董永带着琢儿又当爹又当妈，含辛茹苦把儿子养活了下来。转眼琢儿已经长到五六岁了，琢儿看到其他孩子都有娘时便问董永："爹，人家孩子都有娘，我咋没有？我娘呢？"董永面对儿子的问话无言以答，只好暗自垂泪。

后来琢儿从街坊邻居的议论中，知道了自己爹娘的一些传说。于是他就来到那棵老槐树下，哭着对老槐树说："槐树神，当初是你做媒，我爹我娘才结成夫妻，才有了我。而如今我却只有爹没有娘，没娘的孩子苦呀！槐树神，求你帮帮忙，让我见见亲娘吧！”

琢儿天天来到老槐树下哭诉，时间长了，终于感动了老槐树。一天老槐树对他说：“孩子，你想见你娘并不难，只要每年八月十五的晚上，月亮最圆时，你对着月亮哭诉，就能见到你娘了。”

琢儿按照老槐树的话，每年的八月十五晚上，都会站在月光下，仰望着一轮明月，边哭边说：“月亮仙子，求求你，让我见见我娘吧，月圆是合家团圆的日子，我没有娘，我们全家无法团圆呀。”

嫦娥也被琢儿的真心感动了。她想，自己当年吃了仙丹飞上了月宫，天地相隔，与家人无法团圆，只能独守着广寒宫，默默地思念亲人。她理解一个人失去亲人的痛苦，于是她决定帮助琢儿。

嫦娥悄悄地找到了七仙女，转告了琢儿的那番话。七仙女的眼泪扑簌簌地掉了下来。自从她回到天宫后，每时每刻都在思念着自己的儿子，牵挂着董永。她多么想看一眼自己的儿子呀！

嫦娥和七仙女商量，每年八月十五晚上，趁着天庭忙着过中秋佳节，天兵天将防守松懈时，让吴刚下凡把琢儿背来广寒宫与七仙女相见。从此，每年的八月十五晚上，琢儿在吴刚的帮助下，都能到广寒宫中与日夜思念的母亲相见。母子见面，自然十分亲热，有说不完的心里话，流不完的相思泪。众姐妹也悄悄飞到广寒宫，来见自己的小外甥，并给琢儿带来了各种仙果。嫦娥拿出了自己珍存的桂花蜜，让琢儿品尝。七仙女在桂花蜜里拌了些核桃仁、葡萄干、花生米、红枣等做成馅儿，又照月亮的样子做成圆圆的甜饼，让琢儿带回人间。

不料，他们只见了几次面，就让玉帝知道了。玉帝一怒之下，下旨让吴刚在月宫里砍伐桂花树，永远不能停，一步也不能离开。这样一来，吴刚就不能下界背琢儿了，母子俩又天地相隔，伤心落泪，思念无绝期。

从此以后，每年八月十五的晚上，董永就会按照七仙女的做法也做些圆甜饼。父子俩站在皎洁的月光下，手捧甜饼，仰望月亮，呼唤着七仙女，盼望着她下界来与家人团圆。周围的乡亲们很同情他们父子俩，便也做些甜饼加入他们的行列，一起手捧甜饼，站在月光下期盼七仙女下凡来与亲人团圆。因甜饼的样子像圆圆的月亮，就被人们叫成了“月饼”。久而久之，就演变成八月十五供月饼的习俗了，人们也把八月十五叫成了“团圆节”。

四川七仙女与月饼的传说

四川民间，流传着八月十五吃月饼的故事。

传说，七仙女回天宫时，在人间留下了一个儿子。有一年八月十五，村里的小孩在村头的桂花树下跑来跑去玩，七仙女留下的儿子也想去凑热闹，但是小伙伴们都不理他，还取笑他，说他是一个没有母亲的野孩子。他很伤心，一头扑在村头的桂花树下大哭起来，一边哭一边大喊：“娘呀！你在哪儿呀！快来看看你这个可怜的孩子吧！”这哭声惊动了天神吴刚，他急忙来到人间，扮成老人的模样哄他，可是怎么哄也哄不住。吴刚心软了，一边给七仙女捎信，一边悄悄地拿出登云鞋来交给小孩说：“若想见妈，穿鞋圆月下。”说完，就回转天庭去了。

七仙女的儿子按照吴刚的嘱咐，等到月亮露脸时，便穿上了登云鞋，人就飘上了天宫。七仙女见自己的儿子突然来到身边，又悲又喜，又是亲又是抱。众位姐姐都来看这远道而来的外甥，这个送来仙桃，那个送来柿子、石榴、花生、核桃……七仙女忙得不可开交，她亲手把嫦娥送来的桂花蜜糖加上花生米、核桃仁拌成馅儿，做成了香甜可口的仙饼给儿子吃。

此事被玉皇大帝知道了，气得七窍生烟，马上把吴刚罚到月宫里去砍桂花树，又命天兵脱下七仙女儿子的登月云鞋，把他送回人间。

七仙女的儿子回到人间，好像做了一场梦，对天宫里的胜景模模糊糊，只记得他母亲给他做的那可口的仙饼。后来他当上了大官，就到各地的百姓家里，叫百姓在八月十五这天都照着做仙饼，并在月亮升起来后，把饼子摆在桂花树下，边赏月边吃，表示对亲人的怀念。时间一久，这种习惯传遍了各地。因为这种饼子很圆，像月亮，所以后人就叫这种仙饼为月饼。

月饼始祖“太师饼”的传说

传说，越是后来的，越复杂，娓娓动听；越是古老的，越简单，寥寥数语。

商代晚期，武王伐纣，商纣王派太师闻仲率兵镇压。出发前，闻仲制作了一种边薄心厚的甜饼，当作军粮。后来，此饼传入民间，被叫作“太师饼”。它就是月饼的始祖。闻仲也因此被糕点业供奉为祖师爷。

史学大家顾颉刚先生，把简单和复杂的传说对比研究，提出了“古史层累说”：时代越后，传说中的中心人物愈放愈大。不知何时，闻仲来到了贵州都匀，把他制作太师饼的独家秘方送给了都匀人。从此，都匀开始制作太师饼，人们也才有幸一睹太师饼的芳容。

都匀的太师饼，是贵州的风味名点，咸甜皆备。外表呈扁鼓形，两面呈黄色或浅黄色，圆周呈白色或浅黄色，饼面酥松，酥层清晰，不脱壳，不空心，内馅果料粗细适当，入口香甜酥松。这种太师饼，的确与月饼很相似。

唐相裴寂发明月饼的故事

相传，月饼是唐朝宰相裴寂发明的。那么宰相裴寂是怎样发明月饼的呢，这其中又有怎样的故事呢？

裴寂生于573年，幼时便十分的聪明。14岁那年，就出任了主簿一职，掌管文书，可谓年少有为。有一次偶然的机会，裴寂结识了时任太原留守的李渊，两人一见如故，遂成至交好友。

李渊有三个儿子，老二李世民雄心勃勃，早有反心，想推翻隋朝取而代之。但他不敢跟老爹说，于是四处结交豪杰，想先把事情搞起来，到时候老爹不反也得反。

等他把事情搞得差不多了，想跟老爹摊牌。但是怎么说合适呢？他就想到了李渊的好朋友裴寂。

裴寂这个人喜欢赌博，李世民私下拿出数百万钱财，让别人跟裴寂赌时故意输钱，裴寂赢了钱自然高兴，于是和李世民的关系逐渐走近。李世民见时机成熟，就告诉裴寂造反的事儿。裴寂一听，一百个同意。

裴寂跟李渊一起下了个仙人跳。在隋炀帝杨广的晋阳宫里找了几个宫女，然后请李渊喝酒，把李渊灌得酩酊大醉，就让这几个宫女服侍李渊。

等李渊醒了，裴寂跟李渊说：大哥啊，你怎么把皇上的宫女给睡了，这事我可兜不住啊！而且你家二郎私下招兵买马，我劝也劝不住。如果事情泄露，李家一定会被皇帝灭门。如今天下大乱，以你的实力，单干吧！

李渊长叹一声，既然我儿已经拿定了主意，那就这么办吧！裴寂把晋阳宫中的九万斛粮草、五万段杂彩、四十万领甲胄全都交给了李渊。

行军打仗，后勤保障是基础。士兵们背井离乡，首先要吃饱饭才有战斗力。谷物笨重，烹饪烦琐，烙饼、馒头之类的食物又不易储存，裴寂为此绞尽了脑汁，伤透了脑筋。一天，他灵光一闪，命令伙房把粮食磨粉做皮，果仁糖稀当馅，做成圆形的小饼。这种小饼体积不大，携带方便，又好吃又耐饿，还不易变质，是理想的军粮。恰巧那一天正好是隋炀帝大业十三年（617年）八月十五，军中以拜月为名举行仪式，向将士们分发小饼，当作口粮，还假托说这是月神相助，因此士气倍增。

从此，小圆饼就成了唐军的吉祥饼。后来太宗李世民带兵剿灭东突厥，班师庆功之日，也是八月十五。唐高祖李渊拿起一块圆饼，笑指空中明月说"应将胡饼邀蟾蜍"，说完把饼分给群臣一起吃。这里有一个细节，李渊说的是"胡饼"，而不是"月饼"，这是怎么回事呢?

其实，裴寂并不是这种小饼的原创者，他只不过是进行了改造创新而已。小饼的原型是胡饼，是流传于西域各国的食物，也就是我们目前在市面上看到的新疆馕。

裴寂发明的这个小圆饼，就是正宗五仁月饼的始祖。一直到了现在，在一些传统的老人看来，除了五仁月饼其他都不叫月饼。

唐明皇游月宫与月饼的故事

在唐朝，有位风流皇帝名玄宗，也就是唐明皇李隆基。

有一天，唐明皇批完国事后，感到非常困倦，昏沉沉的就睡着了。

忽然之间，他觉得自己到了一个很幽静的陌生之地，到处都布满云雾。在不远的云雾里还有一座宫殿，他想看看眼前这奇异的景象，于是就走向前去，再仔细地打量宫殿门楣上方的匾额，原来是“广寒宫”。

“广寒宫？咦！这不是月宫吗？我到月宫来了！”唐明皇感到非常惊喜，连忙闯入宫去。不久，一阵清脆悦耳的笛声，悠悠地从宫中传来。曲调由低沉渐渐转为高亢，一会儿清脆嘹亮，一会儿回旋曲折。然后又有各种乐器同时响起，配合笛子的声调，动听极了。唐明皇平日最爱吹笛子，忍不住就加快脚步，想看究竟是谁在吹笛子，赫然传来一声呼唤，将他从梦境中拉回。

“陛下，请回寝宫休息吧！”他回神一看，自己原来是坐在金銮殿上，一位宫女惊醒了他的好梦。

“谁让你这时候来吵我？”唐明皇怒气冲冲地吼着。

“婢子该死，请陛下恕罪！”那个宫女吓得不知所措，赶紧跪地求饶。

“算了！你出去吧！”唐明皇手一挥，很不耐烦的样子。

唐明皇还想继续做方才那个美妙的梦，但怎么也睡不着，只好回寝宫休息了。

第二天，唐明皇神情懊丧地向侍卫高力士说：“你替我去查找，谁能让我再去月宫，我一定要知道是谁在吹笛子！”唐明皇很坚决地说。

“对了！你马上去请乐工来，我要把那首曲子记下来。”

于是唐明皇就根据记忆，叫乐工完成了非常有名的《霓裳羽衣曲》。

一转眼就到了秋天，唐明皇一直不能如愿再到月宫去。在这年的中秋节，八月十五日的晚上，正当他在跟一位由太守举荐来的罗道士聊天时，唐明皇很遗憾地说：

“唉！看来，我是永远也不能再游月宫了。”

“这件事儿太简单了！”道士说。

唐明皇一听，身子霍然站了起来，迫不及待地问：“你有办法让我到月宫去？”

“当然，请陛下等一会儿，我立刻去准备。”

只见道士站起来向一棵桂树走去，摘下几根树枝，再用彩线接好，“哗！”的一声，出现了一道烟雾，然后冒出一顶轿子。

于是请唐明皇坐进轿子，又拿起手上的如意，变成一只大白鹿拖着轿子，载着唐明皇飞升上天了。

这时唐明皇拉开轿子上的帘子一看，明月越来越大；低头看看皇宫，反倒越来越渺小了，迷迷蒙蒙地就消失在云雾中……

“陛下，月宫到了。”

唐明皇走下轿子，看见前面有一片亭台楼阁，一直伸延到云层深处。只见月宫外像白玉一样的宫墙上，雕刻着龙凤的图案，台阶也是白玉砌成的，两旁尽是奇花异草，美不胜收。

再往里面走，满地都是青苔，还有一条条的藤蔓交织成一片篱笆，中间只剩一道小径。

“那里怎有敲打的声音呢？”唐明皇好奇地问。

道士就陪他走向一个月洞门，那儿有一个男人正在砍树。奇怪的是那棵树快被砍断时，总是“噗！”的一声，又连接起来。他流着汗水，卖力地砍着，一副无可奈何的样子。

“他是谁呀？”

“陛下，他就是吴刚呀！因为他跟着仙人学道术，但是犯了过错，就被罚到月宫来砍桂树了。”

“那……为什么老砍不断呢？”

“为了训练他的耐心，所以每天得不停地砍啊！”

然后，他们又向前走，来到一片树林，林间有一座石桥骑跨过一条清澈的溪流。桥上的凉亭里有一只雪白兔子正在捣药。

“你看！有只兔子正在捣药呢！”

“陛下，她不是普通的兔子，她是奉了仙人的命令，在这儿捣仙药的玉兔。”

唐明皇于是想上前问玉兔有没有长生不老之药，可是那玉兔吃惊地抱起杵臼，转身就消失了。

清代山西木质“唐明皇游月宫”月饼印

唐明皇望着玉兔消失的方向，惋惜地叹口气，跟着道士又往前走。

接着，他们走进了一个全是种满芭蕉的院子，里面有一间石屋，仔细观看，这石屋并没有门，只有从石屋上垂挂下来的菟丝花蔓，编成了门帘。

唐明皇走近一看，“啊”了一声，吓得直往后退。

“陛下，您怎么了？”

“看……你看……里面有……”唐明皇已吓得结结巴巴，说不出话来。

道士便往里面一瞧，原来是一只高大的蛤蟆，身上长满疙瘩，难看极了。而且只有三条腿，张着大口，像要吃人似的。

“这是蟾蜍，因为它平常喜欢咬食月亮，所以月亮才出现圆缺的形状。今天又正是八月十五日，月亮特别圆，就是它正好被关在这儿的原因。”

他们于是又好奇地看了一会儿石屋里的蟾蜍，才继续向前走。只觉越走越高，终于来到宫殿之前了。这座宫殿像是玻璃砌成的，中央有一处最高的大殿，门楣上高挂着一块匾额，写着“广寒宫”。

在这宫里像是有什么喜庆大事，许多人影在此进进出出，好不热闹。忽然一阵悦耳的笛声打破了原有的宁静，唐明皇聆听了一会儿，这不就是《霓裳羽衣曲》吗？

接着就有一群少女边唱边舞地进入大殿，轻快地飞舞着。唐明皇不觉中也陶醉其间，跟着笛声低声地哼起来。哼着哼着，忽然想起一件事，就转头对道士说：

“传说中嫦娥是住在广寒宫里，不知道她长得漂不漂亮？还有，我想看看是谁在吹笛……”

他话未说完，整座宫殿的灯火一瞬间，全部熄灭了。

“啊！怎么回事？”唐明皇慌忙地问。

“陛下，是您说话惹嫦娥生气了，我们快点离开此地吧！”道士急忙召回大白鹿拖着轿子，转程回皇宫了。

此时天已亮了，但是方才在月宫上的所见所闻，都令唐明皇永生难忘。

所以，他从此后，经常要乐工为他演奏《霓裳羽衣曲》，借此来回忆游月宫的情景。

据说，唐明皇游月宫时吃了嫦娥做的仙饼，回宫后难忘美味，遂命人制作并于八月十五食之。

杨贵妃为胡饼改名的故事

农历八月十五那天，杨贵妃和唐玄宗李隆基一起赏月，旁边桌子上，一边摆着葡萄、西瓜、石榴等瓜果，一边摆着十多种各式各样的糕饼。古时候，根据形状给东西起名字，方的点心叫糕，圆的点心叫饼。这些糕饼，有蒸的，有烤的，有甜的，有咸的，有带馅的，有不带馅的，应有尽有。

杨贵妃拿起一个带馅的饼尝了一口，感觉非常好吃，大为赞赏，就问这饼叫什么名，谁知在座的没有一个人知道。她便派宫女把做饼的御厨叫来，御厨说叫“胡饼”，是刚从胡人那里学来的。

杨贵妃说：“这么好吃的饼叫胡饼，不好听。”唐玄宗说：“那贵妃娘娘就给起一个好听的名吧。”贵妃低头看看手中的胡饼，再抬头看看天上的一轮明月，随口说道：“就叫月饼吧。”唐玄宗说：“好，以后胡饼就改叫月饼！”大家齐声叫好，于是就有了专为八月十五赏月时吃的“月饼”。

新罗国八月十五吃饼食的故事

新罗国，就是现在的朝鲜半岛。有一种说法，中国的月饼可能与新罗国有关。其依据，是唐代日本圆仁法师撰写的《入唐求法巡礼行记》。

圆仁（793—864 年），日本佛教天台宗山门派创始人。公元 838 年，以请益僧身份随遣唐使到中国求法，直到唐宣宗大中元年（847 年）才回国，留唐近十年。其间，他广泛寻师求法，曾到五台山巡礼，足迹遍及今江苏、安徽、山东、河北、山西、陕西、河南诸省，并留居长安近五年。他用汉文撰写的日记《入唐求法巡礼行记》，是研究唐代历史的宝贵资料。

唐文宗开成五年（840年），他曾到山东登州文登县赤山村，在赤山法华院住了八个月。这座法华院是新罗侨民在大唐建立的一座寺院，也是该国使华官员在当地的办公场所，相当于现在的领事馆，寺院的一些活动保持着当时新罗国的习俗。这年的八月十五日，法华院举行了具有新罗特色的节庆活动，圆仁对这次活动进行了记述：

> 十五日，寺家设馎饦饼食等，作八月十五日之节，斯节诸国未有，唯新罗国独有此节。老僧等语云："新罗国昔与渤海相战之时，以是日得胜矣，仍作节，乐而喜舞，永代相续不息。设百种饮食，歌舞管弦以昼续夜，三个日便休。今此山院追慕乡国，今日作节。其渤海为新罗罚，仅有一千人向北逃去，向后却来，依旧为国，今唤渤海国之者是也。"

上述文字，明明白白，说八月十五日这一节日只有新罗国有，是为了庆祝新罗战胜渤海国。新罗国本是朝鲜半岛上的一个割据国家，在大唐的帮助下，打败百济和高句丽基本统一了朝鲜半岛。渤海国则是由原本依附高句丽的靺鞨人，趁着高句丽灭亡之际逐渐建立起的割据国家，控制范围大约是我国东北地区和朝鲜半岛的北部地区。新罗和渤海两国接壤，名义上都是大唐的藩属国。

在新罗国八月十五日节上，有百种饮食，但列出具体名字的仅有馎饦、饼食两种，馎饦是一种面片汤，饼食只是类名，并不是某种具体的饼名，这是否与我们中国的月饼有关联，还需进一步研究。但是，这是八月十五吃饼的最早文字记录。也有人还说文中的"饼食"，就是今天韩国"秋夕节"吃的"松饼"。这个问题，笔者想还是留给朝鲜半岛上的朋友们回答吧！

韩国秋夕松饼

岳家军“同心饼”的故事

在江苏泰州一带，祖祖辈辈流传着岳家军的“同心饼”变月饼的故事。

传说，北宋末期，朝廷昏庸无道，政治腐败；官吏争权夺利，钩心斗角；百姓灾难深重，怨声载道。北方日益强盛的金国，乘机大动干戈，如虎扑入羊群直下中原。宋金一交手，北宋的豆腐兵一个个怕丢脑袋，回不了家乡，见不着娇妻爱子，脚底板涂油——溜了。连徽、钦两位父子皇帝，也被金兵赶进囚车，可怜巴巴地当上俘虏，在史册上写下耻辱的一页。

那时光，千里中原沦陷，万顷良田荒芜，兵荒马乱，民不聊生，百姓背井离乡。满目萧条凄凉。

金兵得寸进尺，胃口更大了，妄图一口吞噬大宋一统江山。于是，封金兀术为兵马大元帅，叛国奸贼刘豫之子刘麟为征南大先锋，统率精兵三十万，向南进发。沿途州县，闻风丧胆，金兵所向披靡，势如破竹，如闯入无人之境。

不消一个月，金兵占据了江苏海陵，也就是今天的泰州，他们杀人放火，奸淫抢掠，无所不为，无恶不作。方圆几十里的乡亲父老们，只好洒泪告别热乡故土，拖儿带女，各奔生路。

不久，岳飞领兵从口岸渡江北上，沿途安营扎寨。百姓眼看救星降临，个个笑逐颜开，心里乐开了花。

金兀术跟老对手岳家军在海陵城外接战，接连失利，损兵折将。金兵一见到“岳”旗飘飘，无不心惊胆战；一听到战鼓阵阵，无不落魄丧魂。金兀术自知不能取胜，但他倚仗兵多将众，诡计多端，竟佯败仓皇逃窜，把岳家军诱进海陵城，随即调集十万人马将城池围困。时达三月有余，内无粮草，外无救兵，眼看围困在城内的八千人马面临绝境，岳飞如热火烧心，焦急不安。当他亲眼看到父老乡亲们宁愿勒紧裤带，吞菜咽糠，也要省下粮食冒死送到军营的情景时，不由大声感叹道：“军民鱼水情深，金贼何足惧也！”

时值中秋前夕，乡亲们用麦粉和进红糖烙成盘子口大小的圆饼，以红枣做心，取名“同心饼”。只见人们有的肩挑、有的车推、有的人抬，他们面带

清代木质同心月饼模

喜色，边走边唱自编的歌谣：

吃了同心饼，
军民心连心；
不投岳家军，
今生枉为人。

中秋节晚上，四乡八镇的百姓，城里城外的士兵，面对皎洁如银的明月，吃着寓意深长的同心饼，唱出催人出征的歌谣，团结奋战，一心抗金！不几天，父送子，妻送郎；运粮草，架桥梁。轰轰烈烈，形成热潮。人心齐，泰山移，岳家军兵精粮足，声势壮大！较量几个回合，金兵丢盔卸甲，兵败如山倒，溜啦！

后来，当地人民久久不忘抗金勇士立下的功绩，每逢八月中秋都要吃“同心饼”。直到明代，“同心饼”才改称“月光饼”，又称之“月饼”，并赋予庆贺丰收、祝颂团圆、祈求幸福的新意。

金庸笔下的月饼由来

金庸，本名查良镛，浙江省海宁市袁花镇人。武侠小说作家，香港四大才子，与古龙、梁羽生合称“中国武侠小说三剑客”，名满天下。他在《倚天屠龙记》第 25 回《举火燎天何煌煌》中，描写过月饼由来的故事。

有一年八月十五晚上，明教教主张无忌在蝴蝶谷召开教众大会，部署推翻元朝的作战方案：

“单凭本教一教之力，难以撼动元朝近百年的基业，须当联络天下英雄豪杰，群策群力，大功方成。眼下中原武林的首脑人物半数为朝廷所擒，总坛即当设法营救。……”

众人齐声答应：“教主令旨，绝不敢违！”呼喊声山谷鸣响。当下众人歃血为盟，焚香为誓，决死不负大义。是晚月明如昼，诸路教众席地而坐，总坛的执事人员取出素馅圆饼，分飨诸人。众人见圆饼似月，说道这是“月饼”。

这天晚上，人们吃的素馅圆饼，就是现在的月饼。

素馅圆饼

满城尽挂“明”字旗的故事

元朝末年，朱元璋率领农民起义军同元军作战，连续吃了几次败仗。朱元璋忧心忡忡。军师刘伯温道：“将军不必担忧，我有一条妙策，定能大破元军。”他附在朱元璋耳边如此这般地道了一番，乐得朱元璋拍案叫绝：“军师真是当今诸葛也！”

次日清早，刘伯温亲自挑选了一批士兵，化装成道士的模样，带领他们悄悄地出了大营，分别潜入城内和附近乡村。

却说刘伯温走到街头，看到一间说书馆里坐满了人，大家无心听讲，一个个神色忧愁，都为动乱的局面担忧。刘伯温手拿拂尘，微闭双目，口中念念有词地走进去：“天将降灾，黎民遭害，欲想免祸，神符护宅。”满座听罢一震，几位老者迎上前问道：“先生既有神符妙术，何不当场传授”。

刘伯温当即拿出杏黄符纸，只见上面绘着一面旗，旗面上写着一个“明”字。他郑重其事地说道：“八月十五日，天降横祸，一时天昏地暗，日月无光，妖魔出动，荼毒生灵。为此，家家户户须照符纸上的旗样做，在这天清早挂起‘明’字旗，方能驱除妖魔，永葆日月光明，人丁平安！”

当时，元兵对百姓监视挺严，动不动就抓杀关打。刘伯温便叫大家把符纸藏在麦饼里，送到亲戚朋友家，互相传播，一同避灾。

接连数日，起义军装扮的道士都照着刘伯温的吩咐去做。刘伯温又叫糕饼店的师傅在麦饼里夹藏上印有“明”字旗的符纸，如此一来，一人传十，十人传百，百人传千……从城里到乡下的黎民百姓都知道八月十五日要挂“明”字旗避灾了。

到了八月十五日清早，朱元璋率兵攻城。城内元兵匆忙列队出来，只见大街小巷，家家户户门前挂着“明”字旗，以为明军已经潜入进城了，队伍顿时慌乱起来。城外，明军战鼓擂得震天响，朱元璋亲自率兵飞登云梯杀入城内，元军大败，有的落荒逃到乡下，看到村村户户的门前也挂起了“明”字旗，吓得扭头又跑，明军终于大获全胜。

这天夜里，月上中天，分外皎洁明亮。老百姓高高兴兴地吃着麦饼，庆贺起义军赶走了蒙古统治者。

据说，朱元璋登基以后，为了庆祝这个计谋的成功，下旨民间，年年中秋都要做麦饼、吃麦饼、送麦饼，以示纪念。

这便是中秋月饼的来历。

乾隆与月饼的故事

中秋佳节，人们习惯吃月饼，并将月饼赠亲送友。提起月饼的来历，还有一段与乾隆皇帝有关的传说哩！

传说清朝乾隆登基以后，曾经六次下江南。乾隆为啥要下江南呢？传说，乾隆皇帝下江南是为了寻找自己的亲生父母。

原来，乾隆不是雍正的亲生子，而是陈阁老的儿子。当时，雍亲王一心想有个儿子，而他的王妃偏偏不争气，生不出男孩来，给他生了个公主，雍亲王气得三天三夜吃不下饭，睡不着觉。说来也凑巧，陈阁老却添了个公子，与雍亲王的公主同年同月同时辰生，你说巧不巧，怪不怪？这事传到雍亲王耳朵里，雍亲王心想：“公主公子，一字之差。”于是一条妙计在雍亲王脑中出现。他派了一个心腹内侍送了请帖去，叫陈阁老把公子抱进王府，让他看看。就这样，雍亲王用调包之计将陈阁老的儿子调去了。

陈阁老把公主抱回来，左思右想，越想越怕，万一走漏风声，雍亲王会下毒手。于是，他奏过康熙皇帝，告老回江南，过起了隐居的生活。乾隆登基以后，知道自己的亲生父母在江南，动了省亲之念，传旨巡游江南。

有一次，乾隆皇帝下江南，巡游到杭州，寻找到了自己的亲生母亲，可惜陈阁老已经不在世了。但是，母子相见不能相认。这时，正值中秋，乾隆的母亲陈老夫人看见自己的儿子，内心非常高兴，亲手做了圆圆的甜饼，给乾隆吃。乾隆一边赏月，一边品尝母亲做的甜饼，连声称赞："好月，好饼，中秋良宵也！"从此，甜饼成了月饼，中秋节变成了亲人团圆节。江南一带每逢中秋节，就用月饼招待归家的亲人，以表示亲人团圆。如果亲人在异地，就同时望着月亮，表达思念之情。后来，这种风俗流行到全国，直到如今。

月光饼的酸甜故事

月光饼是甜的，但月光饼承载的却是令人心酸的往日历史，记录着客家人、香港人、台湾人，勇敢面对生活挑战，不屈不挠坚守中华文化精神家园的故事。甜和酸交织在一起，甜中有酸，酸中有甜。

客家人，一个极为特殊的群体，千百年来，总是在生死的关键时刻，携老扶幼，义无反顾地告别世代居住的中原，踏上远离战乱饥荒的逃难之路。一路南迁，向着江西、两广、福建、台湾迁徙，甚至远离祖国。哪里适于生存，就客居在哪里。维系客家人这个群体认同的，除了一口来自中原故地的远古乡音之外，就只有客家人对于故乡文化近乎宗教一般的坚持了。八月十五吃月饼，这份中原汉家的中秋文化传统，被客家人从故乡一直带到远方各地。

一千多年前，岭南山区，烟瘴万里，麦黍不生。制作月饼所需的面粉等材料和工具极难获得，所以客家人只能因地制宜，用糯米粉替代面粉，仿照中原五仁月饼的制作方法，因陋就简，没有皮和馅料之分，只把糯米粉、糖、食油混合在一起，有条件的可以掺入芝麻、瓜子、核桃仁等辅料，无条件的可以不添加任何辅料，然后压实成型、烙烤成熟即可。

月光饼

食材虽然不及中原的月饼丰富，但名字绝对高雅，充满汉语独有的诗情画意，客家人把这种简陋的中秋食物，叫“月光饼”或者“月华饼”。清朝皇宫也曾以“月华”为名称呼月饼，由此可以略见客家人文化根底的深厚。这种饼因为材料紧实，不但利于充饥饱腹，还可以长期保存，除了是中秋的美食之外，还是行路迁徙、避险求生的最好压缩干粮。

每到中秋夜晚，皓月当空，客家人会在自家的院中，摆上方桌，燃上香烛，拜月祈福，这正是客家人独特的“拜月光”习俗。一家老小围桌喝茶闲话，桌上总少不了月光饼和柚子，中秋吃“柚”，“柚”取“佑”意，寓意上天护佑家人平安。而圆圆的月光饼更是寄托了对家乡故土的思念和祈求“月圆人圆”的寄望。一块简单古朴的月光饼，是客家人传承千年中华文明血脉的情怀。

如果说客家人南迁，多因内乱引起，那么割让香港则纯属外患所致。这是一段令人心酸的往事。

1840 年第一次鸦片战争，古老的中国被英帝国战败，接下来是割地赔款。割香港岛给英国，赔款 2100 万银元，开放广州、厦门、福州、宁波、上海五处为通商口岸，英商进出口货物缴纳的税款，中国须同英国协商而定。从此，中国人开始在香港给英国人打工。繁重的劳动，微薄的收入，使得那些打工仔想在八月十五买一块正宗的广式月饼都成了无法实现的梦想。

不管日子有多艰难，中秋节是一定要过的，月饼也是一定要吃的，团圆的祈盼更是一定不会遗忘的。于是更为简易的香港版“月光饼”应时顺势而生。

有资料介绍，月光饼出现于香港开埠初期，由于当时物质缺乏，贫穷人家买不起昂贵的广式月饼，便以月光饼代替。月光饼材料极为简单，只用纯糯米粉和糖，有时最多再添加点黑芝麻点缀其中。外表酷似炒米饼，入口慢慢溶化，味道好像云片糕。

在台湾地区，月光饼其实就是番薯饼，又称地瓜饼，以地瓜或芋头代替枣泥、豆沙做主要材料，所以被称为穷人月饼。但不管材料如何寒酸，家境怎样贫穷，祈求家人团圆的心情和功效是一样的。

月光饼真正被国人所熟知，是因为琦君女士的那篇《月光饼》散文。琦君，原名潘希真，浙江温州市瓯海区人，毕业于杭州大学，当代作家、散文家，1949 年离别大陆到台湾。她的散文，充满着对家乡的眷恋：

> 月光饼也许是我故乡特有的一种月饼。每到中秋，家家户户及商店，都用红丝带穿了一个比脸盆还大的月光饼，挂在屋檐下。廊前摆上糖果，点起香烛，和天空的一轮明月，相映成趣。月光饼做得很薄，当中央上一层稀少的红糖，面上撒着密密的芝麻。供过月亮以后，拿下来在平底锅里一烤，掰开来吃，真是又香又脆。月光饼面积虽大，分量并不多，所以一个人可以吃一个，我总是首先抢到大半个，坐在门槛上慢慢儿地掰开嚼。家里亲友们送来的月光饼很多，每个上面都有一张五彩画纸，印的是“嫦娥奔月”“刘备招亲”“西施拜月”等的图画，旁边还印有说明。我把这些五彩画纸抽下来，要大人们给我讲上面的故事。几年的收藏积蓄，我有了一大叠。长大以后，我还舍不得丢掉，时常拿出来看看，还把它钉成一本，留作纪念。
>
> ……
>
> 台湾是产糖的地方，各种馅儿的月饼，做得比大陆更腻口，想起家乡的月光饼，那又香又脆的味儿好像还在嘴边呢！
>
> 中秋节，一年又一年，来了又过去，什么时候回家乡去吃月光饼呢？

读着上面的文字，抬头仰望满天星斗，笔者想对天堂里的琦君女士说，两岸同胞围坐在一起，边吃月饼或月光饼，边怡然自得地赏月，其乐融融欢度中秋节的日子，一定会到来的。因为，无论是月饼还是月光饼，都是家国团圆的象征！

第三章 月饼由来传说辨析

神话为月饼注入了神性——神话说

浩瀚天空，月明星稀。天上有什么，月亮上有什么，先人们展开想象的翅膀，在无边的宇宙中飞翔。于是，有了月宫，有了后羿、嫦娥；有了七仙女和董永……有了月饼起源于神话的传说。

"嫦娥奔月"是中国上古时代的神话传说，讲述嫦娥偷吃仙药飞上月球，从此与丈夫后羿天地相隔的故事。

最早记录嫦娥事迹的是商代的巫卜书。1993 年 3 月，湖北江陵王家台 15 号秦墓中出土了秦简《归藏》，其中的《归妹》卦辞为："昔者恒我（姮娥）窃毋死之药于西王母，服之以（奔）月。将往，而枚占于有黄。有黄占之曰：'吉。翩翩归妹，独将西行。逢天晦芒，毋惊毋恐，后且大昌。'恒我遂托身于月，是为蟾蠩。"

西汉初期，公元前 139 年成书的《淮南子·览冥训》，将嫦娥奔月的故事作为典故进行了引用："羿请不死之药于西王母，姮娥窃以奔月，怅然有丧，无以续之。"东汉高诱为《淮南子》作的注解中写道："姮娥，羿妻也。羿请不死之药于西王母，未及服之，姮娥盗食之，得仙奔入月中，为月精也。"

早期的文献中，嫦娥奔月就是奔月，没有奔月和月饼有关联的记述，直到后来，疑是宋人写的《三余帖》中，才记载："嫦娥奔月之后，羿昼夜思惟成疾。正月十四夜忽有童子诣宫求见，曰：臣，夫人之使也，夫人知君怀思，无从得降。明日乃月圆之候，君宜用米粉作丸，团团如月，置室西北方，呼夫人之名，三夕可降耳。如期果降，复为夫妇如初。"

从这则故事开始，后羿、嫦娥与饼才正式连为了一体，但是与现在的传说也有差异：一是时间上是正月十五而不是现在的八月十五；二是供品是用米粉做的丸（有人以为此米粉丸为元宵）而不是现在的圆饼；三是嫦娥从月中重回人间，与丈夫团圆如初，而不是现在一夜团圆后又重新离别回月宫。

一年十二个月，月月都有月圆日。但是正月十五和八月十五的联系似乎最为紧密。农谚有"八月十五云遮月，正月十五雪打灯"的说法，现代观测记录显示，天气存在对称关系，有规律地 90 天或 150 天往复循环一次，从中秋节到元宵节恰巧150天左右。在明代，正月十五不仅吃元宵，还有吃饼的习俗，《金瓶梅》第四十二回，就有正月十五送“果馅团圆饼”和“玫瑰元宵饼”的描写，这两种饼都是蒸制的，和蒸月饼的关系十分密切。凡是月圆的时候，都能激起人们思念亲人、期盼团圆的幽情。

从探讨月饼由来的角度观察，七仙女下凡的神话，是嫦娥奔月神话的大众普及版。射日的英雄，貌美的嫦娥，对于普通百姓而言，过于高大上，可望而不可即。而勤劳朴实的孝子董永，就像邻居大哥，温柔贤惠的七仙女，更像邻居大嫂，再加上他们的一双儿女，活脱脱一个真实的农家乐形象，接地气，好接受，很容易和普通大众产生共鸣。

这两个神话的骨架，都是一男一女一个家，结局均为夫妻分离，妻子在天，丈夫在地。不仅故事梗概相同，传承演变的模式也基本相同。

董永，汉朝时期的人物，古代广为传颂的行孝模范。他家境贫寒，幼年丧母，与父相依为命。父亲去世后，又契身葬父，是《二十四孝》中卖身葬父的主角。他的孝心感天动地，西王母的女儿七仙女为人间亲情所感动，自愿下凡做了董永的媳妇。至于董永是何地人氏，河南省焦作市、湖北省孝感市、山东省博兴县、江苏省东台，都认为本地才是董永的故乡，至今还争论不止。

典籍中，三国曹植的《灵芝篇》云：“董永遭家贫，父老财无遗。举假以供养，佣作致甘肥。责家填门户，不知何用归。天人秉至德，神女为秉机。”这是董永与七仙女故事的最早文献记录。

诗歌叙事过于简约，表述更具体的是东晋干宝的《搜神记》：“汉董永，千乘人。少偏孤，与父居，肆力田亩，鹿车载自随。父亡，无以葬，乃自卖为奴，以供丧事。主人知其贤，与钱一万，遣之。永行三年丧毕。欲还主人，供其奴职。道逢一妇人，曰：‘愿为子妻。’遂与之俱。主人谓永曰：‘以钱与君矣。’永曰：‘蒙君之惠，父丧收藏。永虽小人，必欲服勤致力，以报厚德。’主曰：‘妇人何能？’永曰：‘能织。’主曰：‘必尔者，但令妇为我织缣百匹。’于是永妻为主人家织，十日而毕。女出门，谓永曰：‘我，天之织女也。缘君至孝，天帝令我助君偿债耳。’语毕，凌空而去，不知所在。”

这些记载，不但没有月饼什么事，就连女主人公也不是七仙女而是织女。织女本是牛郎的老婆，现在又嫁给了董永，一女同时嫁二男，在传统礼教中，是大逆不道的事儿，在普通百姓眼里，更是丢人现眼的丑事儿。鉴于官民认知的共同否定，这故事发生了根本性的转变。女主人公由织女变成了西王母的女儿七仙女。

河南省平舆县政府驻地古槐街道，有一个美丽的传说，讲述了一个感人的故事：董永，少家贫，性至孝，父死无钱葬埋，于是卖身为奴。葬父后到买家去做工，途中碰到下凡游玩的王母第七女，仙女看其老实，慕其孝，遂爱之。婚后三个月，仙女被天帝追回，临别时留下一帛，上写道：明年某月某日，到槐荫树下取子。第二年，董永如期而至，见一襁褓小儿，即抱回家抚养，此子即是董仲舒。这一传说后被扩充修改，就是著名的《天仙配》，又称《槐荫记》。如今，这棵老槐树依然枝繁叶茂。

故事演变到此，仍然没有月饼的身影。现在我们看到听到的七仙女、董永和他们的儿子与月饼的故事，是人们仿照嫦娥奔月与月饼的故事改编的。

第三个神话，《嫦娥与月亮饼的传说》是嫦娥奔月的世俗版，嫦娥终于可以和自己的丈夫常年在一起了，只需八月十五白天回天宫向玉帝报个到，晚上即可回家。男耕女织，一家团圆，中国人理想的幸福生活。

三个神话，实质上讲述的是一个故事，家庭，离别，制饼，拜月，团圆，反映的是“人有悲欢离合，月有阴晴圆缺，此事古难全”的遗憾，以及追求团圆的美好理想。故事来自民间，表现的是百姓的情感审美追求。

以神话的方式，将创造发明月饼归功于神仙，使月饼平添了一种不容置疑的神圣感，具备了一种天然的合理性，把人想做的事，变成了神要人做的事。借此，规定了中秋节的基本主题是“祈盼家庭团圆”，说明了月饼的基本功用是“焚香拜月供品”，然后才是神人共享的美食。从此，一个普通的饼食，变成了一种神圣庄严的节日标志性食品。

闻仲太师是月饼的保护神——太师饼说

在月饼由来传说中，闻仲太师饼说比较特殊，特殊就特殊在闻仲太师这个人。月饼由来神话说的主人不是神就是仙，如月宫里的嫦娥，天宫中的七仙女，以及那个大名鼎鼎让人争论不休的后羿，是氏族首领和神的结合体。总之，是超现实的。至于胡饼说、反元说的主角，都是真实的历史人物，如唐高祖李渊、唐玄宗李隆基、杨贵妃杨玉环，还有朱元璋、张士诚、刘伯温等等，他们生于何时，死于何地，葬在何处，都有据可查。唯独闻仲，他是一个文学人物，诞生在《封神演义》小说中，属于“艺术品”。

《封神演义》是长篇章回体神魔小说，作者一般认为是许仲琳，在中国久负盛名，这些年还被频繁影视化。小说大约成书于明代晚期的隆庆、万历年间，1567—1629年，其原型最早可追溯至南宋的《武王伐纣平话》，可能还参考了《商周演义》和《昆仑八仙东游记》。它依托商灭周兴的历史背景，以武王伐纣为时空线索，从女娲降香开书，到周武王姬发封列国诸侯结束。全书融合了当时的史实人物和神话人物，充满了扣人心弦的情节和奇谲瑰丽的场面，腾云驾雾、呼风唤雨、搬山移海、撒豆成兵、水遁、土遁、风火轮、火尖枪……展现了古人丰富的想象力。其中姜子牙、李靖、哪吒、杨戬、闻仲等形象更是家喻户晓、耳熟能详。

既然《封神演义》成书在1567—1629年，定型的闻仲形象也必然诞生其间，就算其形象借鉴了南宋以后的其他作品和传说，那么闻仲太师饼的传说，也一定形成于南宋之后，很可能是在1567年之后。那时，月饼已经出现并开始在民间普及，各种志书和文人著作多有记述和描写，常被人提及和引用的是与小说创作同时代的沈榜，他在所著《宛署杂记》中描述：“士庶家俱以是月造面饼相遗，大小不等，呼为月饼。”

所有的发明都是社会需求的产物。明晚期，在月饼已经普及的情况下人们还创作一个太师饼说，是因为当时月饼制作所属的糕点行业，已经高度商业化和行业化，糕点业迫切需要一个保护神，来维持行业团结，约束行业纪律，护卫行业发展，以便与社会上其他行业抗衡，最终达到立足社会的目的。这是当时糕点业生存竞争的必然选择。

当时，糕点业是从糕饼业分化而出的新兴行业。探究糕点与糕饼分化的原因，应该从糕饼二字的字形和字义入手。汉代许慎的《说文解字》中，有“餻”字，没有“糕”字，说明“糕”字是汉以后的新字。餻饼，是餻和饼的合称。“餻”的意思是“饵属”，“饵”的意思是“粉饼”。“餻”字中的“羔”，除表音外，还有“补品”“温食”“软食”的意思。说白了，大米磨粉，和面蒸熟后比较柔软的东西叫餻，后来据此造出了“糕”字。而饼则不同，饼既可以由麦粉、小米粉、大米粉或杂粮粉蒸制而成，也可水煮而食，索饼（面条）、汤饼（面片）就是水煮的。口感上，糕软饼硬。这是糕饼的原始区别，现在两者混用，区别被忽略了。

在中国，糕饼最初是以一日三餐的主食身份出现在餐桌上的，大多以蒸或煮的方式制作。后来，在糕饼中添加了食油、食糖和其他作料，加工方式除蒸制外，还增加了烙制、烤制和油煎、油炸等熟制方法，制作越来越精细化，品质越来越高档化，品种越来越丰富多样。慢慢地，这些高档的糕饼，成了富有阶层三餐之外的副食点心。

“点心”之词，唐宋时已有，最初指早餐小食。唐代的孙頠《幻异志·板桥三娘子》言：“有顷，鸡鸣，诸客欲发，三娘子先起点灯，置新作烧饼于食床上，与诸客点心。”这里的点心是烧饼。宋代的庄季裕《鸡肋编》卷下云：“上觉微馁，孙见之，即出怀中蒸饼云：‘可以点心。’”这里的点心是蒸饼。到了明代的冯梦龙，点心的意思开始发生变化，《喻世明言》第一卷有言：“自家在酒肆中吃了三杯，用了些点心，又到薛婆门首打听，只是未回。”这里的点心成了酒后之食。

明朝初期，统治者励精图治，开创盛世，使得社会经济得到恢复。商品经济逐渐繁荣，出现商业集镇。在此基础上，资本主义萌芽开始破土而出。

商业是商人开创的。商人来去匆匆，行迹不定，点心最符合他们的需要。因为点心多为成品，随来随买随吃，携带也很方便。成书于明代的《金瓶梅》中，描述了形形色色的点心。糕类有：白糖万寿糕、果馅寿字雪花糕、玫瑰八仙糕、果馅凉糕、黄米面枣糕、艾窝窝，后两种现在北京还有售卖。饼类有：顶皮酥果馅饼、果馅团圆饼、檀香饼、酥油松饼、玫瑰元宵饼、松花饼、果馅椒盐金饼，最后一种就是一款月饼，西门庆中秋节还拿它送礼，并写在了送礼登记簿上，简称“金饼”。不用亲眼目睹，单单凭借这高雅诱人的点心名，就能引起食客无限的遐思和食欲。这些糕饼，既可以作为喝茶时的点心，宴席上的糕点盘，也可以在急切匆忙中聊以充饥；或者作为礼品馈赠亲友，或者用作商务往来应酬的见面礼。

明代晚期，糕点业已经成熟，瓜熟蒂落般地从糕饼业中分离出来。糕饼业的祖师爷是半人半神的诸葛孔明，那糕点业选择谁呢？基本条件，不可低于诸葛亮。这样的条件上哪儿去找呢？

祖师爷大体上来源于始祖、宗教、历史人物三个方面。始祖类如农业祖师神农氏、雕塑业祖师女娲；宗教类如镖行祖师达摩、化妆业祖师观世音；历史人物又细分为帝王将相和能工巧匠两种，前者如戏业祖师唐明皇李隆基、风水业祖师刘伯温，后者如木匠祖师鲁班、席篾业祖师鲁班的师兄张班。祖师就是行业的祖宗，是不可随便选定的。已被其他行业选定的，后选者一般不可再选。这是规矩，否则就要引起事端。

天无绝人之路，换一个思维柳暗花明。糕点业别出心裁，选择了与人无争的文学人物闻仲。与曾经的糕饼业相比，诸葛亮是蜀汉刘备的丞相，闻仲是商纣王的太师，平起平坐；诸葛亮是中国智慧的代名词，闻仲则是上天雷部正神之首，专职兴云布雨，诛逆除奸，万物托以长养，善恶由之祸福，有不从者天打五雷轰，远比聪明智慧厉害。你诸葛亮能做糕饼业祖师，我闻仲就敢当糕点业的祖师。

糕点业有了祖师，从属于糕点的月饼也就等于有了祖师。这是糕点业正规成熟的体现，是月饼由区域自发制作到全国推广普遍制作的标志。

月饼在战火中诞生——军粮说

军粮说是神话说的升级版。

如果说神话说的关注点是家庭，即老人长寿，孩子健壮，尊老爱幼，兄友弟恭，妯娌和睦，五世同堂，团团圆圆。那么，军粮说的关注点则是国家，也就是对内反对地方割据，对外抗击外敌入侵，始终维护国家的完整统一，实现国家的团团圆圆。家即是国，国即是家，中国人的家国情怀在军粮说中得到了升华。

军粮说与月饼的关系有两种，一种是当时的军事将领，根据战争的需要，以及军粮后勤保障的实际情况，发明或改进了一种军中食品，后来这种食品演变成了月饼，如裴寂的圆饼。有一种说法，由于李渊领导的起义队伍发展太快，以致后勤保障成了问题。带兵打仗最怕军中无粮，情况非常危险。为防止队伍饥饿哗变，裴寂灵光一现，命令伙房把剩下的杂粮、果仁做馅包成圆形的小饼，这种食物体积不大，携带方便，既好吃又耐饿，是很好的军粮。据说那一天正好是隋炀帝大业十三年（617 年）八月十五，军中以拜月为名举行仪式，授予这种小饼作为口粮，假托月神相助，因此士气大振。这是一种急中生智不得已的发明。另一种情况则截然不同，是老百姓家家户户主动制作干粮，支援前线，慰劳自己心爱的部队，后来这种劳军干粮具有了特殊意

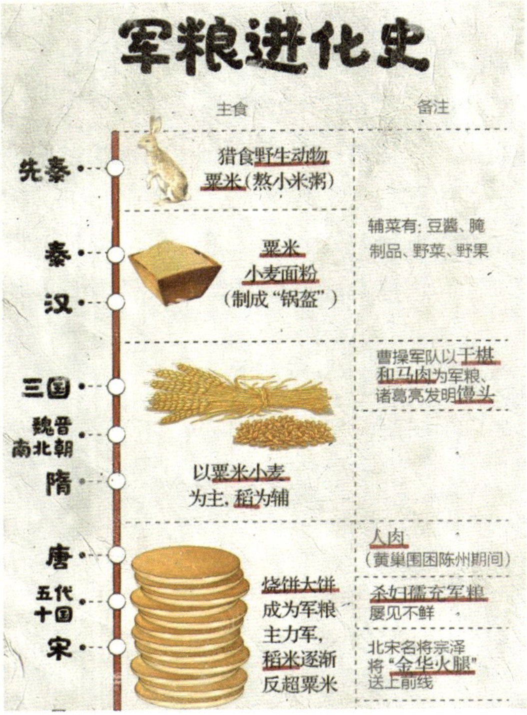

军粮进化史

义，演变成了月饼，如慰劳岳家军的“同心饼”。

不考虑月饼由来传说的创作年代，单就故事背景的时代而言，军粮与月饼的关系最铁，联系最紧密。从商代军粮闻仲太师饼，到秦代军粮锅盔，唐代军粮裴寂圆饼，宋代岳家军吃过的同心饼，最后到康熙大帝的军粮糖饼，军粮与月饼，始终如影随形，片刻不离，最终的结局是为庆祝战争的胜利，军粮变成了月饼。

军粮与月饼，是物化的战争与和平。战争永恒的主角是军人，军人的体力来源于军粮。综观军粮的发展史，唐宋时期，军粮开始了由单一的粒食埋锅造饭，向方便携带的粉食糕饼转移的升级换代历程。

唐代以前，小米一直占据着军粮的主导地位。国都，一直在陕西和河南两省交替。中国的政治、经济、文化中心，始终在黄河流域，这里恰恰是旱作粟（谷子）的传统主产区，小米充足。受自然条件的限制，水稻不能在此大规模种植。其次，小米在军中长盛不衰，还得益于其良好的存储性，据唐代文献记载，谷子可以保存 9 年，而稻谷只能保存 5 年，时间相差近一倍。不过，小米和大米都是以粒食为主，当时只能埋锅造饭，不易加工成可以随身携带并长久保存的干粮，时代在急切地呼唤新军粮的出现。

唐朝中后期，经济重心南移，小麦和水稻产区不断扩大，大米白面逐渐取代小米而成为军粮首选。到明朝时，中国“以粟为尊、注重粒食”的饮食习惯被彻底改写，“稻麦各半”的军粮系统基本定型。

从唐朝开始，烧饼和大饼正式成为军粮。唐朝为了对抗北方及西北方的突厥、回纥等游牧民族，也建立起了一支饮食居止一同突厥的骑兵部队。为减少后勤运输，携带的干粮以饼食为主，并辅以肉制品和奶制品。

到了宋代，需要征战时，即命令城内分造干粮、麻饼，量给茶、酒、柴和水钱给士兵。元丰五年（1082年）左右，陕西都转运司共造“干粮千八百九十万斤”，这是一个非常可观的数字。《武经总要》前集卷五《赍粮》记载“边兵远行，则有糜饼、皱饭、麨袋、杂饼之类”，其中糜饼“切作棋子”大小，“曝干收贮”，“如路行及战阵中干食之，味美不渴”。

将史书记载和民间传说结合起来观察，老百姓自发地烙“同心饼”慰劳为收复失地、“还我河山”而战斗的岳家军的故事，是符合历史逻辑，符合中华民族爱国主义优良传统，符合当时食物加工生产水平的。

军粮的饼食化与月饼的诞生在唐宋不期而遇，使两者产生了千丝万缕的联系，宋军将士手中的“麻饼”就是芝麻饼，是一种本土化了的“胡饼”。麻饼的前身是胡饼，月饼的前身也是胡饼，由此看来两者是同胞兄弟，其母均是胡饼。这是多么不可思议的巧合！

“巧合”的本质是必然。放眼全世界，军粮的饼食化是一个世界性的趋势。闻名世界的意大利脆饼Biscotti，一种需要焙烤两次才制成的饼干，坚硬而酥脆，几乎没有水分，含糖量极高，易于长久存放和远程携带，传说是罗马军团的发明，荣登罗马军队主食宝座长达几个世纪之久。东方的饼和西方的饼，在战场上都尽情发挥着“饭是钢”的作用。

更“巧合”的是，抗日烽火燎原的1938年，月饼又一次扮演了劳军鼓舞士气的角色。10月1日，武汉会战正在进行，第九战区第一兵团总司令薛岳将军决定，调集重兵围攻孤军深入赣北崇山峻岭中的日军第106师团。国民革命军第七十四军奉命参战。

当时，由于之前作战失利，影响了七十四军的士气。这时正逢中秋佳节，后方老百姓纷纷送来了中秋月饼，慰问前线部队，军长俞济时说：快发下去！月饼陆续发到官兵手里，士气为之大振。俞济时要的就是这种士气，立即下令，对日军发起战斗。10月7日，七十四军击溃了日军第106师团一个旅团，挫败了敌人直插南昌的计划，时称“小台儿庄大捷”。10月8日就是中秋，这一次发生在中秋节前后的中国军人英勇打击日寇的故事，也载入了史册。

唐玄宗为月饼出生造舆论——梦游月宫说

神话产生于蒙昧的时代，随着人类社会的发展，人们越来越远离神话，开始用现实的观察去解释世间万物。于是，真实可信的历史人物，便合情合理地走进了古老的神话世界，开始了改造老神话，创造人神结合的新神话时代。这个时代在月饼的由来上，也留下了深深的烙印。

唐玄宗梦游月宫说，是大唐的“探月工程”。一个强大、自信、开放的国家，除了关注我们人类赖以生存的家园地球外，总是抬头向上，对群星灿烂的太空充满着好奇。

月亮是地球的卫星，就在我们身边，距离人类最近。由于自转与公转速度完全相同，给人以永恒不动的感觉，始终一面地面对地球。仰望月亮，或是婆婆娑娑，或是影影绰绰，总是盈亏变化，总是明暗交替，它的上面到底有什么？

大唐，与之前的任何一个朝代相比，都更加关注月亮。仅在诗文中对月亮的别称、指代，或描述性词语，就多达一百多个，由此可以窥见一斑。

唐代月亮别称统计表

首字读音	月亮别称
àn	暗魄
bái	白兔
bàn	半轮、半蟾、半魄、半照、半弓
bǎo	宝镜、宝月
bì	碧华
bīng	冰轮、冰兔、冰壶、冰鉴
cǎi	彩蟾
chán	蟾魄、蟾宫、蟾月、蟾兔、蟾桂、蟾精、蟾蜍、蟾盘
chú、chū	蜍蟾、初魄、初弦
dà	大明
dān、dàn	丹桂、淡娥

续表

首字读音	月亮别称
dì	地魄
dòng	冻轮
é	娥轮、娥魄
gū、gù	孤轮、孤月、顾兔
guǎng	广寒宫
guì	桂蟾、桂轮、桂兔、桂月、桂枝、桂魄、桂花、桂丛
hán	寒蟾、寒魄、寒月、寒兔、寒玉
héng	恒娥
huá	华月
jīn	金娥、金波、金精、金蟾、金镜、金兔、金魄
kuī	亏蟾
làn	烂银盘
lǎo	老兔
lì	丽魄
liáng	凉蟾
lún	轮彩
mǎn	满魄
míng	明蟾、明镜、明月
pò	魄渊
qīng	清凉宫、清规、卿月
ruì	瑞月
shuāng	霜轮、霜月
shuǐ	水月、水银
sù	素娥、素蟾、素魄
tài	太阴、太阴精
tiān	天镜、天眼
tù	兔轮、兔月、兔钩
wàng	望舒
wēi	微月
xī	夕轮、夕兔、夕月

续表

首字读音	月亮别称
xiá	霞月
xiāo	宵晖、宵魄
xuán	玄兔、玄阴
yáo	瑶兔、瑶月
yì	一镜、一轮
yīn、yín	阴兔、阴怪、阴精、阴魄、银蟾、银兔
yíng	莹魄
yù	玉轮、玉弓、裕钩、玉环、玉镜、玉兔、玉蟾蜍、玉魄、玉盘、玉碗、玉宫
yuán	圆光、圆景、圆蟾、圆魄
yuè	月兔、月天、月娥、月子、月彩、月影、月明、月杵、月窟、月色、月轮、月镜、月魂、月魄
zhū	珠轮

如此这般关注月亮，时代需要一个权威的答复。封建时代，人间谁的权威最大？当然是贵为天子的皇帝。于是，探月的艰巨任务就落到了唐玄宗李隆基肩上。

唐明皇游月宫的传说，最早、最完整的记载是敦煌文献《叶净能话》：

> 八月十五夜，皇帝与净能及随驾侍从，于高处玩月。皇帝谓净能曰："月中之事，其可测焉？"净能奏曰："臣说亦恐无益，臣愿将陛下往至月宫游看可否？"皇帝曰："何以得往？"净能奏曰："陛下自行不得，与臣同往，其何难哉？"皇帝大悦龙颜。皇帝曰："可将侍从同行？"净能奏曰："剑南看灯，凡人之处；月宫上界，不同人间。缘陛下有仙分，其可暂住。"皇帝又问曰："着何色衣服？"净能奏曰："可着白锦绵衣。"皇帝曰："因何着白锦绵衣？"净能奏曰："缘彼是水晶楼殿，寒气凌人。"皇帝装束便行。净能作法，须臾便到月宫内。观看楼殿台阁，与世人不同，门窗户帘，全殊异世。皇帝心看楼殿，及入重门，又见楼处宫阁，直到大殿，皆用水精琉璃玛瑙，莫测涯际。以水精为窗牖，以水精为楼台。又见数个美人，身着三殊（抹）之衣，手中皆擎水精之盘，盘中有器，尽

是水精七宝合成。皇帝见皆存礼度。净能引皇帝直至娑罗树边看树，皇帝见其树，高下莫测其涯，枝条直赴三千大千世界。其叶颜色，不异白银，花如同云色。……皇帝专心求法，合掌向前，启言天师："示朕道法，尽朕一身，永受天禄，与朕为师。"净能奏曰："微臣道法，皆是符箓之功，岂堪传受。"皇帝至明晨，群臣朝参，帝曰："朕昨夜三更，与叶天师同往月宫观看，见内外清霄迥然，楼殿台阁悉异，皆是七宝装饰。"群臣共贺皇帝："三皇五帝周秦以来，未有似陛下者也。若道教通神，符箓绝妙，天下无过叶天师那？"皇帝遂命太史官，批在《唐录》。

清代木质"唐明皇游月宫"月饼模

除此之外，其他文献也多有记载。只是主角"叶净能"，在《龙城录》中被换成了申天师，《逸史》中又改成了罗公远。从上述记述中，可以看出，月宫楼殿与台阁都是水晶构成，连盘子也是水晶盘，唐人称"水晶七宝"。里面还有很多美人，都穿着天衣。而在《龙城录》中加入了杨贵妃，以及玄宗创制的《霓裳羽衣曲》舞曲。最后写玄宗借法力游月宫，被宫廷群臣赞为自中国三皇五帝以来登上月宫的第一位皇帝，心中自然非常高兴，遂命太史官将此事载入史书《唐录》中。

唐明皇游月宫的故事，文本众多且差异较大。总的来说，《集异记》《异闻录》《玄怪录》等，重在记录奇异玄怪之事，以帝王远游烘托道法神奇；《神仙感遇传》《仙传拾遗》等，以帝王好道为主旨，通过法术的表演宣扬道教。并且，在广泛传播中，越来越世俗化。

所有高大上的归宿都是世俗化，世俗化是普及化的同义词。诸宫调，一种深受底层民众喜爱的说唱文学，曲词浅白流畅，百姓喜闻乐见。在《天宝遗事诸宫调》中，一改玄宗游月的宗教导向与文人情怀，把唐明皇改编成了因思慕广寒仙子而游月，在月宫门口遭卫兵呵斥，观看仙女跳舞后，又请求道士帮忙勾引广寒仙子，甚至企图招赘月宫，被拒绝后悻悻而归的故事。唐玄宗变成了一个好色的市侩形象。

在做足了上述铺垫后，月饼终于登场了：月宫的主人嫦娥见到凡间人来，高兴异常，连忙将玄宗一行让进宫中，命令宫女端出酥甜的仙饼让客人们品尝，又召来数百名仙女，在庭院中轻歌曼舞，共度良宵。直到旭日东升，嫦娥才恋恋不舍地将玄宗送出了宫门。

回到人间后，玄宗默记仙女优美舞曲，即刻命令伶官依其声调整理出《霓裳羽衣舞》。从这一年开始，每逢八月十五，玄宗都要驾幸太液池，让御膳房仿造月宫仙饼，因这种饼本是月中之物，又加上形圆如月，所以人们都叫它“月饼”。玄宗边听曲观舞，边品尝月饼，边对月欢饮，以纪念那次难忘的月宫之游。上有所好，下必从之。自玄宗年间开始，宫中和民间开始流行拜月、听曲、看舞、吃月饼了。

到此为止，唐玄宗游月宫说的价值开始显现：借助皇帝游月宫，引起了社会各界对月宫仙境的共同向往，文人墨客看到了一个有别于人间的水晶仙境，市井二哥闻到了月宫仙女的脂粉味道，大唐高雅自信的登高饮酒和赏月玩月，开始向功利祈福的设供下跪，祭月拜月转变，它促进了民间八月十五拜月习俗的形成，为月饼的粉墨登场营造了良好氛围。

胡饼是月饼的老祖宗——外来说之胡饼

月饼的源头是胡饼，是全国各族人民逐步将胡饼中国化的产物。这一说法在学界得到了广泛认可。

胡饼改名月饼的故事，都发生在安史之乱前的初唐和盛唐，涉及唐高祖李渊、唐太宗李世民，以及唐玄宗李隆基和杨贵妃。故事情节非常单一，他们无一例外地直接将胡饼改名叫月饼。其实，历史远比简单的改名复杂得多，胡饼在中国传播、普及、演变的历史，就是月饼孕育、诞生和发展的历史。

“胡饼”从汉代传入中国，到南宋“月饼”诞生，直至元朝“胡饼”退出历史舞台，经历了一个漫长的历史过程。我们不妨进行一次时空穿越，重新回顾一下胡饼在中国流行的过程，以此窥视月饼的历史。

最早记载“胡饼”的文字，是《太平御览》八六，引《续汉书》“灵帝好胡饼，京师皆食胡饼”；又引《魏志》“汉末赵岐避难逃之河间”，“又转诣北海”，“常于市中贩胡饼”。可见东汉时，不但繁华的京师洛阳有胡饼，就连边远的北海，今天的山东潍坊昌乐的市场上也有售卖。还有文字记载，李叔节兄弟曾提数十石酒，做万枚胡饼，犒劳吕布率领的部队。

两晋南北朝时期，还因王羲之大快朵颐胡饼而留下了成语“坦腹东床”。此语旧作女婿的美称。典源出处《晋书》：“王羲之幼有风操。郗虞卿闻王氏诸子皆俊，令使选婿。诸子皆饰容以待客，羲之独坦腹东床，啮胡饼，神色自若。使具以告。虞卿曰：‘此真吾子婿也！’问为谁，果是逸少，乃妻之。”《世说新语・雅量》中也有记载。

十六国时，后赵国君石勒是羯人，匈奴的一个分支，属于“胡人”的范畴，因此他非常忌讳“胡”字，对带有“胡”字的各类名字，进行了强制性改名。《邺中记》记载：“石勒讳胡，胡物皆改名。名胡饼曰麻饼，胡荽曰香荽，胡豆曰国豆。”石勒的这种做法，对南北朝时期的北朝，也产生了较深影响。

隋唐时期，胡饼不但名字得到了恢复，而且市场也越做越大，城乡都可以买到，同时在京师长安，还出现了驰名品牌。长安皇城西边安福门外的辅兴坊，有家当时最著名的正宗胡饼店，不管是京城人还是外地人，都慕名前往购买。还有外地经营饼店的人，专程来此学习胡饼的制法和式样。大诗人白居易在忠州（今重庆忠县）担任刺史时，发现当地胡饼从配料到形状，样样学长安，新出炉的胡饼面脆油香，便给好友万州（今重庆万州区）刺史杨归厚寄了些，还写了首诗《寄胡饼与杨万州》，“寄与饥馋杨大使，尝看得似辅兴无？”让那馋嘴的杨大使尝尝，到底是辅兴坊胡饼好吃，还是我寄的胡饼好吃？

胡饼在唐朝流行的同时，也开始走上了汉化的道路。《资治通鉴》的注者胡三省解释胡饼时有言：“胡饼，今之蒸饼。”《古今图书集成》中《食货典・饼部》引《刘宾客嘉话录》：“刘仆射晏，五鼓入朝，时寒，中路见卖蒸胡饼之处，热气腾辉，使人买之，以袍袖包裙帽底，啖之，且谓同列曰：美不可言，美不可言。”这事一时成为佳话。

但是，有些人对这段话持否定态度。认为胡饼都是在烤炉中烤制的，蒸饼是汉人食品，与胡饼无涉。也许古人已经想到了今人会有此问，所以早早地为我们备下了答案。晚唐大诗人皮日休的《初夏即事寄鲁望》就有“胡饼蒸甚熟，貊盘举尤轻”的诗句，这里的胡饼是蒸制而成，没有悬念。

唐代的蒸胡饼现在是否还能吃到，笔者专程到丝绸之路的河西走廊实地考察，结果令人喜出望外。胡饼与蒸饼，除了熟制方式烤与蒸的明显区别外，还有一点就是作料不同。蒸饼大多用姜黄、苦豆、红曲，而胡饼中则多用芝麻、安息茴香（孜然）、胡椒等调味品。蒸胡饼就是现在西北百姓餐桌上的五香千层饼、芝麻花卷；有馅的胡饼古楼子，改烤为蒸，就是蒸肉卷。大唐尚书左仆射刘宴吃的蒸胡饼，很可能是现在的蒸肉卷。

宋朝，中国历史上一个极富个性的王朝，国土面积最小，商业最发达。在商业和北宋南下的推动下，源自北地的胡饼普及了江南，真正成为全国性的食品。与宋对峙的西夏党项人，三餐中有胡饼。金统治区域内，胡饼的踪迹也随处可寻。北宋宣和七年，金太宗完颜吴乞买即位，北宋派使臣祝贺，行至咸州城（今辽宁开原市）时受到当地州官款待，其饭食中就有胡饼。

宋朝皇帝举办国宴，一般是行酒九盏，第四盏的下酒物中就有“白肉胡饼”，第七盏下酒物则是“排饮羊胡饼”。北宋皇帝在皇宫集英殿举办外事活动，曾用“白肉胡饼”宴请金国使节。到了南宋，每逢皇太后生日，宴席上也会出现这两种胡饼。更令人匪夷所思的是，胡人不食猪肉，但在北宋却出现了“猪胰胡饼”。其制作方法，先将猪胰加工成馅，或用面团包裹馅料，或将馅料和入面中，再擀制成形，入炉烘烤。也许是因为猪胰胡饼味美且富有汉人特色，北宋灭亡后，一些南迁的东京人将这一美食带到了南宋都城临安，南宋耐得翁在《都城纪胜》“食店”中记述：都城食店，多是旧京师人开设，如羊饭店兼卖酒……猪胰胡饼。

也许是巧合，也许是必然，在南宋胡饼和月饼终于实现了同框合影。《武林旧事》卷六《蒸作从食》中记载的 57 种蒸食中，千层、月饼、胡饼名列其中。这三种食品，同是蒸制，同台亮相，仅仅用巧合是无法解释的。在随后的日子里，千层变成了西北的蒸月饼，月饼与胡饼合二为一沿用了“月饼”之名。这些，只有用“胡饼中国化”才能讲得通。

至元代，文献中对于胡饼的记载突然变得极少，只有个别史料提及，如《居家必用事类全集》中仅有山药胡饼。这种断崖式消失的原因，用朱元璋的话说：元本胡人，起自沙漠。在中国古代，“胡”是北方游牧民族的统称，就像“蛮”指代南方游耕类少数民族一样。历史上，游牧民族曾多次马踏长城，南下掠夺和侵蚀富庶的农耕地带，故而汉族和少数民族经常发生冲突。基于这种恩怨，原本指代少数民族统称的“胡”字，就带上了浓浓的贬义色彩。如胡言乱语、胡说八道、胡思乱想，胡来、胡闹、胡吹等。

这样，在元朝自觉不自觉地忌讳“胡”字，也就成了情理之中的事。具体到胡饼，在南宋就已经基本上实现了中国化，发展成了一个品种众多的庞大家族，每一个品种都有自己的名字，完全是脱离了胡饼的独立存在。如《东京梦华录》卷第四《饼店》记载：胡饼店即卖门油、菊花、宽焦、侧厚、油码、髓饼、新样、满麻等，这些名字中已经没有了“胡”字的影子。之后，呼唤了一千多年的“胡饼”，消失融入中华历史的长河中。明代以降，由胡饼演变而来的月饼，则成了中国的国饼。

中韩的月饼各有源头——外来说之朝鲜半岛

有学者认为，一千多年前，地处朝鲜半岛的新罗国，八月十五节庆“设馎饦饼食等”，是中秋节吃月饼的源头。

月饼是中秋节的标志性食品。月饼源自东邻朝鲜半岛说，实质上是中秋节究竟是起源于中国本土，还是起源于朝鲜半岛的问题。

中秋节起源于朝鲜半岛，过去只有少数学者了解有此一说。普通百姓，既不知晓，也不相信，即使偶尔听到一言半语，也从不上心。这个问题成为广为人知的公众话题。2005 年 11 月 26 日，韩国的“江陵端午祭”入选世界非物质文化遗产名录，之后据传韩国还有意准备“中秋申遗”，这才引起海内外华人的广泛关注。

于是，民间展开了一次规模不大不小的争论，形成了一个三足鼎立的论辩结果：其一，韩国的“秋夕”源自中国的“中秋节”；其二，中国的“中秋节”源自新罗的“八月十五节”；其三，中国的“中秋节”与韩国的“秋夕”是两个独立形成的节日，不存在谁源自谁的问题。

韩国“秋夕”源自中国“中秋节”的观点认为，文化辐射传播是由高向低、由强向弱，由中心区域向周边扩散的，这是规律。任何事物的发生发展都是依照规律进行的。大唐王朝国力强盛、经济繁荣、文化发达，周边的越南、朝鲜、琉球，乃至日本，长期使用中国的历法、书写中国的汉字，都争先恐后地向大唐派送遣唐使，来大唐求学，只有大唐辐射影响它们，而没有它们影响大唐的道理。最典型的例子，729年，唐玄宗把自己的生日八月初五定为“千秋节”，后来改称“天长节”。这个节日东渡日本，在奈良时代和明治时代，天皇生日就称为天长节，直到1948年才改名为天皇诞生日。

中国“中秋节”源自新罗“八月十五节”观点则认为，文化交流从来都是双向的，各类典籍记载得清清楚楚，不容置疑。

840年，日本高僧圆仁和尚，在山东文登的赤山法华院——一座新罗侨民建立的寺院，亲眼目睹了新罗人过节的盛况，并写进了他的日记《入唐求法巡礼行记》中：“十五日，寺家设馎饦、饼食等，作八月十五日之节，斯节诸国未有，唯新罗国独有此节。”这是第一手资料。

如果说个人的日记权威性不够，那么再看朝鲜半岛现存最早的史书《三国史记》，它是记述新罗、百济、高句丽三国的正史，由高丽王朝时期著名学者、政治家、历史学家金富轼于1145年用汉文编撰而成，是研究朝鲜三国时期和后期新罗历史的珍贵文献。

《三国史记》新罗本纪卷第一曰：“儒理王既定六部，中分为二，使王女二人各率部内女子，分朋造党，自秋七月既望，每日早集大［六］部之庭绩麻，乙夜而罢。至八月十五日，考其功之多少，负者置酒食，以谢胜者。于是歌舞百戏皆作，谓之嘉俳。”翻译出来就是，每年王宫都把全国六部的女人们分为两部分，分别由两位公主率领，从七月十六开始，每天都聚在各部的院子里搓麻织布至深夜，到八月十五中秋，根据其纺织多少来判断胜负。负的一方要置办酒席，向获胜的一方表示祝贺，接着大家一起唱歌、跳舞庆中秋。

如果说他国的记述不客观，再来看看我们中国自己的正史和相关典籍。《北史·新罗传》：“八月十五日设乐，令官人射，赏以马布。”《隋书·东夷传》所记略同。《旧唐书·东夷传》记新罗风俗云：“重元日，相庆贺燕飨，每以其日拜日月神。又重八月十五日，设乐饮宴，赉群臣，射其庭。”可见八月十五是与春节并重的新罗节日。《新唐书·东夷传》所记略同。《太平御览·四夷部·卷二·东夷二》“新罗”云：“风俗刑政衣服略与高丽、百济同。每月旦相贺，王设宴会，班赉群官，其日拜日月神主。八月十五日设乐，令官人射，赏以马布。”我们史书中的记载，比半岛史书的记述更多，更详细。

鉴于上述两种观点的严重对立，第三种观点顺势而生。新罗的八月十五节和中国的中秋节是两个分别独立形成的节日，有不同的起源、不同的风俗和不同的文化内涵，之间不存在相互影响的关系，更不是同根同源，近几年出现的“中朝（韩）中秋节源头之争”完全没有必要。

韩国八月十五秋夕节

文化的发展，有赖于文化的开放、接触、交流、碰撞、思考、借鉴，并在此基础上进行创新。东亚文化圈中的中国、朝鲜、韩国、日本、越南等国，过去或现在使用汉字并曾共同使用文言文作为书面语，有相同或相近的节日，是文化发展的必然结果，这是历史馈赠给我们各方的一份珍贵遗产，有关各方应该相互尊重、平等协商、联手协作，共同探讨中秋文化的保护和传承问题。

中秋节与秋夕比对表

比对项目	中国	朝鲜半岛
节日名称	中秋节，又称月夕、秋节、仲秋节、八月节、八月会、追月节、玩月节、拜月节、女儿节、团圆节	八月十五节、秋夕、仲秋节
形成时间	唐至北宋期间（618—1127 年）	新罗中期（654—789 年）
标志食品	圆形的月饼	半月形的松糕
节日活动	祭月，赏月。进行燃灯、观潮、猜谜、赏花等活动。侧重“团圆”和“家”	追远报本，祭祀祖宗。进行拔河、荡秋千、跳板、龟戏、牛戏等游戏。侧重“孝”和“礼”
节日主题	设供拜月，祝贺团圆	扫墓祭祖，庆祝丰收
面临任务	保护，传承	保护，传承

寿阳茶食是月饼的老祖母——月团团说

长城不是一天建成的，月饼也不是哪个人一时即兴发明的。月饼的祖先是胡饼，与月饼相关的食品很多，诸如太师饼、锅盔、月团、同心饼、月糕、糖饼、麦饼、金饼等，月饼是在这些饼的基础上逐步演变发展而成的。但是，月饼也不是上述各种饼简单组合成的“四不像”，而是由众多饼基因杂交而成的新品种。那么，直接孕育月饼的母体是哪个饼呢？月饼的母亲究竟是谁呢？关于这个问题，史书上没有记载，现有文字资料中没有谈及。没有办法的办法，我们只能依据“礼失而求诸野”的古老办法去民间找寻。

要想为月饼寻找生母，必须要设定一定的条件，即母亲的年龄一定比儿子大，母亲的模样和儿子的模样一定要有相似之处，但肯定又不能完全一模一样。另外，虽然我们手中没有家谱或户口簿这样的文字档案资料，但绝对不能凭空想象杜撰，一定要依据相关母亲和儿子是母子关系的传说，并且还要找到一些实物或习俗证据。唯有这样，得出的结论才令人信服。

依照形成母子关系必备条件的朴素公理，选用逆向推理的逻辑方法，根据目前收集掌握的传说资料，我们可以作出如下审慎的推断：

1. 月饼是中秋节标志性节日食品，中秋节诞生之前，尽管已有与月饼相似的饼食或糕点存在，但也不宜认定这种糕点就是月饼。

2. 目前多数学者认为中秋节诞生于宋代，对苏轼《留别廉守》诗中提及的“小饼”究竟是不是月饼存在争议，但它是目前影响最广泛、最接近于现代月饼并有文字记载的古代食品。

3. 月饼的母亲大概是唐代人，其祖籍应在唐朝发达区域，并且以面食为主，即长安、洛阳或其周边富庶地区。

4. 某种大众食物一经诞生，只要制作它的食材还在，其消亡的可能性很小。在历史长河的流变中，有关这种食物诞生的传说以及相关习俗和实物证据，很有可能在相对闭塞落后地区流传至今。

5. 研究追查苏轼“小饼”来源的相关传说，是寻找月饼亲生母亲的主要途径。

6. 广西合浦在宋代是对外出海港口，是海上丝绸之路的重要节点或始发港，当时极为繁华富庶，与朝中官员往来密切。传说北宋皇家中秋节喜欢吃一种“宫饼”，民间俗称为“小饼”“月团”，苏轼吃的“小饼”即是“宫饼”，这一线索非常重要。

7. 民间传说宋朝的“宫饼”来自大唐王朝的宫中。大唐的“宫饼”就是由时任吏部侍郎的大文豪韩愈推荐入宫，而后成为贡品的“寿阳茶食”月团团。

根据以上逆向追查推理，目标锁定在了“寿阳茶食”上。寿阳茶食是山西寿阳县著名的传统小吃，是一种烙饼和月饼合二而一的早点食品，已有一千多年的历史。这种食品，外酥、里脆，是状如酥皮月饼的包馅点心。据传，“茶食”二字，出自韩愈之口；“月团团”之名，来自韩愈的七绝《夕次寿阳驿题吴郎中诗后》，其详情在前文《韩愈的寿阳茶食月团团》中已作了介绍。当地人至今每逢春节和中秋总是要自己动手做些来吃。在婚嫁、喜庆之时，以其待客并作为馈赠礼品，还是祭祖敬神的供品。

寿阳茶食月团团，似月饼又不是月饼，诞生于唐代，地点在山西寿阳，它紧邻唐朝的龙兴之地太原，以面食为主，现在依然流行。与我们设定的月饼母亲条件和理论模型基本吻合。由此我们是否可以作出结论：寿阳茶食月团团就是月饼的亲生母亲。

对此，我们应持审慎态度。韩愈寿阳茶食月团团的传说，发生在唐穆宗长庆二年（822 年），苏轼在合浦留下的诗篇《留别廉守》，创作于宋元符三年（1100 年），两者相距 278 年之久，其间经历了大唐的灰飞烟灭，五代十国的动荡割据，赵家宋王朝的建立，仅仅凭借于散见在各地月团团、宫饼、小饼的民间传说，就得出这样的结论，似乎未免有失严谨。但有一点是肯定的，“月团团”与“小饼”确实存在近亲血缘关系，我们不妨称之为“月团团”是“小饼”的老祖母更为妥当。

之所以定位于“老祖母”，是想说明在月饼和老祖母之间，还有家族内的伯父、叔父、大姑妈、小姑妈，以及妈妈和外婆家的大小舅、大小姨等诸多亲人的存在，他们对月饼的诞生和成长也都作出了应有的贡献。此外，这样定位也为后续寻找月饼的亲生父母留下了充分的空间，是积极而又严谨的。

那么，这一称呼是否贴切呢？朋友们不妨到乡间去，实地考察一下老百姓用土炉烤制月饼的情景进行验证。如果没有时间，也可以到网上搜“土炉月饼”，现在乡间仍有不少地方，依然采用寿阳制作“月团团”的炉具和工艺来打制“土月饼”。将相关的文字和图片，与寿阳制作“月团团”的照片进行比对，就可以印证，“月团团”与“土月饼”的确血脉相连。

苏轼是月饼的接生婆——小饼说

小饼说，既没有传说，也没有故事，有的只是苏轼那句传唱千年的“小饼如嚼月，中有酥与饴”。诗人把小饼的味道用“嚼月”来描述，给后人留下了无穷的想象空间，也成就了一个千古之谜。这事儿，唯有苏轼干得出！

苏轼是诗人美食家，他的发明专利有东坡肘子、东坡豆腐、东坡玉糁、东坡腿、东坡芽脍、东坡墨鲤、东坡豆花、东坡肉、东坡饼、东坡酥、东坡酒、东坡羊肉汤等，有菜有酒，有汤有主食，还有酥饼点心。这样一位史诗级的美食大咖，对吃有着超乎寻常的敏感。当他在惠州第一次吃到荔枝时，就留下了“日啖荔枝三百颗，不辞长作岭南人”的感慨。这次，在西南国际贸易重镇，海上丝绸之路起点廉州合浦，于八月十五前后吃到一种“小饼”时，就产生了“嚼月”般奇妙灵感，由此可见诗人美食家对“小饼”的赞叹。

笔者发现了一个有趣的历史现象，即凡是人们关心的问题，典籍中没有记载的，民间肯定有传说。假语村言，总是在填补着历史的空白。有一种说法，北宋皇宫里过中秋，要吃一种“宫饼”，这种宫饼的专利属于大唐皇宫，名字叫“红绫饼”。

宋代叶梦得《避暑录话》卷下记载：“唐御膳以红绫饼餤为重。昭宗光化中，放进士榜，得裴格等二十八人，以为得人。会燕（宴）曲江，乃令太官，特作二十八饼餤赐之。卢延让在其间。后入蜀，为学士，既老，颇为蜀人所易（蔑视）。延让诗素平易，近俳，乃作诗云：‘莫欺零落残牙齿，曾吃红绫饼餤来。’王衍闻知，遂命供膳，亦以饼餤为上品，以红罗裹之。至今蜀人工为饼餤，而红罗裹其外，公厨大燕，设为第一。”

红绫饼，一种有馅的饼，焦黄酥脆，为防散开，用红绫缠裹包装。另有一说，红绫饼又叫餤饼或饼餤，是一种薄饼卷肉做的食品，相当于现在的锅盔夹肉，只是要厚实得多，卷起一筒，用刀切了吃。两说谁对谁错，已经无法考证，但有一点是共同的，红绫饼是唐朝皇宫中的御用美食。

红绫饼

科举，通过考试选拔官吏，这一制度创始于隋朝，确立于唐朝，是中国对世界文明的重大贡献。三月三上巳节，唐朝皇帝有在长安曲江池宴请新科进士以表祝贺的传统。能得到当朝皇帝的钦点邀请参加“曲江宴”，是读书人一生的荣耀。光化三年（900 年），唐昭宗在举办“曲江宴”时，为鼓励和祝贺二十八位新科进士，破例每人赏赐一个宫廷御制“红绫饼”吃，一时成为美谈，留下了“红绫饼餤”的典故，成了文人学士科举获胜的代名词。

吃过红绫饼的进士卢延让，后来到四川任职，把这种美食带到了蜀地。卢延让参加过二十五次进士考试，结果都是名落孙山。后来他别出心裁，留下了“狐冲官道过，狗触店门开”，“饿猫临鼠穴，馋犬舐鱼砧”，“栗爆烧毡破，猫跳触鼎翻”的诗句，专门描写猫狗送给知名人士品评，后来凭此荣登进士榜。因为这事，晚年曾受到同僚们的蔑视，老头子不服气，一怒之下写出了“莫欺零落残牙齿，曾吃红绫饼餤来”的诗句。

老子吃过红绫饼餤，你们哪位吃过？吃过红绫饼，就是见过皇帝，就是天子的亲门生！“破浪乘风壮此游，雁行分手意悠悠。相期早啖红绫饼，聊慰门闾朝暮愁。”这首诗，真实地反映了“红绫饼”在读书人心中的地位。

美食是跨越时空的，美食是无法遏制和阻挡的。红绫饼在蜀地民间传开流行后，到宋代时，已经燎原全国。名字也随着时空转换而改变，红绫饼变成了宋朝宫中的“宫饼”，变成了官府和糕饼店中的“小饼”。这才有了苏轼“小饼如嚼月”的诗句。

宋代在中国历史上是一个充满传奇的朝代，国土面积最小，但财政收入却比大唐高出一倍，GDP 水平远超同时代的其他国家，竟然占到了当时全世界的 60%。宋的繁荣得益于商业发达，商业发达必然促进饮食业的发展。在整个饮食文化中，宫廷饮食，体现着一个朝代的最高水平。

宋代宫廷饮食，一改唐代宫廷饮食“紫驼之峰出翠釜，水精之盘行素鳞”这种夸张不实的作风，不仅留下了确切的御宴宫廷菜品明细，甚至还有流传至今的用料详单及烹制方法。绍兴二十一年（1151年）十月，宋高宗赵构到清河郡王张俊府上串门，张俊大摆筵宴，以奉高宗，留下了中国历史上最大的一桌御宴食单。这张食单收录在《武林旧事》卷第九《高宗幸张府节次略》中。这次招待皇帝的御宴，仅糕点类的“珑缠果子一行”就有“荔枝甘露饼、荔枝蓼花、荔枝好郎君、珑缠桃条、酥胡桃、缠枣圈、缠梨肉、香药葡萄、缠松子、糖霜玉蜂儿、白缠桃条”等品种，足见其奢华程度。

宋朝在饮食上还有一个特点，就是宫廷饮食与市场互动。《梦粱录》中有记载：“杭城风俗，凡百货卖饮食之人，多是装饰车盖担儿，盘盒器皿新洁精巧，以炫耀人耳目……及因高宗南渡后，常宣唤买市，所以不敢苟简，食味亦不敢草率也。”皇帝老子想吃什么了，不用御厨制作，直接到市场上去传唤。宋高宗赵构就传唤过李婆婆杂菜羹、贺四酪面、脏三猪胰胡饼、戈家甜食等等，这些民间小吃，顷刻间变成了“御定美食”。同样，宫中的一些食品，通过宫中人和文武百官的泄密，市场上也可以仿照制作出售。

宋代科举考试，每三年一次，安排在秋八月举行，故此又称秋闱。这样，八月中秋和桂冠捆绑在了一起，应试高中者被称为月中折桂之人。传说，过中秋时皇宫里吃的是宫饼，民间吃的是小饼、月团，这些饼类又被称为“荷叶”“金花”“芙蓉”等，是现代月饼的前身。

小饼说的价值，首先在于，北宋的制饼技术已经成熟，“小饼”已是事实上的月饼，但月饼之名尚未出现；其次，它为月饼的形制进行了基本框定，有皮有馅儿，有糖有油，这样的东西才是月饼，这个界定一直沿用至今；其三，把月饼指向了“宫饼”，进而引出了“红绫饼”，最终锁定在了宫廷食品上，借此充分肯定了宫廷饮食对月饼诞生所作出的特殊贡献。

月饼也在与时俱进——创新说

月饼从诞生之日起就不只是一个品种。月饼，总是因地制宜，就地取材，与时俱进，随着时空的斗转星移而不断创新，持续发展的。

月饼是否一定要有皮有馅，月饼是否非烤即蒸总是热加工，月饼的馅料究竟哪种才最正宗，这些都不重要，都可以改变。不可改变的，是它与中秋节夜晚月亮的关联，以及家国团圆的永恒主题。这才是月饼的精髓所在。

文创玉雕月饼摆件

创新说涉及两种月饼，这两种饼都没有馅料，或者说皮馅儿不分，皮馅儿一体。无论是按传统的标准衡量，还是按国家标准的定义判断，它们都不该被视为月饼。但是，它们的的确确扮演了月饼的角色，起到了月饼的作用。是流行于特定区域和特定人群的月饼。

它们一个是混糖月饼，以面粉和糖为原料，由半耕半牧的草原人，根据草原缺少果仁、瓜子、芝麻的现实而发明。传说，它在康熙大帝平叛噶尔丹的军营中传递，是各族人民维护祖国统一的决心和意志的象征。

另一个是月光饼，主要以糯米粉和糖为原料，其他果仁、瓜子、芝麻等辅料，可有可无，由不断迁徙南行的客家人，根据当时自身生活的条件发明，它在我国台湾、香港以及东南亚各国有不同的品种，是各族人民和各地华人认同恪守华夏文明习俗的具体表现。

文明是什么？文学艺术是文明，历史文物是文明，美食美味是文明，月饼自然也是文明，一种物化的文明。文明是一个国家和民族的集体记忆。中华文明，为什么千年不断，为什么屹立不倒。从小小的混糖月饼和月光饼上，我们可以得到启迪。我们的中华文明，是在不断创新中一路奔腾向前的。

月饼出世以来，无论馅料和形状有多大变化，有一点是从未改变过的，那就是制熟法。或炉中烤，或笼中蒸，或锅里烙，或饼铛煎，都是热加工。这个坚守了千年的方法，在20世纪末受到了颠覆性的挑战。

1989年，香港大班面包西饼有限公司，根据现代人注重健康、崇尚清淡、回避油腻的口味要求，在一种黏软、色白、无馅的越南糯米软糕基础上，把配好的馅料包裹在软糕之中，捏黏土般的把软糕搓捏成丸状，再放进饼模一压，首创了冰皮月饼。

冰皮月饼与传统月饼的最大区别是，表皮和馅料都是熟的，压制成型以后，无须再蒸烤加工，可以直接食用。还有，传统月饼是在常温环境下存放，

木雕月饼挂件

冰皮月饼则需要放到冰柜或冰箱里面冷藏保存。再就是，口味多样，馅料丰富，榴梿、杧果、凤梨、柚子、抹茶、紫薯、咖啡、南瓜、栗子、奶油等，这些传统月饼很少使用的馅料，成了冰皮月饼的主打馅料，满足了不同人群的需求，特别是受到了年轻一族和时尚一族的追捧。同时，也受到部分外国人士的喜爱。

冰皮月饼的成功，开创了月饼冷加工的新时代。传统的热加工，新潮的冷加工，两者同时并存，为未来新式月饼的诞生，做好了技术准备。这是一个信号，月饼已经开启了成为国际化食品的征程，月饼将从香港这个国际化都市出发，逐步走向世界，与之相随相伴的是月饼的品种会越来越多。

月饼首先是供品，是用来拜月的，在与月神进行了友好沟通，完成了供品的使命之后，才能成为人们口中的美食。文化上讲是这样，现实中月饼其实就是一种吃食，一种美味。但是，现在社会上却出现了很多看得见摸得着，可赏可用，就是不可吃的文创月饼。

当一种食品演变成一种文化符号时，其文化价值就远远超出了它的食用价值，并因此开始向人们的精神领域渗透发展，成为人们的精神寄托。

月饼，已经成为家国团圆平安的符号。由此，产生了月饼文创产品。2018 年中秋节，互联网上出现了这样的消息：阴晴圆缺都休说，且喜人间好时节。中秋是中国的传统佳节，月饼是久负盛名的中国传统糕点之一，吃月饼是中国传统文化的重要内容。当中秋佳节来临之际，腾讯公司推出“腾讯、长城、故宫、敦煌、兵马俑、云南”等月饼文创产品，把诗和远方融合在一起，把在远方的和不在远方的思念融合在一起，小小的月饼寄托着无尽的祝

2014 年第三届中国青岛国际雕塑艺术节之石雕“磕子”

福与思念。

月饼与文玩和饰品结缘，诞生了用于案头的木雕摆件月饼，用于把玩的木雕和玉雕掌心月饼，用于佩戴的玛瑙饰品挂件月饼和翡翠月饼吊坠，用于收藏的贵金属金银月饼纪念章，公园里开始出现大型石雕月饼印模作品。2014 年在第三届中国青岛国际雕塑艺术节上，就展出了花岗岩石雕“磕子”，该作品是仿照山东打制饽饽和月饼的“磕子”创作的，受到了参观者的广泛赞誉。

在旅游点，在古董店，在网上商城，月饼饰品越来越受到人们的青睐，不但中国人喜欢，外国人也喜欢。笔者相信，在不远的将来，月饼一定会成为地球人都认可的“和平团圆”的符号，月饼一定会走出国门，走遍地球村的每一个角落。

美食人人爱，团圆家家盼。这是人类最本能和最根深蒂固的情感追求。

月饼是多元文化的骄子——诸说述评

神话和传说，是一个民族文化的基因和思维的密码。研究月饼的起源，一定要从月饼的传说开始。

宏观上分析，月饼的由来有神话说、太师饼说、军粮说、梦游月宫说、外来说、月团团说、小饼说、反元说和创新说，共计九种说法。其中反元说已被历史学家证实是虚假的，这样就只剩八种了。这八种说法，产生于不同的时代，各有其存在的道理和价值，它们之间相互联系、相互区别、相互补充，谁也替代不了谁。

《周礼·考工记》言："知者创物，巧者述之守之，世谓之工。百工之事，皆圣人之作也。"古人把部分与日常生活攸关的事物认定是神仙的发明，其实就像是许多宗教将万物源起视为是神祇所为一样，都是人们在苦无证据的情况下，想要对事物起源加以解释时的一种思维方式。将月饼和远古神话中的嫦娥与后羿，或者七仙女与董永联系起来，为月饼平添了几分神圣感，说明月饼是神的创造物，人们应该对它敬之拜之，给予虔诚的尊重。同时，还借助神话，把中秋节的主题锁定在家人相聚、焚香拜月、供献月饼、祈求团圆上，这一主题一直延续到现在，并将继续传承下去，因为这是月饼内含的精髓。

古代，美食的创造和传播有一个规律，一般先在富有的皇宫官府和豪门大户中流行，之后逐步流传到民间，并在商品化过程中达到普及。当普及一定程度时，便会产生一个新的行业，诞生一个新的祖师爷。月饼由糕点业的祖师爷闻仲的太师饼演变而来的说法，其价值在于：首先，确立了太师饼与月饼的传承关系，确定了月饼属于糕点的性质；其次，祖师爷符号所散发的神圣性和神秘性，能够使从业者在潜移默化中形成对职业的敬畏感，进而对月饼产生崇敬感，在职业活动中体验人的精神性存在；最后，有利于月饼职业队伍建设，有利于产品质量提高。

军粮的特点是体积小，方便携带，口味好，营养丰富，热量高，原料来源广泛，易于较长期保存。这些特点与月饼的特点高度重合，可以说月饼是天然的军粮。以至于2003年10月15日，中国第一次发射神舟五号载人飞船，宇航员杨利伟的主食就是印有"飞天"字样的小月饼，他在太空失重状态下自拍了进食空中飘浮月饼的有趣画面。军粮是战争的必需品，月饼作为军粮出现在唐宋明清乃至民国打击入侵者维护祖国统一的队伍中，是月饼象征"家庭团圆"上升为象征"国家统一"的一次质的飞跃，从而增加了爱国主义的情感，成为中华民族家国情怀的载体。月饼这种内含质的飞跃与提升，是促进和加快月饼在全国各地普及的内在新动力。

梦游月宫说，是一次蛤蟆变美女为嫦娥洗白，寂寞月宫变繁华天堂之旅。唐代以前，嫦娥是一个长期被否定的形象。她无情无义，抛夫弃子，一个人偷吃不老药后奔向了月宫，结果变成了癞蛤蟆。偷窃、无情、癞蛤蟆，是贴在嫦娥身上的标签。月宫，仅有一只癞蛤蟆和一只兔子，是寂寞悲凉的场所。

汉代画像石刻拓片，嫦娥长出了两条腿和一条长尾巴

嫦娥不善，蛤蟆不美。这样的月亮如何让人观赏？到了唐代，出于玩月赏月的需要，人们开始改造月亮和嫦娥的形象，李商隐的“嫦娥应悔偷灵药，碧海青天夜夜心”，是当时社会心理的普遍反应。在此大背景下，唐玄宗开始了探月之旅。用这个故事，向世人描绘了一个全新的月宫，十里长街，琼楼玉宇，奇花异草，仙女成群，素衣飘然，婀娜多姿，《霓裳羽衣曲》令人陶醉，嫦娥一笑百媚生，六宫粉黛无颜色，以至于令唐玄宗想入非非。借此，改变了人们对月宫的传统印象，激发了人们对月中仙境的向往。进而，为汉前的祭月、唐代的赏月向日后的拜月演变打下了思想基础，为月饼的诞生制造了舆论氛围。

梦游月宫说与月饼外来说都发生在唐代，二者遥相呼应。前者为月饼的诞生制造舆论，后者则为月饼的出世找到了前身。外来说涉及西域的胡饼和东邻朝鲜半岛的饼食，一东一西，西面的胡饼非常具体，受到了人们的广泛认可，并得出了月饼的前身是胡饼的结论。东面的饼食，模糊不清，难以定论。抛弃枝节，此说的价值在于，月饼是东西方文化交流的产物，它借助外来食品的样式，结合中国的人文实情和物产实际，进行了本土化改造，在改造中不断注入中国的思想文化内涵，最终成为中秋节标志性食品。由于月饼在孕育中多元文化的参与，致使其一诞生就是一款中国特色的国际食品，对周边汉字文化圈内的国家产生了一定影响。

月团团说，唐穆宗长庆二年（822 年），已经 55 岁的兵部侍郎韩愈，远赴正定去宣慰乱军，途经山西寿阳太安驿时，歪打正着，无意中催生了“寿阳茶食”月团团，而这种不起眼的“茶食”，竟然成了贡品登堂入室，踏进了大唐皇宫，之后华丽转身戴上了“宫饼”的桂冠。斗转星移，江山易主，从唐宫到宋宫再到小城合浦，称谓也从御用的“宫饼”变成了无名的“小饼”。美食总是诱人的，一经到了苏轼的口中，便化作了千古名句。从此“小饼”声名远扬，而它的老祖母却一直默默无闻地留守在偏僻的寿阳。此说的价值在于，它为月饼梳理了一个粗线条的家族根脉，证实了从胡饼到月饼的汉化过程是漫长的，其间各地相关食品为月饼的孕育贡献了不同的营养物质。

小饼说，由苏轼的“小饼如嚼月，中有酥与饴”诗句记录，诞生于宋元符三年（1100 年）农历八月的廉州，也就是现在的广西北海的合浦，既有明确的时间，又有准确的地点。合浦，北宋边远的沿海重镇，海上丝绸之路的起点，国际贸易大港，中西方文明的交会地，已经能制作与现代几乎一模一样的月饼，标志着经过汉唐长久孕育的“月饼”已经成功分娩诞生，来到人间，只是人们还需给这个“小饼”起一个更正式、更贴切、更响亮的名字，“小饼”普及全国尚需一段路程要走。

创新说，是月饼普及全国之后发生的故事。主要涉及草原的混糖月饼和客家的月光饼。它说明，月饼是开放的，月饼是属于民间和时代的。月饼这千年的中秋节日食品，将在未来的时间长河中，在更广阔的空间内，新品种一定会不断增加，满足人们不断追求美味的新需求。

综合以上诸说，根据相关文献记载，我们可以这样认为：月饼的产生是一个历史过程，绝非一人一时一地所为，是东西方文化相互交流，深深扎根于中华大地，若干代先民集体智慧的结晶。汉唐是月饼的孕育时期，宋代是月饼的诞生时期，元代是月饼的成长时期，明清是月饼的成熟时期。

华人之所以自认为是华人，不是民族身份的认同，而是对五千年华夏文明成果的认同。月饼不仅仅是一种食品，更是中华千年文化的一个符号。

第四章 月饼诞生基础

月亮崇拜——文化基础

月亮崇拜是月饼文化的根。没有月亮崇拜，就不会有中秋节，更不会有月饼。

月亮是地球的卫星，是人类直接用肉眼看得最清楚的星球。世界上很多民族都崇拜月亮，有的把它作为图腾，有的把它作为宗教标志，有的把它作为国旗或国徽的图案。

中华文明对于月亮的崇拜有着自己鲜明的特色，它是动态的，伴随着对月亮认知水平的不断提高，人们对月亮的态度在悄然改变，崇拜的形式也在变化，经历了祭月、赏月、拜月三个阶段。月饼，最初是以拜月供品的身份登上历史舞台的。

祭月。您很神秘，我很害怕。这是远古先民对月亮的恐惧敬畏之心。《山海经》中记载，月母是中国神话传说中的月神，名叫常羲，职业是月御，就是为月亮驾车的女司机，她和为太阳驾车的女司机羲和，同为帝俊的妻子。月母生了 12 个月亮，每个月亮出现一次正好一年。月亮圆缺变化非常规律，初一出现，十五圆满，三十消失。每月最后一天为晦，第一天为朔。半月曰弦，分为上弦月和下弦月；月满为望，日在东，月在西，遥相望。周而复始，万古不变。因此，古人认为月亮具有复活能力，代表长生不老。所以屈原在《天问》中不解地追问："夜光（月神）何德，死而又育？"月神不但能死而复生，还能干预人类的生活。月相的圆、缺不但影响着自然界潮水的涨落，动物的交配繁殖，甚至还影响着人类女性的生理周期。

出于对神灵的敬畏，天子们便开始祭祀月神，以祈求风调雨顺、国泰民安。《礼记》中记载："天子春朝日，秋夕月。朝日之朝，夕月之夕。"这里的夕月之夕，指的是夜晚祭祀月亮。《管子·轻重己》记述了祭月的过程："秋至而禾熟，天子祀于大惢，西出其国百三十八里而坛，服白而絻白，搢玉总，带锡监，吹埙篪之风，凿动金石之音，朝诸侯卿大夫列士，循于百姓，号曰祭月，牺牲以彘。"当时的供品是整个的猪。到了明清，朝廷专门在北京修建了月坛，皇帝每三年亲自去祭一次月神，其他年份则派遣文武大臣去主祭。

受皇家祭月的影响，民间也开始祭拜月亮，祈求五畜兴旺，家庭平安。

北京月坛，明清两代皇帝举行祭祀月亮的地方

赏月。您很美丽，我要点赞。这是唐宋文人对月亮的由衷赞美之爱。

《史记·五帝本纪》记载，帝尧的父亲帝喾高辛氏时，已经注意“历日月而送之”。张守节正义说：“言作历弦、望、晦、朔，日月未至而迎之，过而送之。”这说明帝喾开始对日月进行观测，并逐步掌握了日月运行的规律，在此基础上，开创了中国的历法，发明了阴历。平年 12 个月，大月 30 天，小月 29 天，全年 354 天或 355 天（一年中哪一月大，哪一月小，年年不同）。由于平均每年的天数比太阳年约差 11 天，所以在 19 年里设置 7 个闰月，有闰月的年份全年 383 天或 384 天。又根据太阳的位置，把一个太阳年分成二十四个节气，便于农事。纪年用天干地支搭配，60 年周而复始，这就是夏历。之后，中国历法内容逐步扩展到了中朔、发敛、日躔、月离、日月食和五星运动等七个方面。据此，人们可以预先知道月亮的圆缺明暗，安排生产生活，《汉书·匈奴传》上说：“举事常随月，盛壮以攻战，月亏则退兵。”隋唐以后，随着天文知识的丰富，人们对月亮有了最初的科学认知，月亮作为神的色彩日渐消退，失去了往日的神秘感，祭月也逐步演化变成了赏月。

由祭月演化为赏月，是一次历史性的转变。二者有很大的区别：一是时间不同，祭月一定要在秋分之日，赏月则一般在八月十五；二是态度不同，祭月庄严肃穆，赏月轻松欢快；三是场面不同，祭月必须严格按照祭祀礼仪逐项进行，赏月则可以随意安排，强调的是游玩。民间中秋赏月活动大约始于魏晋，但尚未成习俗。到了唐代，中秋赏月、玩月颇为盛行，许多诗人的名篇中都有咏月的诗句。张九龄的“海上生明月，天涯共此时”，最具代表性。写景抒情并举，情景交融，意境幽静秀丽，情感真挚，语言明快铿锵，展现了大唐的豪迈胸怀，为千古佳句，至今还是中秋晚会主题的点睛之笔。

与唐人不同，宋人赏月更多的是感物伤怀，常以阴晴圆缺，喻人情事态，即使中秋之夜，明月的清光也掩饰不住宋人的伤感。但对宋人来说，中秋还有另外一种形态，即中秋是世俗欢愉的节日，据《东京梦华录》记载："中秋节前，诸店皆卖新酒，贵家结饰台榭，民家争占酒楼玩月，笙歌远闻千里，嬉戏连坐至晓。"南宋都城临安，已经有了"中秋摘星楼赏月家宴"。宋代取消了宵禁制度，中秋夜是不眠之夜，夜市通宵营业，玩月游人，达旦不绝。

拜月。您很高雅，我想共享。这是元明清老百姓对月亮的美好期许之盼。

元明清时期，随着时代的发展，社会生活中的现实功利因素突出，岁时节日中的世俗情趣越来越浓厚，以"赏月"为中心的抒情性与神话性的文人传统减弱，功利性的祭拜、祈福与世俗的情感、愿望，构成了民间中秋节俗的主要形态。

传说，古代齐国丑女无盐，幼年时曾虔诚拜月，长大后，以超群品德入宫，但未被宠幸。某年八月十五赏月，国王在月光下见到她，觉得她美丽出众，后立她为皇后，中秋拜月由此而来。

拜月的功利性非常明确，以月寄情，期盼家庭团圆，人康年丰。分而论之，文人们祈求早日步入蟾宫、高攀仙桂，就是金榜题名，事业有成，含蓄地说是学而优则仕，直白地讲是当官发财。姑娘们祈求神似嫦娥、圆如皓月，将来嫁个好人家，荣华富贵。小媳妇们祈求像月宫中的玉兔一样，多生多养，儿女成群。老人们则祈求像月仙一样长生不老、延年益寿。总之，你月宫是富有的，你嫦娥是美丽的，你月兔是繁育高手，你月仙青春永在，我们，想沾你的光，与你一起共享。但也有的地方，受男尊女卑思想以及避嫌避讳等民俗禁忌的影响，坚守着"男不拜月，女不祭灶"的习俗。

清代木质"焚香拜月"月饼模

求神仙办事，既要下拜，又需上供。八月十五，天下万家，根据财力大小、家境状况，或设大香案，或用小饭桌，摆上月饼、西瓜、红枣、李子、葡萄等供品，其中月饼和西瓜必不可少，西瓜还要切成莲花状。待明月升起，月光普照，将月亮神像恭恭敬敬摆放端正，点亮红烛，全家老少依次拜月，最后由当家主妇切开团圆月饼，每人一块，不多不少，出门在外的，也要为其留下一角，待其回家后食用。

由此，神秘的月亮崇拜完全世俗化，吃月饼成了拜月的最后一道程序，月饼成了中秋拜月的符号。

多余的话：朝代有建立有灭亡，但时间无始无终。用朝代来划分时间节点，有利亦有弊。利是清晰明了，易于把握；弊是过于机械，很难反映事物发展的全过程。例如"赏月"与"玩月"，魏晋时期就已开始。唐代欧阳詹在《玩月》诗序中就说："月可玩。玩月，古也。谢赋、鲍诗，眺之庭前，亮之楼中，皆玩月也。"

民国时期妇女拜月照片

再如"拜月"，宋朝也有。宋代金盈之撰写的《新编醉翁谈录》卷四"八月"中记载："中秋，京师赏月之会，异于他郡。倾城人家子女，不以贫富，能自行至十二三，皆以成人之服饰之，登楼或在中庭拜月，各有所期：男则愿早步蟾宫，高攀仙桂；女则愿貌似嫦娥，颜如皓月。"但真正从京师普及乡野，则是元明清的事了。到了清末民国，百姓拜月的场景开始有照片传世，真实地记录了当时的民间习俗，如今已是珍贵的历史档案资料。

中秋节形成——节日基础

月饼，是中秋节的标志性节日食品；中秋节的形成，是月饼诞生的节日基础。确定了中秋节的形成时间，月饼的生日就可以比较科学地考证和推算了。

中秋节有很多叫法，如月夕、秋节、仲秋节、八月节、八月会、追月节、玩月节、拜月节、女儿节、团圆节等，是流行于中国众多民族与汉字文化圈诸国的传统文化节日。"中秋"一词最早见于《周礼》,《周礼·夏官·大司马》

云："中秋，教治兵。如振旅之陈。"此处"中秋"，指"中秋八月"。

"中秋节"和"仲秋节"之名使用最广，其实"仲秋"和"中秋"是有区别的。一年有四季，每季又分孟、仲、季三部分，夏历七月为孟秋，八月为仲秋，九月为季秋，"仲秋"指整个八月。八月因处于秋季中间，所以也叫中秋。但是，"中秋"一词还特指"八月十五"，八月是三秋之中，十五又是八月之中，故此专称八月十五日这一天为"中秋"。2006 年 5 月 20 日，中秋节经国务院批准列入第一批国家级非物质文化遗产名录，2008 年被国务院列为国家法定节假日，法定的就是农历八月十五。

中秋节由祭月演变而来，但是祭月不是中秋节。这道理犹如人类由类人猿演变而成，但类人猿不是人一样。最初"祭月"是在秋分这一天。《礼记》记载："天子春朝日，秋夕月。"夕月就是祭月，早在春秋时就已开始。而且，行祭有很多规矩。清潘荣陛在《帝京岁时纪胜》中就记载了清朝的规定："春分祭日，秋分祭月，乃国之大典，士民不得擅祀。"祭月，在封建社会作为季节祭祀仪式被列入皇家祀典，属于皇家的专利。像日月这样代表阴阳的天地大神，只有皇家才能与之沟通，一般人不得擅自祭祀。

古人为什么选择秋分祭月呢？秋分是农历二十四节气中的第十六个节气，太阳在这一天到达黄经 180°（秋分点），几乎是直射地球赤道，全球各地昼夜等长。秋分过后，太阳直射点继续由赤道向南半球推移，北半球各地开始白天短黑夜长，从阴阳的角度分析，这就是阴气日盛。《宋史·礼志六》中说："按礼，秋分夕月。盖其时昼夜平分，太阳当午而阴魄已生。"其意思是，根据礼经上的说法，秋分时昼夜一样长，正午的时候阴气便开始产生。而阴气太重，会影响国家的祥和，百姓的健康，所以天子要祭祀月亮，以保国泰民安，于是"遂行夕拜之祭以祀月"。不过，由于秋分这一天在农历八月的日子每年不同，所以不一定都能见到月亮。而祭月无月则是大煞风景的。

关于中秋节形成的时间，学术界至今众说纷纭。有周朝形成说、汉代形成说、唐代形成说、宋代形成说等，莫衷一是。之所以分歧这样大，主要是对节日形成要素标准尺度的掌握上有松有紧所致，客观上也有史料缺少记载和模糊不清的原因。但分歧中也有相对集中，目前最具代表性的是唐代说和宋代说。

判断中秋节是否形成是有标准的。首要的标准是全民性。它必须获得社会各阶层和人群的认可，无论是贵如天子的皇帝，还是普通的黎民百姓，社会所有成员都认为这个节日与自己有关，都积极主动地参与并得到身心的愉悦。

在唐代，赏月、玩月之风气已经悄然兴起。五代王仁裕的笔记小说《开元天宝遗事》中，记载了唐明皇李隆基要建“望月台”的故事：“玄宗八月十五日夜与贵妃临太液池，凭栏望月不尽，帝意不快，遂敕令左右：‘于池西岸别筑百尺高台，与吾妃子来年望月。’后经禄山之兵，不复置焉，惟有有基址而已。”这本书的卷二，还记载了宰相苏颋八月十五在皇宫值班时置酒赏月的故事：“八月十五夜，（苏颋）于禁中直宿，诸学士备文酒之宴。时长天无云，月色如昼。苏曰：‘清光可爱，何用灯烛！’遂命撤去。”唐玄宗因“望月不尽”而发飙，大臣值班也敢“置酒赏月”，由此可见唐代宫中赏月之风气有多浓烈。

上有所好，下必甚焉。唐代文人士大夫更是赏月、玩月成瘾，留下了很多优美的诗句。如杜甫的《八月十五夜》、白居易的《华阳观中八月十五日夜招友玩月》，写的都是八月十五赏月、玩月的事。特别是王建的七绝《十五夜望月寄杜郎中》所吟：“中庭地白树栖鸦，冷露无声湿桂花。今夜月明人尽望，不知秋思落谁家？”描写的就是八月十五人人都望月赏月。据此，有的学者得出了唐代中秋赏月已经达到了全民性，故此中秋节形成于唐代。也有的学者不以为然，“今夜月明人尽望”只是一句诗而已。八月十五的赏月习俗，仅在唐代上层社会流行，真正普及老百姓还是在宋代。

据《东京梦华录》记载：北宋开封，“中秋夜，贵家结饰台榭，民间争占酒楼玩月，丝篁鼎沸。近内庭居民，夜深遥闻笙竽之声，宛若云外。闾里儿童，连宵嬉戏，夜市骈阗，到于通晓”。皇宫歌舞的笙竽之声，里巷儿童的通宵嬉戏，这才是真正的全民性。所以，一些学者一口咬定，中秋节形成于宋代。

其次，时间固定，不受外界任何因素影响而变更。中秋节的时间是八月十五，这是历史的选择，是由拜月一定要见满月和节日一定要在农闲两个民间意愿决定的，体现了中国独特的农时文化。为什么不选择皇家祭月的秋分作为中秋节呢？因为，无论是在华北地区还是江南地区，秋分正是农忙季节。华北有“白露早，寒露迟，秋分种麦正当时”的农谚，江南有“秋分天气白云来，处处好歌好栽稻”的农谚。北方忙着播种冬小麦，南方忙着栽插秧苗，哪里有时间过节。八月十五则不同了，南北方农忙已过，各种果品陆续成熟，正是歇歇气、庆祝丰收、慰劳自己的理想时间节点，也是对古人“秋报”遗风的继承。

再次，内容固定。现在中秋节拜月、团圆的核心内容是宋代以后形成的。以满月之圆兆人世团圆，寄托对故乡、亲人的思念，表达对丰收、团圆的祈盼。唐代中秋的内容与宋代不同，多是同事、好友聚会，赏月、宴饮、唱和、聊天。闲聊中，家人状况是嘴边话题，乐极生悲，牵扯出思乡念亲之情。期盼团圆，因赏月触景生情而引发，是依附在赏月活动之上的。唐代，最先把中秋和团圆联系在一起的是晚唐诗人殷文圭，他在《八月十五夜》中吟唱：“万里无云镜九州，最团圆夜是中秋”，是中秋核心内容由赏月向团圆转移的真实写照。

最后，仪式固定。中秋祭月拜月仪式由秋分祭月仪式和民间拜月仪式合并演化而来，取十全十美之意，具体流程分为十个步骤，即陈设、就位、祭月、上香与祭酒、读祝、焚祝文及月光纸、拜月、从献、礼成、馂。仪式结束后是饮宴。撤掉祭桌，在月下布设中秋家宴，全家一起赏月、宴饮。这是类似于《红楼梦》中贾府那样的豪门府第举办的标准拜月仪式，至于一般百姓之家，要比这个简单许多。

总之，中秋节的形成是一个变化的历史过程，它始于唐，成于宋。随着中秋节的形成，“月饼”之词和其物，也悄然在南宋都城临安登场了，开始了它向中秋节标志性食品转变的历程。

癞蛤蟆嫦娥变美女——心理基础

“嫦娥奔月”的神话，与月饼有着千丝万缕的联系。但在唐宋之前，嫦娥是一个被长期否定的负面形象。身上背负着无情无义、窃贼、抛夫弃子的标签。

这些标签不无道理。中国传统农业社会是一个小农社会，生产的基本模式是小农经济，长期以家庭为生产、生活的基本单位，男耕女织，自给自足，“三十亩地一头牛，老婆孩子热炕头”，是人们普遍的社会理想。一个女人天经地义的职责就是“生儿育女，相夫教子”。有违或者没有尽到这个职责的女人，必然会受到社会的谴责。

“嫦娥奔月”是中国上古四大神话之一，但遗憾的是，史籍对她的记载非常简约。成书于战国时代的《归藏》，是目前已知最早记录嫦娥奔月神话的书籍：“昔嫦娥以西王母不死药服之，遂奔月为月精。”只有十几个字，客观记述，未置可否，就嫦娥孤零零一个人。

到了西汉初期，《淮南子·览冥训》言：“羿请不死之药于西王母，姮娥窃以奔月，怅然有丧，无以续之。”这里，故事中多了一个人，就是嫦娥的丈夫后羿；故事的情节也发生了变化，不死之药系后羿向西王母所求，被嫦娥偷吃了。东汉张衡所著《灵宪》中描述得更是活灵活现，说嫦娥偷吃不死药前，还曾找算命先生有黄占卜了一卦，结果大吉，于是嫦娥“托身于月”，变成了蟾蜍。蟾蜍是学名，癞蛤蟆是它的俗称，两者是同一个东西，其体态非常丑恶。《诗经·新台》说：“鱼网之设，鸿则离之；燕婉之求，得此戚施。”诗中的鸿即蟾蜍。郭沫若将此诗译为：“渔网张来打鱼虾，打到一个臭蛤蟆；心想配上多情哥，配上一个驼背爷。”以蟾蜍形容丑人之丑，形象极为生动。可见古人对嫦娥的厌恶。

无独有偶，20 世纪 70 年代初期长沙马王堆汉墓出土的帛画，把这个故事生动地描绘了出来。帛画左上角，一钩弯弯的银白色月牙。月宫中，一只仰身直立的蛤蟆，在对天悲号；一只逃跑的兔子，神色慌张；两缕飘荡的白云，更衬托出月宫的寂静冷漠。月牙下，嫦娥骑在一条龙上正飞向月宫。

对于嫦娥变成癞蛤蟆，有两种解读。一种观点认为，嫦娥偷吃不死药私自奔月，是对丈夫的不忠不义，必须遭到惩罚，所以才变成了丑陋的癞蛤蟆。另一种观点则认为，让嫦娥变成蟾蜍，其实是图腾崇拜的缘故，因为蟾蜍是多子多福的象征，而“蛙崇拜”从原始社会开始就非常盛行。同时，古时民间很珍视蟾蜍，《抱朴子》云“蟾蜍三千岁”，认为它是长寿灵物，民间也有“万岁蟾蜍”之说。

清代山西木质“嫦娥月宫”月饼模

仁者见仁，智者见智。眼睛不自视，古人不自评。古人的好坏，是后人依据当时的道德标准评判的。而这个道德标准往往是世俗和变化的。月亮，皎洁美好，住在月亮上的人，也应是心地善良容颜姣好的。只有这样，月亮才有资格让人欣赏和膜拜。于是，人们开始为嫦娥洗白。

先是唐明皇游月宫，讲述嫦娥居住的月宫如何如何美好，接着是李商隐发出了"嫦娥应悔偷灵药，碧海青天夜夜心"的感慨，说是嫦娥应该后悔偷吃了长生不老药，独自空对碧海青天夜夜寂寞，对嫦娥给予了深深的同情。最后，民间故事托底，把嫦娥偷吃灵药的责任甩给了后羿的徒弟逢蒙。这个故事民间有若干个版本，当今网上最流行是下面这一个。

相传，有一年天上出现了十个太阳，直烤得大地冒烟，海水枯干，老百姓眼看无法再生活下去了。这件事惊动了一个叫后羿的英雄，他登上昆仑山顶，运足神力，拉开神弓，一气射下了九个多余的太阳。后羿立下盖世神功，受到百姓的尊敬和爱戴，不少志士慕名前来投师学艺。奸诈刁钻、心术不正的逢蒙也混了进来。不久，后羿娶了个美丽善良的妻子，名叫嫦娥。后羿除传艺狩猎外，终日和妻子在一起，人们都羡慕这对郎才女貌的恩爱夫妻。

一天，后羿到昆仑山访友求道，巧遇由此经过的王母娘娘，便向王母求得一包不死药。据说，服下此药，能即刻升天成仙。然而，后羿舍不得撇下妻子，只好暂时把不死药交给嫦娥珍藏。嫦娥将药藏进梳妆台的百宝匣里。

这件事不知怎么被逢蒙知道了，他一心想把后羿的仙药弄到手。八月十五这天清晨，后羿要带弟子们出门去，逢蒙假装生病，留了下来。到了晚上，逢蒙手提宝剑，迫不及待地闯进后羿家里，威逼嫦娥把仙药交出来。嫦娥心里想，让这样的人吃了长生不老药，不是要害更多的人吗？于是，她便机智地与逢蒙周旋。逢蒙见嫦娥不肯交出仙药，就翻箱倒柜，四处搜寻。眼看就要搜到百宝匣了，嫦娥疾步向前，取出仙药，一口吞了下去。

嫦娥吃了仙药，突然飘飘悠悠地飞了起来。她飞出了窗户，飞过了洒满银辉的郊野，越飞越高。碧蓝碧蓝的夜空挂着一轮明月，嫦娥一直朝着月亮飞去。

百姓们在为嫦娥洗白，诗人们在为嫦娥争吵。晚唐诗人袁郊就曾跳着脚，指着月亮，写了一首著名的叫《月》的诗，大骂："嫦娥窃药出人间，藏在蟾宫不放还。后羿遍寻无觅处，谁知天上却容奸。"嫦娥窃药逃出了人间，躲藏在蛤蟆宫不愿返还。后羿家家户户都找遍，谁知道天界竟然姑息养奸。有人骂就有人赞，诗人符载高调赞美："月里嫦娥不画眉，只将云雾作罗衣。"

青山遮不住，毕竟东流去。宋代大文豪苏东坡的千古绝唱：“人有悲欢离合，月有阴晴圆缺，此事古难全。但愿人长久，千里共婵娟。”一锤定音，以往的癞蛤蟆，变成了天下人共同仰望的“婵娟”。婵娟为何物？是美女、美人的代称，是形容姿态曼妙优雅。到了明代，大画家唐寅的《嫦娥执桂图》，把一个优雅富贵的嫦娥形象呈现给了社会。

明 唐寅《嫦娥执桂图》局部

由此，癞蛤蟆嫦娥完成了华丽转身，变成了大美女，与月亮的美丽、温柔、恬静、可爱融为了一体。不仅如此，后来嫦娥还成了月亮的形象大使，中秋节的代言人。最终，成了月饼的常用图案。

中秋祭拜月仪式——习俗基础

中秋祭拜月仪式，由皇家秋分夕月仪式演化而来，属于民间礼俗活动的范畴，大约形成于唐宋之间，固定在每年的中秋节夜晚。

《论语》中讲：“祭如在，祭神如神在。”中秋祭拜月的本质是向月神示敬，天气因素虽然重要，但不是关键。天清气朗固然好，阴天无月照例可以进行。心诚则灵。

明清时期，中秋祭月形成了一套相对固定的祭拜仪式，一些诗文对其中的一些场景多有记述，如明代刘侗、于奕正的《帝京景物略》就记录了明朝北京的中秋拜月风俗：“八月十五祭月，其祭果饼必圆；分瓜必牙错瓣刻之，如莲花。纸肆市月光纸，绘满月像，趺坐莲花者，月光遍照菩萨也。华下月轮桂殿，有兔杵而人立，捣药臼中。纸小者三寸，大者丈，致工者金碧缤纷。家设月光位于月所出方，向月而拜，则焚月光纸，撤所供，散之家人必遍。

月饼月果，戚属馈相报，饼有径二尺者。女归宁，是日必返其夫家，曰团圆节也。”但完整记录整个仪式流程的文字鲜为人知，常使人有只见树木不见森林之感。

传统的中秋祭拜月，明清时期大多以家族为单位，人多场面大，仪式规范严格。民国以后一般以家庭为单位，人少场面小，仪式相对简单。参加祭拜月的人要有一名主祭统领，一名赞礼主持，二至四位执事担任主祭的助手，其他人为从祭。通常以年长的女性长辈或家庭主妇担任主祭，依照“男不拜月，女不祭灶”的传统，男子一般担任赞礼或执事，协助祭拜月活动。

祭拜月仪式举办前，需要事先准备好一些必需品，一般包括：①祭桌一张；②草席若干领，用于铺地行拜礼之用；③香炉一盏，香若干；④盘子、碟子、碗等祭品盛器若干；⑤红烛一对，用来照明、烘托气氛及点香；⑥白酒一瓶，酒爵或酒杯三只；⑦祭品，有鲜花、月饼、瓜果、糕点等，以及切成莲花状的西瓜一盘；⑧月光纸一张；⑨祝文一篇，用文言写成，四言、五言、七言诗以及骈文、赋均可。要感情真挚，精短优美，以充分表达对月神的赞美和崇敬。祝文应用毛笔工整地誊写在宣纸上。

老年间的月光纸

服饰一定要庄重、宽松、整洁、干净，穿适合秋季的常服即可，不可奇装异服。推荐男子着传统的深衣、袍衫、直裾，女子着传统的深衣、褙子或襦裙。祭拜月亮前，一定要沐浴更衣，以示对月神的诚敬。

中秋祭拜月仪式，按约定俗成的固定程序进行，一般包括十项内容：

一、陈设。待明月初升，向月亮的方向安放好祭桌，摆放好祭品，点燃红烛，铺设席子。

二、就位。参祭者正坐于祭者席上。执事、赞礼就位。

三、祭月。赞礼唱：“祭月。”主祭出位，到奠席前，跪于席上。

四、上香、祭酒。赞礼唱：“三上香。”执事递上三支香，主祭在蜡烛上点燃，向月神鞠躬，再将香插于香炉中。如此三次。赞礼唱：“三祭酒。”执事斟满酒爵，递给主祭，主祭将酒洒在席前的地上，再将酒爵放到祭桌上。

如此三次。

五、读祝。执事递上赞美月神的祝文，主祭借助月光和烛光，向月亮展开诵读。

六、焚祝文及月光纸。主祭将祝文和月光纸放到席前小盆中，焚烧。

七、拜月。赞礼唱："拜月。""拜—兴—拜—兴—平身"。主祭及参祭者一起向月神行"再拜"之礼（即拜两次）。

八、从献。赞礼唱："从献。"主祭离开奠席，参祭者按照长幼之序依次到奠席前，跪，上香（拿三支或一支），默默祈祷心中所愿，然后向月神行拜礼一次。直至所有女性参祭者拜完。

九、礼成。赞礼唱："礼成。"至此，中秋祭拜月仪式完成。

十、馂。均分月饼和西瓜。由主祭持切刀，将月饼按人口数均匀分切，每人一份，外出不在家者，也要留一份，以示团圆。西瓜每人一瓣，水果自取。正是这项仪式的需要，对月饼的诞生和普及，起到了特殊的推动作用。

整个程序完成后，紧接着便是撤掉祭桌，布设中秋家宴，全家人男女老少围桌而坐，其乐融融，一起开始赏月、宴饮。

中秋祭拜月习俗，目前只存在于局部地区，已经失去了往日的广泛性。月亮也已失去了昔日的神性光辉。今天是否还需要这种祭拜月仪式，是一个值得令人深思的问题。其实，生活需要仪式，文化的传承需要仪式，仪式本身就是文化的载体。

对仪式，不同的学者有不同的理解："仪式就像一场令人心旷神怡的游戏。""仪式是关于重大性事务的形态，而不是人类社会劳动的平常形态。""在仪式里面，世界是活生生的，同时世界又是想象的……然而，它展演的却是同一个世界。"从这些不同的诠释中，我们应该受到某种启迪。

祭拜月仪式能否进行有效的转换利用，将虔诚的叩拜变为一种具有特定含义的趣味化游戏，比如拜月祈福、拜月问婚姻、拜月求平安等，作为一种生活愿望的表达，在嬉戏中获得某种心理满足呢？在社会分工联系日益紧密，而人心却日渐疏远的今天，能否借助中秋祭拜月仪式，成为凝聚社区民心的机缘呢？

进入 21 世纪以来，人们开始大胆地尝试，优秀传统文化活动开始回归社会，传统的家族祭拜月仪式，以舞台表演、全程直播的形式重新回到了中秋节夜晚，其中古都西安的中秋祭拜月仪式最具代表性和影响力，引起了国内外华人的广泛关注和赞誉。

一种信息社会下载歌载舞的崭新祭拜月仪式，正在不断完善，出现在我们现代化的中秋夜晚！

小麦的广泛种植——物质基础之一

通用规范汉字“面”，有十几个义项，其中之一指“粮食磨成的粉，特指小麦磨成的粉”。日常生活中，单说一个“面”字，就是特指小麦粉。如果指别的粮食粉，就需要增加限定成分，如玉米面、高粱面、大米面等。

“面”的本义是指人的脸，实行简化字之前没有面粉的义项。面粉的面最早是形声字“麪”，从“麦”，“丏”声，后来俗写为“麵”，也是一个形声字。无论“麪”字还是“麵”字，终始是与麦紧紧捆绑在一起的。20 世纪 50 年代，“麵”字才正式简化为“面”。

月饼属于糕点的范畴，处在面食的高端位置，是面食发展到一定时期的产物。月饼的出现与面粉的普遍食用紧密相连，而面粉的普遍食用，又取决于小麦的广泛种植。

古埃及收割小麦壁画

小麦是人类最重要的食物和营养来源之一，全世界 1/3 以上的人以小麦为主粮，小麦的产量、种植面积和消费量均居全球栽培谷物之首。小麦起源于西亚，其年代最早可追溯到距今 1 万多年。到了距今 8500 ~ 7500 年，小麦在当地已经相当普及并陆续向北非、欧洲和中亚等地扩散。

4000 多年前，当华夏文明在东方的地平线上冉冉升起的时候，小麦就开始自外向内逐渐传来，所以中国古代称小麦为“来”。殷墟出土的甲骨文已经有了“来”字和“麦”字，《诗经·周颂·思文》中有“贻我来牟”的诗句。《广雅》注释：小麦，来也；大麦，牟也。

小麦是通过什么途径传入中国的？目前学者们还在探讨，有的认为是沿着古丝绸之路而来，从中亚—新疆—河西走廊—陕西，最后到达中原。有的则认为是沿着欧亚草原通道而来，从多瑙河下游—中亚北部—南西伯利亚南部—蒙古高原—呼伦贝尔草原—河谷地带（黄河、桑干河、永定河），终点是黄河下游。

目前发现的小麦遗存，主要分布在西北地区，包括黄河上游地区（陕西、宁夏、甘肃和青海的相关地区）、河西走廊和新疆的大部分地区；中原地区，包括河南北部和中部、山西和河北南部，相当于黄河中游地区；海岱地区，包括山东全境、安徽和江苏北部，相当于黄河下游地区。与传统的认知相反，海岱地区和中原地区的小麦种植历史，早于西北地区。具体情况请参见下表。

浮选法出土小麦遗存数量及分布简表

距今年代	西北地区	中原地区	海岱地区	文化时期
距今 4500 ~ 4000 年		2	5	龙山文化时期
距今 4000 ~ 3600 年	2	5	1	二里头文化时期
距今 3600 ~ 3000 年	12	4	2	二里岗文化时期

通过上表统计，我们可以得出初步的结论，小麦很可能是通过欧亚草原通道最早传入黄河下游和中游的。

中国的典籍记载则另有说法，后稷是中国种麦第一人，《诗经·周颂·思文》中有“思文后稷……贻我来牟”的诗句，明确地说“后稷赠送我们小麦大麦”，民间则尊奉后稷为麦王爷。后稷是周王朝的始祖，姬姓，名弃，为黄帝的玄孙，帝喾的嫡长子。弃善于种植各种粮食作物，做过尧帝的农官，被舜帝封为后稷，教民耕种稼穑，是中国的农神。陕西、山西、河南、河北、

河北临西县修葺一新的麦王庙

山东等小麦主产区，建有麦王庙，以纪念他教民种麦的恩德。

麦王爷后稷的子孙们打败了商朝，建立了周王朝。周朝的主要农作物是“五谷”。关于“五谷”古代有多种说法，最主要的有两种，一种指麻、黍、稷、麦、菽；另一种指稻、黍、稷、麦、菽，两种说法中都有麦。《礼记·月令》记载：“孟夏之月……农乃登麦。天子乃以彘尝麦，先荐寝庙。是月也，聚畜百药，靡草死，麦秋至。”麦子成熟季节叫“麦秋”，此时周天子要杀猪祭祀祖先，为麦子登场进行祈祷，由此可见麦子在周人心目中的分量有多重。

战国末年，秦国修建了郑国渠，扩大了小麦种植面积，提高了产量。小麦成了秦军的重要军粮，虎狼般的秦国士兵，背着面粉制作的锅盔，开始了征战统一中国的历史进程。秦国丞相吕不韦，在他的传世巨著《吕氏春秋》中，还把小麦上升到因果关系的高度进行了概括：“夫种麦而得麦，种稷而得稷。”后来被简化为成语“种麦得麦，种稷得稷”，与民谚“种瓜得瓜，种豆得豆”异曲同工，足见小麦在秦国人中的影响力有多大。

汉代，北方的夏天。头年的旧粮已经吃完，而当年的新粮尚未成熟，正是百姓青黄不接的时候。一般的粮食都是春种秋收，唯独冬小麦头年秋种，第二年夏收。故此，大学者董仲舒向汉武帝建议，命令主管财政经济的大司农让关中百姓多种小麦。随后，汉成帝的官方农业专家氾胜之，推出了我国第一部完整的农业科学专著《氾胜之种植书》，书中详细介绍了小麦的种植方法，既有理论性又具操作性。如，“种麦得时无不善，夏至后七十日可种宿麦。早种则虫而有节，晚种则穗小而少实”，强调要适时播种。他还经常到田间地头，具体指导小麦的耕种。在政府的号召推动和农业专家的指导下，到了汉末，小麦在全国的种植超过了以往任何朝代。

汉代小麦种植的推广，在文化上也留下了时代印记。麦田里，曹操上演了“割发代首”，出现了像“麦穗两岐”“高风流麦”这样的与麦有关的成语典故。

汉代以后的东西两晋和隋朝，小麦种植越来越广。南朝刘宋元嘉二十一年（444 年）下诏令：“南徐、兖、豫及扬州、浙江西属郡，自今悉督种麦，以助阙乏。”小麦开始向江南延伸。到了唐代，除关中产麦区外，今河北、河南、山东平原地带，小麦产地几乎连成了一片。唐代宗永泰元年（765 年），京兆尹第五琦奏请代宗批准，开历史先河在京师地区征收小麦税，充分说明小麦在粮食作物中地位的提高。

北宋是屈辱的，一而再，再而三地割地赔款，最终还是难逃灭亡的厄运。皇帝跑了，国都迁了，大批北方人扶老携幼，背井离乡，也逃往了南方。伴随着北人南迁，黄河流域的面食习惯和种麦技术也带到了南方。

鸡肋，食之无味，弃之可惜，有人写了一本书，竟无奈地用它做了书名，叫《鸡肋编》。书的作者庄绰，生卒年不详，大约死于南宋初期。他在书中写道：“建炎以后，江、浙、湖、湘、闽、广，西北流寓之人遍满。绍兴初，麦一斛至万二千钱，农获其利，倍于种稻，而佃户输租，只有秋课，而种麦之利，独归客户。于是竞种春稼，极目不减淮北。”由此我们知道了，南宋以后，南方一年稻麦两熟制已经基本确立。

诗人杨万里，生于建炎元年（1127 年），是南宋的同龄人。年轻人一扫《鸡肋编》作者的无奈，在他的《过平望三首》中，真实地描写了江南麦田的秀美景色：“小麦田田种，垂杨岸岸栽。”小麦、杨柳、水岸同窗，这样的场景北方是难以见到的。战争带来了国破家亡，也带来了小麦在江南的推广，这一点出乎人们的意料。从此，金黄的麦田遍布全国各地，二十四节气的第八节“小满”，也增加了小麦成长的内容，宋朝马永卿的笔记《嬾真子》卷二记载：“小满，四月中，谓麦之气至此方小满而未熟也。”小满小满，麦穗渐满，小麦的普及为面食的快速发展提供了必要条件。

麦乡的人，是勤劳善良和富有同情心的，同时也是风趣幽默的。不知从哪个朝代起，人们不忍心麦王爷光棍一人的寂寞，就为他娶了一个老伴，讲究的称呼“麦王娘娘”，直白的叫“麦奶奶”，并盖起了小庙，每年农历四月初一“麦奶奶”生日那天，人们都到庙里祭拜，祈求她老人家，保佑麦子生长喜人，收割顺利，产量高高，仓囤满满。

石磨的普及运用——物质基础之二

有了小麦不等于有了面粉，麦粒最初与小米大米一样，是蒸饭煮粥用的，属于粒食。把小麦加工成面粉的主要农具是石磨。石磨的广泛普及和使用，千千万万的普通家庭才有获得面粉的可能。面粉的普及是面食普及的基础，当然也是月饼诞生的物质基础之一。

石磨是财富的象征，过去在农村，能置办起一架石磨的都是小康以上的家庭。一些地方，女儿出嫁的嫁妆中，石磨也位列其中，就像 20 世纪 90 年代嫁女陪送拖拉机一样荣耀。至于普通村民，则采用凑份子的办法，大家一起置办，共同使用。

磨，最初叫硙（wèi），汉代才叫作磨。在名称上，官方多称“碾硙”，民间多称“磨”。它是中国古代粮食作物细加工中的重要工具之一。石磨的前身为石磨盘，是七千多年前的谷物加工工具。石磨盘为鞋底形，正面坦平，底部凿有四个矮柱足。石磨棒近乎圆柱体，像小擀面棍似的。全国许多地方有出土，博物馆中作为史前文物也多有展出。

战国时期的文献《世本》记载，石磨由大发明家公输般，也就是民间说的鲁班发明。相传，一天鲁班外出途中，看到一个老太婆在磨麦子。她坐在蒲团上，弓着瘦骨嶙峋的腰，双手握着石棒，不停地前后擀磨着，十分费力。鲁班站在老婆婆后面看了好长时间。回家后，他找来两块大石头，凿成上下两扇圆形的石盘。下扇中间装有一个短的金属立轴，上扇中间有一个相应的空套，两扇相合以后，下扇固定，上扇可以绕轴转动。两扇相对的一面，留有磨膛，膛的外周凿有一起一伏的磨齿。上扇有磨眼，磨面的时候，麦子通过磨眼流入磨膛，均匀地分布在四周，被磨成粉末，从夹缝中流出。这样磨面，省力省时，面粉还细。

按驱动石磨的动力划分，有人推的人力磨、牲口拉的畜力磨和流水冲动水轮带动磨盘转动的水磨。按石磨的大小划分，直径 120 厘米以上的为大磨，要用两三匹马拉。直径 80 厘米左右的为中磨，可以牛拉驴拉，也可以人推。直径小于 40 厘米的为小磨，直接用手摇动。到目前为止，我国发现的最早的石磨，距今约有 2100 年。

1968 年 5 月，解放军某部机械连，奉命在河北省满城县郊外的陵山上开凿防空洞，无意间发现了中山靖王刘胜的陵墓。在陵墓内北耳室中，有一个口径 94.5 厘米的铜漏斗，漏斗中放置着一盘石磨，旁边有一具拉磨马的骨架。经专家鉴定，这是一盘磨浆的湿磨，用来加工麦浆、米浆、豆浆之类的流食。刘胜是汉景帝刘启的儿子，汉武大帝刘彻的异母兄长，死于公元前 113 年，下葬时身穿价值连城的金缕玉衣，同时还带着这盘石磨。由此可见石磨在当时的珍稀程度。

满城汉墓出土的石磨

要想大幅度提高面粉的加工能力，仅仅靠人力磨和畜力磨是远远不够的。大约在西晋，人们发明了用水力驱动的碾硙，也就是水磨，靠流水冲动水轮带动磨盘转动，同时还发明了连磨。到了唐代，小麦在关中和华北地区，已经占到了全年粮食总量的近半，成了北方的“当家粮”，以馍馍和胡饼为代表的面食在民间迅速普及，社会对面粉的需求量激增。于是，在首都长安附近的河流两岸，修建了大量石磨坊。这些磨坊，有官营的，有民营的，甚至还有寺院经营的，开办磨坊成了当时发家致富的重要途径。令人难以想象，由此磨坊还产生了诉讼，成了官府反复清理整顿的对象。

相传，唐中宗神龙二年（706 年），雍州司户参军李元纮接到了普仁寺方丈的投诉，说太平公主来烧香礼佛，无意中看到了寺中的石磨，感觉无比漂亮，就想据为己有，随即吩咐左右，把石磨弄到京城她的公主府中。方丈请求官府明镜高悬，为寺僧主持公道，向太平公主讨回石磨。太平公主何许人也？唐高宗李治与武则天的小女儿，唐中宗李显和唐睿宗李旦的妹妹，素以心狠手辣著称，谁人敢管？李元纮不想这些，硬是将石磨判归原主。

李元纮的顶头上司雍州长史窦怀贞闻讯后，非常惊恐，赶忙去找李元纮，软硬兼施，警告他不要招灾惹祸。李元纮对窦怀贞这种恃强凌弱、媚上欺下的行径很是不屑，遂在原判决书空白处挥笔写下：“南山可移，判不可摇也。”到了唐玄宗李隆基的开元年间，李元纮升任京兆尹，当上了长安市长。刚一到任，便接到朝廷诏令：立即疏通关中地区所有河渠。这道诏令事出有因。

由于水磨利润丰厚，富商大贾、王公权贵、宦官僧侣纷纷霸占水源，架设碾硙，经营谋利，像太平公主、高力士、李林甫等显赫一时的人物，个个有份。致使整个关中河渠之上，碾硙林立，水流被强行截断，水田禾苗枯焦，百姓心急如焚，纷纷上书朝廷恳请拆除水磨，还水于田。但是，水磨背后的那些主人，哪一个是好惹的！

李元纮顾不得这些，他迅速组织起专门队伍，将关中地区河渠之上所有碾硙全部拆除。《新唐书·李元纮列传》载："元纮敕吏尽毁之，分溉渠下田，民赖其恩。"唐玄宗李隆基闻报，大加赞赏。此后历任工部、兵部、吏部、户部四部侍郎，世所罕见。审理水磨案，清理拆除水磨，成就了李元纮的政绩和清正廉明，这应该是出乎后人想象的。

但是，李元纮并没有彻底完成清理拆除水磨的任务，他死后，唐朝的皇帝们，仍在不断颁发着拆除石磨的敕令。《资治通鉴》卷二百二十五记载，代宗大历十三年（778 年）：春，正月，辛酉，敕毁白渠支流碾硙以溉田。升平公主有二硙，入见于上，请存之。上曰："吾欲以利苍生，汝识吾意，当为众先。"公主即日毁之。

这个让大唐几代皇帝烦恼不断的石磨，到底是何等尊荣呢？目前没有发现唐代水磨的画卷传世，好在尚有距大唐灭亡仅有 60 年左右的五代南唐宫廷画卷《闸口盘车图卷》藏于上海博物馆，我们可以借助它来一窥唐代水磨的风采。

五代南唐 卫贤《闸口盘车图卷》，现藏于上海博物馆

此画以界画形式，真实再现了河旁闸口一座官营磨坊的忙碌场景。岸上厅堂七间，望亭两座；河上篷船两艘，运送粮面。图中酒楼、车船、木桥、人物穿插，劳动者忙着磨面、罗面、扛粮、扬簸、净淘、挑水、引渡、赶车，官吏们则正在查点、饮酒。最吸引人眼球的中部，绘制了水磨和水击罗面的装置结构，是目前发现最早也是最完整的机械图像资料。这幅画，无论是对研究水磨和面罗的机械构造，还是对探索当时水磨的经营方式，都是不可多得的珍贵史料。

北宋时期，水磨（水碾硙）业，在社会经济发展中扮演了更为重要的角色。政府设置了专门机构水磨务，职责是“掌水硙磨麦，以供尚食及内外之用”。宋太祖赵匡胤和宋太宗赵匡义，更是对水磨钟爱有加，先后20多次行幸水磨坊视察。在官方和民间的共同努力下，人力磨、畜力磨和水磨，达到了空前的普及。

面罗的不断创新——物质基础之三

将麦粒切片，放在显微镜下观察，会看到麦粒主要由三部分构成。麦麸包裹在外，占粒重的18%~25%；麦粒赖以发芽的麦胚，只占1%~2%；胚乳比重最大，约占80%，它就是我们吃的面粉。三者由于内部组织和硬度不同，在受到同样重力的碾压研磨后，破碎的程度也不一样。人们正是利用了这种微小的差异，发明了一种使麦麸、麦胚和胚乳物理分离，最终得到面粉的生活器具，这就是面罗。

想吃好面，一定要有好罗。用石磨磨面，一般要磨三四遍，磨一遍就要筛一次罗。头罗面最好，用于制作糕点或礼馍，二罗面用来包饺子擀面条，三罗面用来蒸馒头烙饼，四罗面就相当于粗粮了。也有磨两三遍不筛罗的，河北农村叫“一槽烂”，颜色黑，口感差，是荒年或贫困少粮之家的吃食，现在超市里叫“全麦粉”，竟成了时髦的营养面粉。

在古老的农村，用罗筛面要在罗床上进行，罗床通常放在大笸箩里。罗床的样子像一个“亚”字去了中间两点，两头是两块硬木板，用平行的两根木条连接着，面罗在木条上来回推拉运动撞击木板，起磕打的作用，这样筛

传统的面罗和罗床

面又快又省劲。

面粉的粗细取决于罗底的目数，即国际通用标准1平方英寸内的孔数。目数越大，孔眼就越小，面粉就越细；反之目数越小，孔眼越就大，面粉就越粗。华北地区，普通面粉是80目，精粉是120目，面包粉是140目，这是现在科学的界定。老百姓通常不这样说，他们用细罗、中罗、粗罗来划分。

面罗在我国何时出现，目前尚未发现明确记载，它可能是由筛子演变而来。筛子在古代叫簁箄。《说文·竹部》："簁（shāi），簁箄（bēi），竹器也。"颜师古注："簁，所以箩去粗细者也，今谓之筛。大者曰簁，小者曰箄。"筛子最早是竹子编制的，只要在底部贴附一层绢纱，就很容易改造成面罗。

虽然没有面罗的直接记载，但面罗的用途是分离小麦麸皮与胚乳，间接描述这种分离结果的文字还是可以找到的。秦朝《秦律十八种·仓律》规定："麦十斗，为䵂三斗"。西汉《九章算术》中有："小䵂之率十三半，大䵂之率五十四……麦一斗得大䵂一斗二升"的叙述。东汉许慎《说文解字》对面粉加工的关键字给予了解释：䵂（zhí），为麦覈（hé）屑也。覈，麦糠中不破者也。面，麦屑末也。麸，小麦屑皮也。䴬（cuó），磨麦也，以石磨磨之。这些字义，如果没有扎实的实践为基础，是凭空捏造不出来的。

到了西晋，罗终于出现了。束皙在他的《饼赋》写道："尔乃重罗之面，尘飞白雪。""重罗面"，是用细罗筛筛的面，或筛过两次的面，细如飘浮在空中的尘埃，洁白如雪。这是上等的好面！

时光的车轮转到了北魏，中国现存最早的一部完整农书横空出世，它就是贾思勰的《齐民要术》。在"作酱法"中有这样的记述："麴（qū）及黄蒸，各别捣末，细簁，马尾罗弥好。"可见，彼时马尾罗已广泛使用，不仅罗面，也罗发酵的酱曲以制作黄酱。

相传，老辈子年间，媳妇在婆家分户立灶时，娘家至亲要赠送炊具、火柴、马尾罗、升以及面食、鱼肉等，以帮助起炊，俗称"温锅子"。火柴、马尾罗、升，象征日子过得红火，骡马成群，步步高升。罗，从而有了一项精神层面的寄托意义。

有人说面罗是石磨的媳妇，两口子夫唱妇随，在一起研磨过滤时光中，慢慢成熟变老。伴随着人力石磨、畜力石磨、水力石磨的相继出现，面罗也紧随其后不断创新。与水磨相配套，人们发明了水击面罗。

水击面罗是安置在水磨旁边的一种机械“面罗”。元代王祯在其《农书》中记载：“水击面罗，随水磨用之，其机与水排俱同，按图视谱，当自考索，罗因水力，互击桩柱，筛面甚速，倍于人力。”书中还有图像，不过人们研究后发现，图像结构不甚合理，难以复原。

近年，人们在上海博物馆收藏的《闸口盘车图》中发现了水击面罗的身影，该画为五代南唐画家卫贤所绘，细腻写实，如同相片一般清晰。这一发现，不仅将水击面罗见诸史料的时间从元代的1313年提到了五代南唐的937—975年，还纠正了《农书》中的差错，通过对两者相互比对研究，搞清了水击面罗由动力系统、机械驱动系统和执行系统组成的工作机理，并绘制出了完整的机械构造图。如果在旅游景点和水磨一起复原重建，将是非常吸引眼球的看点。

水磨坊只能建在多水的江南和河流两岸，在北方缺雨少水的干旱地区，需要借助牲口拉磨，才能扩大生产规模，以提高面粉产量。明代宋应星撰写的《天工开物》卷四《粹精·攻麦》中记载，一头壮牛拉磨一天磨二石，驴一天只磨一石；壮劳力推磨一天磨三斗，弱劳力减一半。书中，还配有与畜力石磨相配套的“脚打罗”图像。

“脚打罗”又称脚踏面罗。用绳把大面罗悬在一个大面箱上，外有一个“⊥”形轴，上连梯形连杆，连杆一端与罗箱相连。当大面罗内放入磨碎的粮食细粉后，由一人两脚踩“⊥”形轴拨动，进而带动大面罗反复摆动，开始筛面。

面罗的不断创新，既提高了面粉的产量，又提高了面粉的质量，满足了社

明 宋应星《天工开物》中“脚打罗”图

会消费的需求，促进了面食的发展。到宋代及其以后，各种面食的数量和质量，都远远超过了以往，这客观上为月饼的诞生提供了物质保障。

梳理中秋民俗的历史，有些现象是难以用“科学”二字解释的。面罗本来是一种面粉加工器具，但在河北、山东一些地方，竟然成了中秋望月的道具。一位老年网友在回忆童年时写道：每年八月十五的中秋节晚上，吃过晚饭和月饼之后，面对着一轮皓月，母亲都会给我们讲嫦娥奔月、玉兔捣药、吴刚伐桂的故事。为了验证故事的真实性，母亲会拿来一张面罗，让我们透过面罗看月亮，令我们惊讶不已的是，用肉眼看起来混沌一片的月亮，在面罗的映照下还真的有嫦娥、玉兔、桂树的清晰影子……

面罗望月，小时候在故乡笔者也做过。不过，递给笔者面罗的不是母亲，而是祖母。她牵着我的左手，反复叮嘱：千万别说看不清，傻子才看不清呢！

这，是所有祖母、母亲的叮嘱吗？还是民间版的“假话全不说，真话不全说”的教诲呢？

食糖的广泛使用——物质基础之四

八月十五分月饼，首先要为出门在外者留下一角，待其归来后食用。这既是对家庭团圆的期盼，也体现着浓浓的亲情。每每谈及此景，常使游子潸然泪下。

那么，在没有防腐保鲜剂和冰箱的古代，为什么月饼能存放两三个月不变质呢？这是因为糖起了关键作用。糖有降低细胞呼吸的作用，从而增加了食物的保存时间。

糖味甘甜，甜味是最受欢迎的一种味道。所以无论南方北方，月饼的主流味道，始终是甜的。甲骨文、金文、小篆中都没有“糖”字，两千多年前，汉代的扬雄编写《方言》词典时，才第一次出现了“糖”字：糖又写作“餹”。不同的地方，对糖的称呼也不同：有的叫“饧(xíng)”，有的叫“张馇(zhāng huáng)”，有的叫“饴”，还有叫“餀(ài)”的。不同的叫法之间词义也略有差别。如饴指糖稀，张馇指干糖稀。这也不奇怪，中国地域广阔，文化博大精深，同一个东西名称不同的现象比比皆是，就如同“油条”又叫“果子”

一样自然。

中国人食糖用糖的历史非常久远，生活中常见的糖包括蜜糖、饴糖、蔗糖、果糖、甜菜糖等几大类，用途则涉及烹饪调味、副食加工、医疗药用，以及节庆礼仪等诸多方面。

蜂蜜，大自然慷慨的馈赠，是人类吃到的最原始的糖。据《华阳国志·巴志》记载，早在西周时期，巴人向周王朝上贡的物品中就有蜂蜜。蜂蜜用于食品调味制作，《楚辞·招魂》中有反映："粔籹蜜饵，有餦餭些。"王逸注："言以蜜和米面，熬煎作粔籹。"可见在战国时期，蜂蜜已经用于食品加工了。

中国古代，最早把人工制作的糖称之为"饴"，这是一种原始的麦芽糖，现在庙会上吹糖人的用的就是这种糖。相传，麦芽糖是公刘发明的，同时他还是面食和饼的发明者。公刘是古代周族的部落酋长，周始祖后稷的曾孙。生活于公元前1600—前1500年，是先周历史上第二位伟人。《毛传》记述："公刘居于邰而遭夏人乱，迫逐公刘，公刘乃……迁其民邑于豳焉。"豳在今陕西的彬县和旬邑之间，公刘率领周人从邰迁至于此，奠定了周王朝八百年江山的根基。《诗经·大雅·绵》有"周原膴膴，堇荼如饴"之句，意思是"周原土地真肥沃，苦菜甜如麦芽糖"。说明当时饴糖制作已经相当普遍。到了北魏时期编写的《齐民要术》中，已经记载了饴糖的制作的详细方法。

以时间为序，先有的麦芽糖，后有的蔗糖。甘蔗原产地可能是新几内亚，后来传播到南洋群岛和印度。大约在周朝周宣王时传入中国南方。甘蔗可以直接嚼着吃，这大概是最原始和最便捷的食用方法，《世说新语》言：东晋大画家"顾恺之为虎头将军，每食蔗，自尾至本"，说的是他每次吃甘蔗，总是从头到尾吃一整根。甘蔗不但能吃，还可以当作宝剑用进行比武。魏文帝曹丕《典论·自叙》记载："尝与平虏将军刘勋、奋威将军邓展等共饮……时酒酣耳热，方食芊蔗，便以为杖，下殿数交，三中其臂，左右大笑。"皇帝用甘蔗与手下大将比武，除留下形容酒后狂态的"蔗杖"典

吹糖人用的麦芽糖

故外，还说明北方当时甘蔗很少，十分金贵，是皇帝的享用之物。

甘蔗还可以榨汁，作为调味品使用。屈原在《招魂》中记述："胹鳖炮羔，有柘浆些。"柘浆就是甘蔗汁，在烹煮鳖鱼和煎炸羊羔这些美味时，用来调味。汉代时，人们还曾用甘蔗汁来醒酒。《齐民要术》卷十中，引用了东汉杨孚的《异物志》中关于制作蔗饧的记载："甘蔗，远近皆有，交趾所产特醇好，本末无薄厚，其味至均。围数寸，长丈余，颇似竹，斩而食之，既甘；榨取汁如饴饧，名之曰糖，益复珍也。又煎而曝之，既凝而冰破如砖。其食之，入口消释，时人谓之石蜜也。"这里开始把"饴饧"称作"糖"了，并说明蔗糖是用甘蔗汁煎熬暴晒而成的，并且蔗糖当时被叫作"石蜜"。南朝梁陶弘景《名医别录》曰："蔗出江南为盛，庐陵亦有好者。聚汁为砂糖，甚益人。"可见我国南方一带，早就种植甘蔗并用来制糖。

关于当时人们为什么把蔗糖称为"石蜜"，有学者进行过研究，认为"石蜜"之名来自梵文 sakara（石块），与印度蔗糖的制作方法有关。印度制作蔗糖，是先将甘蔗榨汁晒成糖浆，再用火煎煮成为蔗糖块，梵文称之为 sakara，翻译成汉语就是"石蜜"，像石块一样的蜜。在历史文献中，sakara 还被音译为"煞割令"，或被称为"西极石蜜""西国石蜜"，其中"西国""西极"是梵文 sakara 的对音。

中国制作蔗糖的技术，是从印度引入的。《唐书》记载："蕃胡出石蜜，中国贵之。上遣使往摩伽他国取其法。今扬州煎诸蔗之汁于中厨自造焉，色味逾于西域所出。"季羡林先生对"糖史"有深入的研究，他在《cīnī 问题——中印文化交流的一个例证》一文中说："《楚辞》已经有'柘（蔗）浆'。从公元二三世纪后汉后期起，'西极（国）石蜜'已经传入中国。大约到了六朝时期，中国开始利用蔗浆造糖，在过去蔗浆是只供饮用的。7 世纪时，唐太宗派人到印度摩揭陀去学习熬糖法，结果制出来的糖'色味愈西域远甚'。看来中国人从印度学来了制糖术以后，加以发扬，于是就出于蓝而胜于蓝。"

印度制糖法引进之前，甘蔗的储存和糖制品的运输十分困难。甘蔗在收割后要尽快销售，不宜久存，否则会霉变有毒。如果榨汁，只能随榨随喝，不能存放，否则蔗汁很快会变质。所以，在唐初及以前的文献中，少有甘蔗及其制品长途贩卖的记载，甘蔗的种植和粗糖制品的加工，大多局限在原产地，自给自足。从印度引入的这种制糖新法，最大的特点是在糖的生产结晶过程中，投入适量的草木灰或石灰，使糖更好地结晶，从而制造出一种散沙状结晶体的红糖。这种糖，具有物质结构稳定、不易潮解、耐储存、体轻质小、利于长途运输等特点，为蔗糖走出原产地，面向全国创造了条件。

在学习印度蔗糖制作方法的基础上，经过不断摸索，北宋时期，四川一带的匠人凭借“窨制法”，造出了一种异常细腻、净白的结晶糖霜。苏轼有诗云：“冰盘荐琥珀，何似糖霜美。”黄庭坚也盛赞糖霜“胜于崔浩水晶盐”，并以“我舌犹能及鼻尖”的俏皮诗句，极言糖霜的美味。

1130年左右，南宋遂宁府小溪县人王灼，将民间的制糖实践进行了总结提炼，写出了我国第一部制糖专著《糖霜谱》，记录了遂宁当时制作糖霜的工艺：十月至十一月，先将蔗汁制成砂糖。然后再把砂糖溶化成糖浆，倒入插着竹梢排的漆瓮中。春节过后，糖浆开始结晶。到五月，晶体不再增大，此时将结晶体取出，放在烈日下晒干，就是糖霜，其形态酷似现在的糖霜花生。

有了一流的糖霜，又有了制糖专著《糖霜谱》，万事俱备，祖师爷该登场了。《糖霜谱》记载：“唐大历间（766—779年）有僧，号邹和尚，跨白驴登伞山（今伞峰山）。一日，驴犯山下黄氏蔗苗，黄请偿（赔偿）。邹因蔗为霜糖利且十倍，由是传其法焉。厥后始知邹为文殊化身，而白驴者狮子也。”原来，邹和尚是文殊菩萨的化身，是专门向人们传授制作糖霜技艺的。

由于蔗糖制作始于古印度，所以编造僧人传授制糖技艺的故事，这样大概合情合理，功德无量吧。由此，邹和尚被尊奉为糖业祖师爷，制糖业成了一门新兴的行业，糖的品种也迅速曾多，比如锤子糖、狮子糖、胶牙糖、花花糖、芝麻糖、杨梅糖等，先后上市，甜味食品开始走上了百姓的餐桌。据《梦粱录》记载，在临安甚至还出现了以“糖饼”命名的地名“糖饼桥”，由此可以窥见当时甜品的普及程度。

到了南宋绍兴年间，随着糖霜产量的不断提高，除能满足南方产地需求外，还有富余。由于糖霜含水低、纯度高、质地轻细，十分适合大宗远途运输，所以源源不断地从南方运向了北方，并伴随着马队一直流向了草原深处。同时，随着宋代航海技术的发展，海上贸易规模的扩大，糖霜也登上了海上丝绸之路的商船，漂洋过海，向南销往占城、真腊、三佛齐、单马令等南洋诸国，甚至到达了波斯、罗马等地。大宋“糖霜”，开始在世界舞台崭露头角。

元明时期，中外文化交流达到新的高峰，一些阿拉伯制糖人来到中国，

《天工开物》中的“轧蔗取浆”图

将他们的“树灰炼糖法”传授给了福州糖工，进一步提高了中国白糖的质量。到了明代，中国在引进、消化、吸收的基础上，发明了“黄泥水淋脱色法”，生产出洁白如雪、颗粒晶莹的精制白糖，不仅满足了国内市场的需求，还开始向周边国家出口。当白糖和脱色技术回传到印度时，广受欢迎，被称之为“cīnīsakara”，意思是“中国白糖”。从印度传入中国的“西国石蜜”，到中国回传印度的“中国白糖”，整整一个轮回，见证了中国与各国因蔗糖而结下的糖缘友谊，证实了文化交流对生产力带来的巨大促进力量。

从唐、宋到元、明，蔗糖引进、消化、吸收、创新发展的甜蜜历史，是中外文化相互交流的结晶。这种开放、自信的文化态度，为同时代胡饼向月饼的演变，以及月饼质量的逐步提高，既提供了可资借鉴的经验，又提供了物质基础——原材料食糖。

食油总量的增加——物质基础之五

“油”字，最初只是一条河的名字。《说文解字》解释：“油水，出武陵孱陵西，东南入江。”这条河，大致在今湖北宜昌境内。由于油字又含有流动、光润的意思，所以在植物油出现之后，才被作为脂油的意义使用，而逐渐失去其本义，随着植物油的广泛应用，油字才渐渐地成为动、植物油以及其他油类的通称。

油是谁发明的？也有不同的说法。约于战国至秦汉成书的《黄帝内经》记载：“王母授帝以九华灯檠，注膏油于卮，以燃灯。”此说认为，油是西王母授给黄帝用于点灯的，这里的油指动物油。明代编撰的《事物绀珠》则说“神农作油”，油是炎帝发明的，这里的油到底指动物油，还是指植物油，抑或两者都指，不清楚。到了清代官修的《渊鉴类函》，又回到了原点："黄帝得河图书，昼夜观之，乃令牧采木实制造为油，以绵为心，夜则燃之读书，油自此始。"按照此说，黄帝从河图书中得到启示，让人采木实为油，这显然已是榨油了。而黄帝生活的年代，既无书也无榨油技术，故此这仅仅是一个托古创物的故事而已。

油是古代先民共同探索实践，集体创造的产物。最早油都是从动物身上提取出来的，古人把油称为"脂"和"膏"，成语"民脂民膏"中保留了这个古义。具体地讲，脂和膏还有区别。《释名》曰"戴角曰脂，无角曰膏。"就是说，长犄角的动物如牛羊之类，其油叫脂；无犄角的动物如猪狗之类，其油叫膏。也有从形态上来区分两者的，凝固的叫脂，液状的叫膏。因此，古书中一般把未经煎炼的称为脂，经过煎炼的称为膏，由于煎炼过的动物油冷却后多呈糊状，所以后来膏也兼指糊状物质。《礼记·内则》："脂用葱，膏用薤。"郑注："脂，肥凝者，释者曰膏。"还有，动物身体内不同部位的脂其名称也各有专称。东汉《通俗文》解释："脂在腰曰肪。"即动物腰部的板油。又云："骨中脂曰髓。"后来，脂和膏逐步开始相互通用，最终不再区分。

夏商以前，由于缺少文献记载，当时人们吃油的具体情况不得而知，只能靠合理推测。最先，人们吃的是狩猎获得的野兽油，逮住什么野兽就吃什么野兽油。后来，随着畜牧业和农业的兴起，人们开始驯养放牧牛羊，圈养猪，散养牧羊犬和看家护院的狗，也就自然而然地开始食用这些家畜的油脂。

周代，文献中有不少烹饪用膏的记载。《周礼·天官·应人》："凡用禽兽，春行羔豚，膳膏香；夏行腒鱐，膳膏臊；秋行犊麛，膳膏腥；冬行鱻羽，膳膏膻。"这段话意思说，食用肉类，春天吃羔羊乳猪，要用牛油烹调；夏天吃鸡干鱼干，用狗油烹调；秋天吃小牛小鹿，用猪油烹调；冬天吃鲜鱼大雁，用羊油烹调。可见，牛、狗、猪、羊油是主体。

汉代，人们开始榨取植物。刘熙《释名·释饮食》中记载："柰油，捣柰实和以涂缯上，燥而发之。形似油也。杏油亦如之。"柰油和杏油都是果木油，通过捣碎其果核获得，还不是真正意义上的油，也不用于饮食，而是用于加工防水的油布。

张骞出使西域，引进了胡麻，也就是芝麻，但也有学者以出土实物为证对此质疑，认为芝麻我国古已有之，并非张骞所引进。学者们有争论亦有共识，芝麻含油量丰富，易于榨取，我国最先大量加工生产的是芝麻油。起初

古老的榨油床

芝麻油大多用于点灯照明和作为战争中的燃烧物使用。《三国志·魏志·满宠传》载，东吴孙权攻魏合肥新城，魏将满宠“募壮士数十人，折松为炬，灌以麻油，从上风放火，烧贼攻具。”曹操大将满宠，用芝麻油点火烧毁东吴军队的攻城器械，可见当时油的加工能力已经很大了。

魏晋南北朝时期，人们已经开始食用植物油了。据北魏贾思勰《齐民要术》记载，当时已经把芝麻油、荏子油和麻子油用于饮食烹饪。该书卷三“荏蓼第三十六”记载：“荏子秋末成……收子压取油，可以煮饼。荏油色绿可爱，其气香美，煮饼亚胡麻油而胜麻子脂膏，麻子脂膏并有腥气。”书中记述的烹饪方法、菜谱及用料中，多次提到了麻油和荏油。

到了唐宋，植物油已经开始普遍食用，人们尤其喜欢芝麻油。《梦溪笔谈》卷二十四曾记录了一则笑话。“如今之北方人喜用麻油煎物，不问何物，皆用油煎。庆历中，群学士会于玉堂，使人置得生蛤蜊一篑，令饔人烹之，久且不至。客讶之，使人检视，则曰：‘煎之已焦黑，而尚未烂。’坐客莫不大笑。”

宋代，植物油的产量不断提高，它既是充岁赋之物，又需上税。据庄季裕的《鸡肋编》记载，当时植物油已有十一个品种，用于食用的有五六个，并且开始具有区域特色，当时河东食大麻油，陕西食杏仁、红蓝花子、蔓菁子油，山东食苍耳子油。婺州沿海食鱼油。再加上原有的牛羊猪等动物油，食用油的数量和品种已相当可观，可观到足以产生“油炸秦桧”这样的传说。

相传，公元1142年除夕，秦桧和他老婆王氏施展诡计，把岳飞害死于临安（杭州）大理寺内的风波亭。百姓们知道后，个个愤恨不平，对秦桧、王氏深恶痛绝。

当时，大理寺附近有一家专卖油炸食品的小店，店老板正在油锅旁炸馓子，得知岳飞被秦桧夫妇害死的消息后，按捺不住心中的怒火，从盆中抓起一块面团，捏成一男一女两个小人，背靠背粘在一起，一边丢进油锅，一边大声吆喝：“吃油炸秦桧啦！”他这么一喊，周围的百姓们个个都明白了，便一齐拥上来，一边动手帮着做，一边帮着喊，还一边吃。很快，“油炸秦桧”传遍了全国，后来演变成了“炸油条”，一直流传到今天。这也是为什么油条总是两根一起炸的原因。

“油炸秦桧”传说的背后，透露出两条基本信息：一是百姓收复失地的决心与追求国家一统的信念非常坚定，这正是月饼产生的民意基础；二是食用油已经相当高产，油炸食品已经相当普及，已经为月饼的产生奠定了丰厚的物质基础。

制饼技术的成熟——技术基础

一个产品的诞生，既要有文化基础，又要有物质基础，还要有成熟的技术支撑，缺了哪一样都不可。月饼的诞生也是如此。

制饼技术，不仅仅指制饼的技艺，还包括制饼的炊具和设备，如铁锅、饼铛、烤炉等，还有制饼的主要用料，如炸油饼必须要有油，没有油就无从谈论炸油饼的技术。总之，制饼技术是一个各种要素的集合体，最能集中反映这个集合体总体面貌的就是饼的熟制加工方法。探究饼的熟制加工方法之前，让我们先了解一下先人发明饼的故事吧。

陕西岐山人至今把最早种麦子的后稷叫“麦王爷”，把后稷的第十四代子孙公刘叫“饼王爷”，因为公刘发明了饼。《诗经·大雅·公刘》说：“笃公刘，匪居匪康。乃埸乃疆，乃积乃仓，乃裹糇粮。”意思是聪敏厚道的公刘，不敢停歇把福享，划界平场开田地，颗粒不遗装进仓，揉面蒸饼备干粮。由此显示，从最早种麦，到最早发明做饼，是一脉相承的祖孙二人完成的。

史料记载与岐山的传说不同，南北朝时期的《范子》云：“饼出三辅”，说饼是长安周围的京畿之地发明的。明代黄一正的《事物绀珠》则言：“蒸饼，秦昭王作。”就是那位发动长平之战大胜赵军，攻陷东周王都洛邑，结束周朝统治，奠定秦国统一战争胜利基础的秦昭襄王。为什么是秦昭襄王呢？关中的乡亲们这样解释：秦昭襄王，嬴姓，赵氏，名则，又名稷。后稷最早种麦，嬴稷最早做饼，都叫“稷”吗！这显然很是牵强。

但是，无论传说还是典籍，都把饼的发源地指向了中国的西北，这与西北地区种植小麦较早、面食发达的历史是吻合的。

我国制饼的历史非常久远，饼的种类也非常繁多，古代饼的范畴比现在饼的范畴要宽泛得多，饼是谷物粉面制成的食品的统称。西汉扬雄《方言》曰："饼谓之饨，或谓之张，或谓之馄。"许慎《说文》解释："饼，面餈也。"刘熙《释名》言："饼，并也。溲面使合并也。胡饼作之大漫冱也，亦言以胡麻着上也。蒸饼、汤饼、蝎饼、髓饼、金饼、索饼之属，皆随形而名之也。"

饼的分类和命名，并非如刘熙所言"皆随形而名之"，而是有的按形状命名，有的按原料命名，有的按熟制方式命名。其中的熟制方式，主要指的就是制饼的技术。初级的饼只用水就能制作，用水和面，然后或蒸，如蒸饼；或煮，如汤饼(面片儿汤)。都不用油。高级的饼则要用油，越高档用油越多，结合植物榨油始自汉代的史实，考察中国制饼技术的成熟度，以汉魏六朝为切入点较为科学，这一时期饼的熟制加工方法，主要有如下几种：

1. 笼蒸，如蒸饼。锅中加水，放上笼屉，将生饼装入笼屉，烧火利用蒸汽蒸熟。最初，蒸饼是用来夏祀的，三国魏之缪袭《祭仪》言："夏祀以蒸饼。"蒸饼的形状也不是圆的，西晋束皙《饼赋》记载，有猪耳、狗舌等动物器官形状。《晋书》中记述，西晋大臣何曾生活奢侈，"蒸饼上不拆作十字不食"，十字蒸饼就是开花馒头。

2. 锅煮，如汤饼。汤饼实际就是面片汤，把面和得很软，然后揪一小块拉扯成片状扔进锅里煮熟，北方民间谓之"揪疙瘩"，所以汤饼又叫煮饼。以后发展成索饼，《释名疏证补》记载了索饼的做法，再往后就演变成了现在的面条。

3. 炉烤，如烧饼。烧饼是用烤炉烘烤制成的。品种很多，有有馅的，有没馅的，有有芝麻的，有没芝麻的，有芝麻的还叫胡饼。《齐民要术》中专门记述了制作烧饼的方法："面一斗，羊肉二斤，葱白一合，豉汁及盐，熬令熟，炙之，面当合起。"还有制作髓饼的方法："以髓脂、蜜合和面，厚四五分，广六七寸，便著胡饼炉中，令熟。"

4. 锅烙，如白饼，即汉饼，类似于现在的白吉馍。用锅和饼铛温火烙制而成。《齐民要术》记其方："作白饼法：面一石。白米七八升作粥，以白酒六七升酵中。着火上，酒鱼眼沸，绞去渣，以和面。面起可作。"这是一种发面饼。

5. 油煎，如鸡鸭子饼。《齐民要术》载："破，写(泻)瓯中(把鸡蛋或鸭蛋打在碗中)，少与盐。锅铛中，膏油煎之，令成团饼，厚二分。"这其实就是现在的油煎鸡蛋饼。

6. 油炸，如细环饼、截饼，环饼又名"寒具"，截饼也叫"蝎饼"。有人考证，这两种饼就是现在的馓子。《齐民要术》载："皆须以蜜调水溲面。若无蜜，煮枣取汁。牛羊脂膏亦得，用牛羊乳亦好（指用牛羊油或奶和面），令饼美脆。"这种细环饼与截饼，都须下油锅炸制而成，吃起来香甜酥脆。

汉魏六朝时期就已经形成的蒸、煮、烤、烙、煎、炸等六种熟制方法，除了煮被分离出之外，其他五种仍然是制作各种饼食的基本方法，一直流传使用至今。

到了唐代，糕饼的制作更为精致。宫中的御厨们开始用鸡鹅膏、猪脂、花椒盐专门为皇帝制作御用的"千层饼"，宫外的店铺中，开始出售面脆油香的胡饼和带馅的胡饼"古楼子"。宰相韦巨源《食谱》中记载的十多种糕饼，如水晶龙凤糕、单笼金乳酥、曼陀样夹饼、双拌方破饼、加味红酥、油浴饼、雕酥、小天酥、八方寒食饼、九重糕等，仅仅是名字，就令人产生无限的遐想。更令人意想不到的是，我们现在竟有幸一睹唐代糕点的真容，其精美程度，绝对超出了常人的想象。

新疆阿斯塔那唐墓出土的宝相花纹"月饼"

1972年，在新疆吐鲁番阿斯塔那230号唐墓中，出土了一个一千多年前的宝相花纹糕点，因其酷似月饼，所以人称"宝相花纹月饼"。它以小麦粉为原料，模具压制成型，呈圆形，颜色土黄，表面花纹轮廓清晰，中心为圆圈，由两组连珠纹组成，并环绕一周莲瓣纹，外侧装饰光芒线，直径6.5厘米。花纹图案搭配错落有致，造型新颖别致，由炉中烘烤而成，充分体现了唐代高超的面点制作技艺。同时，还出土了由四人组成的泥俑群，栩栩如生地再现了唐代妇女舂粮、簸糠、磨面、擀剂、烙饼的全过程。

新疆阿斯塔那201号墓出土的擀剂、烙饼泥俑

宋代，中国的制饼技术已经相当成熟，宋代的面点糕饼，不仅品种繁多、制作精细，而且还出现了专业的糕饼作坊。这类糕饼店是制作兼出售的，多称饼店。规模小者“每案用三五人擀剂桌花入炉”，大者有工匠近百人。据《东京梦华录》卷四《饼店》记载：“唯武成王庙前海州张家、皇建院前郑家最盛，每家有五十余炉。”

当时饼的品种数以十计,《武林旧事》卷第六中收录的著名流行品种就有：猪胰胡饼、羊脂韭饼、七色烧饼、焦蒸饼、辣菜饼、荷叶饼、芙蓉饼、乳饼、秤锤蒸饼、睡蒸饼、金花饼、春饼等，特别是在南宋都城临安，“月饼”已经横空出世，跻身于众多名饼之中。

社会对团圆的期盼——社会基础

“月饼”一词，最早出现在南宋吴自牧的《梦粱录》一书中。这是历史的偶然呢？还是历史的必然？答案是必然。因为无论北宋南宋，整个宋代，社会上充满着一种“九州一统，家人团圆”的期盼。这种社会期盼，需要一个物化的文化符号，于是象征团圆的月饼应时而生。

历史上宋朝国力最强，但国土面积最小。还我河山，九州团圆，重振中华祖业雄风，曾经是宋王朝的国家理想。岳飞《满江红》中的“靖康耻，犹未雪。臣子恨，何时灭！驾长车，踏破贺兰山缺。壮志饥餐胡虏肉，笑谈渴饮匈奴血。待从头、收拾旧山河，朝天阙”曾经是宋朝君臣梦寐以求的心愿。但是，无论是九州团圆的国家理想，还是收拾旧山河的君臣心愿，都被北方游牧民族的铁骑踏得粉碎。

大宋王朝注定是一个理想很丰满，现实很骨感，充满矛盾和遗憾的王朝。

宋朝的经济是空前繁荣的。工商业高度发达，GDP 水平远远超过同时代其他国家，占世界总量的 60%。是第一个同时开通陆上“丝绸之路”与海上“丝绸之路”的朝代。发行了第一张纸币“交子”，建立了金融信用体系。宋神宗时全国年铸币 506 万贯，而唐朝极盛的玄宗朝年铸币只有 32 万贯。宋朝人口 1.2 亿，是中国历史上第一个人口过亿的朝代，占世界人口的 15%。城市化率达 30% 以上，10 万人口以上的城市由唐代的 10 多个增加到 40 个，长安、洛阳、南京、汴京、临安的人口都超过了百万，位居世界大都市前列。

宋朝的军事是强大的。宋朝拥有一支庞大的职业军队，最高时达到了141万，数量居世界首位，比盛唐时的60万高两倍多。并且拥有世界上非常先进的军事制度“募兵制”，确保了兵源的连续不断。有关资料显示，强大的唐朝对外战争以主动进攻为主，胜率为30%左右；宋朝的对外战争大多是被动防御，胜率为70%以上。武器方面，霹雳炮、震天雷、引火毬、铁火炮、火箭、火毬、火枪、火炮等火器，开始登上战争舞台。1126年，金人围攻汴京，李纲在守城时曾用霹雳炮击退金兵，史载“夜发霹雳炮以击贼，军皆惊呼”。从而，使人类战争由冷兵器时代进入冷兵器和热兵器并用时代。

宋朝的科技是发达的。中国四大发明中有两大发明，即活字印刷和指南针，就诞生于两宋，这两大发明改变了整个世界文明的发展进程。北宋元丰年间，中国华北地区的钢铁年产量达到了15万吨；工业革命后的英国在1788年钢铁产量才达到7.6万吨。宋朝的造船业居当时世界首位。东南沿海的广州、泉州等地，都有发达的造船业，大型的远洋海船，载重量可达250吨以上。宋代的瓷器更是名扬四海，远销世界各地，受到各国人民的喜爱。

宋朝的富强是空前的，但宋朝的敌人也是无与伦比的。华夏历代王朝主要有七个对手，即匈奴、突厥、契丹、党项、女真、蒙古、满洲，单单两宋一朝就同时遇到了四个。北方是契丹人的辽，西北是党项人的西夏，东北是女真人的金，还有打遍天下无敌手横扫欧亚的蒙古帝国。马上民族，与生俱来的冒险、勇猛、善战、扩张的品格，游牧生活造就的兼容、多变、简朴、动态的习性，为了更好地生存，他们总是无一例外而又蛮横地把战争指向了大宋所在的南方。

猛虎难敌群狼，加之“重文抑武”的基本国策，时代精神不在马上而在闺房的享乐主义横行朝野，史上最富有的大宋王朝，竟成了“史上最窝囊”的王朝。主观上想一统九州，客观上又不可能战胜强敌，构成了宋朝理想与现实的巨大反差和矛盾。在反差和矛盾面前，大宋是冷静和理性的，面对明知不可为的现实，选择了窝囊保守的不为，以此换取了319年的统治，超越了王朝三百年的大限。理性保守，不代表内心理想的泯灭，梦寐以求的江山一统理想，只能空对八月十五象征团圆的满月，借助于祈盼，寄托于未来。

陆游的绝笔《示儿》，是当时社会心理的真实记录：“死去元知万事空，但悲不见九州同。王师北定中原日，家祭无忘告乃翁。”诗人在弥留之际，念念不忘被女真贵族霸占着的中原领土和人民，情真意切地表达了忧国忧民的爱国情怀，盼望国家重新统一的坚定信念。既有对抗金大业未就的无穷遗恨，也有对神圣事业必成的坚定决心。

国家窝囊，百姓遭殃。靖康二年（1127 年）正月，金兵攻陷北宋都城东京，并俘获了宋钦宗和宋徽宗。二月将他们废黜为庶人。三月立张邦昌为伪楚傀儡皇帝。四月初，金兵押解徽钦二帝、后妃、太子及皇室、宗室、驸马、公主、宫女、工匠、技艺、教坊男女共一万多人，分七批撤离东京汴梁，从此北宋灭亡。

北宋的灭亡，致使宋朝原有 280 万平方千米的国土，又丢失了 80 万平方千米，仅剩 200 万平方千米，还不及唐朝 1239 万平方千米的零头大，创造了历代国土面积最小的耻辱纪录。新丢失的 80 万平方千米土地上的人民，一部分被劫掠到了东北，一部分背井离乡不断南逃，更多的人则不得不留在原地，忍受改朝换代的现实，接受金国扶植宋朝降臣刘豫建立的“大齐”，史称“伪齐”的统治。但是，无论身在何处，国家破碎和家人及亲戚朋友离散的悲痛，长久地叠压在人们的心头，成了各阶层人士的心头病。

进入南宋之后，很多的家庭，要么有人当兵在外，要么有人外出经商，更有甚者闯荡五湖，漂泊海上……正如诗人所描述的那样：“月儿弯弯照九州，几家欢乐几家愁。几家夫妇同罗帐，几个飘零在外头？”因此，对家乡故土的思念，对亲朋好友的牵挂，对家庭团圆的热切期盼，已然成为一种普遍存在的社会心理现象。

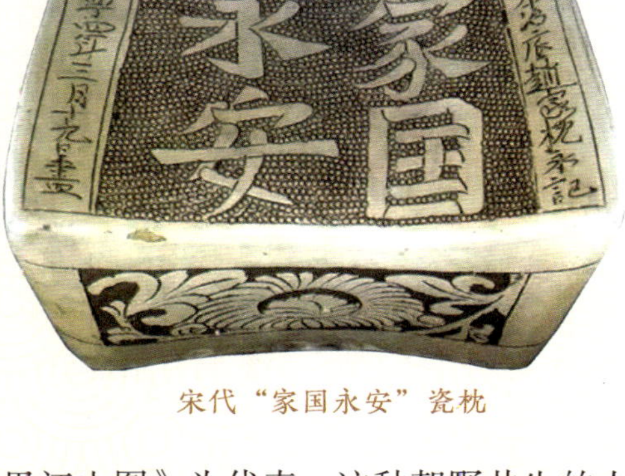

宋代“家国永安”瓷枕

于是，家盼团圆，国盼一统，成了大宋既难以实现，又难以割舍的社会愿景和需求。这种需求，不仅内化于宋人之心，也外化于行，固化于物，民间以北宋熙宁四年三月十九日画、现藏于大英博物馆的“家国永安”瓷枕为代表；官方以宋徽宗指点王希孟创作、现藏于北京故宫博物院的《千里江山图》为代表。这种朝野共生的人心所向，客观上为月饼的诞生奠定了社会基础。

第五章 月饼印模欣赏

月饼印模的由来

月饼印模是糕饼印模的一个品种，是在糕饼印模的基础上发展演变而成的。印是平面的，模是凹陷的，模包含印的内容，印不包含模，二者关系密切，紧密相连。称谓上，北方多叫模，南方多称印。糕饼印模的始祖是远古先民们制作陶器的陶拍。详细划分，糕饼印的近亲是印章，糕饼模的近亲是瓦当模和儿童玩具陶模。

有关糕饼印模的最早文字记载，是南北朝时期北魏著名政治家、军事谋略家崔浩（381—450 年）的《食经》。一个政治和军事强者为什么要写一部饮食方面的专著呢？其实，这部著作并非崔浩所著，他只是一个助手，是由其母卢氏口授他记录整理而成，是崔母与家族其他女性长辈收集和实践的集体成果。然而非常遗憾，这部经典之作在历史的长河中亡佚了，我们现在见到的只言片语，是被其他著作所引用，散见于《齐民要术》《北堂书钞》《太平御览》以及《王祯农书》等，其中明代杨慎在《艺林伐山·斗钉》中引用："《食经》：五色小饼，作花卉禽兽珍宝形，按抑成之，盒中累积，名曰斗钉。今人犹云钉果盘、钉春盛是也。"说明有一种名为"斗钉"的"五色小饼"，从北魏到当时的明代，一千多年间一直流行，这种小饼是用印模制作的，模子上或雕刻花卉、或雕刻飞禽、或雕刻走兽、或雕刻珍宝，记录得十分明确清晰，与今天的糕饼印模完全相同。但亦有遗憾之处，即没有说明饼模的材质，是木头的还是陶瓷的？

晋代灰陶莲花纹瓦当模

宋代红陶花卉儿童玩具陶模

还有一段文字值得关注，那就是唐代段成式（803—863 年）在其《酉阳杂组》中也记述“五色饼”的制作方法：“刻木莲花，藉禽兽形，按成之，盒中累积，五色，竖作道，名为斗钉。”与崔浩《食经》的记述大同小异，但更为具体，花卉变成了莲花，最大的亮点是准确地记述了饼模由“刻木”而成，材质为木头。这段记载，是段成式的间接引用呢？还是亲眼所见的记录呢？无论如何，二者应该是有关联的。说明北魏的“五色小饼”在唐代已经改叫“五色饼”，但制作时仍然使用模具，而且是木质印模。

清代年画对联雕版和清代木质月饼模

宋代《东京梦华录》卷之四《饼店》一文，在描写厨师们做饼时写道：“每案用三五人捍挤卓花入炉”，意思是三五个厨师围立在桌案前，有的在擀面剂子，有的在面剂子上戳花，然后入炉烘烤。至于如何在面剂子上戳花，没有描述，按常理推测，应该是用糕饼模具印花。

北魏至唐宋时期，人们为什么要发明和能发明糕饼印模呢？其实很简单，社会上有需求，工匠们有技术，相关领域有现成的产品可供参考，除本章开始就提到的瓦当模和儿童玩具陶模外，还有一项重要的技术不可忽视，那就是雕版印刷术。唐代，我国发明了雕版印刷术，并在唐朝中后期得到了普遍使用，能雕刻书画印版的师傅，就能雕刻糕饼印模。事实上，民国以前，很多糕饼印模就出自年画雕版作坊，雕版师既雕刻年画印版，也雕刻糕饼印模。笔者就藏有清代的年画雕版，将之与木质月饼印模进行对比，就不难理解为什么最早的糕饼印模记载出自北魏和唐代了。那么，人们为什么要刻制印模制作糕饼呢？主要是由于如下缘故：

一是外形美观。食不厌精，内敛为精，外显为美。中国的糕饼讲究色、香、味、形俱佳，造型美是人们对糕饼品质的更高要求。通过模具造型，使糕饼在满足人们最原始的充饥果腹的生理需求外，还要蕴含更丰富的文化内涵，满足人们更高层次的审美心理需求，以感悟人生的真谛。

二是个头标准。用模具打制出的糕饼，个头一样大，形状和图案完全相同，摆放起来既美观，出售起来也方便。以往糕饼铺出售糕饼，大多论个或论块，即便论斤出售，也是设计制作成几块一斤，很少用秤称。

三是操作简便。糕饼塑形是一项高超的技能，在极短的时间内，把一个面团捏塑成特定的造型，不经过冬练三九夏练三伏的苦功，是很难掌握的。即便是技艺娴熟的面点师，要做成完全一样也非易事。但是用模具打制，就简单多了，只需稍加指导，便能掌握操作。

四是批量生产。使用模具制作糕饼，既省时间又省力气，还节约人力成本，是早期人工版的自动生产线。擀剂、包馅、定型、打戳、烤制一条龙，能够快速组织批量生产，满足市场需求。

月饼印模的本质是一种生产工具。生产工具的精巧程度，是衡量生产力水平高低的重要标志。古人曰：工欲善其事，必先利其器。月饼印模的出现，或许是糕饼印模雕刻者为满足社会需要特意为之，也许是糕饼铺的师傅随意用一些早已普及的糕饼印模率性为之的结果。总之，月饼印模是水到渠成的发明，它对月饼在民间的普及和质量的提高，意义非凡。

月饼印模的祖先是陶拍

树有根，水有源，寻根溯源问祖是人的天性。那么，月饼印模，或者更宽泛地讲，糕饼印模的祖先在哪里？姓甚名谁呢？经过长期的收藏和研究，笔者的答案是：在史前的远古，叫陶拍，其后是印章、封泥、瓦当范，之后才是陶质和木质的糕饼印模的诞生。

得出这样的结论，远远超乎人们的意料。因为，目前见到的关于糕饼模的最早记载只到北魏，北魏之前音信皆无。文字记载总是滞后的，相对于浩瀚的往事，没有文字记载的事实远比有文字记载的事实多得多。

北魏之前有糕饼印模吗？糕饼印模是古人从何处获得灵感而发明的呢？回答没有文字记载的问题，最简单省力的办法是去博物馆看实物，在报纸杂志和专著上寻找图片，然后进行比对。当笔者把下面两张照片排列在一起时，奇迹出现了。出土的两千多年前中山国的陶拍和民国时期的月饼印连在了一起，祖孙两个竟然是如此相像。

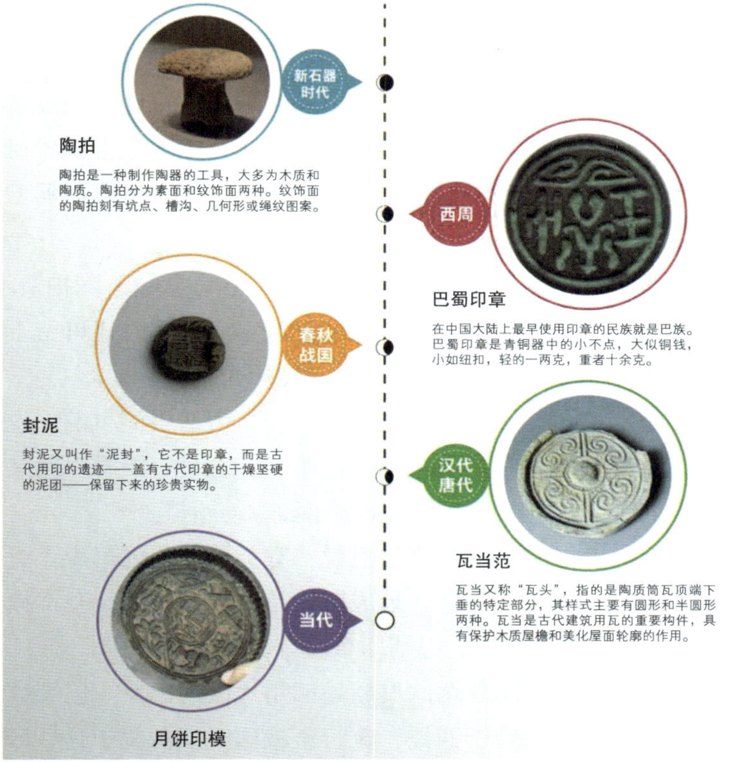

糕饼印模的祖先（该图由任常斌先生设计）

出土的中山国陶拍

民国红陶牡丹纹月饼印

陶拍是一种制作陶器的工具，大多为木质和陶质。陶拍分为素面和纹饰面两种。纹饰面的陶拍刻有坑点、槽沟、几何形或绳纹图案。古人制作陶器，最原始、最根本、最简略的办法是直接用手捏，行话叫手捏成形法，用这种方法一般只能制作小物件。如果要制作大的陶罐、陶盆等大件，就要使用泥条盘筑成形法。就是先将泥巴搓成泥条，再在一个平面上把泥条盘一个底儿，在底盘儿的基础上把泥条一圈儿一圈儿地顺次加高，每增高一圈儿就要上下表里压密、压实、压匀，防止干燥时开裂，以此筑成器壁直至器口，再用泥浆胶合成全器，最后抹平器壁盘筑时留下的泥缝，做成想要的器型。器物做好后不可放在太阳光下暴晒，要放在阴凉处阴干。待半干时，开始调整美化造型，用陶拍在器物成型的外壁上拍打，陶器外表就会留下陶拍清晰的印迹。这样不但可以弥合裂痕，使陶坯质地更加紧密牢固，同时还可留下美丽的纹饰。五千年前的新石器时代，先人们就已经使用陶拍。

艺术源于生活。一切伟大的发明创造都是在生活中诞生的。也许在陶拍的启示下，先人们开始将动物图案、几何图案、符号、图腾以及文字和陶拍结合在一起，创造了原始的陶模印，诞生了印章的始祖。

中华文明的起源，有中原中心辐射说，有满天星斗汇聚说。近年的研究结果，其初始阶段是“多元”的，形成阶段是“一体”的，基本模式是先汇聚后辐射。在印章的发展史上，巴蜀印章占有特殊的地位。

在中国大陆，最早使用印章的民族是四川地区的巴族。巴蜀印章，又叫巴蜀符号或巴蜀图语，出现于西周，流行于战国时期。关于这些印章，有说是巴蜀部落图腾的，有说是巴蜀古老文字的，有说是边关重镇商贸通行信物的，有说也许是古人腰间饰物的……总之，它的用途和内容是什么？众说纷纭；但它们是印章，众口一词。

随着生产力的不断发展，沿着陶模印的发展方向，相继出现了陶印、石头印和青铜印。在纸张出现之前，印章主要钤印在泥巴上，用来钤印封泥。《周礼·地官·司市》有“凡通货贿，以玺节出入之”的记录。

用木陶拍制作陶罐

封泥，是古代印章盖在公文和书信以及包裹封口上的泥块，相当于现代人用的火漆印。封泥之名，始见于《续汉书·百官志》，但其具体操作方式，后世了解得不多。清朝中晚期，四川、山东等地发现了封泥，当时的金石家还不认得，赵之谦在其

《补寰宇访碑录》中，曾把封泥误认为“印范”。到了光绪三十年（1904 年）吴式芬、陈介祺合辑的《封泥考略》出版后，人们对它才有了较为深入的了解。

西汉“东园章丞”封泥

早在春秋战国时期，我国就已经开始使用封泥，具体操作方式大概是：先用黏土制成一颗颗的泥丸，备好放在方便处，临用时用水浸湿。当时人们是把文字写在竹片或木板上的，称为竹简木牍。为了防止泄密或传递过程中的私拆，要在写好的简牍外面加上一块挖有方槽的厚木板，用绳子把它们捆扎在一起，再把绳结放入槽内，用一丸湿泥封上，最后用印章钤上印记，作为封检的标记。

全神贯注地思考一件事，是既费体力又费精力的。累了，把所有的藏品统统摆放在地板上比较欣赏，是笔者缓解疲劳的独特方式。一天，望着满地的藏品，冥冥中笔者产生了这样的联想：印章，缩小了的月饼印；月饼模，放大了的封泥。封泥和瓦当以及瓦当范极为相似，封泥和瓦当说不定存在某种联系……笔者为自己的发现兴奋了好多天。

2017 年 9 月 30 日中秋节前夕，笔者读到了网名“无边风雨”回忆性的文字：八月十五中秋的那天下午，我们通常会发一大盆儿的面，然后开始揉面团。再做馅料，新鲜的芝麻在锅里烘干，然后再碾碎，面团发好，揉好，分成小剂子，然后包上馅料，再放到古老的瓦当（那时候，瓦当在农村真的不值钱，谁知道，现在还成了古董了，呵呵）上，拓上图案，一个漂亮的花馍就出来了，这一道道工序，现在想来，真的很麻烦，可是奶奶为什么那时候就是不厌其烦，年年中秋，年年如此。也许，这就是节日的味道，家的味道。

早在 2002 年，就听到过西安百姓用瓦当打月饼的故事。从前，一般百姓人家都是自家打月饼，打月饼的模子有些是从田间地头捡来的瓦当。西安是十三朝古都，挖坑或翻地，一不小心就会弄出个瓦当来。女人们总是喜欢花草、动物图案的瓦当，不喜欢带字的。说有字不好，拓下的字是反的，不好看，也不好认，所以没人要。时至今日，在“淘宝”上还有把瓦当范当月饼模出售的。

清代滴水瓦当月饼模

宋代灰陶旋纹月饼模

瓦当又称“瓦头”，指的是陶质筒瓦顶端下垂的特定部分，其样式主要有圆形和半圆形两种。瓦当是古代建筑用瓦的重要构件，具有保护木质屋檐和美化屋面轮廓的作用。

中国的瓦当最早起源于西周时期（前1046—前771年）。大约在春秋（前770年—前476年）晚期形成了比较完善的模式。汉代（前206年—220年）是瓦当工艺发展的鼎盛时期。这一时期的瓦当做工精细，新出现了装饰有篆体文字的瓦当，这些文字瓦当多为小篆书体，排列组织和谐匀称，布局讲究，显示出汉代质朴浑厚的艺术风格。文辞多为一些祈福的吉祥词语，其艺术观赏性可与精致的印章相媲美。

瓦当的造型千姿百态，它不但是绘画、工艺和雕刻相结合的艺术，也是实用性与美学相结合的产物，在古建筑上起着锦上添花的作用，给人以美的艺术享受。

艺术是相通的，审美是相连的。不知是何时，大约在魏晋，一位村妇，抑或是一位厨师，把一块面团按进了瓦当模中。于是，瓦当馍馍诞生了。顺着这个思路，人们开始用陶烧制或用木头雕刻糕饼印模，把糕饼制作推向了艺术品的高度。

各种材质的月饼印模

早些年间，地处北京周围的河北地区，每逢八月十五家家户户做月饼的时候，手拿简陋月饼模的妈妈们，总是不厌其烦地向想拿月饼模玩耍的孩子们讲述：天底下最富的是皇上，北京紫禁城里做月饼，皇上用金模子，皇后用银模子，格格阿哥们用玉模子，最不济的是太监，用的也是景德镇的细瓷模子。对此，百姓们深信不疑。

清代草花梨木月饼印

直到1987年，故宫博物院工作人员童燕女士发表了一篇《清宫糕点模具》的文章，对故宫糕点模具的材质进行了介绍，并相应配发了模具照片，关于皇帝用金月饼模子的事儿才大白于天下。文章说：故宫博物院仍保存着一批属于清代中晚期宫廷制作糕点的各式模具，均为硬木雕刻而成。但也有例外，故宫中还有一种木托内镶银里的模具，是专门制作祭祀食品的，其图案有轮、螺、伞、盖、花、罐、鱼、盘等。用这种金属模具制作的点心，放在佛堂供桌的盘内，一般不食用。原来，给皇帝做月饼的模子也是木头的，如果文章不是故宫博物院工作人员所写，如果不配发照片，许多人是不会相信的。

照常理，皇宫里用金模子做月饼，不是什么稀罕事儿。宫里纯金的东西，多了去了。但是，这次皇帝们，集体没有用。这不是因为他们良心发现，也不是他们体恤民力，更不是他们崇尚节俭了，而是另有说道。

按照传统阴阳学理论，制作器物的材质，是有阴阳之分的，不可乱用，乱用了会殃及主人的。供人食用的糕饼，之所以采用木质的模具制作，因为木主东方，属阳，代表着春天、绿色、生命。日出东海，象征万物生长。金银铜铁，乃至石头陶瓷，这些材质属金，金主西方，属阴，代表着秋天、白色、死亡。日落西山，象征万物萧瑟。这是糕点模具材质选用在形而上文化层面的原因。

物质决定意识，糕点模具材质的选择，最根本的原因则是由材质的广泛性和加工工艺属性决定的。无论南方北方，田间山野，房前屋后，树木随处可见，木料随时可得，加之木头容易雕刻，轻重适度，造价低廉，糕饼坯放入模具压紧后，需要用力撞击磕模才能磕出成型的糕饼，这种方便实用的模具雕刻和制饼工艺，决定了糕饼印模注定要以木质为主。另外，陶质、锡质易于制造，瓷质、石质易于脱模、清洗，南方糕点多用米粉、薯粉制作，材质黏度大，使用瓷质、锡质印模容易脱模，这些无不是制作工艺决定的。

其实，现实社会中，无论是生产还是生活，就地取材，因地制宜，是人们生存的基本原则，也是一方水土养一方人，形成一方地域文化的根本原因。陶瓷之乡，制作陶瓷月饼印模；山中石匠，雕凿制作石头月饼印模，是自然而然、顺理成章的事儿。人们既要考虑精神文化层面的需求，更要按自然规律办事。所以历朝历代，全国各地，月饼印模的材质都是以木质为主，其他材质为辅。以使用数量为标准，各种材质的月饼印模排序如下。

第一，当然是木质。北方大多为杜梨木、枣木、桃木、杏木、核桃木、苹果木，也有少量柏木和草花梨木。南方，江浙地区主要使用白桃木、油茶木、银杏木、樟木；徽州地区曾使用过当地的檀木；广东、福建地区，主要使用龙眼木、荔枝木、山楂木、榉木，也有极少楠木。在上述木材中，制作一般印模以杜梨木为最佳。杜梨木为土灰黄色，木质细腻无华，软硬适中，最大的特点是横竖纹理差别不大，特别适于雕刻。旧时，多用杜梨木制作图章，蜚声海内外的杨柳青年画和武强年画，其雕版也是用杜梨木雕刻而成的。

第二，陶质。南朝字书《玉篇》解释说：陶，作瓦器也。是以黏土为材料制胎，经过手捏、轮制、模塑等方法加工成型后，在 800～1000℃高温下焙烧而成的器具。陶器坯体不透明，有微孔，吸水性强，敲打叩击声音不清。陶器历史悠久，早在一万年前的新石器时代，人类就开始制作陶器，时至今日仍在制作使用。陶质月饼印模有灰陶、红陶、黑陶、白陶四种，一般由乡间的砖窑、瓦窑、盆窑烧制。

清代灰、红、黑陶月饼模

第三，瓷质。一些著名的窑口，如磁州窑、耀州窑、越窑、德化窑等，都有烧造。更多的则是一些地方性小窑口烧造的。瓷月饼印模，大多有釉，

清代青花瓷“寿桃蝴蝶”月饼印

清代黄铜月饼模

有的还是青花釉，或其他彩釉。

第四，石质。石头材质的月饼印模，多数出产在山区石乡，其中山东莱州滑石模子比较著名。石质印模，一般图案简洁古朴，造型古拙。另外，有的收藏家介绍，客家人有用寿山石雕刻月饼印模的传统。

第五，金属。由于受阴阳学金主西，代表秋天肃杀的影响，新中国成立前，人们几乎不用金属铸造月饼印模，笔者收藏月饼印模 30 余年，仅收藏到了一个黄铜月饼模，衡水市收藏家翟吉昌先生，藏有铁月饼模。另外，福建的永安等地，有用锡制作糕饼印模的习惯。新中国成立后，人们抛弃了传统文化中的糟粕，一些地方开始用生铝铸造月饼印模，但数量有限。

第六，玉质。用玉雕刻月饼印模是极为少见的。宫中格格阿哥们用玉模子做月饼仅仅是个传说。玉器传承文明，在五千年中华文明中具有至高无上的地位，以玉作六器以礼天地四方是千年不变的规矩，秦始皇用和氏璧制作

灰白玉鲤鱼月饼模

的“受命于天　既寿永昌”的传国玉玺，更是把玉推向了至尊的神位。所以，皇宫不可能用礼天的玉料制作厨房用具。倒是民间，有用粗糙玉料制作月饼印模的先例。尽管其玉质一般，但在月饼印模中则显得非常珍贵，光滑润泽，是收藏者的宠物。

第七，塑料。塑料月饼印模是 20 世纪 50 年代才开始出现的，起初多为工厂的工作人员自己制作自己使用，至 1990 年前后一些小塑料厂开始规模化生产和销售，最早是在木托上镶嵌，后来发展成全塑。塑料属于新兴材质，可塑性强，适合工业化机械批量生产，价格便宜，目前已经成为市场上的主流。

未来，随着材料科学的不断发展，月饼印模的材质会越来越多，木质印模会逐渐减少，金属、塑料以及装饰性强的高档材质将日趋增多；加工方法亦将越来越现代化，手工雕刻将进入非物质文化遗产的行列，越来越珍贵，电脑雕刻将越来越多，特别是随着 3D 打印技术的快速发展，将给印模制作带来革命性的冲击；图案和造型会越来越丰富，老图案老造型日趋回归传统，新图案新造型日趋卡通化、抽象化、幽默化、个性化。总之，月饼印模的发展将与时俱进，越来越工艺品化，以不断满足不同地区、不同文化背景、不同阶层和不同年龄段人群的需求，给人以更美的艺术审美享受。

各种形状的月饼印模

清代山东木质花卉同心圆月饼印

形状，是物体或图形由外部的面或线条组合而呈现的外表，是特定事物或物质的一种存在或表现形式。月饼印模的形状千姿百态，变化万端，丰富多彩。但总体上观察，以圆形为主，其他形状为辅，无论什么形状，含义必须吉祥。粗略划分，有如下几种具体形状。

一是几何图形。包括圆形、方形、椭圆形、弧形（月牙形）、多边形、扇形等。几何图形在数学中的定义是确定的，世界通用。但是，在人文领域，不同的民族、不同的地域，对同一图形所赋予的文化内涵则是千差万别的。在中国传统文化中，有“天圆地方说”，认为天是圆的，地是方的，从而圆代表天，方代表地。“天圆地方”与“阴阳”相结合，圆是阳方是阴，由此延伸到男阳女阴，圆就代表男，方代表女。山西省孝义市，男女定亲有吃“合饼”的习俗，就是男吃方，女吃圆。华北一些地方，也有男人吃方月饼女人吃圆月饼的讲究，暗含阴阳和合相配，万物生生不息的美好愿望。

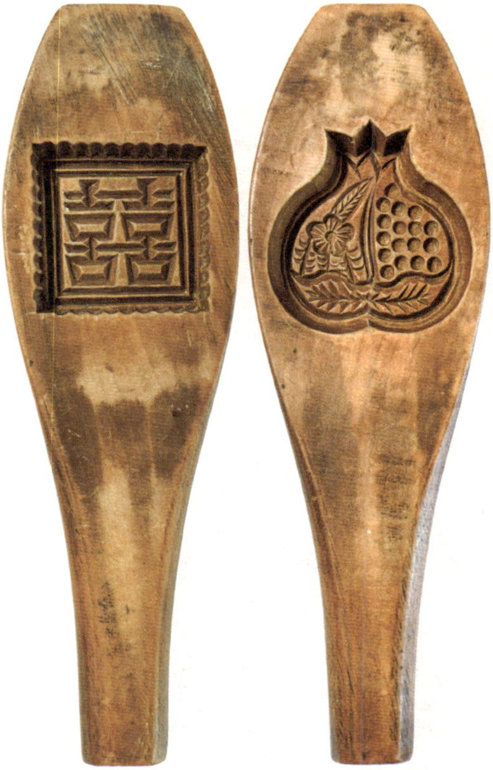
民国河北杜梨木“囍”字月饼模和“榴开百子”月饼模

二是瓜果形。利用写真手法，仿照瓜果梨桃的外形雕刻而成，表现瓜蒂绵绵、人丁兴旺、老人长寿、孩子茁壮成长的美好意愿。其中，桃形代表长寿，石榴代表多子多福，莲蓬代表连生贵子，葫芦代表福禄多子……

三是鱼形。鱼形，是人们最喜欢的图形之一，早在五千多年前，先民们就把鱼纹图绘制到了彩陶上。先秦杂家著作《尸子》中记载：“遂人之世，天下多水，故教民以渔。”鱼的繁殖力很强，产卵量数以千计，是陆地动物不能比拟的。远古人丁稀少，鱼既是先民取之不尽、食之不竭的天然佳品，又是生殖的崇拜对象。

四是祥瑞走兽形。包括麒麟、老虎、狮子、狗、羊等，它们或是兽中之王，威震四方，能镇邪保平安；或是人类的朋友，

清代河北杜梨木麒麟月饼模

看家护院，是生活的一部分；或是财富、吉祥的象征，人们追求的对象；或是温顺的宠物，人们的伙伴。

清代杜梨木凤鸟月饼模

五是吉祥飞禽形。包括凤凰、蝙蝠等。凤凰是“鸟中之王”，也是中国古代最著名的吉祥鸟，凤凰涅槃能再生，与西方的不死鸟一样，所以又叫火凤凰。蝙蝠是幸福的代言人，在中国的传统文化中，蝙蝠是好运和幸福的象征。人们经常说的“五福（蝠）临门”，其图案就是由五只蝙蝠组成，这“五福”代表了五个吉祥的祝福：寿比南山、恭喜发财、健康安宁、品德高尚、善始善终。

六是神仙形，或曰人形。神仙的模样是按照人的样子创造的。在神话中，是指那些能力非凡、超脱尘世、长生不老的人。在道家中，则是指修炼得道而获得神通的人。月饼模中最常见的神仙是“八仙”和“福禄寿三星”以及吉祥童子等。头大身短的童子，是人们广为喜爱的形象，他们怀抱聚宝盆，或手捧金元宝，喜庆吉祥。

清代河北杜梨木“童子招财”月饼模

七是吉祥器物形。包括元宝、如意、花篮、聚宝盆、宝扇、方胜等，只要是明清两代民间流行的吉祥器物，在月饼印模上，几乎都可以找到它们的踪影。

八是吉祥汉字形。汉字由图画演变而来，将蕴含吉祥之义的汉字，通过变形处理定型成独特的图形汉字，是中国人独具慧眼的审美感知和审美创造。常见的有“福”“禄”“寿”“喜”等字，其中天津的“喜鹊报春”“天官赐福”月饼造型最为典型。

九是其他吉祥形状。中国吉祥造型艺术博大精深，只有你想不到，没有我们的先人做不到的。先人们的创造力，常常超出我们现在人的想象力，让人惊叹不已。

民国木质如意形月饼模

月饼印模上为什么有图案

春节的水饺，正月十五的元宵，端午节的粽子，中秋节的月饼，是中国最著名的四大节日食品，其中只有月饼上有图案，并且纹样千姿百态，这使月饼戴上了“最有文化内涵食品”的桂冠。

月饼大多是用模具打制的，模具上有图案，月饼上自然就有图案。月饼印模上为什么要有图案呢？这个问题听起来有些费解，不如直接问，月饼上为什么有图案呢？这主要是源于以下三种原因。

一是防爆，制作加工工艺的需要。月饼的源头是馕，馕以烤制为主。烤馕工艺中有一道工序，是在生馕坯子上使劲戳扎上花纹图案的眼儿，并且一定要扎深扎透，这样做的用途是在烤制的时候起释放热气的作用，以防止面皮鼓胀爆裂。在馕坯子上扎眼儿的工具，维吾尔语叫“吐客车”，译成汉语，有的叫“馕戳”，有的叫“馕扎”，还有叫“馕针”的。最传统的“吐客车”，是用洗干净的鸡翎和花布，手工一圈圈地缠绕捆扎而成，大多由维吾尔族妇女制作。一个“吐客车”大约要用150根鸡翎。现在的

用馕扎在生馕坯上戳扎图案

鸡翎制作的传统“吐客车”

“吐客车”绝大多数用木头和钢针制作而成，钢针组成的图案不仅漂亮，而且花样繁多。

烤月饼是由烤馕演变而来的，其造型和制作工艺也大多来自烤馕。月饼起初与烤馕一样也是用水和面，为了熟透并防止夹生或鼓气爆裂，也为了节省烤制时间，早年间的烤月饼借鉴了做馕扎眼儿的工艺，这一工艺在山西晋中月饼模中有着完整的保留，体现在月饼模上，就是模子图案中间有钢针或铜针，月饼在成型的同时也扎上了眼儿。后来，烤月饼开始改为用植物油和面，面中的水分大大降低，加工中鼓气爆裂的问题已不复存在，所以现在的月饼模中没有了钢针，但图案保留了下来。

清代山西木质钢针三件套月饼模

二是美观，体现食不厌精的理念。中国传统美食，追求的是一种文化气质，体现的是一种情感关怀，讲究色香味形俱美，注重的是和而不同。同样的食材，同样的分量，一样的加工手段和工艺，营养成分和价值也相同，但有图案和没用图案，有这样的图案或有那样的图案，给人的感官冲击和审美感受是有巨大差别的。有图案的食品，显得雅致精美，令人惊艳，秀色可餐，进而极大地调动人们的食欲；反之，则显得平淡无奇，使人产生一种吃不吃两可的感觉。

还有一种以汉字为图的文字月饼，真草隶篆，金文甲骨，甚至变形的美术字，或大或小，阴文阳文，均有采用。此时的月饼，变成了中国印，成了创作的天地，在给人以独特美学享受的同时，还承载着传递制作厂家、派系馅料、吉祥祝福等信息的功能，简洁明了，具有浓浓的中国气息。

将有图案的月饼和没用图案的素面月饼放在一起，二者孰美孰丑，一目了然。

清代木质“官运亨通”月饼模

第三个原因最为重要，是月饼的功能与用途。月饼是由拜月供品演化而来的，祭拜月神的供品是其本质功能。中国人讲究“礼神者，必象其类，璧圆象天，琮八方象地”，就是祭祀什么神，就要用长得跟什么神类似的东西。祭拜月神，以像月亮一样圆的月饼最好。但是，祭拜月神要表达的内心祈福愿望呢，就很难用具体的造型来反映，最好的办法是使用图案，或图文并用，或干脆只用文字，这样既生动又准确。于是，各种祈福纹饰的月饼图案应运而生。想生孩子的有麒麟送子、榴开百子、连生贵子图案，想长寿的有松鹤延年、八仙祝寿、五福捧寿图案，参加科举的有状元游街、蟾宫折桂图案，从政的有指日高升，做买卖的有日进斗金……所有人间百态，祈福纳祥的愿望，几乎都成了月饼图案的内容。

以供品图案表达人们内心的祈盼和愿望，水饺、元宵和粽子没有这项功能，故此也就没有必要有多样的造型和图案。所以，月饼上的图案，起初是加工制作工艺的产物，后来则是美观的追求与拜月祈福的必然选择。

历代月饼印模图案特色

月饼印模图案是月饼文化最直观的表述，具有鲜明的时代性和地域性。不同的造型和不同的图案，传递着不同的文化信息，进而表现出特定时代和特定地域的，不同的价值判断和不同的信仰追求。

月饼印模孕育于唐汉，诞生于宋代，成长于元代，壮大于明代，成熟于清代民国，新中国成立之后开始步入现代化的新时代。月饼印模主要为木质，也有少量为陶质、瓷质、石质和金属、塑料的。木质难以长久保存，加之月饼印模为实用器，人们很少刻意收藏传承，所以宋元时期的月饼印模，今天极难见到实物。

宋代灰陶几何纹、花卉纹月饼模

目前能见到的宋元月饼印模极少，并且均为陶质和瓷质，都是圆形，直径 10 厘米左右，尺寸与明清比较明显偏小，没有发现大型印模。图案以花草和几何图案为主，配以同心圆和光芒线，天然去雕饰，简洁明了，尚未发现文字图案。反映出宋元时期人们以天真朴素的心境供拜月亮，以及崇尚自然、纯真、含蓄的审美观，与当时生产力相对低下，人们无力奢华的时代背景是一致的。

元末明初青花瓷花卉纹月饼模（正、反面）

明代是月饼印模的发展壮大时期，月饼开始向着大的方向发展，图案开始变得繁复重叠，随着嫦娥形象由窃贼、癞蛤蟆向美女的转变，月宫、嫦娥、仙女、桂树、白兔等形象开始出现在月饼上。同时，一些民间吉祥图案和喜庆吉祥用语，也开始用于月饼图案。民间收藏家收藏到的明代月饼印模，与明代刘侗、于奕正《帝京景物略》中记述的月“饼有径二尺者”，明末彭蕴章《幽州土风俗》描述的“月宫饼，制就银蟾紫府影，一双瞻兔满人间。悔煞嫩娥窃药年。奔入广寒归不得，空劳至杵驻丹颜”，无论是尺寸还是图案，完全吻合。

明代黄石月饼印

清代是月饼印模的成熟繁荣期，其图案几乎囊括了当时中国所有的吉祥图案样式，这一时期年画、剪纸、砖雕、木雕、玉雕等民间艺术品上的吉祥图案，几乎在月饼上都有表现。吉祥词语和吉祥纹饰或分或合，层层叠加，复杂多变，文化内涵极为丰富，其中以月宫图、龙凤图、八仙图、福禄寿三星图、鱼图、牡丹图、寿桃图以及福寿康宁囍等文字图案使用最广，最具代表性。审美取向崇尚富贵奢华、夸张浮躁、叠加重复，极尽渲染。正如清朝诗人李静山《增补都门杂咏·月饼》诗中所言，月饼“论斤成套”出售，形成了好似连环画一样的月饼图案，故事连贯，若干个一套的独特景象，如9个一套的“八仙祝寿”月饼，23个一套的“福如北海水，寿比南山松”月饼。图案繁复，有图就有意，有意必吉祥，是清代月饼印模图案最基本的特色。

清代山东木质23件套的“福如北海水，寿比南山松”月饼模

20 世纪 60 年代木质“丰收”月饼模

辛亥革命，推翻了中国两千多年的封建君主专制，开创了近代民族民主革命的新纪元，创建了中华民国。民国时期的月饼图案，在全面继承沿袭清代图案的基础上，也在悄然发生着改变，增加了以五色旗和铁血十八星旗为标志的时代特色。文字，则由原来吉祥祝福词语为主，开始转向以宣传商号名、月饼制作派系名的文字为主，商业广告开始取代原有的文化内涵，出现了“新盛斋今在渠头镇自造提糖月饼”这样的广告月饼。既传统又现代，月饼图案文化味越来越淡，商业味越来越浓，是民国时期月饼图案的主要特色。

1912 年的中秋，注定是一个不平凡的中秋。全国各地为庆祝辛亥革命的胜利，纷纷将五色旗和十八星旗交叉图案，配上“共和”二字，刻制到了月饼模具上，破天荒地打制出了历史上第一款国旗月饼，把“推翻帝制，创立共和”的时代精神，表现得淋漓尽致，受到了国民的广泛欢迎。时至今日，这种“共和”月饼模还是收藏者追捧的珍品。

新中国成立后，随着对封建旧文化的彻底否定，月饼由以往祈求家庭团圆的拜月供品，迅速演变为功能单一的节日食品，一些传统月饼图案很快退出了历史舞台，取而代之的是五星、嘉禾图案以及月饼制作派系名、馅料和味道名称的文字，少量配以花草图案，最具时代特色的是“口号”进入了月饼图案，出现了一批记录当年特定事件和社会主义建设中心工作的口号月饼。如“抗美援朝”月饼，“世界和平”月饼，“鼓足干劲”月饼，“力争上游”月饼，“建设社会主义社会”月饼，“忠”字月饼等。

改革开放以来，特别是进入 21 世纪以后，中国优秀传统文化重新引起了社会的广泛关注，被提到了“中华民族的基因”“民族文化血脉”和“中华民族的精神命脉”的高度，被视为增强民族自信心、民族自豪感和民族凝聚力的原动力，成为文化自信的根基。传统的月饼印模雕刻技艺，也随之成为各地非物质文化遗产的组成部分，传统月饼图案再一次回到了养育它的百姓当中，出现在了中秋节。

综观宋元明清乃至民国和当代的千年历史，月饼图案走过了一条从简约到繁复又回归简约的否定之否定的发展轨迹，最终形成了目前简约与繁复并存，百花齐放和百家争艳的局面。

月饼印模上的三角纹

2005 年秋天，一个周日的下午，接到藏友老林的电话。老林专搞抗日题材，藏品颇丰。他在电话中说，上午在旧货市场淘到一顶八路军军帽，带青天白日帽徽，品相很好。中午拿回家后有些犯嘀咕，不知是原物保存很好，还是近些年拍电视剧的服装道具，拿不准，想让笔者帮忙给掌掌眼。另外，顺便看看笔者收藏的月饼模子。

就是这样一个机缘巧合，把青天白日徽和宋代灰陶月饼模，以及清代木质月宫图月饼模摆在了一起。

笔者在看老林带来的八路军帽，老林在看笔者的月饼模子。看完后老林突然发问，怎么青天白日徽和宋代、清代月饼印模上的图案很相似呀？是呀，笔者也发现了这个问题。

青天白日徽的原创稿，为革命党人陆皓东于 1893 年所设计。陆皓东解释设计思路时曾说：青天白日象征着自由平等和正大光明，四周的 12 个三角叉光，如太阳光之辐射，既代表一天 12 个时辰，也与中国传统的“十二地支”相对应。这一设计理念受到了孙中山先生的肯定。

宋代灰陶月饼模，中间是一个点，点外

民国木质 12 三角光芒月饼印

是一个小圆，小圆外是 12 个三角形，既代表一年 12 次月圆，又代表光芒线。再往外，是两个圆，两圆之间是直线光芒线，最外层是一圈海水纹。整个构图表达的是“海上生明月，天涯共此时”的主题。

不知是巧合，还是中华文明的基因使然，时隔千年，清末设计的青天白日徽和宋代月饼模中的月亮，其光芒线都是三角形，数量都是 12 个，丝毫不差。清代木质月饼印，画面中心圆内是一位官员手指“日”字，寓意“指日高升”；圆外是八角形，名为“八芒星”，以及花瓣；八芒星之外是两个同心圆；画面的最外围，是一圈代表月光的三角形。

新石器时代玉鹰腹部上的八芒星图案

圆和圆外一周三角形所组合而成的图案，叫太阳纹。起初圆外有八个三角形，被人们称为八芒星，是太阳的象征。在安徽含山凌家滩出土的新石器时代的玉鹰，距今已有 5300 多年，其腹部就有一颗八芒星。八芒星不但中国的先民在使用，世界上很多古老的民族也在使用。两河流域的苏美尔文明和美洲的玛雅文明中，都有八芒星的身影。这种由圆和三角组成的太阳纹，时至今日在贵州苗族的蜡染上仍在传承。

太阳和月亮，都在天上，一个白天出现，一个夜晚出现，是和人类关系最密切的两个星球。用树枝在地上画一个圆，既可以说是太阳，也可以说是月亮。大概就是这个原因吧，中国民间有时把代表太阳的八芒星图案，借用来表示月亮，于是月饼印模上就出现了圆和三角形的图案。

与老林这次见面海聊，让笔者把青天白日徽和月饼图案连在了一起。临走时他建议笔者，再办展览时用宋代的月饼模子做一个橡皮泥月饼，和青天白日徽放在一起，让观众一睹千年文明一脉相承的风采。对此，笔者深表赞同。

时隔两年，2007年中秋节前夕，老林又打来电话，让笔者看中国新闻网一篇名为《国民党推出限量党徽月饼》的报道，内容是台湾的国民党别出心裁，计划推出党徽月饼，作为当年中秋晚会的纪念品，限量两千个。并配发了党徽月饼图片。

看完上面这则新闻，笔者又拿出宋代的月饼模和青天白日徽月饼进行对比，不觉感慨良多。

五千年来，中华文明虽历经沧桑，饱受磨难，却跨越了时空，绵延不绝，历久弥新，其原因就在于中国传统文化的基因已经融入每一名华夏儿女的血液。五千年前的玉鹰，一千年前的宋代月饼模，以及一百年前的清代月饼印和青天白日徽，其上相同的小小三角纹，就是一个典型的案例。

月饼模上的边牙

月饼印模是月饼印与月饼模的合称。月饼印是在平面上雕刻图案，做月饼时用饼皮包裹馅料后擀成面饼，然后用饼印在面饼上钤盖图案。月饼模是一个雕刻着图案的凹槽，做月饼时用饼皮包裹馅料后放进模子，用力按压成型后再使劲磕出月饼，所以月饼模子在山东又叫“月饼磕子”。

月饼模四周均匀整齐地雕刻着凹形竖纹，行内称之为“边牙”。笔者曾请教过数位雕模师傅，问他们边牙的作用，所有的答复几乎相同，为了增强月饼的装饰性，用这样的模具打制出的月饼，像花朵一样好看。笔者也曾多次请教过制饼师傅，答复也几乎相同，一是为了美观，二是为了增加受热面积，便于快速烤制成熟。这两点，都十分有道理，但是除此之外，就没有别的意思了吗？

凭直觉，笔者总是固执地认为，一定还有别的含义。

清代木质月宫图月饼模

为了观察研究月饼模主图和四周边牙的关系，笔者曾从不同的角度拍照月饼模，但效果总和想象中的不同。古代没有照相机，也没有复印机，图样的绘制和复制只能靠手绘、油灯烟熏或者拓印。于是，笔者找到了书画装裱店的拓印师傅，他听完我的要求和介绍后，和蔼地笑了。说：您老的活我接不了。模具太小，不好下手。还有，万一有个闪失，会把模具搞脏，清洗不掉。被染黑了，或者染红了，等于把东西糟践了。师傅说的在理，笔者也真怕他失手，只好死了这条心。

有一天笔者又去装裱店找拓印师，遇到了一位搞文创的小伙子，把福建漳州龙文区的太阳和月亮岩画仿制雕刻在了木板上，想做成拓片出售。笔者把手机中月饼模子的照片给他看，问他边牙和主图的关系，以及边牙的含义。他端详了许久，将信将疑地说：这边牙是变了向的直线吧？边说边随手在工作台上画了一个简笔月饼，说：你眯着眼睛看，这边牙不就是月光线吗？

听君一句话，茅塞顿开。回到家中，笔者把制作陶瓷月饼模的母模找出来，从各个角度反复观察，果然如小伙子，不，如先生所言，边牙的作用和含义，与月饼印模上小三角一样，是光线的化身和符号。

月饼是中华文明千年智慧的结晶，每一个图案，都有着特定的寓意；每一点每一线，都有着特定的内涵。月饼上竖立的边牙棱，不仅仅是美丽的装饰，还是幽幽的月光。

月饼印模上的计时款识

款识，指古代宗庙祭祀礼器上铸刻的文字。颜师古说：“款，刻也；识，记也。”现在多指书画上的题名。中国文化博大精深，每个语词都有讲头。具体说，款识有三种含义：一是“款是阴字凹入者，识是阳字突起者”；二是“款在外，识在内”；三是“花纹为款，篆刻为识”。月饼印模上的计时款识，分为刻款和书款两种，其中刻款有阳刻和阴刻之分，书款有墨书和漆书之别，是物主为纪念购买此印模而刻写的时间，对于月饼印模的断代，以及研究月饼在特定时间的样式，就像青铜器上的铭文一样，有一锤定音的作用。

文字雕刻有阳刻和阴刻两种基本形式，世界各国都是如此，并不新鲜，新鲜的是我国独特的纪年方法，如“乾隆甲申瓜月谷旦”，是“清乾隆二十九年（1764年）农历七月吉日”的意思，不了解我国古代的纪年方法，是无法认读的。

我们的先人，常是干支纪年和帝王纪年并用。天干地支简称为干支，它源自我国古代先人对天象的观测。十天干是阏逢、旃蒙、柔兆、强圉、著雍、屠维、上章、重光、玄黓、昭阳，后简化为甲、乙、丙、丁、戊、己、庚、辛、壬、癸。十二地支是困敦、赤奋若、摄提格、单阏、执徐、大荒落、敦牂、协洽、涒滩、作噩、阉茂、大渊献，后简化为子、丑、寅、卯、辰、巳、午、未、申、酉、戌、亥。运用天干与地支排列组合，每60年一轮回，循环往复，无穷无尽。但它有一个致命的弱点，在宏观时间尺度上容易造成混乱，只说“甲子”，谁也不知道具体是哪一年。

尽管干支纪年有其缺陷，但我们至今仍喜欢使用。那么它起源于何时呢？目前还没有权威的说法，传说出自黄帝时代。有关资料显示，一块出土的商朝第30代国王帝乙时的甲骨上，刻有完整的六十甲子，可能是当时的日历，不过此说还是推测。比较靠谱的是坛山刻石“吉日癸巳”。

三千年前，中原以北地区属于犬戎的领地，周穆王曾八次率兵北伐，其中一次就发生在今河北省赞皇县坛山附近。癸巳日那天，周穆王发布进攻命令前进行占卜，结果不吉。周穆王不为所动，高声鼓励将士：天佑吾民，今日定是大吉，攻之必克！结果大获全胜。战后，周穆王写下“吉日癸巳”四字，凿刻在山体岩壁上以示纪念，成为中国历史上刻石题字的鼻祖，也是干支计时的早期记录。宋仁宗皇祐年间（1049—1054年），该石刻被州将刘庄凿取带走，下落不明，我们现在见到的是摹刻本。从此，有了高兴事儿刻字纪念便成为习俗，在官民间历久不衰。买到心仪的月饼印模，欣喜之余刻字留念，就是坛山刻石的遗风。不过刻写的文字，除“吉日”外，还有“吉旦、谷旦”等。“谷旦”一词源自《诗经·陈风·东之门》：“穀旦于差，南方之原。”《毛传》解释：“穀，善也。”《辞海》中的“穀旦”，说是表示晴朗美好的日子。

公元前140年汉武帝即位，为了克服干支纪年的弱点，人们发明了帝王纪年法，就是按照帝王即位的年次或年号来纪年，汉武帝建元元年，成为中国历史上第一个帝王年号。这种方法后来普及周边的东亚儒家文化圈，历史上除了中国、日本外，朝鲜、越南、琉球等国都曾经使用过年号纪年。

月饼印模的计时题款，除记年外还记月，常见的直接写明“某某月”，但也有的并非如此，而是刻写月份的别称或雅称。历史悠久的中国，岁月摇曳的长河中，月份的名称魔术般地变化着，每一次变更都有一个动听的故事。

阴刻款：道光二十六年六月置　保安堂王记

据说，商朝的殷历以夏历的十二月为一月；周朝的周历以夏历的十一月为一月。秦朝则以夏历的十月为一月，直至汉武帝时才改正了商周秦三朝的做法，恢复夏朝以一月为始的规定，所以一月又叫正月，“正”是改正的意思。再者，我国自古以来都是农业大国，以农为本是历朝历代的基本国策，农事活动在人们的心目中占有神圣的地位，于是一些特定时间的农事活动就变成的月份别称。如夏历三月桃花盛开，因此三月称“桃月”；同时三月又是养蚕的季节，故而又称“蚕月”。还有一些民俗活动，也成了月份的雅称。五月初五端阳节，家家户户插菖蒲挂艾蒿，以避邪气，因此五月又叫“蒲月”。

历史长了，故事多了，往往矛盾也就多了。这不，汉武帝的“正月”与秦始皇的“端月”，就“正月”的由来就扭打在了一起。有人说秦代以前一月就叫“正月”，并非汉武帝所改，因为“正”与秦始皇嬴政的“政”谐音，出于为尊亲避讳的原因，秦朝改“正月”为“端月”。端，顶也，仍是开端伊始的意思。那么，“正月”到底是秦以前就这样叫，还是汉武帝时才改的呢？中国地域广阔，历史久远，像这样纠缠不清的问题还很多，这也许是古老文明不可或缺的吧。

照常理，月饼印模本是厨具，与菜刀、案板、擀面杖是同一类东西。但是，谁见过这些东西上有款识呢？又有谁家的擀面杖是道光年间祖传的呢？这从一个侧面反映，月饼不仅仅是一种食物，还是我们华夏民族的精神图腾。

农历十二月份别称雅称统计表

月份	别称或雅称
一月	正月、寅月、陬月、柳月、征月、元月、端月、冠月、初月、新月、太月、王月、上月、早月、嘉月、泰月、谨月、睦月、隅月、杨月、孟月、孟春、首春、始春、初春、肇春、元春、上春、早春、开春、献春、发春、岁首、首岁、开岁、发岁、献岁、肇岁、芳岁、华岁、正岁、岁初、岁始、春王、孟王、孟陬、孟阳、首阳、初阳、新阳、春阳、青阳、三阳、元阳、正阳、新正、夏正、三正、建寅、太簇
二月	卯月、如月、杏月、花月、酣月、丽月、令月、命月、跳月、婚月、媒月、同月、仲月、仲春、中春、半春、盛春、酣春、艳春、芳春、绀香、花朝、竹秋、仲阳、中和、大壮、火壮、建卯、夹钟
三月	辰月、病月、桃月、桐月、稻月、蚕月、莺月、鹂月、绸月、炳月、禊月、央月、暮月、季月、季春、殿春、暮春、杪春、末春、晚春、深春、春残、春阑、春归、春枯、晓春、阳春、三春、莺时、鸢时、桃浪、桃缘、花饰、青章、雩风、上巳、寒食、建辰、姑洗、桃李月、花飞月、木少春、樱笋时
四月	巳月、余月、阴月、槐月、梅月、麦月、荒月、乏月、畏月、槚月、农月、云月、和月、纯月、乾月、孟月、孟夏、首夏、始夏、初夏、上夏、早夏、维夏、槐夏、桐夏、麦秋、麦候、麦序、槐序、清和、花残、梅溽、六阳、纯阳、正阳、朱明、建巳、中吕
五月	午月、皋月、榴月、蒲月、毒月、恶月、雨月、炎月、橘月、忙月、鹑月、星月、皇月、姤月、仲月、仲夏、中夏、半夏、盛夏、超夏、长至、芒种、端阳、郁蒸、鸣蜩、小刑、天中、启明、建午、蕤宾、熏风月
六月	未月、且月、荷月、莲月、荔月、暑月、伏月、焦月、遁月、溽月、梓月、秀月、旦月、季月、季夏、暮夏、杪夏、末夏、晚夏、深夏、夏残、夏阑、长夏、三夏、季暑、极暑、烦暑、溽暑、徂暑、征暑、精阳、小吉、玉绳、天贶、建未、林钟、蝉羽月、木少夏
七月	申月、相月、兰月、瓜月、巧月、霜月、凉月、鬼月、棟月、否月、砧月、文月、孟月、孟秋、首秋、始秋、初秋、肇秋、上秋、早秋、开秋、新秋、嫩秋、素秋、萧秋、兰秋、桐秋、孟商、初商、瓜时、亨菽、银瑛、飞星、流火、太乙、中元、建申、夷则、七夕月、文披月、大庆月
八月	酉月、壮月、桂月、叶月、获月、爽月、鸦月、萤月、虹月、柘月、观月、仲月、仲秋、中秋、正秋、盛秋、清秋、秋半、秋高、桂秋、蟾秋、吟秋、商吕、仲商、迎寒、天罡、虚宿、建酉、南吕、阖户月、竹小春、雁来月、燕去月
九月	戌月、玄月、菊月、苔月、朽月、长月、去月、柯月、剥月、贯月、咏月、琼月、季月、季秋、暮秋、杪秋、末秋、晚秋、深秋、穷秋、严秋、余秋、霜秋、凉秋、秋残、秋阑、秋晏、三秋、季白、季商、暮商、桑落、肃霜、霜序、菊序、重阳、授衣、太冲、天睢、终玄、建戌、无射、青女月、小田月、木少秋
十月	亥月、阳月、露月、寒月、吉月、良月、檀月、坤月、子春、孟月、孟冬、始冬、初冬、上冬、早冬、开冬、元冬、玄冬、玄英、霜华、岁阳、阳止、六阴、纯阴、正阴、魁冈、建亥、应钟、小春月、小阳春

续表

月份	别称或雅称
十一月	子月、辜月、葭月、冬月、雪月、畅月、复月、周月、周正、达月、鸭月、枣月、章月、纸月、仲月、仲冬、中冬、正冬、盛冬、冬半、短至、亚岁、阳复、阳祭、水正、天泉、建子、黄钟、龙潜月、天正月、一之日、叶蛰官
十二月	丑月、涂月、腊月、蜡月、严月、除月、荼月、冰月、凋月、殷正、临月、残月、栎月、椒月、季月、季冬、暮冬、杪冬、末冬、晚冬、深冬、穷冬、严冬、隆冬、苍冬、冬残、冬底、冬素、三冬、暮序、暮节、穷稔、穷纪、穷天、穷阴、穷节、岁终、岁尽、岁竟、岁晏、岁暮、岁莫、岁尾、岁杪、腊祭、土牛、清祀、嘉平、星回、玄枵、神后、建丑、大吕、星回节、木少冬、岁木少、残霜天

月饼印模上的玉兔

清代木质“玉兔捣药”月饼印

玉兔是月饼印模图案的标配形象。一个圆只要和兔子组合，或者单单一个玉兔捣药，天下华人脑海中立刻就会联想到月亮，进而联想到中秋和月饼，这大概就是中国传统文化基因的神奇作用吧。

人类与一般动物的根本区别在于智慧，可以凭借记忆、观察、想象、对比等，进行抽象思维作出判断，还可以用语言表达和文字记录。日出而作、日落而息的先民们，夜晚闲来无事，仰望天空中的一轮明月，苦苦思索，那个模模糊糊的影子，究竟是什么？老虎？蛤蟆？还是兔子……就连汉代的大天文学家张衡，也从专业角度，在其《灵宪》中提出了自己的看法：“月者，阴精，积而成兽，像蛤兔焉。”说是月亮的精华逐渐集聚，形成了蟾蜍和兔子的影像。

最早将先人这些思考记录在案的是屈原，他在《天问》中写道：“夜光何德，死则又育？厥利维何，而顾菟在腹？”意思是：月亮你有何品德，消亡了又能再生？月中黑影为何物，是否顾菟藏腹中？“顾菟”是什么，由于上古时顾菟、蘧蟒、居蟒（蟾蜍）、於兔、乌（虎）、兔这些字同音或近音的缘故，“顾菟”历来有三种解释：

一是“兔说”，以东汉文学家王逸为代表。他在《楚辞章句》中把“顾”当作动词，解释为“顾盼”，而把“菟”解释为“兔”，把月影想象为兔神。

二是“蟾蜍说”，以著名诗人、学者闻一多为代表。他在《天问释天》中列举十一条理由论证“顾菟”是蟾蜍的异名。认为月影想象经历了由蛤蚌、蟾蜍、蟾、蜍（蜍古音近兔）到兔的神兽演变过程。

三是“虎说”，以语言学家、楚辞专家汤炳正为代表。依据《左传·宣公四年》“楚人……谓虎于菟”的记载，释“顾菟”为“于菟”，即虎。把月影想象为虎神，以后讹化为兔神。

这样艰深晦涩的学问，一般人搞不懂，似乎也无须去钻研。学术上的问题还是听学者的：上述“三说”，“虎说”，代表着月影想象在楚地的特殊情况，把“顾菟”解释为虎，可能更接近屈原在《天问》中的本意；“蟾蜍说”和“兔说”，则代表了汉代以后的现实情况。众多考古发现表明，蟾蜍与兔同处月宫在汉代已经普及。

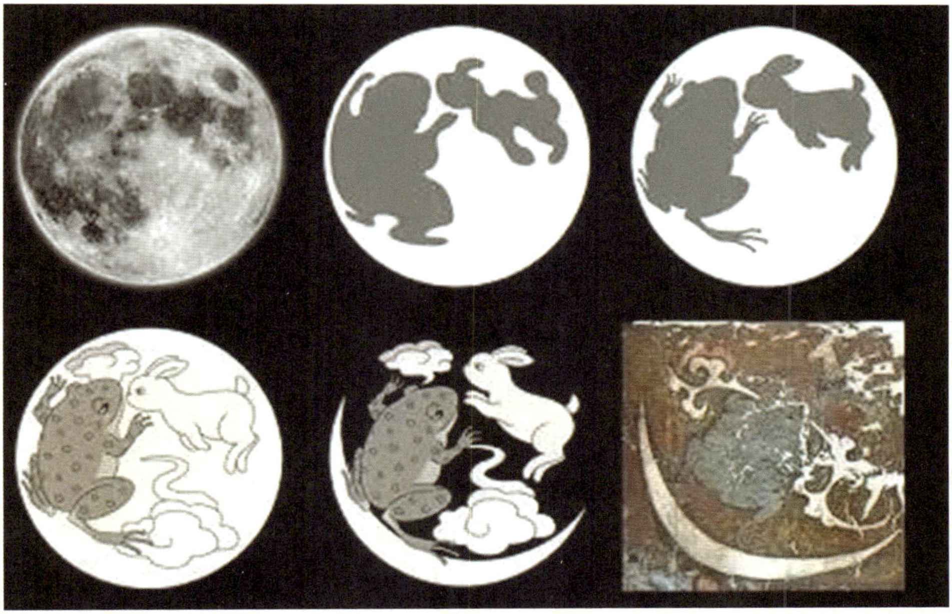

古人对月影的想象：蛤蟆和兔子

同时，人们开始为这种同处寻找理论依据，以解释其合理性。西汉文学家刘向在其《五经通义》中说："月中有兔与蟾蜍何？月，阴也；蟾蜍，阳也，而与兔并，明阴系于阳也。"他是运用阴阳的理论讲述阳中有阴、阴中有阳、万物负阴抱阳的道理。肉眼观察月影，左边大酷似张开前肢的蟾蜍跃跃欲试，右边小好像躺卧的兔子正在休息，与阳动阴静正好吻合。不仅如此，人们还发现"月，三日成魄，八日成光，蟾蜍体就，穴鼻始萌"的规律。就是月亮，三天形成魂魄，八天具有亮光，蟾蜍完全成形，兔子初步成形。月月如此，周而复始。

在蟾蜍和月兔影像逐步形成和定型的同时，其影像的灵魂内涵也在被人们逐步注入，正在从一个象形的动物影子，变成一个有血有肉，有道德与价值判断的鲜活形象。据《淮南子》等书记载，嫦娥偷吃了丈夫后羿从西王母那里要来的不死药，独自一人升天飞进了月宫，变成了那只蟾蜍。从此癞蛤蟆成了嫦娥的替身，月宫也变成了蟾宫。

到了唐代，人们开始赏月，由于那个癞蛤蟆的形象和皎洁的月亮反差太大，人们对嫦娥的态度也由谴责慢慢变成了同情，李商隐写下了"嫦娥应悔偷灵药，碧海青天夜夜心"的诗句，是当时社会心理的真实反映。之后癞蛤蟆又变成了一个美丽动人的少妇，而那只精灵的兔子呢，也有了动人的传说，时时刻刻陪伴在嫦娥身边，甚至还出现了嫦娥怀抱玉兔的形象。

耐人寻味的是，月兔的神话并非中华文明所独有，在古代印度、美洲乃至非洲，也都流传着月中有兔的神话。季羡林先生对古印度的月兔，主持洪都拉斯科潘遗址发掘的李新伟先生对玛雅文明中的月兔，都进行过深入的研究，令人眼界大开。

那么，不同文明国度中的兔子是如何穿越太空，成功登上月球的呢？中国民间传说兔子是这样到达月宫的。

很久以前，一对兔子有四个女儿，他们修炼千年终于得道成仙。一天，玉皇大帝下旨召雄兔进宫，他在南天门看见太白金星带领天兵天将，正在押送嫦娥前往月宫。一个人关在月宫里，多么寂寞悲伤呀！兔仙早就听说过嫦娥升天的故事，非常同情她的遭遇。他立刻转身飞奔回家，想送一个孩子与嫦娥做伴。起初兔夫人和兔女儿们都不同意，后经兔丈夫反复晓以大义，他们终于同意了。最后决定让最小的女儿去。小兔妹妹含泪告别父母和姐姐，飞向月宫陪伴嫦娥去了！

玛雅文明中怀抱兔子的月神和嫦娥怀抱玉兔月饼模

小兔子就这样来到了月宫，起初只是奔跑并不捣药。捣药的任务是道教赋予的，是对屈原《天问》中“死而又育”之问的完美回答。月亮为什么能死而再生，关键是有长生不老之药。这药由谁制作？只能是兔子，你不是整天没事儿奔跑吗？干点捣药的正事吧。在汉代画像石中，玉兔最早是手持灵芝而立与西王母一起出现，后来灵芝变成了捣药的玉杵。所捣之药即是羽化升天的不死药，系西王母独有的秘方，主要由蟾酥、灵芝草、桂枝三味中药构成。

印度的僧人对月兔的由来则另有说法，唐玄奘法师在《大唐西域记》中记载：狐兔猿三兽，异类相悦，天帝欲试其心，故现饥乏老夫形，使各求食。狐衔一鲜鲤，猿采异华果，以馈天帝。兔独无所得，乃自烧身，以供天帝。天帝感其心，寄兔于月轮，传乎后世。月中之兔，自斯而有。

不知是中国改编了印度的故事，还是印度当初就参考了中国的故事而创作，有一则中国传说与印度故事极为相似：有三位神仙变成了三个可怜的老人，向狐狸、猴子及兔子乞食，狐狸和猴子都拿出了食物接济老人，唯有兔子束手无策。后来兔子就说：“你们吃了我吧。”说罢就跃入烈火中。神仙们大受感动，于是将兔子送到了广寒宫成了玉兔，与嫦娥相依为伴，还负责捣制长生不老药。

神话，是一个民族精神与艺术创作的源泉，探索古老神话背后的科学元素，作出更加令人信服的解释，是文化传承的重要方式。北京师范大学萧放

四川新繁县（今成都市新都区）出土的西王母汉画像砖，玉兔手执灵芝

教授认为：月有阴影，类似地上山河，符合思维逻辑，但将阴影解释成玉兔和蟾蜍，明显不能成立。古人之所以这样认为，其根本原因是因为兔子的生理、生育特征与月亮相似。兔子一月下一窝，产后能马上交配，且生产时间均在晚上。故此，兔子又叫“明视”，含义是“兔，吐也。明月之精，视月而生”。兔子的这些特性，与月亮晦盈周期正好一致，所以古人常把月与兔相提并论，将兔称为月兔，之后才进一步产生了月中有兔的传说。

无论学者的观点如何，古今中外月与兔的故事，为月饼图案的设计提供了永恒的创作空间，同时也为月饼走出国门面向世界，提供了广阔的天地。

月饼印模上的桂树

桂树是月饼印模图案的重要构成元素，一般不单独使用，而是作为辅助性符号，与楼阁、嫦娥、玉兔、宫女等元素组合构成月宫图；或与玉兔单独组合，组成玉兔捣药的图案。尽管桂树总是默默地伫立在图案一隅，但它身上的文化内涵却一点也不逊于身旁的玉兔。

清代木质月宫图月饼印

看着月宫图中硕大粗壮的桂树，很多人会心生疑虑，常言道树挪死人挪活，古人是如何把一棵巨无霸的树栽种到月亮上的呢？其实很简单，靠想象，人的想象力无穷大，科学无能为力的事，想象都能做到。古时，先民们仰望月亮，发现上面斑斑驳驳，阴影婆娑，他们不像我们现在，知道那阴影是月中的环形

山脉，而是根据阴影的深浅和形状，与生活中熟悉的动物、植物相比对，找出与之最相像的然后进行确认，这反映了上古人直观性的思维特征。但是树有千万种，古人凭什么确认月中的树一定是桂树，而不是什么别的树呢？

我们无法穿越时空直接问话古人，了解他们判断的依据，但可以凭借字形和语音来找寻先民们的思维轨迹。

肉桂树叶三条叶脉

肉桂和桂花都是桂树，但在植物学分类上分却属于不同的科目。肉桂属樟科，又名玉桂、牡桂、玉树、大桂、辣桂、平安树等，树高可达十几米，将其枝条上的皮剥下晾干，可入药和做香料，名为“桂皮”。在中国的香料世界里，桂皮是为数不多的本土香料。

查阅典籍你会发现，早在公元前3世纪春秋战国时，就有桂的记载。《山海经》的第一座山是招摇之山，第一棵树就是这座山上的桂树。郭璞注释说：“桂，叶似枇杷，长二尺余，广数寸。”《九歌》里，屈原用各种香草香木“筑室兮水中”，这座虚无缥缈的水中楼阁，以“桂栋兮兰橑”，用桂木做大梁，木兰做细椽。晋人嵇含《南方草木状》里写桂树时，说它“生必以高山之巅”。不经意间把桂塑造成了参天大树的形象。

“桂”是形声字，木为形圭为声。圭是古代一种上圆下方的重要礼器，在周礼时代地位显要，因肉桂叶形似玉圭，桂字便由圭孳乳派生而来。桂的得名透露了古人敬重这种参天巨木的秘密。宋朝范成大《桂海志》说，凡木叶心皆一纵理，独桂有两道如圭形，故字从圭。陆佃在《埤雅》里进一步细化了桂与礼仪的形象化过程：“桂犹圭也。宣导百药，为之先聘通使，如执圭之使也。”圭与蛙只差一个虫字旁，象征繁衍生育的蛙崇拜；蛙又与上古大神女娲之“娲”同音，于是“桂”和生育便产生了千丝万缕的联系。

《说文解字》说桂是“江南木，百药之长”。《本草纲目》则进一步认定其药用价值为：“治百病，养精神，和颜色，为诸药先聘通使，久服轻身不老，面生光华，媚好。”此时的桂有了使人“轻身不老”“常如童子”的作用。“月桂”是樟科桂树的一种，它月月开花，尤以农历八月最盛，与月亮月月盈亏八月最明恰巧吻合，这让“月桂”一词增加了月中之桂的新意，二者共同月月演绎着充满原始意味的繁衍生息和死而复生的生命过程。

把桂树的嫩枝切片或切段，阴干后就是中药“桂枝”。现代医学发现，它有发汗、解除肌表及四肢风寒和温通经络的作用，是治疗风寒湿痹、关节酸疼的良药。从“桂枝”和“肉桂”的药性来看，确实可以治病健身，延年益寿。就是因为这个原因，在秦汉至魏晋间，它成了一些道士方家手中的长生不老药，服桂成仙的故事随之而生。《抱朴子·内篇》讲，赵它子服桂二十年，脚下生毛，日行五百里，力举千斤。《搜神记》里说得更玄乎，殷朝大夫彭祖，常吃“桂芝”，活了七八百岁。

从地质学角度考察，泰山与全国各地其他的山并无本质区别，可是当它成为统治者祭天封禅的场所后，就具有了与天沟通的神性，从而具有了天下第一的神圣地位，成了人们顶礼膜拜的对象。同样的道理，只是一般植物的桂树，当与人类繁衍生息的功能和长生不老的愿望关联在一起后，自然也就具有了灵性，不再与其他树木为伍，也要走向神坛了。这神坛便是月宫。

先是西汉《淮南子》说“月中有桂树”，后是晋代虞喜《安天论》言：“俗传月中仙人桂树，今视其初生，见仙人之足，渐已成形，桂树后生。”到了唐代的《酉阳杂俎·天咫》：“旧言月中有桂有蟾蜍。故异书言：月桂高五百丈，下有一人常斫之。树创随合。人姓吴名刚，西河人，学仙有过，谪令伐树。”至此，桂树被人们凭借想象力不但顺利地登月，还有了仙人守护，高也从不足十丈变成了五百丈，仙人也换成了伐树的吴刚，更为神奇的是，任你怎样砍伐就是砍不断伐不倒，伤口随砍随长随愈合，让桂树具有了生生不息的神性，成功地入住了月宫。

月上和人间毕竟不同，人间不需要砍不断伐不倒的神桂树，需要的是可观赏可食用的桂花。桂花属于木樨科，是我国十大传统名花之一，早在春秋战国时期就有记载，主要分为四季桂、丹桂、金桂、银桂四大品种群。花和果实及根都入药。它喜温暖，抗逆性强，既耐高温，也较耐寒。一般树高三至五米，最高可达十

桂花树叶一条叶脉

多米，总体上比樟科桂树矮小。适生区北抵黄河下游，南至两广、海南等地，在秦岭、淮河以南可露地越冬。北方则较少栽植，冬天需要特殊保护才能度过那雪花飘舞的季节。

桂花不但有观赏和药用价值，还有食用价值。以桂花为食材的各类小吃吸引着世界各地的吃货，其中尤其以桂花糕、桂花黄林酥、桂花杏仁豆腐、桂花酒酿细圆子、桂花紫薯糯米饭、桂花小豆粥最为知名，而桂花酒凭借毛主席的诗句，更是四海名扬。好看又好吃，名字还与“贵”字同音，仅凭这些桂花就成了吉祥的象征。一些地方的姑娘出嫁时要佩戴桂花，热闹的婚礼上花香缕缕，似乎是在悄悄告诉人们，桂花头上开，贵子腹中来。然而，生子容易成才难，要想孩子有出息，非要上学读书不可。当“折桂”成了莘莘学子考试成功的理想时，“桂”树才真正高大名贵起来。

《晋书·郤诜传》讲，晋武帝泰始年间，武帝在东堂和郤诜相见时问答：“爱卿如何自我评价”？“我为国选拔人才的主张和方法，天下第一。所选人才就像到月宫里折来的桂枝，到昆仑山上选来的美玉那样好。”晋武帝听后大笑表示赞同。月宫有蟾又名蟾宫，这便是“蟾宫折桂”的由来。唐代以后科举取士盛行，“蟾宫折桂”常用来比喻应考得中。唐代大诗人白居易与三弟白行简、堂弟白敏中先后考中进士，他高兴地写诗夸赞“折桂一枝先许我，穿杨三叶尽惊人”。“折桂”一词不胫而走，天下尽知。

当桂树被送上了月宫，与死而复生、繁衍生育和高榜得中等人生梦想紧密相连，受到人们顶礼膜拜时，它出现在月饼图案中，也就成了必然的结果。

希望是月饼印模图案的永恒主题

“人是为了自己的希望才活着”，这是诺贝尔文学奖得主苏联作家肖洛霍夫在《静静的顿河》中说的话。希望就像吊在驴子面前的一把青草，驴子想吃到它，最终有的吃到了，有的到死也吃不到。在吃不到之前的这一苦难过程，就是希望。所以人们总是说，希望是人类生存发展的唯一动力。

节日，是群体社会表达希望的固定时间和仪式。中秋节，是中国人表达“国一统，家团圆”希望的特定时刻。这一希望在不同历史时期，通过月饼印模图案得以淋漓尽致地体现，大致可以分为四种表述方式。

一是追求吉祥。趋利避害，期盼吉祥，是人类共同的理想希望。民国以前的月饼图案设计理念，遵循有图必有意，有意必吉祥的原则。这是月饼印模图案的主旋律，依照人生老病死的生命轨迹，划分为婚姻、生养、生存、生活四个方面。

当代木质“双凤捧囍”月饼模

“麒麟送子”月饼印

婚姻，是连接两个异性生命的纽带，人类社会的一种功能需求。人类从恋恋不舍地挥手告别群居杂交生活，便一步步迈进了充满浪漫、神秘的婚姻殿堂。婚姻中，集中体现着人类的全部感情：既高尚又痛苦，既复杂又微妙，以至于钱锺书将其比作一座围城，城外的人想进去，城里的人想出来。正因为婚姻的复杂多变，社会才希望男女双方百年好合，永结同心。常见的印模图案题材是龙凤呈祥、珠联璧合、和合二仙、福禄鸳鸯、琴瑟合鸣、如鼓琴瑟、花开并蒂、鸳鸯璧合、文定吉祥、乘龙快婿、喜和双囍等。

生养，就是恩格斯所说的“人类自身的生产，即种的繁衍”，是人类最神圣的使命。没有了生养，人类就会走向灭亡，什么民族呀国家呀统统无从谈起。所以每一个正常的家庭，都希望人丁兴旺，儿孙满堂。常见的印模图案题材有多子多福、瓜瓞延绵、月兔金蟾、麒麟送子、仙姬送子、连生贵子、榴开百子、童子折枝、流传百子、葫芦、月兔、金蟾等。

生存，人生第一要务，没有了生存便没有了一切。故此，从古至今，贪生怕死是每个人的普遍心理，人人都希望健康长寿，安享天年、长命百岁是每个人的永恒期盼。常见的印模图案题材为福寿康宁、龟寿延年、松鹤同春、猿猴献桃、八仙献寿、五福捧寿、福寿双全、多福多寿、二龙戏珠、福寿齐眉、麻姑献寿、长命富贵、福寿三多、三星高照、三多九如、福寿无边、福禄寿星、寿比南山、福如东海、群仙祝寿、龟鹤同龄等。

生活，说复杂就复杂，说简单便简单，说白了就是居家过日子。古代社会有所谓士、农、工、商四民之说，每个职场上的人，都有自己独特的希望。为官之人，希望一品当朝、加官晋爵、指日高升、福禄双全、辈辈封侯、官上加富、平升三级；布衣学子，希望蟾宫折桂、连中三元、五子登科、喜报三元、必定如意；田家农夫，希望五谷丰登、六畜兴旺、岁岁平安；手艺工匠，希望百业兴盛、诸事遂心、平安如意；商人的胃口向来很大，迫切希望日进斗金、招财进宝、金玉满堂。但是，无论什么家庭与何种职业，家家都希望阖家团圆、花好月圆、同心同德、事事如意、连年有余、太平有象、肥猪拱门、喜从天降、富贵无边、福在眼前、吉祥平安、教子成名、万象升平、一路平安、五福平安、四海升平、玉堂富贵、五世同堂，都喜欢福禄寿喜、富贵牡丹、梅兰竹菊、花开四季、莺歌燕舞、聚宝聚财、凤凰牡丹、二龙戏珠、十二生肖、喜鹊报春、喜上眉梢、流云百福、八仙过海……

二是崇拜英雄。2021 年 5 月袁隆平院士去世后，一位网友的留言，引来了持续不断的点赞：一个知道感恩的民族，想不强大都难！感恩是英雄崇拜的外在形式，英雄是学习做人的典范。英雄崇拜几乎和人类文明一样，历久常新，是人类本原性的心理欲求。甚至原始人就已经意识到，他之所以能够在危机四伏

清代杜梨木“八仙祝寿”月宫图月饼模

清代冀南红陶“鹿衔仙草”月饼模

“花木兰从军”月饼模

的世界上生存，全靠部族首领的智慧和勇猛。中华民族是一个崇拜先祖英烈的民族，正是在这种强烈的英雄崇拜的驱使和激励下，我们的文明才得以五千年连绵不断，生生不息。

把英雄崇拜经常化、生活化，落实到节日活动中，融入民族血液里，使月饼图案平添了一种传播英雄事迹、宣传英雄精神的教育功能。表现英雄崇拜的图案有花木兰从军、赵匡胤千里送京娘、葵花向阳、岁寒三友、穆桂英挂帅、姜太公钓鱼、武松打虎，以及王昭君出塞的"交和结好"、忠义信勇化身的关帝爷……

三是笃信交融。实用理性是中国人的思维，判断好坏的标准唯有"实用"二字，有用能得利就是好的，无用虚无缥缈都是闲扯。中国文化注重现世，在儒家世界里没有"来世"之说，正如孔子所言："未能事人，焉能事鬼？"由于我们的思想观念里没有"天堂"和"极乐世界"，致使佛教、伊斯兰教和基督教等外来宗教乘虚而入，填补了中国文化的这个缺口。佛教认为人死精神不灭，如果生前虔心修佛行善便可往生，逝者的精神和灵魂就会在另外一个世界获得永生，从而让可怕的死亡变成了一种脱离苦海的美好希望。梁漱溟先生在《儒佛异同论》中坦言：

> 宗教之为物，饥不可为食，渴不可为饮，其果应乎人生何种需要而来耶……这就因为人们的生活多是靠希望来维持，而它是能维持希望的。人常是有所希望要求，就借着希望之满足而慰安，对着前面希望之接近而鼓舞，因希望之不断而忍耐勉励。

清代福建瓷质卍字月饼模

于是，在汉代以后的中国大地上，形成了以儒家思想为主，多种信仰和文化相互交会、包容、融合、共处的独特景观，成为传统中国文化的一大特色。在此基础上，不同宗教信仰特色的月饼图案应运而生，形成了儒家五仁与道家阴阳五行、无极八卦，以及佛家八宝、佛家卍字、八宝联春、天女散花和清真图文、十字基督等图案，和平共处，争奇斗艳，共庆中秋佳节的欢快场景。

20 世纪 70 年代木质“国宝熊猫”月饼模

四是热爱祖国。“月饼”一词出现在国破家亡的南宋王朝，从它诞生的那天起，就被寄予了“国家统一、家庭团圆”的希望。中国是多民族国家，自从秦始皇统一中国以来，历史上无论哪个民族主政中原，都恪守着“分久必合，合久必分，九九归一，天下一统”的原则。“大一统”成为中华文化的核心理念。

面对四分五裂、一盘散沙的旧中国，孙中山先生曾高声疾呼：“统一是中国全体国民的希望。”1927 年 8 月 1 日，中国共产党人发动了震惊中外的南昌起义，打响武装反抗国民党反动统治第一枪，当晚总指挥部下发的起义口令就是“河山统一”。可见，“大一统”思想已经成为中华民族的精神支柱。

月饼图案明确体现爱国概念，是民国初年的五色旗和铁血十八星旗；新中国成立后，五星红旗、天安门，以及反映社会主义建设成就和目标的典型画面与文字，出现在了月饼上，为古老的月饼图案注入了崭新的时代气息，开创了月饼图案内容的新天地，并朝着美好的希望一直努力前进。

木质月饼印模的制作工艺

全国各地的木质月饼印模，总体上分为独体、分体、连体三种类型。所谓独体，是在一块木板的单面或双面雕刻月饼图形；分体，是分别在两块木板上一块雕刻图案，另一块掏空制作边框，二者临时组合制作月饼；连体，也是分别在两块木板上一块雕刻图案，另一块掏空制作边框，二者由转轴联结为一体组合制作月饼。各地在实际制作过程中，也有部分变通，如江浙一带的分体月饼印模，常用铜、铁等金属圆圈代替木板边框，是一种木板和金属的新型组合形式。

在独体、分体、连体三种类型的月饼印模中，以独体月饼印模最为常见，

清代木质独体“二龙戏珠”月饼印

技术含量也最高，能制作独体月饼印模的工匠，一般也能制作分体和连体月饼印模。

因环境、气候、用材等方面的差异，全国的月饼印模制作大体上分为南北两大派系，制作工序上虽有差别，但总体上大同小异，只是由于语言表述上的不同，同一工序有着不同的称谓。南派广东省新丰县张田村的“张田饼印”，其主要工序有选料、断木、切块、阴干、做饼模、打气眼、雕刻、打磨、包装共 9 道。同为南派的“广州饼印”，据相关报道其制作工序多达 17 道。先是“选材、锯板”，经过两年的自然“风干”，开始“刨平滑、车手柄”，再根据顾客要求“画样”，然后“开孔、凿牙、铲底、掺牙、起脚、字号、雕花、雕字、开气孔、修边、打磨”，最后加盖本店字号印章才算大功告成。

而北派山东省青岛市即墨区的王家葛村的“葛村磕子”，其制作工序大致上有 10 道：一是没墩，用斧子将大树的丫杈和根须砍掉；二是割板，将圆木锯成木板；三是画样，根据木板的大小尺寸和磕子的品种、规格统筹用料，画好样子；四是下料，根据画好的线条轮廓，切割成方形、菱形、梯形等形状；五是起框，用凿子大体掏挖出磕子的空凹部分；六是凿框，用凿子将边缘雕刻平整；七是抢平，用抢凿将底部抢平；八是凿花，用鱼眼、鱼头、鱼

现代木质分体四件套月饼模

鳞凿凿出面鱼、金鱼和其图案的固定内容；九是刀割，这道工序最为复杂也最见艺人的修养与功力，一切都是腹稿，意在刀前，形随刀走，有形无定式，状若行云流水，无半点迟缓犹豫之态，瞬即便刻成各种图案；十是刨光，即在将花纹刻好后，把正面整平上光。

在实地调查过程中，发现各地对工序的划分粗细差别很大。越是世代相传，手艺高超，成品精美，在城镇常年开设店铺的专业匠人，对工序划分越细，工序也越多；反之，越是地处乡村，平时种地闲时做模，成品造型和图案原始粗犷，半农半艺的师傅，对工序划分也相对较粗，工序因此也较少。这种现实，符合印模制作的客观实际，综合南北两派的异同，统筹考虑到各地工序划分粗细的因素，制作独体月饼印模的主要过程可以概括地划分为十道工序。

一是选料。有时到田间树林或房前屋后挑选活树，有时到木材厂挑选原木。如果是选择活树，要有挖树、砍伐枝杈和根须的工作。大多数工匠以到集市和木材厂挑选木料为主。选材的标准一般是粗大、直溜少弯曲，没有虫蛀，树疤瘌和结节较少，尽量干燥。当然，价格也是考虑的主要因素。

树种选择的总原则是因地制宜，使用本地木材。在此原则指导下，一般选用软硬度适中，纹理横竖变化较小，味道清香或无味的木材；忌讳使用易崩易裂，味道酸臭或怪异难闻的木材。根据各地工匠的千百年实践总结，南方雕刻月饼模以广西百步野生梨木为最好，北方则以野生杜梨木为最佳，无论南方北方都选择了梨木，这是因为梨木几乎没有横竖纹理之别，是雕刻木质印章的理想材料。

二是锯板。就是将原木分解成一定厚度的板材，过去主要靠人工拉大锯分解，现在主要依靠电锯分解。这道工序看似简单，实际操纵起来非常费力，关键是锯子不可跑偏，一旦跑偏，板材有可能报废，造成较大的经济损失。拉大锯也是学徒工的首修课。

三是阴干。将分解好的木板放在阴凉处，用自然风吹的方法去掉水

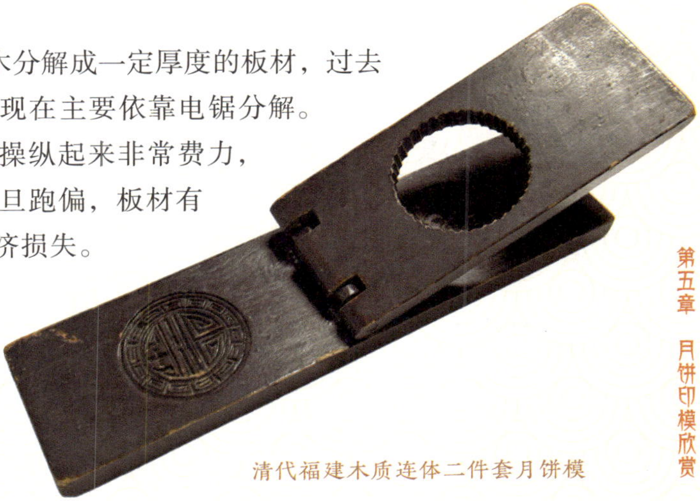

清代福建木质连体二件套月饼模

分。一般木板要竖着放置，如果横着放置，要在木材下面放置垫木。环境温度随着天气而变化，但要避免雨淋，防止大风吹，湿度在30%～40%，有条件的可以在木材端头涂上清漆。

四是画样。在阴干的木板上，按照月饼印模的形状勾画。一般有方形、长方形、拍子形、圆形等。小模子以有把柄的拍形为主，大模子以方形和圆形居多，条形往往要雕刻多头模子。最核心的要求是，物尽其用，节省木料，在单位面积内勾画出尽量多的印模，以此提高投入产出比。这道工序完成后，还有一项最能显示手艺人智慧和技艺的工作，就是巧用边角余料，化腐朽为神奇，把不成器的废料设计成独特的模具，或制作成其他的物品，如缠线板等。其最高境界是不浪费一寸木料。

五是切割。按照画好的图样进行切割，将木板切割成一个个印模坯子。核心技术要领是不能跑锯，破坏原先画好的图样。印模锯口断面要垂直，不能倾斜。衡量匠人技术高低的指标是单位时间内切割的数量，好的师傅锯得既准又快。此道工序，一般由学徒工完成，师傅坐在一旁指点，必要时给予提示，或亲自动手示范。南派饼印的把柄多为圆柱形，使用土车床加工，名为“车手柄”，也属于本道工序。

六是开方，也叫凿框、开孔。就是在印模坯上挖出一个“坑”，形成凹形，其形状根据将要雕刻的月饼形状而定，可圆可方，也可以是花形、果形、鸟兽形、人物形、器物形。之后是“铲底”，将印模的底部铲得平平整整，为之后的图案雕刻做好准备。此道工序的关键是“平”，如果底部不平，或无法雕刻，或雕刻成的印模制作的月饼一边斜，有失美观。

六是凿牙。在月饼印模周边或四壁，垂直雕刻竖纹，俗称打边牙，凿牙不仅仅是为了好看，更主要的是便于月饼在焙烤时增加受热面积，便于成熟。边牙的数量各地不一，不同的数量代表不同的含义，如十二代表一年，二十四代表二十四节气等，但一般多为双数，忌讳单数。南方凿牙忌讳十四齿，喜欢十六齿和十八齿。十六有“陆陆续续”不断的意思，十八寓意“发”。

打好边牙，南派的小型印模一般比较深，需要在底部侧面钻两个眼儿，名为“开气孔”，用于填压月饼坯成型时释放出印模中的空气，保证将馅料填充到模子的每一道纹理，让月饼图案纹饰充实饱满不走样变形。同时在磕打月饼坯时，也可以让空气钻挤进印模的内部，让月饼坯轻松掉落脱模。

北派的印模一般比较浅，没有开气孔之说，故而也没有这道工序。

七是贴图样。图样是月饼印模的图案。手艺娴熟的匠人，对于简单常雕的图案，早已成竹在胸，了然于心，一般会手握刻刀直接雕刻，一气呵成，不贴图样。对于比较复杂的图案，则在模子的底部，用笔简单勾勒出图案的轮廓，画个大概，以确定关键部位的整体比例，然后据此雕刻，细部特征则凭经验自由发挥。对于复杂的图案，特别是大型模具的复杂图案，即使再有经验的匠人，也要事先绘制好图稿，像雕版印刷的刻字雕版一样，将图案准确地贴附到模子底部，根据图稿纹样和文字，屏心静气，一丝不苟，每一笔都依样精雕细刻，不越雷池，绝对不可自由发挥。专业的店铺，月饼图样有几百种，顾客可以随意挑选定做。在北京，还把图样制作成泥月饼，更直观地让顾客选择。广州的老店铺，匠人可根据顾客提出的特殊要求，绘制创作图样，并反复征求顾客意见进行修改，俨然就是一种命题绘画创作。能自己创作绘制图样，是评判匠人技艺高低的主要标准。

广州饼印图样

八是雕刻，这道工序包括“广州饼印”刻制的“掺牙、起脚、字号、雕花、雕字”等，就是依样操刀刻图刻字。这道工序除刻功手艺之外，也与工具密切相关，主要使用刻刀和铲刀，其形状和大小多种多样。雕刻不同的图案或粗细不同的线条，以及雕刻不同大小的文字或文字的不同部位，需要选用不同的刻刀。在技艺上，月饼模的雕刻，还充分吸收和借鉴了印章篆刻、木版年画和木版图书雕版等技术，但又与之有明显的不同。部分专业店铺，有在印模背面刻写店铺字号的习惯，个别高端客户也有刻写特定题款的要求，这些工作亦是在本工序完成。

九是打磨。在雕刻工作完成之后，对成品上的毛刺或污迹，进行打磨或抛光处理，使之变得光洁美观，赏心悦目。

十是油漆。这道工序主要在古代的南方实施，从老月饼印模的藏品中可以得到印证。南方雨勤水多，空气湿度大，为防止木材受潮变质腐烂，大户人家精美的印模大多进行油漆，以加强保护。另外，南方有将秫米、粳米先

北京泥月饼

磨成粉后制作米粿的传统，用油漆过的印模成型，有防止粘连的功效。

20 世纪 80 年代以前，正规的印模生产厂家，则有对成品烫蜡的工序，烫蜡技术是民间对家具进行木材表面处理的一种装饰方法，不仅能很好地展现木材优美的纹理，而且还可以在木材表面形成一层保护膜，以防止外界环境对木材的侵蚀。

民间工艺，既是生产的技艺，也是生活的艺术，是我们民族的一支活态造物文脉，它汇聚了中华民族的造物智慧，融汇了民间技艺以及人文历史、社会生态，也饱含了人们对自然、对社会、对生活的理解和追求，是先人留给我们的一项宝贵的非物质文化遗产。目前，中国民间文艺家协会正在组织编纂《中国民间工艺集成》，有史以来首次要为民间工艺集成，为民间艺人立传，为民间文艺铸魂，这是一项功在当代、利在千秋的功德，熟悉和了解相关情况的人士，都应该予以支持，以使千百年来自生自灭的民间工艺，得以恒久流传。

陶瓷月饼印模的制作工艺

看模样，陶和瓷是一对双胞胎，论年龄和辈分，陶却是瓷的老祖先。

陶烧制的温度在 800～1000 ℃，从河北省阳原县泥河湾遗址发现的旧石器时代晚期的陶片来看，我国陶器的生产已有 11700 多年的历史。3000 多年前的商代，原始青瓷开始出现，它是陶向瓷发展的过渡品。春秋战国时期，窑温突破了 1200 ℃大关，烧制出了青瓷，从此瓷器登上了历史舞台，至东汉已经完全成熟，并以中国使者的身份，走向世界各地，同时拥有了一个响亮的外文名 china，含义就是中国。陶和瓷除了烧制温度上的差别外，在原料使用上也不相同，陶使用常见的黏土，瓷则使用专用的高岭土。原料不同，骨骼当然也有陶软瓷硬之别。陶和瓷虽然有如此区别，但在月饼印模制作上，其工艺流程上却大致相同，明白了制陶也就弄懂了制瓷。

陶质月饼印模主要分布在黄河中下游地区，包括陕西、山西、河南、河北、北京、天津、山东 7 个省份，其中以河北和山东的产量最大。从目前收藏到的月饼印模实物统计，大多数为红陶和灰陶，黑陶相对较少，而白陶最少。销售区域和使用者，主要在广大的农村和城镇的小户人家。

凡事都有例外。在江苏、福建、湖北等陶瓷大省，也有少数尺寸较大、质量较高的瓷质月饼印模，深受高宅大院的宠爱。而在紫砂之乡宜兴，制壶高手也曾用珍贵的紫砂泥，制作过极少的紫

冀南黑陶、白陶月饼模

砂月饼印模，现在已成为藏家追捧的稀罕之物。

目前，陶质月饼印模的功能，正从厨房中的实用品向客厅中的旅游纪念品转移，生产经营者也越来越少。民间传统文化的守护者们，已经注意到了这个问题，像寻找国宝一样，开始自发地寻访生产者，收集实物，记录制作工艺。根据各地报刊报道和个人微博发布，以及笔者自己多年的调查，陶质月饼印模的制作工艺一般分为七道，下面以青岛市城阳区大涧村红陶磕子为基本范例，逐一记述如下。

一是选土。与烧制砖瓦用的普通黏土不同，制作陶质月饼印模大多使用胶泥。胶泥是河流沉积物经过强压而形成的一种土块，大多呈暗红色或浅黑色，一般埋藏在古河道附近，需要挖一两米才能找到，有时在丘陵的坡脚也可发现。挖出的胶泥块不能立即使用，要先晾晒。

二是练泥，大涧村人称之为“打泥”。将干透的胶泥块碾压破碎，然后过筛去掉杂质，最后像淋石灰膏一样，用上下两个池子淋制胶泥膏。几天后，将软硬适中的胶泥从淋泥池中挖出，放置在石板或木案上，用木槌用力反复敲打，使胶泥变得柔韧、密实、坚硬。打好的胶泥块不能直接用，还要经过三四天的晾醒，不然则生涩难用。

三是制坯，大涧村人叫“勾样”。将捶打成偏平面状的胶泥，切割成需要的形状。勾样时不能用刀，用刀纹理太呆板，一定要用自制的钢丝。做出基本轮廓后，再除去多余的泥巴，然后再用手抹平。抹平亦不使用任何工具，全凭多年练就的手感来完成。如果是圆盘状或浅碗状，也可借助拉坯的方法成型，这样既快捷又省力，适合大批量生产，只是形状受到限制，只能拉圆器，不能制作其他器型。

四是晒坯，大涧村人叫“晾干”。将加工成型后的坯摆放在室内木架上阴晾，或放置在凉棚下微风吹拂，不可阳光暴晒或大风狂吹，以防干裂变形。

五是雕刻，一般陶瓷工艺称之“印坯”或“刻花”。就是在晾晒至半干的坯子上雕刻图案，有手工雕花、模具压花和刻压结合三种方式。其中手工雕花技术含量最高，匠人依据烂熟于心的图样，自由而不失规范地在泥坯上雕刻，非一日之功可为之。模具压花是使用事先准备好的刻有固定图案的印戳，压盖在泥坯上形成纹饰，这种工艺较之手工雕刻速度快许多，适合批量生产，是采用最多的一种加工方式。第三种兼采前两者之长，花样既多加工又快，其制品深受顾客喜欢。

六是施釉，又称上釉、挂釉、罩釉。是指在成型的陶瓷坯体表面施以釉浆，其方法主要是蘸釉。根据藏品实物显示，施釉主要用在瓷月饼印模上，有的还施彩釉或青花釉，陶质月饼印模极少施釉。施过釉的月饼印模，以美观利于长久保存，在制作月饼时还容易脱模不粘连，是陶瓷印模中的珍品。

七是烧制。实际生产中没有专用的窑口烧制印模，都是借助砖窑、盆儿窑、瓦窑来搭伴儿烧制。瓷印模则是和其他瓷器一起烧制。

冀南制作陶印模的陶母模

此外，在一些传世的陶瓷月饼印模中，还有绘图、题字、刻款等内容的，因其数量极少，仅视之为个例，其制作工序不计入上述记叙之中。

在哪座山唱哪座山的歌，做哪行说哪行的话。陶印模和瓷印模虽然模样基本相同，制作工艺也相差无几，但名称的叫法却差别很大，在很多场合，一张嘴就能知道你是否在行。陶印模大多以具体产地命名，如陕西晋中红陶月饼模、河北大名灰陶月饼印，等等。瓷印模一般不这样叫，它是按传统的窑口命名，如越窑青瓷月饼印，磁州窑黑釉月饼模等，这没有什么道理可言，也是一种约定俗成吧。

第六章

千姿百态的月饼

老人的寿桃月饼

尊老敬老爱老，是中华民族的传统美德。在众多的月饼造型中，有一款是专门为老人设计打造的，这就是寿桃月饼。

寿桃月饼的主体造型为桃形，底部是一左一右两片桃叶相托；主图案为老寿星，一位大奔儿头，慈眉善目、鹤发童颜的长者，配以梅花鹿、仙鹤、蝙蝠、童子、荷叶等副图，以及富贵不断头、旋纹、光芒线等边饰，给人以和蔼可亲、吉祥幸福的感觉。

桃，在中国传统文化中有着特殊的地位。相传，中国上古神话传说中的大英雄夸父，在追赶太阳的途中因干渴而死，于是他手中的手杖化作了桃林，以此为后来者提供解渴的鲜桃。由此，桃便成了具有超凡魔力的神仙果。不食人间烟火的神仙吃了仙桃，神采飞扬；肉胎凡人吃了仙桃则会不知饥渴，延年益寿。不仅仙桃如此神奇，就连桃木也能降妖除魔，室内悬挂桃木剑镇宅的习俗即缘于此。现代研究表明，桃不仅甜鲜，而且纤维素含量高，其中维生素 E 抗氧化抗衰老，果糖则有滋补强身的作用，特别是纤维素对老人的常见病如动脉硬化、便秘都有好处。所以，民间早有“桃养人”的说法和“宁吃鲜桃一口，不吃烂杏一筐”的谚语。

寿星一词，最早见于中国古代最早的词典《尔雅·释天》，“寿星，角亢也”。角亢是角宿与亢宿的并称，即二十八宿中东方苍龙七宿中的第一、第二宿。晋朝的郭璞在为《尔雅》作注释时说：角亢位于各宿之首，是列宿之长，所以叫作寿星。

寿星又称老人星。司马迁在《史记·天官书》中记载，秦朝统一天下时就开始在首都咸阳建造寿星祠，供奉南极老人星。但是，供奉的目的除了尊老敬老外，更重要的是表达祈盼天下太平的意愿。因为，南极老人星时常在秋分时节出现于南郊，只要老人星出现，天下就太平安定，国运就能长久；如果不出现的话，就会有战乱之灾。

寿桃月饼来源于民间“献桃贺寿”的古老民俗。在一些地区，人们认为老人吃了桃会变年轻进而长寿。所以，每当老年人过生日时，做儿女的都要蒸寿桃馒头送给老人，如果赶上瓜果梨桃收获时节，再配上几个鲜桃，以此祝福老人健康、长寿、幸福。

“献桃贺寿”这一中华传统民俗有着悠久的历史，其由来有两种说法：一是仿效孙膑为母献桃，二是模仿王母娘娘“蟠桃会”以沾喜气。

传说是只能搜集整理，不能凭空创作的。在引用下面这则传说之前，让我们先向网上没有留下姓名的搜集者表示崇高的敬意！

山西清代杜梨木寿桃月饼

相传，战国时期大军事家孙膑，十八岁时离开家乡齐国，到千里之外的云濛山（今新乡市北郊太行山）拜鬼谷子为师学习兵法。一去十二年，既没回过家，也没给家捎过口信。有一年的五月初五，孙膑猛然想起这天是老母八十岁生日，便想：乌鸦十八日反哺母娘，羊羔吃奶跪乳，禽兽还知恩达礼，我却十二年没见母亲了。于是向师父请假回家看母亲。鬼谷子一边摘下一个桃送给孙膑，一边说：“这桃我是不轻易送人的，你在外学艺未能报效母恩，我送给你一个带回去给令堂上寿。”孙膑谢别师父就急急上路了。

再说孙膑的家里，这天正大摆酒宴为老母亲庆寿。老母亲见全家人唯独少了一个孙膑，心里难过便哭了起来。正当一家人劝慰母亲时，孙膑回来了。他从怀里捧出师父送的桃送给母亲说：“今日告假回来，师父送我一个桃孝敬母亲。”老母亲接过桃吃了一口说：“这桃比饴糖蜂蜜还甜。”桃还没吃完，母亲的容颜就变了。以前满头白发变成了如墨的青丝，昏老的双眼变得明亮了，掉了的牙又长了出来，脸上的皱纹也不见了，走路也不用拐杖了。全家人都非常高兴。

人们听说孙膑的母亲吃了桃变年轻了，也想让自己的父母长寿健康，便纷纷效仿孙膑，在父母生日的时候送鲜桃祝寿。但是鲜桃的季节性强，于是人们在没有鲜桃的季节用面粉做成寿桃给父母拜寿。

上面的故事是民间传说，下面的故事可是文献记载。《太平御览》卷九六七引汉东方朔《神异经》言：“东北有树焉，高五十丈，其叶长八尺、方四五尺，名曰桃。其子径三尺二寸，小狭核，食之令人知寿。”后人因此以鲜果或面制的桃子等为祝寿用物，希冀延年益寿。

说书艺人据此演绎：三月三日为西王母诞辰，当天她要举办盛大的生日宴会，以蟠桃为主食，邀请众仙前来赴宴，人称蟠桃会。这蟠桃会上最神奇的是蟠桃，小桃树三千年一熟，人吃了体健身轻，成仙得道；一般的桃树六千年一熟，人吃了白日飞升，长生不老；最好的九千年一熟，人吃了与天地同久，与日月同寿。

人们根据这两个传说设计了寿桃月饼。寿桃月饼有大有小，小的直径10厘米上下，大的直径30厘米左右。寿桃月饼的个儿越大，创作的空间就越大，内容就越丰富，做出的月饼艺术效果也就越强。

当一个民族把食品当作艺术品来加工的时候，其文化内涵就远远超过了它的食用价值。中秋佳节，人们制作寿桃月饼，是对中国尊老孝道文化的符号化和物化，其影响力和号召力，是温情脉脉无声胜有声的。

老人的八仙祝寿月饼

八仙祝寿月饼，是一款极品级的老人专享月饼，九个一套，老寿星居于中间，八仙分列两旁，每个模子中刻有一字，以用来排序：“福如东海，壽，寿比南山”，流行于山西晋中地区。笔者有幸收藏有一整套枣木八仙祝寿月饼模，系民国时期雕刻，体量较大，寿星模高32厘米，宽19厘米，八仙模平均高26厘米，宽13厘米，做工精细，主人珍爱有加，每年用后必认真清洗阴干，然后用油布包裹存放，虽历经半个多世纪沧桑，但品相完好。

初次见到这套八仙祝寿月饼模时，是在北京古玩城一家古董店，当时店老板正在舌战群儒。起因是多位收藏者判断此物为20世纪60年代前后制作，理由无可置疑，模子上的两个寿字，一个刻繁体，一个刻简体。而简化字是新中国成立后的20世纪60年代前后才推广实施的。

店老板显然是见过大世面的，不慌不忙，京腔京韵慢慢道来：哥儿几个，哥儿几个，慢着，慢着。据鄙人所知，1935年8月21日，国民政府教育部长王世杰颁布国民政府教育部第11400号部令，向全社会公布《第一批简体字表》，共计324个字，这其中已然将繁体“壽”作了简化。要不然，哥儿个到

清代木质“八仙祝寿”九件套月饼模

国家图书馆去瞧瞧……

店老板的话，软中有硬，硬中带刺儿，刚才还理直气壮的哥儿几个，悻悻而无趣地走开了，笔者才有幸购得了这套模子。

八仙，是指铁拐李、汉钟离、蓝采和、张果老、何仙姑、吕洞宾、韩湘子、曹国舅八位道教神仙所组成的神仙群体，代表着男、女、老、少和富、贵、贫、贱。他们来自社会各阶层，有皇亲曹国舅，有民女何仙姑，有帅哥韩湘子，有乞丐铁拐李，通过不懈修炼，最终得道成仙。他们个个身怀绝技，人人个性鲜明，既有乐善好施、除暴安良的仙性，也有嗜酒好色、贪财好赌的缺点，性格与百姓较为接近，受到了男女老少的普遍欢迎，成为道教中重要的神仙代表，各地迎神赛会上不可或缺的主角。

关于八仙的完整说法始于元代，到明代就已正式定型。《八仙过海》和《八仙祝寿》的故事，在民间流传得最为广泛，几乎是家喻户晓，妇孺皆知。八仙的故事被改编成了评书、弹词、戏剧、电影等多种艺术形式，深受广大人民群众的喜爱。八仙的造型，广泛用于绘画、剪纸、年画、瓷器、木雕、牙雕、铜镜、皮影、刺绣、银饰、石刻、锦缎等领域，生动传神，具有浓郁的民族特色，几乎成了吉祥的代言人。

八仙祝寿月饼，取材于八仙祝寿的故事。相传，农历三月初三是王母娘娘的生日。有一天八仙在一起聚会，商议如何给王母娘娘送一个惊喜的生日礼物。张果老提议，向太上老君去求字，大家都同意。于是，八仙驾云来到老君府说明了来意，太上老君满口答应，欣然提笔，一口气完成了《千秋岁》：

昆仑日暖，阆苑风光好。玉楼醉，玄女傅朱颜，顿觉乌云晓，增纤巧；人在也，荣华南极祥光绕。位比东王老，历万劫而不朽，瑶池台上司阴教。钧天诸品，就赞乾坤自悠久；今朝海鹤添筹，莫惜金樽倒。

八仙读完，个个拍手称赞。出了老君府，八仙按照王母娘娘宫殿的尺寸，以天外的锦缎为质，编星星为字，剪云霞为彩，制作了一幅贺寿云轴。

三月初三，玉皇大帝和各路神仙，带着奇珍异宝前来贺寿。在众多的贺礼中，最让王母娘娘喜欢的就是八仙送上的贺寿云轴。她赶忙命人将云轴张挂起来，只见光芒万丈，云霞灿烂，人天共喜同乐，万分喜庆祥和。

从此以后，八仙祝寿成了凡人学习的榜样，八仙的形象成了贺寿祝寿的文化符号，八仙祝寿月饼也由此而来。

除了八仙的形象外，还有一种暗八仙，即用八仙使用的法器来代表八仙的方式，在民间也广为流传。分别是：铁拐李的葫芦，汉钟离的葵扇，蓝采和的花篮，张果老的渔鼓，何仙姑的荷花，吕洞宾的宝剑，韩湘子的洞箫，曹国舅的玉板。这些暗八仙的图案，经常作为辅助性图案，出现在月饼上，既美观又吉祥。这种图案的月饼，既可以送给老人享用，也适用于任何群体，广受欢迎。

清代河北暗八仙月饼模，
月饼直径 38 厘米

据糕饼印模收藏界的朋友们讲，笔者收藏的清代直隶（河北）杜梨木暗八仙月宫图月饼模，外观呈八边形，外径 47 厘米，月饼直径 38 厘米，是目前发现的全国最大的暗八仙月饼模，每次展出，都会引来大批观众与之合影留念。

女人的葫芦月饼

葫芦，是中国最古老的传统吉祥物；葫芦谐音“福禄”，代表着人们对美好生活的向往。在山西晋中地区，有一款葫芦月饼，是专供女人吃的。说来有趣，这里说的女人，既不包括未成年的女孩，也不包括年长的奶奶，似乎专指育龄期的妇女。其实，这是古老葫芦崇拜和葫芦图腾遗存的再现。

常言说，过日子就是过人。没有了人，也就没有了人气，没了人味，没了人情。没了这些，过日子还有什么意义？这是古往今来咱老百姓自己的理儿。于是，人丁兴旺与否便成了衡量日子好坏的刚性指标，而添丁增口生儿育女则是女人的天职。也许由于这些吧，在古人的眼中，葫芦是最像女人的植物；在先民的思维中，总是把女人和葫芦联系在一起。天长日久，就形成了独具中国特色的葫芦崇拜和葫芦图腾。

葫芦，被视为中华民族的图腾和圣物，在中华民族璀璨的文化长河中，葫芦文化有着悠久的历史。但就葫芦本身而言，有学者认为，它是目前世界上最古老的农作物之一。葫芦有多个名字，中国古代曾称其为匏瓠（páo hù）、瓜瓞（dié）、瓜瓠等，在我国已有七八千年的种植历史。距今六千年前的河姆渡文化遗址中就出土了葫芦籽，七千年前的半坡遗址当中还发现了仿制葫芦造型的陶器。

在原始先民的思维中，葫芦象征着子嗣繁衍、昌盛，继世绵长和千秋万世。这是因为：成长时的葫芦外形与女人哺乳期膨胀的乳房相似；成熟时葫芦外形与怀孕快要临盆分娩的孕妇体形相似；葫芦多籽，易于繁殖，具有强盛的生殖能力，象征子孙绵延不绝。因此，对于葫芦的崇拜就演变为对母体的崇拜。

大地湾遗址葫芦形彩陶

清代山西杜梨木葫芦月饼模

不仅这样，衍生人类与拯救人类的葫芦神话传说，还是中国神话中影响最为深远，涉及民族最多，文化积淀历史最长，流布面积最广的一个。

《诗经·大雅·绵》中说：“绵绵瓜瓞，民之初生。”这里的瓜瓞就是葫芦，这是先秦时代对葫芦生人说的最早记载。还有人说“盘古开天辟地”，盘古就是槃瓠，而槃瓠就是葫芦，所谓“开天辟地”就是创造世界，创造人类和万物，葫芦是造物主，是人类的先祖。看着动画片《葫芦兄弟》长大的80后们，还时常对童年看到的葫芦变小孩的场景挂在嘴边，谈论不息。

我国汉民族的洪水神话，说的就是人类的始祖伏羲和女娲本是一对兄妹，为了躲避洪水，两人就藏在葫芦里，才免遭洪水的灾难，人类的种族才得以绵延。著名学者闻一多先生甚至从文字和语言学的角度考证出，其实伏羲和女娲的名字都是由葫芦演化而来，伏羲又叫包羲，“包”和“匏”字音相同，而“娲”在古代读“瓜”，所以闻一多先生就认为伏羲和女娲，虽然是两个名字，其实二人都是葫芦的化身。早期社会的先民将葫芦与人类的繁衍、起源紧紧联系在一起，这是葫芦文化的本质。

葫芦崇拜和中秋节有着不解之缘。中秋是美满团圆的节日，膝下无子，家庭团圆便无从谈起。所以，全国各地有不少地区流行中秋“食瓜求子”的习俗。民国时期徐珂创作的清代掌故逸闻汇编《清稗类钞》中记载：“中秋夕，徽州有送瓜之俗，凡娶妇而数年不育者，则亲友必有送瓜之举。先数日，在菜园中窃冬瓜一个，须不使园主知，以彩色绘人之面目，衣服裹其上，举年长者抱之。鸣金放炮，送至其家。年长者置冬瓜于床，以被覆之，口中念道：种瓜得瓜，种豆得豆。受瓜者设盛宴款之，若喜事然。妇得瓜，则剖而食之。”

相比之下，贵州地区中秋“送瓜求子”的习俗则更为生动有趣。《中华风俗志》下篇卷八记载：“中秋节有一种特别之风俗，即偷瓜送子是也。偷瓜于晚上行之，偷之时故意使被偷之人知道，以讨其怒骂，而且骂得越厉害越妙。将瓜偷来之后，穿上衣服，绘上眉目，装成小孩形状，乘以竹舆，用锣鼓送至无子妇人家。受瓜之人，须请送瓜之人食一顿月饼，然后将瓜放在床上，伴睡一夜，次日清晨，把瓜煮熟而食之，以谓自此可怀孕也。”

民国时期汉口中秋《送瓜祝子》图

从现代植物分类学上讲，无论是徽州地区的“冬瓜”，还是贵州地区所偷之“瓜”，都属于葫芦科。由此看来，晋中地区中秋节女子吃葫芦月饼，与各地中秋节“食瓜求子”和“送瓜祝子”的习俗，乃是一脉相承之举，是“多子多福”的一种独特表现形式。

男人的月牙月饼

阴阳万物，万物阴阳。世间一切阴阳皆为一体两面，有公必有母，有凹必有凸。有女人专吃的月饼，就一定有男人专享的月饼。同样是在山西晋中地区，就有一款男人专享的月牙月饼。男人吃月牙月饼和女人吃葫芦月饼的目的一样，都是为了人丁兴旺、多子多福。

清代山西杜梨木月牙形月饼模

孤阴不长，独阳不生，生儿育女是男女双方的事情，缺一不可。这种常识性的道理反映到饮食上，就是在特定的场合和礼仪中，食物的形状也是男女有别。晋中地区孝义市，男女定亲时吃的“合饼”就有男吃方女吃圆的习俗。

所谓“合饼”，是两个直径约为一尺的圆形烤饼，以油酥面做皮，内包白糖、青红丝、玫瑰丝等混合馅料，象征男女双方愿意和合成婚。全套合饼一个饼面的中间刻以圆形图案，一个饼面的中间刻方形图案，意谓天圆地方，男为天，女为地。“合饼”由女方制作，定亲宴吃过之后，女方沿图案将两个合饼的边沿切下，把圆形部分留下，将方形部分送给男方。定亲次日，男女双方都会将合饼切分成很多份送给亲朋好友，告知他们孩子定亲的消息。

伏羲女娲图

按照天圆地方和阴阳的传统学说，天为阳地为阴，男为圆女为方。那为什么“合饼”的圆形部分女方要自己留下，同时将方形部分送给男方呢？这就要追溯到《伏羲女娲图》。

《伏羲女娲图》，唐代人绘制，绢本设色，长220厘米，宽116.5厘米，1965年新疆阿斯塔那出土，现藏于新疆维吾尔自治区博物馆。描绘的是中国古代神话传说中的人类始祖伏羲与女娲相拥交媾的景象。图中男女二人，均微侧身，面容相向，各一手抱住对方肩部，另一只手扬起，女举规，男执矩；男女下半身均为蛇形，互相缠绕。

这里最饱含阴阳韵味的是女娲执规、伏羲执矩，以定天下方圆的场景。规是圆规，画圆用；矩是三角尺，画方角或直线用。女娲以圆规规划天圆；伏羲以三角尺划定地方。这其中的道理是同性相斥异性相吸，正如古人所言："阳气根于阴，阴气根于阳，无阴则阳无以生，无阳则阴无以化。"阴阳相合，万物生生不息。这是中国人对生命繁衍的独特诠释，也是老年间华北地区，大人给孩子们分月饼，男孩给方的，女孩给圆的根源所在。

除伏羲女娲手持规矩的图画外，1987 年在洛阳道北石油站东汉壁画墓中，还发现了伏羲擎月、女娲擎日的壁画。其实，这是伏羲执矩、女娲执规阴阳结合的另一种表现形式，也是目前我们见到的最早的男人擎月和女人擎日的画面。

月亮崇拜是全球性的。中国的月亮崇拜有其独特思维，传统阴阳文化中，月亮属阴，象征女性。周而复始一月一次的月亏月圆，恰似女人从怀孕到分娩腹部变化的全过程。月牙儿形如未孕之象。男人吃了月牙儿月饼，阴阳和合，日月合璧，生生不息，家族兴旺。

官人的福禄寿三星月饼

官人是句老话。唐代以前只是对为官之人的称呼。到了宋代，宫廷中出现"官家"一词，"官人"这一称谓开始在城市居民中流行。有的妻子敬称自己的丈夫为"官人"。最知名的代表人物当属《水浒》中的西门大官人，以及小旋风柴进，柴大官人。

明代以后普及士庶，奴仆称主人，尊长呼幼辈，都可称某某官人。官人成了对有一定社会地位的成功男士的敬称。现在婚礼上的"新郎官"一词，就是官人这一敬称的历史遗存。

山西现代木质"福禄寿三星"月饼模

福禄寿三星月饼，是专门为成功男士设计打造的一款月饼，它有两种造型。一种为圆形，或为一饼三星聚汇，或为单星独立一饼一星；另一种为人体形，大多为一饼一星，三星一套，一般都是成套制作和成套购买，成为中秋节送给成功男士的最佳月饼。

福禄寿三星，是道教的神仙，起源于远古的星辰自然崇拜。古人按照自己的理解和感受，赋予了他们非凡的神性和独特的人格魅力。在传统雕刻和绘画中，福星永远居中，禄星和寿星总是分列两侧，并且禄寿二星的位置可以互换。福星是天官，以赐福为职，手持如意，峨冠博带，古代官员造型；禄星主管人世间功名利禄，员外打扮，有时手抱童子，有时手托官帽或元宝；寿星白须笑面大脑门，持杖托桃，护佑健康长寿。月饼图案中，还时常用蝙蝠、梅花鹿、寿桃代表福禄寿三星。

那么，人们为什么把成功男士的月饼设计成福禄寿三星的造型或图案呢？这还得从福禄寿三星的起源谈起。

福星，就是古人所称的木星。《天官·星占》里讲：木星照耀的国度，赐福于君王，保佑他政权稳定。福指的是“五福”，不同时代，五福所指又略有不同。《尚书·洪范》中说的五福为：“一曰寿，二曰富，三曰康宁，四曰攸好德，五曰考终命。”汉朝桓谭《新论》指的是：“寿、富、贵、安乐、子孙众多。”后世又有“福、禄、寿、财、喜”的说法。用通俗的语言表述，福就是人世间所有的好事儿，包容了世俗生活中一切美好的愿望与目标。

还有一种说法，唐代道州有侏儒，每年都要选送朝廷为玩物。唐德宗时，定州北平人阳城出任道州刺史，他认为这样做有违人道，便冒死上奏德宗，要求废除这项进贡。道州百姓感念阳城的恩德，认为他是福星下凡，便世代供奉，成为具体人格化的福星。

在北斗星之上有六颗星，合起来称为文昌。其中，第六颗星就是禄星，掌管功名利禄，文运利禄。王充《论衡·命义篇》有言：“人有命有禄，……命者富贵贫贱也，禄者盛衰兴废也。”隋唐科举制度产生之后，禄星随之成为士人命运的主宰神，天下士子无不对他顶礼膜拜。禄星后来也演化成了人神，最有影响的是地处四川的梓潼神张亚子，人称“文昌帝君”。有神必有庙。于是，各地纷纷建起了“文昌宫”，每年农历正月初三文昌帝君生日，士子们都要到当地文昌宫拜祭，焚香磕头，祈求保佑高榜得中，出将入相。同时，还要搭台唱戏，成为一项独具功名特色的民俗活动。

寿星，是中国神话中的长寿之神，又称角亢，位于各宿之首，是列宿之长，所以叫作寿星。后来演变成了仙人，人称南极老人，司掌长寿。最突出的特点是长头大耳短身躯，额部隆起，仙气飘荡。

人生苦短，世事无常，福禄寿三者，得一而难，何况同时兼得呢？官人的福禄寿三星月饼，或许是对堂堂中国男人自强不息的鼓励、鞭策和美好祝福吧。

男孩的猴王月饼

人生终极之问：我是谁？从哪里来？到哪里去？不同的文明，有不同的答案。我们中华文明的答案是，我是祖宗的后代；我从祖宗那里来；我死后要回到祖宗那里去，成为后代的祖宗。这种祖宗崇拜文化，让华人的人生坐标，长期定位在光宗耀祖上。几乎所有家庭都望子成龙，对家中的男孩寄予着无限的希望。好男儿，当自强不息，襟怀天下，志在四方，感恩报国，建功立业；最终，功德圆满，拜相封侯。这是老年间社会对男孩儿的要求和期盼。一句“拜相封侯”，让不相干的男孩、猴、侯、月饼，有了千丝万缕的牵扯。于是，在山西晋中地区，男孩吃的猴王月饼也应运而生。

在中国传统文化中，无论做何事都讲究“吉利”二字，所以民间便有了谐音讨口彩的风俗，有很多谐音的词语由此产生了特殊的寓意。《诗经》上有“洵直且侯”一句，《毛传》解释说：“侯，君也。”即诸侯国君。诸侯是中国古代中央政权所分封的各国国君的统称。周代分公、侯、伯、子、男五等，从汉代起仅有王、侯两等，而封王又是皇族子弟的特权，于是封侯便成了“外姓人”能企及的至尊地位。因“侯”“猴”同音，猴就成了权贵、荣耀乃至吉祥和驱邪纳福的象征，人们崇拜的对象。那么，如果一只猴子骑在另一只猴的背上呢？背谐音辈，猴谐音侯，就有了辈辈封侯、代代高官厚禄的意思，反映到传统吉祥造型纹案上，就是一个大猴背着一个或几个小猴子。“辈

清代山西介休木质“辈辈侯”月饼模

辈侯”月饼就由此而来。

中国人崇拜猴，除“猴”与“侯”同音的理由之外，还有更久远的历史原因。据载，那个发明了牛拉车的商代第七任国君高祖王亥，又名“夒”。夒（náo）同猱，是一种长臂猿猴。殷人把猴当作自己的祖先，认为自己部族中的高祖就是猴。由此推断猴极有可能是殷人最初的图腾。在安阳殷墟，中国第一位女将军，商王武丁之妻妇好墓中，就出土了一件高 5.6 厘米、宽 2.8 厘米的圆雕玉猴。猴面宽额，“臣”字眼，蒜头鼻，小口圆耳，头顶留一周短发，十分可爱。在民间，传说古时有棵马桑树，它的根扎入地下三百丈，树梢高万仞，直上云霄。一天，有一群猴子攀树采果竟至其顶，后得道成仙升天而去。这或许是古人认为猴能驱邪纳福的缘由吧。

在众多的猴子中，有一只猴名扬天下，妇孺皆知，他就是美猴王齐天大圣孙悟空。孙悟空第一次在文本里出现，是在南宋的《大唐三藏取经诗话》中，名字叫“白衣秀才猴行者”，只是个秀才行者。后经元代的平话、戏曲、杂剧等众多艺术形式的长期刻画创造，到了明代吴承恩的《西游记》中，才成了我们现在见到的齐天大圣。他生性聪明、活泼、仗义、疾恶如仇，七十二变，法力高强，上天入地，呼风唤雨，无所不能，一根东海定海神针成了他手中的兵器金箍棒，打遍天下妖魔鬼怪，成为民众心中驱除邪恶、祈福求安的“保护神”，也成了小男孩们心中的偶像。于是，美猴王齐天大圣孙悟空月饼，就成了大人们送给男孩们最好的中秋礼物，以此寄托称王封侯的美好愿望。

清代山西介休木质“孙悟空”月饼模

齐天大圣月饼模，雕刻精细，手持金箍棒，身着蟒靠，取材于戏剧舞台形象，王者的威严与猴子的顽皮完美结合，既是中国男孩们的最爱，也是外国留学生们的最爱。

女孩的玉兔月饼

每当与年轻的朋友们谈及月饼文化时，他们总是在追问一个相同的问题：为什么山西晋中地区的月饼搞得那样复杂，又是老人专享的，又是男人专吃的、女人专用的，还分什么男孩、女孩，其用意到底是干什么？

这是一个很好的问题，问到了根子上。我们中国的传统文化，归根结底是一种伦理道德型文化。至于何谓伦理，理论界说法不一。不过大道至简，我们可以通俗地理解为：伦，就是次序和类别；理，就是规范和道理。伦理的核心是“名分”，即名位和职分，也就是一个人的社会身份、地位和角色，以及相应的权利、义务和待遇。你是一个什么样的人，能吃什么、穿什么、住什么，早在你出生之前，社会就已经约定俗成为你作了规定。

古代女子成婚的年龄大多在15岁左右，其婚前的“名分”是娘家的客人，娘家要按照媳妇的标准严格要求自己的闺女，使其尽早具备做媳妇的品德和技能，免得出嫁后丢人现眼，让娘家人跟着一起蒙羞。依照这个思路，晋中人为女孩们特制了玉兔月饼。

兔子是十二生肖之一，在中国民俗文化中是最受崇拜的祥瑞动物之一。阴阳五行学说认为，在茫茫的宇宙中，金乌是太阳之精，阳性的代表，与之相对应，玉兔则是月亮之精，阴性的代表。古代常把太阳落山、月亮升起，描述为“金乌西坠、玉兔东升”，以此表现一天的昼夜更替，阴阳消长。

另外，“兔子”的谐音寓意“吐子”，加之兔子的繁殖能力极强，小母兔四五个月即可生育，每个月一窝，每窝多胎，生育半个月后又可受孕，理论上一只母兔一生可育500多只小兔。因此在民俗文化中，象征着生命繁衍与多子多孙，成了人们祈求子孙后代繁衍不断的神灵。

民国山西介休木质“玉兔”月饼模

也许女孩和兔子有许多相似之处吧，古人很早就把两者连在了一起。源于孙武《孙子·九地》中的成语“静如处子，动如脱兔”，又把闺中的女孩和奔跑的兔子，纳入出征作战原则的范畴，必须遵守。

人们之所以为女孩打制玉兔月饼，其核心是在树立教育的图腾。希望女孩要向兔子学习，具备兔子的美德。

根据宋代以来，我国北方最大的民窑体系磁州窑烧制的陶瓷上的兔纹样，以及民间的兔崇拜习俗，有的学者归纳出兔有六德：

一曰“敏”，《论语》云“君子欲讷于言，而敏于行”，兔子当为典范，它反应灵敏，行动敏捷，能够聆听到细微声响，迅速反应。二曰“勤”，一天到晚，兔子总是四处不停地奔跑觅食，不停地成长，不停地繁衍生养。三曰“智”，兔子为了保护自己，“狡兔三窟，得免其死”，具有强烈的风险意识与周密的防范能力。四曰“和”，兔子之间顾大局，讲和谐，不搞窝里斗，不吃窝边草。五曰“仁”，兔子生性温和，处世温顺，心地善良，喜欢干净，不杀生，奉行素食主义。六曰“勇”，当其切身利益受到伤害时，“兔子急了也咬人”，在关键时刻，勇于斗争。

兔子的这些美德历来为人们所赞美和推崇，并成为老人教育闺女的活教材。八月十五的夜晚，手拿玉兔月饼的女孩依偎在祖母的身边，静静地听着老人家的教诲：闺女家早晚要出门子的。当媳妇呀，要多听少说，不扯闲话；要早起晚睡，相夫教子，喂猪养鸡；要和睦妯娌，吃亏让人；要孝敬公婆，屋里灶上，干干净净；要不惹事，不怕事……

在奶奶的絮叨声中，女孩手捧心爱的玉兔月饼，慢慢地进入了梦乡，梦见自己变成了一只美丽的小白兔……

清真月饼

清真月饼属于清真食品的范畴，是一种专为伊斯兰教信徒穆斯林制作的月饼。清真月饼与古代西域的胡饼关系最为密切，在胡饼也就是馕向月饼的演变过程中，有着极为重要的作用。

在我国56个民族中，回族、维吾尔族、哈萨克族、柯尔克孜族、塔吉克族、塔塔尔族、乌孜别克族、撒拉族、东乡族、保安族10个民族，普遍具有清真饮食习惯。这种饮食风俗源于伊斯兰教，但随着时代的发展，已经逐渐演变为这些民族生活方式的组成部分。

资料显示，古汉语中就有“清真”一词，与伊斯兰教并无直接联系。南北朝时期的《世说新语》中记述：山公举阮咸为吏部郎，目曰：“清真寡欲，万物不能移也。”这里的“清真”是纯洁真挚的意思。唐代诗人李白、孟浩然，宋代词人陆游、辛弃疾，曾多次在诗文中使用过该词，一般泛指做人的道德标准或高洁优雅。

伊斯兰教被称为清真教，始于明洪武元年（1368年）敕建金陵礼拜寺御书的《至圣百字赞》：“降邪归一，教名清真。穆罕默德，至贵圣人。”从此以后，“清真”一词逐渐为伊斯兰教所专用，其含义为“纯洁无染之谓清，诚一无二之谓真”。今天，除“清真教”“清真寺”“清真言”等专用词语外，在中国，“清真”一词单独使用通常专指已转变为相关民族习俗的清真饮食，一般不作限定词使用，也不等同于其他国家伊斯兰教的“Halal”（即“符合伊斯兰教法的”）。

清真食品是严格按照伊斯兰教的饮食禁忌所制作的食品。《古兰经》以“佳美”和“洁净”作为可食食物的标准，除《古兰经》中明确禁止的五类（猪、血液、酒、自死物、诵非安拉之名宰杀的动物）外，在其基础上圣训又作了进一步的阐述，以后的教法学家也在这两项的基础上又延伸性地作了些规定，自此构成了各族穆斯林的清真饮食戒律。具体一点讲，就是不食猪肉，不吃动物的血，不吃病死、打死、瘦死、摔死、被狼咬死的动物，不吃狗、猫、鼠、蛇和凶猛、奇形怪状的动物，不吃未经念经而屠宰的牛羊，不喝不干净的水等。

木质清真月饼模

清真月饼除了食材用料要严格遵守教规外，在图案纹饰使用上也与一般月饼有着明显的区别。它非常讲究重复、整齐和规则的排列，以及对称、均衡和节奏的置陈。表现形式为复杂繁缛，令人目不暇接，反映了伊斯兰艺术崇尚繁复、不喜空白的审美特点。不喜空白，是原始人类艺术的共同特征。伊斯兰教认为，空旷之处是魔鬼出没的地方，故应以稠密的纹饰填满空间，阻止魔鬼活动。更重要的是，伊斯兰教认为，相当于无有的空白并不存在，真主无时无处不在。

伊斯兰教是典型的亚伯拉罕系宗教，信奉真主唯一，不能崇拜任何偶像，包括画像、人物、图腾等。上自宗教场所，下至百姓房舍以及日常生活用具，都禁止人物、动物形象的装饰。由此，几何图形、植物和书法纹样就构成了伊斯兰装饰纹样的三大部分，形成了独树一帜的艺术风格。由于这个原因，清真月饼上既没有嫦娥、仙女、福禄寿三星、八仙、大阿福等人物形象，也没有月兔、梅花鹿、鱼、蝙蝠、猴王等动物形象，还没有葫芦、如意、聚宝盆、元宝等具有图腾特色的图案。

与繁复相反，清真月饼的纹饰也有大道至简的一面。一行文字、两棵麦穗，或者一串葡萄、两个汉字，也能把整个月饼装饰得恰到好处。还有的直接将清真阿文盖印在了饼面上，简单明了，富有浓郁的民族特色。

近年来，全国各地清真月饼的产销量不断提高，不仅满足了广大穆斯林朋友的需求，也深受其他各族群众的喜爱。

儒家的五仁月饼

世上的事儿就是这么有意思，谁越出名，就越容易被黑。前几年坊间有个段子，说有人在古玩城花高价买了块儿雕琢精美的石头，拿着上了《鉴宝》节目，专家手持高倍放大镜仔细观察了半天说："根据我多年经验判断，这应该是一块儿去年的五仁月饼。"

五仁月饼，在中秋节各式月饼中最为著名，本是月饼中的精品和代表，除了配料考究、皮薄馅多、味美可口、不易破碎、便于携带等特点外，关键是它的内涵，体现的是中国儒家文化的"五常"，是中国价值体系中的最核心因素之一。

越著名，造假仿冒的人就越多，结果中秋节一到，五仁月饼便被黑得不成样子，很多网友高喊：五仁月饼滚出月饼界，恨他就送他五仁月饼，送我五仁月饼的人以后基本上不会有生意上的来往了……大有不毁了五仁月饼的一世英名决不罢休的阵势，致使一些老字号糕饼店，纷纷出来解释辟谣，为五仁月饼洗白正名。

现代木质伍仁月饼模

说来有些年轻朋友可能不相信，笔者第一次听到五仁月饼时，还没见过五仁月饼长啥模样。那是八月十五的夜晚，祖父在农村老家给笔者讲述的故事：

月饼中最好吃的是五仁月饼，讲究的人，八月十五非“五仁”不食。“是哪五个人？”笔者急迫地问。“不是五个人，是核桃仁、花生仁、松子仁、芝麻仁、瓜子仁，五种馅料。”“芝麻仁是什么？”笔者又急切地问。“芝麻仁，是把芝麻粒淘洗干净去皮，跟你发烧时奶奶给你做的芝麻盐儿差不多。这些都是好吃的东西。”

“这五种果仁，其实代表的是五个人。”“我刚才说是五个人，你还说不是。”笔者小声嘟囔着。爷爷摸摸笔者的头，笑着继续讲：“这五个人，有两个代表的是爹娘。谁都是人生父母养的。要孝顺爹娘，有本事，让爹娘享清福，没本事，别让爹娘生气。早晚到跟前问候一句，爹娘就知足了。还有两个代表的是夫妻两口子。百年修得同船渡，千年修得共枕眠。两个不相识的人结婚成家过日子，是缘分，天大的缘分。两人要相互照顾体谅，女人要有女人的心，男人要有男人的样，一直白头到老。五人的最后一人是孩子。不孝有三，无后为大。过日子就是过孩子哩，有了孩子，这日子就有了奔头。中秋节吃五仁月饼，就是盼望一家老两口、小两口和孩子，不分不离，团团圆圆，这就是庄户人的全家福……”

祖父的话，有的笔者能听懂，有的则似懂非懂。笔者心里最惦记的，是什么时候能吃上最好吃的五仁月饼。

第一次吃五仁月饼，是在省城和父母在一起。中午放学后，是笔者拿着副食票到副食品商店排队买的。买到月饼后，在回家的路上就急迫地打开包装先吃了一块，至于到底是什么味道，至今也回忆不出来，只记得回家后被严厉的父亲打了一巴掌，踢了一脚。之后，中午饭也没吃，抓起书包一溜小跑就到了学校。

那是20世纪70年代初，正是“批林批孔”的时候。恰巧那天上语文课，老师问同学们：明天就是中秋节啦，同学们吃月饼了吗？这月饼呀，最好吃和最著名的是“五仁”的。全国各地的五仁月饼，各有各的做法，口味外观也略有不同。一般的五仁月饼，呈鼓形，边稍鼓出，花纹和字迹清晰，形状端正，不破皮，不露馅，边角分明；边缘呈象牙色，底面棕红色；口味香甜，绵软带酥，有多种果仁香味。这五仁月饼不仅好吃好看，在新中国成立前，还被统治者强行赋予了“五常”的反动观念，成为毒害广大劳动人民的精神鸦片。

老师说“五常”有三种意思：一是指五伦，封建宗法社会以君臣、父子、夫妇、兄弟、朋友为五伦。二是指旧时的五种伦常道德，就是父义、母慈、兄友、弟恭、子孝。三是指儒家的仁、义、礼、智、信。这五个字，前三个是孔子最先提出的，智是孟子增加的，信是董仲舒扩充的。

这五个字，仁，就是仁慈、仁爱之心，是恻隐之心，是充盈于天地之间的大情大爱。义，即是“宜”，就是“应该”的意思。强调一个人的行为要符合天道天理，符合国家的长远利益。礼，是天道天理在人世间得以具体落实和安排的制度规范，是一种天秩天序。人要遵礼、循礼，要按照礼仪规范立身处世。智，就是辨别是非的能力。智则不惑，智则能穷事物之理，明辨好坏，知善知恶。信，就是诚实无欺，无妄无伪。守信用，不背言，说到做到，言行一致。

那天，老师讲得特别带劲，口若悬河，旁征博引，整个教室鸦雀无声，都被老师那滔滔不绝的气势征服了。说老实话，我们上中学时学到的一些“四书五经”的内容，都是语文老师以批判的名义讲授的。几十年之后，当我们也年届花甲，对传统文化开始自觉地重新认知的时候，回想当年老师的做法，不禁心存感激。老师是在特殊的时代背景下有意识地传承中华传统文化呀！

有了老师的精心讲解，再加上父亲的一掌一脚，笔者对五仁月饼才有了终生难忘的记忆。也更能深刻地理解，为什么五仁月饼上几乎没有复杂的图案，最多也就是一些辅助性纹饰罢了，而“五仁”两个字，总是那么霸气地占据着最显要的位置。试想，什么样的图案能配得上统治了中国两千多年的儒家“五常”思想呢？

佛家的“卍”字月饼

八月十五，中秋，月饼，这些元素与佛家有着不解之缘。就目前发现的史料记载来看，八月十五吃饼食，最早发生在朝鲜半岛新罗国侨民在山东文登县赤山村修建的赤山法华院中，时间是唐文宗开成五年（840 年），由日本遣唐使圆仁和尚写进了他的日记《入唐求法巡礼行记》中。这些信息可以简化为，中秋，寺院，吃饼，和尚将其载入史册。这是佛家对中秋文化作出的独特贡献。

为了找寻佛家月饼的踪迹，2003 年中秋前夕，笔者专程到佛教圣地五台山进行了实地考察。以前听人说，出家人无牵无挂，万事皆空，万物皆无，所以和尚是不过中秋节的。到了五台山才了解到，在汉传佛教中，农历八月十五既是中秋节，又是月光菩萨的圣诞吉日。这也是为什么民间月光纸上印有月光菩萨的缘由。为喜迎中秋佳节和恭迎月光菩萨圣诞，各地寺院在中秋之夜都要举办法会，按照佛教仪轨，举行祭月、拜月活动。祈愿月光菩萨加被世界和平、国泰民安、风调雨顺、大众吉祥。活动结束后，僧众会一起享用寺院制作的礼佛月饼。这次考察，除了解了有关佛家中秋的常识外，还收获了一个清代山西五台山木质佛家“卍”字月饼模。模具沧桑古拙，整个图案仅由一个“卍”和圆组成，给人一种庄重浑厚的神圣感觉，据说是寺院中的老物件。

清代山西五台山木质佛家“卍”字月饼模

寺院制作的礼佛月饼，均为素馅。月饼明显处大多有一个佛家的“卍”字符号。关于这个字符的含义，相关宗教资料介绍说：

“卍”字是在佛像及佛教文物中常见的符号，读作“万”，是佛陀三十二种大人相之一。在古印度传说，凡能统治世界的转轮圣王，均具有三十二种大人相。梵文读作“室利踞蹉洛刹那”，意思是“吉祥海云相”，也就是呈现在大海云天之间的吉祥象征。《大般若经》第三百八十一卷说，佛的手足及胸臆之前都有“卍”字。它在佛教诞生之前的印度早已存在，印度教的主神毗湿奴和克里希纳，胸前就有“卍”字相，据说是胸毛。这个符号在公元前3世纪才开始用于佛典。另外，“卍”是上古时代许多部落的一种咒符。除印度外，在古波斯、希腊、埃及、特洛伊等国的历史上均有出现，后来被古代的一些宗教所沿用。最初人们把它看成是“十字纹”或“太阳纹”，是太阳和火的象征，以后普遍被作为吉祥的标志。随着古代印度佛教的传播，“卍”字也传入中国。

传入中国后“卍”字如何翻译，让大德高僧们伤透了脑筋。鸠摩罗什和玄奘都把它译为“德”，菩提流支在翻译《十地经论》时把它译作“万”，取的是万德圆满之义。到武则天的时代则干脆把这个符号的音和义分开。她钦定读音为“万”，意思是“吉祥万德之所集”。

“卍”字符有左旋和右旋两种，至于哪一种正确，从古至今莫衷一是。总之，在佛教不论右旋、左旋，“卍”字都是用来表征佛的智慧与慈悲无限。旋回表示佛力的无限运作，向西方无限地延伸、无尽地展现，无休无止地救济十方无量的众生。所以人们无须执着、揣摩“卍”字形的表现是右旋或左旋了。

解释和理解“卍”字，有一点必须明确，历史上德国法西斯纳粹党徽上的“卐”字符号与佛教毫无关系。纳粹党的中文意思是“国家社会党”，在德文中“国家”和“社会”的字头都是“S”，希特勒将这两个字头交错重叠在一起，就形成了“卐”的形状，以此象征争取雅利安人胜利斗争的使命。从颜色上，佛家“卍”与纳粹党徽“卐”也有明显区别，佛教采用金色，纳粹党则用黑色。

佛家与月饼的因缘，不仅仅表现在表面的“卍”字符上，还表现在寺院素月饼的由来上。在杭州佛教徒中，流传着一个这样的故事：

北宋初年，吴越国最后一代国王钱弘俶，曾长期犹豫不决，是纳土归宋呢，还是拼死一搏？当时杭州的第一高僧，身兼两宗祖师的净慈寺首任住持永明延寿大师圆寂前，多次力劝吴越王钱弘俶“舍别归总，纳土归宋”，主动将吴越国归属于北宋中央政权。

开始，钱弘俶心有不甘：吴越富如油，大宋贫如水，油水难相融啊。大师开导说：饥渴将死，油与水谁贵？还亲自把水和的面与油和的面揉在一起做皮，包裹上素馅制成素饼送给钱弘俶。

这种素饼一碰即散，面皮化作片片蝉衣，入口即无，唯留满口素香。钱弘俶顿悟：油水相合，也能做出如此美妙的素饼！

大师圆寂，钱王献土。华夏加速统一，吴越百姓免除了兵火之灾。大师本是钱王的老师，钱王念及大师之功，命名此饼为“太师饼”。杭城百姓也年年吃此饼以致感念。岁月如梭，“太师饼”渐渐演化成现在的寺院素月饼。

以本不相融的油、水和面制作素饼，食饼人因此悟道舍己为众生，由此加快了国家的统一，这难道不也是一种国一统、家团圆的大慈大悲吗？阿弥陀佛，善哉！善哉！

龙凤呈祥月饼

龙凤呈祥月饼，因月饼上的龙凤呈祥图案而得名。龙凤呈祥图案来自成语。汉代孔鲋在其《孔丛子·记问》中说：“天子布德，将致太平，则麟凤龟龙先为之呈祥。”从此“龙凤呈祥”成为成语，意指吉庆之事，寓意高贵、华丽、祥瑞、喜庆。从这些寓意出发，聪明智慧的古代先民创作了龙凤呈祥图案。画面上，龙、凤各居一半。龙是升龙，张口旋身，回首望凤；凤是翔凤，展翅翘尾，举目眺龙。周围瑞云朵朵，一派祥和之气。

清代山西木质“龙凤呈祥”月饼模

龙和凤都是中华民族的图腾、徽记、标志和象征。目前的考古发现显示，最早的“龙纹”出土于辽宁阜新查海文化遗址，距今约8000年；最早的“凤纹”出土于湖南高庙文化遗址，距今约7800年；最早的“龙凤纹”出土于陕西宝鸡北首岭仰韶文化遗址，距今近7000年。这几件珍贵文物足以说明，龙和凤都是起源于距今七八千年的新石器时代早期，而且差不多是同步的。

龙是古人对鱼、鳄、蛇、猪、马、牛等动物，和云、雷电、虹等自然天象模糊集合而产生的一种神物。爬行动物和哺乳动物是龙的主要集合对象，因此龙常常被称为“鳞族之长”“众兽之君”。凤是古人对多种鸟禽和某些游走动物模糊集合而产生的一种神物。长翅膀的鸟禽是凤的主要集合对象，因此凤便登上了“羽族之长”的宝座，有“百鸟之王”的美誉。

龙具有喜水、好飞、通天、善变、灵异、征瑞、兆祸、示威等神性。而凤则有喜火、向阳、秉德、兆瑞、崇高、尚洁、示美、寓情等神性。神性的互补和对应，使龙和凤走到了一起：一个是众兽之君，一个是百鸟之王；一个变化飞腾而灵异，一个高雅美善而祥瑞；两者之间的美好互助合作关系建立起来后，便“龙飞凤舞”“龙凤呈祥”了。

现在人们谈起龙凤呈祥，都说龙属阳凤是阴，阴阳和合，万物祥和。其实，在古代恰恰相反，龙是阴凤是阳。

凤主要取材于鸟禽，是天上飞的，喜欢温暖，喜爱阳光，所以凤凰又称为“太阳鸟”“阳禽”“火精”，其性属“阳”；而龙，因其取材对象多为“水物”“水兽”和“水象”，从而在其形成的初期，基本上是属“阴”的。

事实上，不管它们谁阴谁阳，都是人定的，只有和人联系起来，它们才有存在的意义。湖南长沙陈家大山楚墓，出土了一幅帛画，画面上的龙，竖身卷尾，头面朝天，肢爪划动，跃跃欲上。旁边是它的合作伙伴，昂首展翅，飒然飞举的凤。龙凤之下，站着一位双手合掌、祈求升天的裙服女子。显然，龙和凤在这里已然密切合作，共同承担了导引凡人脱离尘世，升达天堂的重任，成了人们崇拜祈祷的对象了。

龙凤真正进入人们的社会生活，与人紧密地联系在一起，是中国历史上两位思想巨人用龙凤相互肯定和赞美对方的结果。文献记载，当年孔子曾专程赴洛邑拜见老子。回来之后，老夫子三天不讲话，弟子们问他见老子时说了些什么，孔子感叹道：我竟然见到了龙！龙“合而成体，散而成章，乘云气而翔乎阴阳”，我“口张而不能合，舌举而不能讯”，又怎么能规谏人家呢？这是孔子首次尊称老子为龙。

中国人处世讲究你敬我一尺，我敬您一丈，另一则故事说：老子看见孔子的五位弟子在走路，就对孔子说：请介绍一下你的爱徒吧。孔子说：头一个是子路，力大勇猛；第二个是子贡，聪明过人；第三个是曾子，孝顺父母；第四个是颜回，注重仁义；第五个是子张，武功高强。老子听后感叹道：我听说南方有鸟，其名为凤，“凤鸟之文，戴圣婴仁，右智左贤”。这是老子赞美孔子为凤。

龙具有升天潜渊、灵异善变的神性，孔子用龙比老子，是对老子静动自如的神采，纵横天地不拘一格的思辨才能的肯定。凤具有亲德嘉仁的神性，老子用凤比孔子，是对孔子智善和悦的品性，仁爱为本、律己惠人的圣德的赞美。

老子神变、超然、难以捉摸为龙，孔子至德、热情、仁爱慈善为凤，有了这些人文因素的加入，大约到了秦汉，龙和凤的关系就开始悄然发生变化。

先是千古一帝秦始皇自称为“祖龙”。后是刘邦掌权后为自己的身世编造了一个神奇的故事，司马迁把这个故事写进了《史记·高祖本纪》。

说是公元前256年初的一个早上，沛郡丰邑中阳里的一位村妇，吃完早饭就扛着锄头出门了。她要去地里干活，半路上突然感觉有点累，就想找个地方休息一下。恰巧，不远处的湖边有一块石头，就径直走过去靠着石头躺了下来，不一会就睡着了。

睡着后，她做了一个梦，梦见了一条蛟龙……一晃到了中午，丈夫见老婆还没回家，就到田间来找。走到湖边，看见老婆靠着石头在睡觉，一条蛟龙盘在她的身上……回家后，发现怀孕了。怀胎十月，村妇生下了一个男孩儿，取名刘邦。刘邦长大后，长相非常像龙，高高的鼻梁，鬓角和胡须十分漂亮，大腿上还有七十二颗黑痣。这个男人，正是大汉的开国之君汉高帝刘邦。

从此以后，历朝历代的帝王们，都自命为“受命于天”，自称为“真龙天子”。凡是改朝换代的人，都要为自己编造一个龙爸爸的故事，龙成了通向中国最高权力的身份证。皇帝们称龙比龙，开始穿“龙袍”，住“龙邸”，坐“龙椅”，乘“龙辇”了；与之相对应，黄帝的正妻皇后也跟着称凤比凤了，开始戴“凤冠”，居“凤楼”，穿“凤头鞋”，乘“凤辇”了。

由此，龙成了中国天子的象征和符号。由于帝王们绝大多数都是男的，手中掌握着至高无上、威力无边的权力，加上龙集合对象的广泛性，身上已集纳和具备了众多“阳物”的特性，其呼风唤雨的威力、飞举变化的能量，也和属“阳”的男性相吻合，因此龙由“阴”变“阳”。帝后们，依附于自己的男人皇帝而存在，还时常有被废黜的危险，再加上凤鸟外表美丽，与天生喜好打扮得花枝招展的女性更接近，这样凤也便由“阳”转“阴”了。

龙凤阴阳的转变和定型，成就了一批龙凤成语，如龙跃凤鸣、龙飞凤舞、龙兴凤举、龙腾凤翔等，成了中华文化亮丽的一景，也成了万物祥和、国泰民安、吉祥如意的象征。在琳琅满目的各式月饼中，龙凤呈祥月饼，也就脱颖而出，自然而然地成了人见人爱的喜庆之物。

慈禧太后的“凤上龙下”月饼

慈禧，一个26岁守寡，30岁不到就执掌大清最高权杖，近半个世纪的垂帘听政中，先后经历了同治、光绪、宣统三朝的女人，要是没点真本事和歪招邪术，门儿都没有。

慈禧的横是出了名的，顺我者昌，逆我者亡，一切都是自己说了算。先不说国家军机大事，单说生活琐事八月十五吃月饼吧，她认为“月饼”与女人一月一次的“月病”谐音，必须改！从此，宫中的月饼改名叫了“月糕”。

龙凤，无论是图案还是造型，在皇宫中是使用得最多的，用抬头望去满眼都是龙凤毫不夸张。但宫中龙凤的位置、规格是有严格规定的，龙凤是皇权的符号和权力大小的标识，总的原则是龙为主凤为辅，真龙天子坐天下。慈禧不喜欢这些，总是想方设法打破这些规定。据说，她衣服上的图案就是凤上龙下凤戏龙的。

清代慈禧当政期间木质“凤上龙下”月饼模

相传，中秋节慈禧必做两件事，一是听“龙凤呈祥”的故事，二是吃“龙凤呈祥”的月饼。

“龙凤呈祥”的故事发生在春秋时代。说是秦穆公有个小女儿叫“弄玉”，生性自由烂漫，姿容无双，爱好音乐，尤其喜欢吹笙。穆公非常宠爱她，就命工匠用和田玉为她雕造了一把独一无二的玉笙。公主长大后，秦穆公想招邻国的王子为婿，但是弄玉提出条件，不懂音律的一概不要。

一年中秋，公主一边倚栏赏月，一边吹奏玉笙，表达自己对另一半的向往。突然，一阵袅袅的洞箫声和着公主的笙乐响起。以后连续几天，笙乐如龙音，箫声如凤鸣，合奏起来简直就是仙乐一般动听，整个秦宫，都听得见。公主就央求老爸派人查找这吹箫的人。很快在华山脚下找到一名叫萧史的隐居者，两人一见面情投意合，立刻闪婚结为了夫妻。从此，二人天天笙箫合奏，皇宫内的金龙彩凤和宫女都跟着音乐翩翩起舞。

一天，萧史说："我非常想念华山中幽静的生活。"弄玉说："我愿与你同去共享山野的清净。"于是，二人合奏起来，片刻间龙飞凤舞，祥云翻腾，弄玉乘上彩凤，萧史跨上金龙，一转眼的工夫，龙凤双飞升空而去！后人为纪念弄玉和萧史的动人故事，就用"龙凤呈祥"来形容夫妻间比翼双飞、恩爱相随、相濡以沫、恰合百年的忠贞爱情。

现在人们揣摩慈禧喜欢这个故事的原因，一是对自己年轻守寡生活的倾诉，二是对夫妻和美生活的向往，三是这个故事的主角是公主，女强男弱是主线，正合慈禧的口味。说是有一年，慈禧一边听这个故事，一边吃"龙凤呈祥"月饼，发现月饼上的图案是一龙双凤，正面龙盘踞中间，双凤分列两旁，突然凤颜大怒，要求立刻改了。

龙凤呈祥月饼，是龙凤结合的图案。具体讲有一龙一凤图案，有的龙左凤右，有的龙右凤左，都是立姿；有双龙双凤图案，双龙为二龙戏珠，双凤为双凤捧日，常规是龙上凤下；还有就是一龙双凤图案，一龙居中双凤分列。这三种图案，慈禧见了哪个都不喜欢，看着哪个都不舒服，她一定要发明出一个新图案来，以此显示她太后至高无上的权威。

说起来容易做起来难。一龙一凤图案，龙在左在右，凤在左在右，都已经有了，没有修改的余地，总不能搞出个大凤小龙的图案吧。一龙双凤图案也没法改，换成一凤双龙，这是伤风败俗的事儿，不是明摆着骂慈禧勾引男人吗？最后，只能在双龙双凤图案上下功夫了，把原来的龙上凤下颠倒一下，改成凤上龙下。

在龙凤对比中，突出凤，贬低龙，可以说是慈禧一生的喜好和追求。有资料记载，慈禧在颐和园的德和园大戏楼看戏时的座位，就称"金漆珐琅百鸟朝凤宝座”。据说，慈禧经常让光绪皇帝陪她看戏，却不给这位“儿皇帝”座位，可怜的光绪只能站在她身后。后来，名丑刘赶三心中不平，在演出时有意加了这样一句台词：“你们瞧，我是个假皇帝，还有座可坐，可那位真皇帝，却连个座也没有。”也许是慈禧看戏时心情还算好吧，她没有怪罪刘赶三，倒是让人给皇帝搬了把椅子。

按照抬凤压龙的思路，经过皇宫造办处和太监们共同揣摩，凤上龙下月饼终于做好了。整个图案，内圈把常见的广寒宫改成了西王母的斗牛宫，场景是西王母出游，众人簇拥，上有黄罗伞，后有孔雀毛的掌扇，热闹非凡。目的是回避慈禧太后看到广寒宫，就会想起嫦娥的孤独寂寞，进而将自己和嫦娥进行比对而悲凉伤心。外圈图案，双凤捧日高高在上，凤采无限，双龙戏珠处在最底部，起陪衬垫底的作用。据说，慈禧对这个凤上龙下月饼的设计非常满意。

慈禧不仅生前要凤上龙下，死后也要凤上龙下。在清东陵的慈禧太后陵隆恩殿前的那块丹陛石玉雕，图案也是凤上龙下，俗称“凤压龙”。它采用了高浮雕加透雕的手法，将凤的凤嘴、凤足、凤冠，龙的龙须、龙爪、龙尾等处透雕，使整个图案的立体感得到了极度升华，把丹凤凌空、蛟龙出水的神态刻画得惟妙惟肖、栩栩如生，是一件优秀的石雕艺术品。另外，在隆恩殿周围的 69 块汉白玉栏板上，也布满了“凤引龙”的雕刻图案，无论栏板、望柱还是抱鼓石上，全部浮雕各式龙凤呈祥、海水江崖，处处都显示着女主人的至尊地位。

清东陵慈禧陵前的“凤上龙下”丹陛石

活着吃凤上龙下月饼享福，死了让凤上龙下石雕陪伴，像这样明显的凤压龙的事儿，除了慈禧，别人干不出来。不过现在来看，这倒为现代社会提倡男女平等，留下了一份独一无二的宝贵财富。

二龙戏珠月饼

连续四年了，小区菜市场售卖自制糕点的“老手艺糕点铺”，每年中秋节前后，平常广播“祖传风味，自制糕点”的小喇叭，就会一反常态，开始播放《龙的传人》和《大中国》。“古老的东方有一条龙，它的名字就叫中国……”“我们都有一个家，名字叫中国。兄弟姐妹都很多，景色也不错。家里盘着两条龙，是长江与黄河呀……”

这两首歌轮流播放，音量不大，只作为背景音乐使用，但时间很长，从早晨7点，一直到晚上9点。与背景音乐相配的是一条排号的队伍，多时十几个人，少时四五个人。队伍中既有穿老头鞋的长者，也有穿高跟鞋的时髦女孩。他们排队的目的，一是为了买月饼，二是为了观看月饼制作的全过程。铺面是透明全开放的，里面的一切，包括设备、工具、馅料以及人的操作，都一目了然。

老手艺家的月饼，馅料无论是五仁、枣泥、豆沙，还是蛋黄的，造型图案只有一种，二龙戏珠，据说这是他们祖上的传统。在玻璃橱窗最显眼的地方，挂着几个文物古董级的月饼模子，图案也都是二龙戏珠，据说这是他们先人的遗物，也是证明其“老手艺”所言不假的证据。

二龙戏珠，是传统月饼的典型图案，以往人们中秋节买月饼，除了挑选馅料之外，造型图案也是考虑的内容，因为每一种月饼图案都是有来头和有讲究的。

二龙戏珠图案，是两条龙左右相对，相互玩耍戏弄着中间的一颗宝珠。龙珠是龙卵的象征，龙戏珠，实际上是对生命的呵护、爱抚和尊重。体现的是古人的一种“生命意识”，即对传承不息的生命现象的认识、理解和发挥，这是学者的解释。老百姓呢，另有一套解读的理念，并且解读的思路也与学者迥然不同，他们往往把对生活的理解和期盼，通过一个完整的故事表达出来。

相传，有两条青龙在昆仑天池中修炼，它们关心天下苍生疾苦，经常行风播雨，使百姓们过着风调雨顺的好日子。百姓们为感激它们的恩德，修建

清代杜梨木“二龙戏珠”月饼模

了很多龙王庙来祭拜。天池也是仙女们洗浴的地方，每当月洁风清时，仙女们就到这里洗澡嬉戏。一次，仙女们在池中正洗得尽兴，一个浑身长毛的怪物猛扑过来，对裸身的众仙女进行调戏，她们惊恐地高呼求救。两条青龙听到呼救声，立即披甲持械出来，见是一只熊怪正在撒野，二龙齐心奋战，熊怪战败被擒。

众仙女把青龙搭救之事，告诉给了王母娘娘。王母一时善心大发，从宝葫芦里取出一颗金珠，给青龙送去，让它们早日修炼成功。金珠只有一颗，它们谁也不想独吞下去，你让给我，我推给你。推来让去，一颗金珠在二龙之间蹿上跳下，金光闪闪。时间一长，此事惊动了玉皇大帝，就派太白金星前去查看。太白金星查看后，把两条青龙如何潜心修炼，心系百姓，仁义礼让的品德对玉帝汇报了一遍。玉帝也深受感动，便又取出一颗金珠给青龙送去。于是，它们各自吞下了一颗金珠，都成了掌管百姓命运的天神。

但是在有的图案中，二龙戏的不是一颗“珠”，而是一个“火珠”或“一团火”。“火球”下面滔滔海水，与日出东海的太阳一模一样。既然是太阳出海，为什么要龙来“戏”呢？有专家解释：古代阴阳五行方位学说认为，天地四方都有神灵，东青龙，西白虎，南朱雀，北玄武。太阳是从东方升起的，龙又是代表东方的神物。将两者结合起来分析，二龙戏珠是太阳崇拜和龙崇拜交融的产物。

地球上的生命依靠太阳的能量而生存，光合作用是唯一能捕捉这个能量的生物途径。生物利用太阳能合成有机物，储存于分子中的能量用来驱动植物细胞中的各项工作，同时这些能量也可被各种不同的生物所利用。光合作用为包括人类在内的几乎所有生物的生存提供了物质来源和能量来源。这就是万物生长靠太阳的道理。二龙戏珠是龙，是太阳，是形象化的生命赞歌。

“古老的东方有一条龙，它的名字就叫中国。古老的东方有一群人，他们全都是龙的传人。巨龙脚底下我成长，长成以后是龙的传人，黑眼睛黑头发黄皮肤，永永远远是龙的传人。”龙的传人，不但祭龙拜龙，耍龙戏龙，赛龙舟跳龙舞，而且还要吃龙鳞春饼、龙须面条、龙子米饭、龙眼馄饨、龙耳饺子……以此寄托人们祈盼神龙赐福，保佑风调雨顺、五谷丰登的美好愿望。

年年中秋节，岁岁吃月饼。当笔者今年专程去小区菜市场买“二龙戏珠”月饼时，店铺已经更换了新主人。年轻的小老板告诉我，“二龙戏珠”月饼已经被评为了非物质文化遗产，他们两口子是传承人，回老家开农家乐去啦。听后，我的心里游荡着一种不可名状的思念……

宋徽宗树下观棋月饼

只有想不到，没有见不到。用这句话来描述北京潘家园古玩市场的各种古董旧物，是最合适不过了。全国各地的旧物件，上下五千年，传世的出土的，人使的鬼用的，再加上古董商臆造的历史上从未有过的东西，你都能看到买到。

2003 年夏天，在潘家园的地摊上，笔者见到了一个非常奇特的月饼印，从以往的经验判断，肯定是清代的老东西，但上面的图案弄不懂。周边一圈三角月光，里面是五只飞翔的蝙蝠和如意形祥云，寓意五福捧寿和吉祥如意。核心部分是月宫中的桂树，树上桂子累累，树下两位老者在对弈，旁边一人头戴毡笠，就是《水浒传》中豹子头林冲戴过的那种帽子，脑后一把锋利的斧子悬在空中，身后一根武松用的哨棒直插后背。给人一种煞气的感觉，后脑勺子嗖嗖冒凉风。

笔者见到过的月饼印模图案都是祈福纳祥的，从来没有见到过这般凶煞吓人的。业余收藏多年，笔者形成了一套符合自身能力和财力的收藏“理论”，只要是真的，价格合适，心里喜欢，不管内容懂不懂，先买下再说。待笔者付完款拿着心爱之物转身离去时，一位满头银发、瘦高驼背的长者拦住了笔者。

“您很有眼力，这东西该买。”长者

清代杜梨木宋徽宗“树下观棋”月饼印

笑着对我说。笔者则如实而言：“这模子和一般的不一样，我看不懂。”长者接话：“您买的时候我一直在等，您要是一犹豫放下了，这模子就属于我了。”长者的话，让人听着舒服。笔者接着问：“请教，这图案是什么意思？”长者毫不犹豫地说：“宋徽宗游月宫。这模子应该出自官府，说不定就出自我们直隶总督署呢。”“先生是保定人？”笔者问。“保定人。小时候听老人讲，保定总督署里每年都做‘宋徽宗观棋’月饼，和‘公生明’牌坊一样，对衙门内各级官吏起告诫警示作用。水能载舟亦能覆舟，贪图享乐不为百姓做事，不但江山坐不住，死了也要遭后人棒打斧砍，遗臭万年。”

收藏的最高境界是研究，把藏品背后的历史故事挖掘出来，用以告诉今人，启迪后人。宋徽宗赵佶游月宫的故事，出自南宋的笔记小说辑录《宣和遗事》，讲的是他见到了老祖宗在与人对弈，并从中看出了北宋将亡的先兆。故事大意是：某天夜里，月明如洗，宋徽宗与苏东坡的书童，后来成为著名道士的林灵素在千秋亭闲话。徽宗心血来潮，忽然说：“听说广寒宫方圆八百里，嫦娥仙子美艳如花，非人世可见。若能到月宫一游，也不枉为君一场。”

林灵素听了莞尔一笑，说此乃易事。说完，向空中一招手，两只青鸾从天而降，林灵素与徽宗各骑一只，朝西北方向飞腾而去，不多时就来到了广寒宫。但宋徽宗没看到翩翩起舞的嫦娥，倒看见有两个人在桂树下对坐下棋。一人穿红，一人穿黑。只听两人说，今奉天帝旨，叫咱俩弈棋，谁胜谁得天下。过了一会儿，输赢已定，穿黑之人获胜，手舞足蹈向北而行；穿红者棋输，无精打采向南而去。又过了片刻，一金甲神将前来收拾棋具，徽宗让林灵素问刚才两个下棋者是何方神圣，神将回答说：“那个穿红衣服的是霹雳大仙，就是大宋高祖。穿黑衣服的是北方水德真君，为大金太祖武元皇帝。两人在此赌天下，宋太祖的子孙，看来要亡国啦！”说罢，神将飘然而去。宋徽宗听此闷闷不乐，月宫也不游了，当即返回人间。

这个故事本身荒诞不经，但却曲折地反映着民意。无论是贵为君王，还是身为普通百姓，对国家各有各的职，各有各的责，万万不可随意胡来。宋徽宗生活穷奢极侈，迷恋声色犬马，经常微服游幸青楼歌馆，寻花问柳，凡是京城中有名的妓女，几乎都与他有染，有时他还将喜欢的妓女乔装打扮带入宫中，长期据为己有。徽宗自幼爱好笔墨、丹青、骑马、射箭、蹴鞠，对奇花异石、飞禽走兽有着浓厚的兴趣，尤其在书法绘画方面，更是表现出非凡的天赋，独创了“瘦金体”，但就是不用心当皇帝，不在治理国家上下功夫。

用老百姓的话讲，除了当皇上样样都在行。后来，一切果然如天机所示，金兵大举来犯，宋都汴京失守，北宋亡国。徽宗也做了俘虏，最终客死在金国五国城。

将宋徽宗游月宫树下观棋与天下兴亡的故事做成月饼，以此警示官员，这或许也是一种值得继承弘扬的中国传统优秀廉政文化吧。只是笔者收藏的这个印模是否为保定直隶总督府旧物，尚需认真考证。

佛家八宝月饼

宗教是心灵的寄托。为了宣传普及教规教义，宗教总是喜欢用符号帮助人们创造一个表达社会道德观或宗教实践的共鸣主题，以此促进信徒的团结，让他们更紧密地围绕在所崇拜的对象周围。

宗教符号一经产生，便会渗透到信徒日常生活的方方面面。佛家八宝，藏传佛教称“八瑞相”或“八吉祥”，是佛教中的八种吉祥供养法器，包括宝伞、金鱼、宝瓶、莲花、法螺、吉祥结、宝幢、法轮，相传释迦牟尼佛诞生时，苍天献上了种种供品，这八宝即为天人所供，故而佛家常用此来供奉佛祖、装饰佛坛和佛堂。在汉传佛教中，还经常将其绘制到各种生活器皿上，起弘法布道以及装饰美化作用。

清代杜梨木佛家八宝月饼模

佛家八宝月饼，主要流行于内地汉传佛教地区，就是将八种宝物的图案符号打制到月饼上，以供信佛人购买食用。这种月饼，有时一个月饼上同时有八种图案，有时一个月饼上只有一种图案，八个一套，按套出售；也有两个图案四个一套，或四个图案两个一对的组合，这大概是受好事成双成对习俗的影响，抑或是追求对称原则所致吧。

在中秋之夜，信佛人有用佛家月饼供奉佛祖

的习俗。供拜仪式结束后，一家老小围坐在一起，年长者就开始为年幼者讲述佛经故事，同时用通俗的语言讲授佛教的经义内容，以此弘扬佛法、利益众生。如果供品是八宝月饼，往往就从八宝开讲。

一是宝伞，又称华盖、天盖、伞盖，藏语称“斗”。佛经中专门有一本《大白伞盖》经，其中有“张弛自如，曲复众生”之句，故伞盖又称“白盖”。宝伞形似宝幢，只不过幢幅短而层数多，上面有花作为装饰，多张盖于佛像之上。相传在古印度，每当贵族或是皇室成员出门时都会用伞来进行遮蔽阳光，后来又演化成了仪仗器具，代表至上的权威。而在佛教中，宝伞是用来守护佛法、遮蔽魔障、象征佛陀教诲的权威。

二是宝鱼，又称金鱼、黄金鱼，藏语称“赛聂”。它代表佛陀的双目，佛眼慈视众生，故此象征智慧。因为鱼能悠游于水中，可以象征佛教超越世间、自由辽阔，且鱼的生性活泼好游，能解脱种种磨难，这和佛经中的“坚固活泼，解脱坏劫”不谋而合，而佛经中也有莲华王舍身为鱼以度人的故事，因此将鱼视为吉祥的象征。另外，金鱼还有慧眼之意，因为鱼眼可以透视浑浊的泥水。

三是宝瓶，又名如意瓶、吉祥瓶、瑜伽瓶、德瓶、贤瓶，藏语称“奔巴”。汉地称罐，其形状呈长圆，腹部较大。佛经中根据其用途及形状归纳为“福智圆满，具定无漏”。它代表佛陀的颈，因佛法皆由佛陀口中流出，故它又为教法教理的表征。在藏传佛教中，寺庙里的瓶子中多是装满甘露和宝石，里面还插着孔雀羽毛或是如意树，象征着吉祥生财、福智圆满、毫无漏洞。

四是莲花，又名莲华、荷花，藏语称“白玛”。常见的有白莲花、青莲花、紫莲花等。莲花生来就有出淤泥而不染的品质，因此莲花的至清至纯在佛教中象征着神圣而又纯洁、一尘不染、拒绝污染的美好品质。据印度史诗《摩诃婆罗多》记载，传说天地开辟之始，毗湿奴神之脐中出莲花，花中有梵天，结跏趺坐，创造万物。

五是海螺，又称法螺、法赢、金刚螺，藏语称“东嘎”。佛经记载，释迦牟尼在说法的时候声音传遍四方，就像是海螺的声音一般。因此，在经典中常以法螺悠扬深远的声音来比喻佛陀说法的妙音，有“具菩萨意，妙音吉祥”之说。现在的法会中也时常有吹海螺的场景，尤其是在西藏地区最受欢迎。

六是吉祥结。它代表佛陀的心，又称为无尽结，因为这种结为无首无端，象征佛法连环贯彻，长久永恒无止境。佛经中称其为“回环贯彻，一切通明”。此结也可视为两个“卍”字交搭而成，为心脉的表征。在中国传统文化中，它又被称为中国结、中华结，含有团结、团圆、美满和吉祥如意的意思，成了中华文化的符号。

七是宝幢，又称天幢、法幢、胜利幢、尊胜幢等，藏语称“尖参”。呈圆柱形，是旗的一种，由古印度的军旗演变而来。它代表佛陀无上正等正觉，可以解除烦恼，战胜一切困难，获得永恒胜利。

八是法轮，又称金轮、宝轮，藏语称“阔罗”。它形似车轮，在古印度时，是一种杀伤力极强的武器，后来借用到佛教之中，以车轮之圆形象征佛法的玄妙圆满，以车轮滚滚旋转不息代表无坚不摧，佛经中有“大法圆满，万世不息”之说。法轮常转，表示佛法永恒，法力无边。

有容乃大。八宝月饼的存在，说明佛教文化在汉化过程中，已经成为中国传统节日的有机组成部分。

八卦月饼（上）

我们生活在一个网络的时代，日常说话交流不可避免地，或者说必然地要使用网络语言。即便是自己不使用，也挡不住别人说，所以无论你怎样反感和不情愿，你一定要懂得网络语言，不然你就无法和年轻人交流，更听不懂年轻人的话。

不知什么时候，在网络语言中八卦的概念变成了这样：八卦就是爱说是非，扯老婆舌，东家长西家短，南边的二狗三只眼，都是些没准的事；八卦就是娱乐新闻，明星的真假隐私广而告之，这个明星爱吃辣，那个明星喜穿红，明星的吃喝拉撒均是新闻；还有一种说法，20 世纪 70 年代，香港的报刊争相刊登美女裸照，因受制于法律和社会道德，不得不在裸照的“三点”位置贴上一个八卦图案，相当于现在的马赛克。

越是神圣的就越容易遭到亵渎。八卦是中国文化的基本哲学概念，是中国哲学的根，极其深邃博大，几千年来，中国人就是用它解释身边的自然和社会现象，并由此形成了独树一帜的中国式思维和文化，与古埃及、古巴比伦、古印度比肩而立，成为世界四大文明的发源地。如今八卦竟然与播弄是非、明星隐私、美女裸照等扯在了一起，实在是件令人尴尬脸红的事儿。

晚清木质八卦月饼模

江西省上饶县桥头遗址出土的距今9000年的八卦陶罐

我们现在谈论的八卦月饼，与上述之事没有半点关联，仅仅是带有八卦图案的月饼。从目前收藏到的月饼印模来看，清代就已经开始制作八卦月饼了。那么，人们为什么要把形而上的阴阳纹组成的哲学符号打印到月饼上呢？这需要先从“八卦”本身谈起。

概括地讲，八卦是一套表示事物自身变化的阴阳系统。它用“—”代表阳，用“--”代表阴，用这两种符号，按照大自然的阴阳变化平行组合，组成八种不同形式，叫作八卦。相传，八卦有先天和后天两种，先天八卦为中华先祖伏羲氏所创，所以又称为伏羲八卦；后天八卦由周文王所创，故此又叫文王八卦。《帝王世纪》中说，伏羲氏始作八卦，炎帝、黄帝有所发挥完善，形成“二易”。夏人继承炎帝之“易”称为《连山》，内容是对以山体水流为主的自然生存体系的认知；殷人继承黄帝之“易”称为《归藏》，内容以《连山易》不能解释的问题，即对无形的气候变化规律的认知。周文王在此基础上发展为“天人合一”的《周易》。目前《连山易》《归藏易》已经失传，但《周易》一直传承至今，被誉为诸经之首，大道之源，是中华传统文化的总纲。2014年以来持续发掘了7年多的江西上饶县桥头遗址，出土了大量精美的陶质器物，碳14测定距今9000多年，在一些陶质器物上竟然发现了易经卦形的纹饰。与以往原始八卦图不同，桥头遗址中的纹饰直接以阴阳爻的形式出现，与流传至今的八卦乃至六十四卦完全一致，证明伏羲八卦以及连山历法的存在年代至少有9000年，大大超出了华夏上下五千年的传统说法，表明中华文明是世界存续时间最久远的文明。

八卦的每一卦形分别代表一类自然现象或事物。乾代表天，坤代表地，巽（xùn）代表风，震代表雷，坎代表水，离代表火，艮（gèn）代表山，兑代表泽。八卦就像八只无限无形的大口袋，把宇宙中万事万物都装了进去，用来象征各种自然现象和社会现象。八卦是古代中国人对自然宇宙和人生社会的思想认识、哲学理念和辩证法，代表了先民哲学地把握宇宙的思维成果，除了占卜、风水之外，影响涉及中医、武术、音乐、数学等方面，在东亚汉文化圈内有着非常广泛而重要的影响。

人们打制八卦月饼，是希望汲取八卦的智慧，用八卦的思想指导生产和生活，以便与自然和社会和谐相处。据老人们讲，以往吃八卦月饼的人，大多为家族掌门人或乡贤智者。吃这种月饼，一则显示身份的高贵，二则表明学问的精深，三则具有教育传承的功效。家族掌门人将八卦月饼作为一种特殊的鼓励，奖赏给家族中可以教育培养的机灵孩子，当然也要上一堂八卦课。

长者讲述八卦课，一般从八卦的来源开讲，以八卦的用途结束。相传，八卦是我们华夏民族的老祖宗伏羲发明的。

伏羲生活在旧石器时代中晚期，当时人们对大自然知之甚少。天气的变化，日月的运转，人畜的生死，所有这些，谁也搞不清其中的道理，人们天天提心吊胆地过日子。伏羲为此非常烦闷，经常一个人环顾四方，举目六合，揣摩着日月经天、斗转星移的规律，猜想着大地寒暑、花开花落的奥妙。

一天，伏羲在河中打鱼时，捕到了一只白龟，就挖了一个水池养了起来。又一天，他在河边打鱼时发现了一个怪物。只见那怪物说龙不是龙，说马不是马，在水面上走来走去，如履平地。一会儿，那怪物竟然来到伏羲跟前，老老实实地站着一动不动。伏羲仔细观看，见那怪物背上长着花纹：一六居下，二七居上，三八居左，四九居右，五十居中。伏羲赶紧薅了一节蓍草梗，找了一片大树叶，把怪物背上的花纹画了下来。他刚画完，那怪物一声嘶鸣腾空而起，转眼不见了。人们闻声赶来，团团围住伏羲，问刚才是什么东西的叫声。伏羲想了想说：那东西像龙又似马，就叫它“龙马”吧。

事后，伏羲整天拿着那片大树叶，琢磨上面的花纹。这天，他正坐在白龟池边思考，忽然听到池水哗哗作响，定睛一看，白龟从水底浮到他面前，两眼一动不动地看着他，然后向他点了三下头，脑袋往盖里一缩，趴在岸边不动了。伏羲开始仔细地观察起白龟来：龟盖上的花纹，中间五块，周围八块，外圈儿十二块，最外圈儿二十四块。顿时，他明白了，天地间万物变化的规律，唯有一阴一阳而已。于是，以通道儿“—”作阳，断道儿“--”作阴，三道儿为一组进行组合，画出了八种不同的图案，以此演绎解释世间万物的变化规律。

伏羲画八卦的故事，不仅民间有传说，典籍也有记载。《直方周易》系词下：“古者包牺氏（伏羲）之王天下也，仰则观象于天，俯则观法于地，观鸟兽之文与地之宜，近取诸身，远取诸物，于是始作八卦，以通神明之德，以类万物之情。”伏羲画八卦，在中国和世界文明史上都具有十分重要的意义。伏羲一画开天地，使人类社会从“野蛮”进入了“文明”，从混沌时代进入了有画符的新时代。

长者讲述上面的故事，小孩子是听不懂的。但是，不管你听懂听不懂，长者总是要讲，而且是边吃八卦月饼边讲，这就是中国式的文化传承。

讲完伏羲画八卦，还要讲文王演八卦的故事。遇到大一些上学念书的孩子，长者还要进行有奖考试，让他们背诵司马迁的励志名言：“文王拘而演《周易》；仲尼厄而作《春秋》；屈原放逐，乃赋《离骚》……”凡背诵好的孩子，长者会奖励一个福字八卦月饼以示鼓励。接着，得到奖励的大孩子要给小弟弟们讲述“文王拘而演《周易》”的故事。

八卦月饼（下）

殷商王朝最后一个君王叫帝辛，谥号纣，史称商纣王。商王朝的西边有个叫周的诸侯国，首领叫姬昌，号称西伯，就是后来的周文王。当时周非常强盛，这让纣王如坐针毡，于是他以谋反罪，把姬昌囚禁在了羑里，即今河南汤阴县城北，中国最早的国家监狱。

话说姬昌已被关押了许久，一天纣王想打探一下姬昌的反应，于是传令狱卒，问姬昌服罪态度怎样？每天吃睡如何？狱卒禀报：姬昌从未发过牢骚，更没说君王半个不字。他每天都在地上画道道玩。纣王冷笑一声：蠢货！他哪里是玩，是在画八卦，掐算未来。

这天，狱卒提着一个食盒笑着对姬昌说："圣上看你成天写写画画，十分辛苦，特意让御膳房烙了一张肉饼慰劳你，赶紧趁热吃吧！"姬昌心想，是不是圣上要毒死我？就说："放下吧，我现在不饿，等饿了再吃。"狱卒脸一沉厉声呵斥："圣上有旨，不得拖延。快吃速咽，以谢圣恩！"无奈之下，姬昌只得慢吞吞吃下了那张肉饼。刚吃完，狱卒就哈哈大笑起来："人说你姬昌精通八卦，能掐会算，通晓前后五百年，我看你是徒有虚名。怎么样，肉饼好吃吗？"姬昌愣愣地回答："好吃，味道非常好！"狱卒上前一步抬手就是一巴掌："呸！非常好吃。圣上宰了你家大儿子伯邑考剁成了肉馅，那肉饼就是你儿子的肉烙的！"姬昌听罢，一头栽倒晕了过去。

两天过去了，姬昌一直不省人事。第三天早晨，太阳光透过牢房的窗户照在姬昌脸上。姬昌醒了，太阳光刺得他睁不开眼睛，恍惚中他仿佛看到了爱民如子的黄帝、东方的太阳……忽然，"帝出乎震！"喷薄而出，跳入脑海。"帝"字原指婴儿初生、脐带刚剪之状，预示独立生命的开端。推而广之，天帝乃是万物生命之源，帝王则是人间万民的首领。有了这个突破，其他一切迎刃而解。

繁体"東"字，由木和日组合而成，表示白天的开始。"帝出乎震"，震就是太阳升起的东方。

南方，阳光炽热，君主们面南称王，意在追求光明，昭示万物。所以南方之位就是"相见乎离"。离还借作"丽"，寓意亮丽。为此，宋元时京师内城和明代北京紫禁城的正南门均叫丽正门。

西字，本为鸟巢之象，鸟归巢表明日落。夕阳西下，夜晚即将来临，于是鸟归于巢，民归于家，万物得安，岂不"悦"哉？这就确定西方之位"说（悦）言乎兑"的道理。

岁月在流逝，季节在变换，但无论世界如何变化，祈盼天地和谐太平，万众安康幸福，总是人们永恒的追求。因此，便锁定北方之位为"劳乎坎"，意在对北方予以慰劳。

姬昌忍着丧子的悲痛，经过多次反复推演，终于画成了新八卦。与伏羲八卦主要言自然相比，文王八卦主要言人事。从此，中国有了推演自然变化规律和占卜人类活动吉凶的两套八卦。

2020 年八卦月饼

看着月饼上的八卦图，听着迷人的八卦故事，就这样自然而然，我们中华几千年的文明，在长者的讲述和少年的吃与听中传承着。您说，我们伟大的中华民族能不生生不息吗？我们伟大的华夏文明能不代代相传吗？

我们生活在一个瞬息万变的时代，世上之事，好像只有想不到，没有遇不到。2020 年中秋，终将是一个特殊的中秋，由于新冠病毒肆虐全球，人类还未研制出有效的疫苗，各地欢度中秋的大型群众性活动不得不缩小规模，很多人选择了宅家过节。夏先生是笔者的老朋友，一位计算机专家，他发微信兴奋地说，他是吃着八卦月饼，给 5 岁的孙子讲述着计算机故事过中秋的，其情其景连做梦也未曾想到过。

不知从何时起，除了吃喝，网络竟然成了生活的必需。计算机是网络的基础，二进制表达和数学算法是计算机软件的灵魂，依靠二进制计算机才能表征、处理、存储、传输各种信息，把社会带进了信息化的网络时代。令人想不到的是，发明二进制的德国数学家莱布尼茨，曾用二进制来解读八卦，为西方人了解八卦，让八卦走向世界，以及中国人从另一个角度审视八卦，提供了一个全新的视角。

二进制与十进制不同，十进制运用 0 至 9 十个数字，满十进一，而二进制则只运用 0 和 1，满二进一，书写出来只有 1 和 0 两个数字。西方人有一种观点，认为数学是上帝的语言，上帝必以数学法则建造宇宙，因此许多数学家致力于用数学或逻辑来证明上帝的存在。德国哲学家和数学家莱布尼茨就持有这种观点，二进制就是他发明的。他是历史上少有的通才，被誉为 17 世纪的亚里士多德，他与牛顿先后独立发现了微积分，并且他所使用的微积分数学符号应用最广。

时至今日，德国图林根的郭塔王宫图书馆，仍保存着一份莱氏手稿，标题全文是：《1 与 0，一切数字的神奇渊源……这是造物的秘密美妙的典范，因为，一切无非都来自上帝》。他在写给好友的一封信中，按照《圣经》上帝七天创造世界的说法，对二级制进行了说明：第一天的伊始是 1，也就是上帝。第二天的伊始是 2，……到了第七天，一切都有了。所以，这最后的一天也是最完美的。因为，此时世间的一切都已经被创造出来了。因此它被写作“7”，也就是“111”（二进制中的 111 等于十进制的 7），而且不包含 0。只有当我们仅仅用 0 和 1 来表达这个数字时，才能理解，为什么第七天才最完美，为什么 7 是神圣的数字。特别值得注意的是它（第七天）的特征（写作二进制的 111）与三位（圣父、圣子、圣灵）一体的关联。

二进制图

但是有趣的是，莱布尼茨赞美上帝的二进制论文，是在增加了中国的“伏羲八卦”内容后才得以发表的。1701 年初，身为巴黎皇家科学院成员的莱布尼茨，向科学院提交了论述二进制的论文《数字新科学论》，但被婉言拒绝了，科学院秘书长给出的理由是看不出二进制有何用处。这一年的 2 月 25 日，莱布尼茨给身在北京的法国耶稣会神父白晋写信，介绍了二进制的内容。1701 年 11 月 4 日白晋回信告知莱布尼茨，说中国的“伏羲八卦”和二进制有相似之处，并附上了一张“伏羲六十四爻图”。1703 年 4 月 1 日接到白晋的回信后，莱布尼茨对“伏羲图”进行了认真研究，并将原来的论文进行了完善，增补了“伏羲八卦”三段内容，改名为《论单纯使用 0 与 1 的二进制算术——兼论二进制用途以及伏羲所使用的古代中国符号的意义》，再次寄给科学院，因为二进制解释了古老中国“伏羲八卦”符号的数学意义，最终得以发表问世。

八卦和六十卦图

有用与无用，不是衡量科学研究的标准，今天看似没有的纯理论，也许就是未来改变世界的技术性革命的基础。进入 20 世纪之后，人类进入了电气化时代。电流最明显的两种状态就是导通和截止，运用到电气开关和晶体管逻辑开关等部件上，就是“开（通）”和“关（断）”两种状态，用八卦的阳符

“—”和阴符“--”，即用0和1这两个数字来代表这两种状态，就可以用电子线路来解决0与1两个数字的计算问题。有了二进制，人类发明制造了电子计算机，从而进入信息化时代。

想象一下：中秋之夜，爷爷与孙子，吃着八卦月饼，讲述着中华文化的精髓八卦、现代数学的二进制、电子计算机、互联网、物联网……此情此景，这些不相干的概念成为祖孙俩的对话内容时，20年后，世界将会发生什么？

太极图月饼

太极图月饼有三种，一种是纯太极图月饼，图案只有阴阳鱼；另一种是太极八卦月饼，图案由中部的太极图和四周环绕的八卦符号组成；第三种是组合太极图月饼，图案由太极图和其他图案及文字组合而成。这三种太极图月饼市场占有率大体相当，呈三足鼎立之势。

“太极”一词最早见于《庄子》：“大道，在太极之上而不为高；在六极之下而不为深；先天地而不为久；长于上古而不为老。”“太”是“至”的意思，“极”为“极限”，合起来就是至于极限之意，指的是宇宙衍生阶段阴阳尚未分化混沌一体的最初形式。严格地讲，一个正圆内，两个逗号一样的阴阳鱼环形相抱，且每个逗号里各有一个圆点，表示“阳中有阴，阴中有阳”之意的“太极图”，并不是用来表达太极形象的，而是表达阴阳二气自然流转的。

清代瓷质“太极同心”月饼印

从古至今，太极图月饼的消费群体也大致分为三类，一类是宫观之中的道士和道教信徒，另一类是喜欢道教或喜爱太极文化的普通民众，其中后者为消费的主体。还有个别年轻顾客，是出于对太极符号的好奇感觉好玩儿而购买的。但是不管是哪类消费者，都对太极图充满着敬畏感和神秘感。

谈起太极图，多数国人以为这是中国所独有的文化符号，最多再加上东亚汉字文化圈内的韩国。其实不然，太极图是一个世界性的文化符号，有不少人认为太极图起源于史前原始时代，甚至有人认为是太古洪荒之时外星人馈赠给地球人的礼物，或本次人类文明以前上一次甚至两三次文明毁灭时遗留下来的唯一信物。在 2010 年上海世博会上，乌克兰馆黄褐色的外墙上有一个巨大的黑、白、红旋转图案，中心是黑白两色的“阴阳鱼”，这一图案来自乌克兰境内七千多年前的史前文明特里波耶遗址，至于图案的来历和含义，世界各地的研究者正在绞尽脑汁地进行破解，但至今没有结果。

近代，蒙古国和韩国先后把太极图用在了国旗上，国旗出现在哪里，太极图就在哪里飘扬，一些外国人正是通过这两个国家的国旗才认识了太极图，但两国的太极图含义各不相同。蒙古国国旗上的“太极图”，似乎与“佛教双鱼”有关，象征和谐与协作，和我们通常的理解相去甚远。而韩国国旗上的太极八卦图，则与中国文化密切相关。

朝鲜王朝曾经是明清帝国的附属国，日本对其觊觎之心久矣，1876 年日方的宫本小一曾建议朝鲜以太极为国旗，遭到拒绝。1880 年大清外交官黄遵宪曾建议朝鲜以龙旗为国旗，也未被采纳。1882 年《朝美修好通商条约》签字前，朝鲜方面设计了一种无卦的太极旗，清朝外交官马建忠提示其加上了八卦，同年 8 月在出使日本的轮船上，朝鲜大臣朴泳孝与英国船长商量，为了清晰明了避免杂乱，去掉了八卦中的四卦，1883 年 3 月 6 日朝鲜王朝正式决定以太极旗为国旗。现在的韩国国旗，是在原太极国旗基础上经过数次修改而确定的，与太极图最大的区别是省略了鱼的眼睛。

我们现在看到的太极图，据说最初传自五代末的道士陈抟，最早叫《无极图》。陈抟精通内丹术和易学，是中国太极文化的标志性人物。据史书记载，陈抟将此图传给了他的学生北宋工部侍郎种放，后几经倒手传给了北宋理学家周敦颐，并一直流传至今。现存文献中最早一张太极图出自南宋张行成的《翼玄》。

中国太极图的思想渊源和理论基础，源自原始时代的阴阳观念，盘古爷开天辟地，一板斧定乾坤分阴阳，因此就有了《易传·系辞上》说的："一阴一阳之谓道。"道生一，一生二，二生三，三生万物；就是无极生太极，太极生两仪，阴阳化合而生万物。所谓阴阳，既蕴含着形而上的宇宙之道与天人之际的大法则，也包括了形而下的人生法则，大凡自然界或人类社会中一切相互对立的现象与事物，都可以用阴阳来表示。它们互相依存、互相为用，运动形式彼此消长，总是处于动态平衡的变化之中。早在五千多年前的仰韶文化时期，彩陶上就已经出现了类似于太极图的螺旋纹符号，之后逐渐发展定型，并与中国"百经之首"的《易经》相结合，以简易的图形语言涵盖了《易经》的大义要旨，一经问世便形成了一个庞大而根深叶茂的太极哲学体系，彰显了中华先民领悟宇宙万物变化规律的非凡智慧。

太极图在中国享有"中华第一图"的美誉，关于它的起源问题，一直是学者们研究的对象，很多人为此耗费了毕生精力。20 世纪 90 年代有学者指出，太极图起源于古人立杆测日影的实践，是古人在长期崇拜太阳活动中仔细观测太阳运动规律服务于农业生产的成果。这个结论在中国古代计时器日晷上得到了验证。把一年 365 天太阳在日晷上留下的影子描绘出来，就是一张二十四节气太极图。

将纷繁复杂的哲学问题简单化和图形化，并渗透到人们日常生产以及衣食住行的方方面面，让识字和不识字的人都一眼就能看明白，这就是中国哲学演变成世俗文化的智慧。人们中秋制作食用太极图月饼，最直接的功用，是要从太极图中去领悟为人处世的道理。成功得意的时候不要忘乎所以，要想着月盈则亏，福祸相依；失败沮丧的时候不要过于悲观，要想到否极泰来，水到绝处是瀑布，人处绝境是重生；要想到冬天到了，春天还会远吗？说话做事应留有余地，时时处处考虑到对方，追求和谐与双赢，切忌好事独霸独吞。您说，以太极图理论作指导的民族，能不恒久长远吗？

更值得赞叹的是，将太极图与特定的文字和图案相结合，更能彰显中国文化的魅力。一位朋友把在网上看到的一张照片发给笔者，询问其中的含义。这是一个写有"提庄足砠"四字的木质月饼印，四字中间穿插着四只蝙蝠，中间是太极图，凭借经验判断它出自南方。蝙蝠和太极图是常见的吉祥图案，组合在一起是"福寿无极"的意思，关键是"提庄足砠"四字现在难以见到，加之各种辞书上均未收录，不好理解。

原来江南水乡以及云贵地区，老年间曾把规模较大、只批发不零售的店铺或作坊，称为“提庄”，旧时南京北门桥附近就有“永记祥裕提庄”，是专门批发旧服装的估衣店，很是有名的。还有，这里的“砠”字，不读jū而读zǔ，在南方民间当“秤锤”讲，就是北方说的秤砣。四字和图案合起来的意思是：福寿无极月饼，只批发不零售，足金足两，童叟无欺！这是商家对顾客的庄严承诺，同时也具有广告的功效，可谓一举两得，奇妙无比。

清代南方木质“太极福寿”月饼模

儒释道三教月饼（上）

文化自信来源于文化自知，文化自知有赖于文化载体的收藏与研究。20世纪末，随着中国城市化进程的迅猛提速，工业化程度的飞速发展，老百姓开始淘汰和丢弃一些过时的生产生活用具，月饼印模就属于其中。但到了21世纪10年代以后，人们开始觉察到，老祖宗留下的老物件是华夏文明的基脉，蕴含了丰富的造物思想、审美意识、工匠精神、技术能力、伦理观念，其守护传承与创新发展与民族文化创造力的传承发展密切相关，是无价之宝。于是，一大批80后加入了对传统老物件的收藏队伍，成为中华文明的守护者。

郭亮，我的一位80后藏友，地地道道的山西人，毕业于山西大学物理电子专业，这位典型的高科技理工男，却对传统文化情有独钟，居住在太原的他，曾是山西省博物院的志愿讲解员，工作之余喜爱传统糕饼模具的收藏和研究。2020年中秋节前夕，他给笔者发来了一张刚刚从当地购得的清代木质月饼模照片，探讨图案文化内涵的问题。笔者收藏月饼印模30余年，现有藏品两千多件，过眼的各地月饼印模远超万件之上，但从未见过这种图案的。

这个月饼模外形为长方形，长23.5厘米，宽19.5厘米，厚4.0厘米，图案直径16.0厘米，是典型的制作先祭祀后分食的中大型月饼模具。图案外围有一圈常见的“五福”梅花图；内圈中是月宫图，桂树粗壮，枝叶繁茂，好

清代山西木质儒释道三位一体月饼模（局部）

像还飘浮着浓郁的桂香，树下是玉兔，在不知疲倦地捣药，女主人嫦娥高绾发髻，亭亭玉立，站在图案的中央。出人意料的是，嫦娥纤细的右手手指上挂着一串长长的佛珠。嫦娥与佛珠，从未见过的匪夷所思的组合。为了弄懂图案的含义，笔者和郭亮约定各自从本地调查入手开始研究。

河北又称燕赵，历史上赵文化与山西的晋文化同根同源，春秋与战国的界碑就是韩赵魏三家分晋，所以太行山东麓的河北与西麓的山西关系紧密，很多习俗一脉相承。河北中南部与山西联系最多的历史文化名城，一个是邯郸，另一个是正定。笔者生活工作在石家庄，调查自然从近处的正定开始。

正定历史悠久，古称常山、真定，历史上曾与北京、保定并称“北方三雄镇”。当笔者手拿照片向城内的老人求教时，老爷爷们大都说：北方都是男主外女主内，过中秋节都是男人说定总共花多少银两，家庭主妇们负责具体操办，讲述得原则而模糊。老奶奶们，虽然说得絮叨琐碎，但非常具体生动：老辈子的正定城内，不光有大佛寺，还有道观、孔庙、城隍庙、土地庙、龙王庙、财神庙、奶奶庙、娘娘庙……啥庙都有。娘儿们平时出门，懂事的路过哪个庙门都要停下脚拜拜，因为哪路神仙也得罪不起呀！其中一位奶奶快言快语地讲，娘儿们都护家，为了一家老小的平安，什么神都信，什么庙都拜，是事儿就想沾光……买月饼，谁不想要那买一个就能保全家万全的呀！

郭亮的调查也进展顺利，他发现宗教融合现象在山西较为普遍，百姓自家院落中的神龛里，供奉的神仙包罗万象，既有佛祖、老子、孔圣人，也有上帝、神仙和关公，无论是何方神圣，但凡可以救苦救难，就一律平等地享受着人间的香火。这种多神一起供奉的现象，不仅仅流行于民间，在一些有着官方背景的正规寺庙中，也是如此。最著名的就是全国重点文保单位，大同市浑源县境内的北岳恒山悬空寺。

悬空寺原名“玄空阁”，“玄”取自于中国道教教理，“空”则来源于佛教的教理，因为整座寺院就像悬挂在悬崖上，加之“悬”与“玄”同音，后改名为“悬空寺”。这是一座典型的“三教合一”寺庙。寺内有纯阳宫（吕祖庙）、三官殿、太乙殿、释迦殿、观音殿等建筑，单单从名称上就能看出它多元文化共处的特色。悬空寺中最高的大殿叫“三教殿”，三位世界级教主共聚一堂，安然端坐，中间为佛教创始人释迦牟尼，左边为儒家创始人孔子，右边为道家鼻祖老子，共同接受着四方来客的祭拜。

夜深人静，将老奶奶们说的“保万全”月饼和悬空寺的“三教殿”连在一起，细细思量，冥冥之中似乎有一把打开这个月饼图案之谜的钥匙飘然而至。

儒释道三教月饼（下）

家庭主妇们操办中秋，首先要根据手中的钱两，考虑月饼的馅料，因为馅料决定月饼的价格，五仁的肯定比豆沙的贵，原材料值钱嘛！其次才考虑月饼的形状和图案，一样的价钱当然要挑选自己喜爱的形状和图案，因为形状和图案代表着不同的文化内涵，进而可以表达不同的希望和期盼。有需求就有创造。绝顶聪明的商家们，为了追逐利润，满足尽可能多的顾客的需求和心愿，一定会绞尽脑汁设计出一种人见人爱，适用于各种文化心理的“保万全”月饼图案的。

汉代以来，中国传统文化的主流思想是儒家思想，但这种儒家思想与孔子所创建的儒家思想已有极大不同，它以儒家思想为核心并充分吸收佛教、道家思想精华，混合而成“儒释道”三教合一并与时俱进的新儒家思想。这种新儒家思想，能满足古代中国不同阶层和各种信仰的社会需求。如果将儒释道三教形象地设计成一个月饼图案，就能契合国人什么都信和什么都不全信的信仰特点，从而达到人见人爱提高月饼销量的目的。嫦娥、佛珠、梅花图案的奇妙组合，正是儒释道三教合一文化内涵的图形表达。

这里的嫦娥代表的是道教中的太阴星君。道家有七大星君之说，分别是太阳星君、太阴星君和金木水火土五德星君，其中的太阴星君就是神话中的月神，俗称太阴娘娘、月姑等。尊名全称有三个，分别是“上清月府黄华素曜元精圣后太阴皇君”“月宫黄华素曜元精圣后太阴元君”和“太阴元君孝道明王灵宝净明黄素天尊”。在民间，人们认为嫦娥仙子天生绝色美丽，常把她和太阴星君合并为一个神供奉，因了这个缘故，八月十五就成了太阴星君的生日，中秋节前夕家庭主妇们要把太阴星君的神像请到家中，等到十五的晚上进行祭拜。更为有趣的是，自从嫦娥与太阴星君合二为一后，似乎还有了月老的部分职能，古代男女热恋时常在月下盟誓定情，拜祷嫦娥。还有些分离的恋人也拜嫦娥祈求团圆，更有患单相思病的男女也时不时地面对明月向她倾诉衷肠。

清代山西木质儒释道三位一体月饼模

在佛教徒眼中，月饼图案中的手执佛珠的女仙不是嫦娥，而是月光菩萨，俗称月宫娘娘。月光菩萨是外来者，所以又译作“月净菩萨”或“月光遍照菩萨”。据说月光菩萨原本是男性，后来在佛教汉化的过程中逐渐变成了女性，所以有的长胡须，有的是蛾眉，但无论真实情况如何，中国文化中的月亮一定是阴性，肯定是女的。关于月光菩萨的身世有多种说法，有说是印度古帝王的，即无上释尊于过去世修菩萨行的前身；有说这是佛世时中印度舍卫国波斯匿王的异名；还有的说是东方净琉璃世界药师佛的右胁侍的。月光菩萨的形象是身为白色，左手为拳，安于腰，右手持莲花，其莲花上有半月形。不知道是巧合还是有意安排，汉传佛教月光菩萨的生日也是八月十五。十五之夜拜月，绘有月光菩萨形象的月光纸是必备之物，在各地的集镇上都能请到，购买迎请者自然也是家庭主妇们。

在三教合一月饼图案中，道教和佛教的标识比较好捕捉，唯有儒教的内涵很隐蔽不易觉察。因为儒教没有标志性符号，其是否为宗教还一直存有争论。宗教是一种群体社会行为，须有严格的教义教规、组织结构、宗教仪式，儒教似乎并不完全具备这些条件，所以很多人以为儒教就是一种学理思想，而不是宗教。儒教是否为宗教非常人能定，不是我们讨论的问题，我们暂且按约定俗成还是称其为“儒教”，静心揣摩，其标志性符号其实也不难寻找，儒教对中国文化的影响远超任何宗教，对国人性格和喜好的形成影响巨大，中国文化的符号本质上就是儒教的符号，只是不止一个而已。

梅花，是中国人非常喜爱的花，有国花之誉，一直是中国传统文化中的代表性符号，不管是于思想，还是于情操，都有着非凡的意义。梅花的性格，用儒家亚圣孟子的话讲是“富贵不能淫，贫贱不能移，威武不能屈”，与中国人的性格高度吻合。毛泽东主席的《卜算子·咏梅》更是借助咏梅把中国人迎风傲雪的铮铮铁骨，表现得淋漓尽致：“风雨送春归，飞雪迎春到。已是悬崖百丈冰，犹有花枝俏。俏也不争春，只把春来报。待到山花烂漫时，她在丛中笑。”

清代儒释道三位一体月饼模图案中那一圈梅花边饰，既是国人世代追求的五福“长寿、富贵、康宁、好德、善终”的象征，也是代表社会主流意识的儒家思想的符号。

最后一个问题，儒释道为什么要三位一体呢？我们不妨听听百年前的解释吧。民国初年曼陀罗室主人在其所著《释迦牟尼传》中言：“话说三教的行径，在表面上是不相含混，实际上却都是彰善瘅恶，宗旨不谋而合，可以算得殊途同归的……孔子主张大同，释迦牟尼主张平等，老子主张无争。这三个名词，固然各个不同，若仔细研究一下，大同、平等、无争的分别，又在于哪里呢？”

如果说上面的解释过于高大上概念化，那么南怀瑾大师的比喻则十分平民化：佛学像百货店，里面百货杂陈，样样俱全，有钱有时间，就可去逛逛。逛了买东西也可，不买东西也可，根本不去逛也可以，但是社会需要它。道家则像药店，不生病可以不去，生了病则非去不可。儒家的孔孟思想则是粮食店，是天天要吃的。

信仰上的实用性，“保万全”心理的普遍存在，主流思想的儒释道三教一体化，必然会体现在月饼图案上。儒家的拿得起，重在入世；释家的放得下，期待来世；道家的看得开，已然出世。一块蕴含如此厚重文化底蕴的月饼，不仅能满足食客味蕾的需要，还能满足食客精神的追求和享受。

华人基督徒的“十”字月饼

基督教是世界三大宗教之一，分为天主教、东正教和新教三派，各派下面又有若干小宗小派，并且各宗各派的名称，在不同的地域和时代叫法也各异，不信教的人或一般教徒很难分辨得清楚。不过，全世界的基督教都把“十”字作为神圣的标志性符号。

清初胶东即墨滑石“十”字月饼印

华人基督徒中秋走亲访友时，大多相互馈赠“十”字月饼。“十”字月饼印模存世量很少，图案总体上分为华夏风和西洋化两种风格，其中华夏风图案以山东最为著名。笔者的藏品中就有一个，出自胶东半岛的即墨县农村，用当地的滑石雕刻而成，从纹饰和磨损程度判断，属于清早期作品。此印整体图案为圆形，由三个同心圆构成，内圆为寿字，中间是对称的两个寿字和囍字，最外圈是光芒线。值得称道的是，这个具有典型外来文化色彩的“十”字图案，由五个汉字组合而成，并且使用了极具中国民间特色的团寿和双喜字，如果不加说明，多数人看不出图案所代表的基督教色彩，中国传统文化与外来文化达到了水乳交融的程度。

最早记录基督教在中国传播的文字，是唐代的“大秦景教流行中国碑”。景教是基督教中的聂斯脱里派传入中国后的名称。聂斯脱里派形成于 5 世纪，流行于叙利亚和波斯一带，7 世纪传入中国时被称为“景教”。因为这个流派发源于东罗马帝国，我国古代称罗马帝国为“大秦”，所以景教之前加了“大秦”二字，有的直接称其为“大秦教”。唐贞观九年（635 年），景教主教阿罗本来到长安，受到唐太宗的礼遇，批准其传教，并在长安为其建造了“大秦寺”，到建中二年（781 年），大秦寺建成并竖碑以示纪念。

845 年，唐武宗灭佛，殃及景教，此碑被教徒埋入地下，景教也从此沉寂。直到近700年后的明天启年间（1623年或1625年），有的说在西安西郊，有的说在周至县，当地农民挖土盖房时，该碑才从地下挖出，重见天日，后被移入金胜寺。当时耶稣会士极其重视这一发现，将碑文译成了多种外国文字。又过了300年，清同治年间农民起义，金胜寺正殿及碑亭毁于战火，但碑石幸存，多年暴露于旷野。

时光到了清光绪三十三年（1907年），丹麦记者何乐模打听到了该碑的下落，他暗中贿赂寺中老僧，雇用石匠依照原材质和尺寸，偷偷刻了通新碑，妄图以复制碑替换原碑暗中偷运至伦敦。正当搬运之际，被人发现，后经官方出面交涉，保住了原碑，只允许其运走两吨多重的复制碑。复制碑几经辗转运往了纽约，最后被教徒所购赠给了梵蒂冈。原碑则移至西安城内，现藏于碑林博物馆。

大秦景教流行中国碑碑额上部图案

该碑碑文用汉字和古叙利亚文字镌刻，文物价值独一无二，位列“世界考古史上四大名碑”之首，记述了景教最早传入中国的过程和100多年间的发展历史。然而最值得揣摩，也是最被人忽视的是碑额上部的图案，吉祥云朵环绕的十字架下，是典型的佛教莲花，显示出景教开的是中土佛教之“花”，结的是基督教东渐之“果”。这一中西合璧的图案设计理念，对民间“十”字月饼图案的影响极为深远，可以说“中西合璧”是“十”字月饼图案之魂。

基督教在中国的传播是曲折的，唐武宗废佛也废掉了景教。此后景教只流行于中国边远地带，在内地销声匿迹了400多年，直到1271年元朝建立，基督教才再次入华，边远地带的景教才开始在内地恢复活动，同时罗马教皇也派遣教士东来，把罗马天主教带到了中国，当时人们把在华的基督教各派统称为“也里可温教”。这是蒙汉混合语，意思是“有福缘人的教”或“信奉福音人的教”，由于基督教各派都尊崇十字架，所以当时人们又称基督教为“十字教”。1245年后，甘肃、宁夏、北京、杭州、泉州、扬州等地，先后建起了“十字寺”，元朝政府还设立了专门管理基督教事务的机构“崇福司”。但其信徒多为蒙古人和迁居内地的中亚人，随着元朝的灭亡，基督教在中国再次中断。

明末清初，基督教第三次传入中国，天主教耶稣会传教士、学者利玛窦最具代表性。他于明万历十年（1582 年）来到中国，平时穿着中国士人服饰，对中国传统的习俗持宽容态度，允许教徒继续进行儒家的传统祭天、祭祖、祭孔礼仪，认为只要不掺入祈求、崇拜等迷信成分，本质上并不违反天主教教义。他还主张以“天主”称呼天主教的“神”，并指出“上帝”概念早已在中国上古文献中存在，中国传统的“天”和“上帝”本质上与天主教所说的“唯一真神”没有区别。这种宽容态度为中国基督徒过中秋节，以及基督教“十”字图案月饼的诞生提供了可能。

利玛窦具有丰富的自然科学知识，与崇祯朝礼部尚书兼文渊阁大学士、内阁次辅徐光启等人翻译了欧几里得的《几何原本》，改变了中国数学发展的方向，为中国绘制了第一张世界地图《坤舆万国全图》，开启了晚明士大夫学习西学之风，对东西方文化的交流作出了特殊贡献。清朝康熙帝把利玛窦对待中国礼仪的态度称为“利玛窦规矩”，作为裁判传教士能否在中国传教的依据。凡遵守此规矩尊重中华文化者，依照“领票”制度，以清廷所发“信票”作为传教修道的依据，可以留居中国，否则驱逐出境。后来，来华的传教士多对“利玛窦规矩”持否定态度，公开要求信徒放弃中国传统祭天、祭祖、祭孔礼仪，由此引发“中国礼仪之争”，导致清廷断然下令禁教，使基督教在中国的传播又一次受挫。

1840 年鸦片战争之后，中国沦为半封建半殖民地国家，在不平等条约的钳制下，清廷被迫取消教禁，基督教在中国的传播进入全盛的第四时期。天主教、东正教、新教悉数进入，特别是在沿海地区和上海、广州、天津、汉口等大都市的租借地，教堂高耸，十字架直插云霄。这一次，传教士们大多采用移花接木的做法，旧瓶装洋酒，对中国传统文化进行偷梁换柱，把中秋节“团圆”的主题，换成了“感恩”，表现在月饼印模的图案上，“十”字符号异常突出，源于《圣经》故事，诺亚和妻子乘坐方舟，在大洪水中漂流 40 天后，搁浅在高山上，为了探知洪水是否退去，诺亚先后放出乌鸦和鸽子，等见到鸽子衔回橄榄枝后，证明洪水已经退去，由此作为大地复苏标

清末民初木质“十”字月饼模

志与和平象征的橄榄枝，成了主图案，替代了国人喜欢的富贵牡丹、五福梅花，中国传统文化元素被边缘化或者被淘汰。

基督教“十”字月饼印模图案的变迁，从一个侧面折射了中国国力的兴衰，以及基督教在中国的传播，中西方文化相互交流、碰撞、搏击和相互理解、融汇的过程。

缠枝牡丹童子纹月饼

在传统观念中，生命的延续、种族的繁衍、家族的壮大，一直是民众追求的理想。于国家而言，人口的数量，既是衡量一个朝代生产力发展水平高低的重要指标，也是观察一个区域繁盛与否的重要标准。人丁兴旺，是中国人自古以来的恒久期盼。

在笔者收藏的月饼印模中，有一个月饼印极为特殊。它当初的形状好似一个巨大的乒乓球拍子，由沙质石雕刻而成，直径45厘米，厚4.5厘米，重量达到了16.5千克，属于明代的老物件，出产于东南沿海重要的港口城市宁波，在几百年的使用流传过程中，“拍子”的把柄已经磕碰折断，只剩下根部短短的一小截。印模的背面，与把柄对应的顶部边缘，由于长久的手握摩擦，留下了一个明显的凹痕印迹，使得斑驳点点、老皮剥落的印模，更加古旧沧桑。

印模正面的图案，简练粗犷，一个赤裸着全身的男孩，顽皮地挥舞着三枝盛开的牡丹，在快速地奔跑。这个图案，人们称之为“童子牡丹”，在传统吉祥图案中象征瓜蒂连连和人丁兴旺。古人不懂科学，久婚无子的妇人，相信心物感应，眼睛常看童子，心中时刻想着男孩儿，睡觉时枕一个绣有童子的枕头，穿一件绣着童子的兜肚，被褥下放些大枣栗子，如果中秋时节再吃一个顽皮可爱

明代沙质石缠枝牡丹童子纹月饼印

的童子缠枝月饼，就一定能心想事成，早日生一个白白胖胖的大儿子，而这个儿子一定会有一个富贵的前程。

童子缠枝图案由童子和缠枝纹两部分组成。缠枝纹往往是以夺目的花朵作为中心，由细密的枝茎叶缠绕，雍容而不失妩媚，其历史非常古老。奥地利艺术史家阿洛瓦·里格尔在他的著作《风格问题》中指出，缠枝纹的雏形来自莲花和纸莎草式的连续波浪形纹样，应源于希腊人的创造。里格尔认为，古人在长期的社会实践中，逐步认识到了植物顽强的生命力，由此产生了植物崇拜。而花、叶、根等都由茎来连接，植物的茎就被夸张成一条特殊的纽带，最终诞生了一条“美的曲线”缠枝纹。

中国学者对里格尔的观点持否定态度。田自秉先生撰写《中国工艺美术史》时，指出缠枝纹来源于汉代卷云纹，魏晋南北朝时期演变成忍冬纹。忍冬又叫金银花，是中国的本土花卉，初开为白色，后转变为黄色，人们很早就注意到了这一神奇现象，所以便有了“金银花”之名。忍冬乃是藤本，茎或缠绕或匍匐，非常适合构造这类图案的“骨”。古人很可能将其与西方当时流行的掌叶状纹结合，配合中国古代的涡卷纹进行变形，就得到了蔓生于整个六朝时期的连续忍冬纹，继而发展出后世的缠枝花。它最早是在佛教用品上使用，非常流行，云冈石窟的龛楣、窟顶及其造像上无处不有。

缠枝纹大兴于唐宋，元明清时达到顶峰。无论是丝绸还是瓷器，木雕还是金银器，都有完美的展现。有时它作为躲在一隅的配角，成为烘托主图最好的装饰条；有时它就是主体图案，构图丰满，层次多而不乱。中国人讲究“图必有意，意必吉祥”的原则，缠枝纹最为表象的含义就是“长生”与“富贵”。植物有着最强烈的四季轮回的既视感，也有着多子多福的象征味儿，难怪国人还亲切地把缠枝纹称为“长寿藤”呢。然而鲜为人注意的是，缠枝花所具有的跌宕、起伏的独特韵律感，恰似人生一个个不同的阶段，也如一个个生命牵手相连。

缠枝纹大体可以分为涡线形、囧字形和S形三种。其中以中心弧线连接向外旋转的涡线形构图案历史最为久远，带着远古的精神发展至今；另一个，圆形中出现三个小钩子，像个“囧”字，囧好似窗口象征光明，也是一种原始构图的典范；而S形构图，总让人联想到太极，这种同种弧线相反相切的构图形式，被古人认为是最优美、最合规矩的格式图形。于缠枝纹的中心位置再添加一个头大身子小的顽皮小孩儿，就发展演变成了人见人爱的“童子缠枝”图。

缠枝纹采用哪种花为主体花，不仅有着各自的吉祥寓意，还蕴含着主人的追求和时代的特征，具有“断代”的意义。例如，明王朝的洪武帝朱元璋，出身贫寒，追求富贵，当政之后主张清廉，所以其主体花多为富贵牡丹和清廉荷花；永乐帝朱棣实行对外开放政策，他派郑和率领当时世界上最庞大的舰队七下南洋，其主体花多为远道而来的西亚番莲；宣德帝朱瞻基自号“长春真人”，其主体花多为透着仙气的灵芝。

明代沙石缠枝牡丹童子纹月饼印，具有典型的洪武风格，牡丹雕刻刚健粗犷，小男孩赤身裸体野性十足，器型硕大无朋，重达16.5千克，古人为什么要雕刻这样一个笨重的月饼印模呢？用它制作的月饼，是我们目前见到的月饼吗？这些都是有待继续探讨的问题。

送给爷爷的仙佛月饼

一方水土养一方人，一方人造就一方风情。过去，山西晋中南地区过中秋，孙子辈给爷爷送月饼，大多喜欢选购一款仙佛造型的。所谓仙指的是道教，佛自然是佛教。清代黄景仁的《杂感》诗中就有“仙佛茫茫两未成，只知独夜不平鸣”的句子。看来“佛仙”一词，不仅老百姓使用，文人墨客也使用，是一个登大雅之堂的语词，为中华文化和外来文化交流融合的产物，自汉代佛教传入中土以来，本土的道和西来的佛就相互抗争，时分时合，但最终还是走向了相互往来与交融，形成了仙佛并存的局面。

著名的仙佛寺，位于湖北省来凤县城东的酉水河边佛潭岩上，是我国开凿年代最久远的石窟寺之一，始建于东晋咸康元年（335年），距今已接近1700年的历史，它虽然名为“仙佛”，其实并没有道，仅仅只有佛。但是到了福建省永泰县的仙佛寺，寺内既供奉观世音、卢公祖师、地藏菩萨，也供奉玉皇大帝，玉皇和观音住在了一个院落里，成了邻居。既然玉皇和观音都成了朋友，人世间便有了制作仙佛月饼的理由。

山西晋中南的仙佛月饼讲究两块一套，其模子也大多是一块板正反两面雕刻。正面是一块团龙图案的圆月饼，龙既是中国、中华民族、中国文化的象征，也是权势、高贵和尊荣的标志，在当地据说还是祖宗的象征。中国人

晚清晋中南地区木质仙佛月饼模（正反面）

自称是龙的传人，龙的传人尊崇龙为祖宗，既贴切又符合逻辑，还显着特别亲切，人情味十足。爷爷是口语，书面语称之为“祖父”，把一个象征祖先图案的龙月饼，毕恭毕敬地送给自己的祖父，以表示对家族长者的敬重，这是我们这个礼仪之邦对敬老爱老的具体诠释和对家与家族的理解。

该模子反面非常特别，是一个端坐在莲花之上的老寿星，道风仙骨，额部隆起，长髯飘飘，目光矍铄，神采飞扬。最有趣的是他那身上的配饰和坐骑，脖子上佩戴着挂珠，一手执拂尘，一手拿如意，中间腰部还伸出个鹿的脑袋，那既是禄的象征，也可视为他的坐骑。如此装束，将佛道两家紧紧地捆绑糅合在了一起。

道佛转换是一个古老的话题，最有名的是《西游记》中的沙和尚。沙和尚最早和你我一样，世间凡人一个，后来自己转行修道，专攻修炼神仙之法，偶经高人指点，得道成仙飞上了天宫，成了玉皇大帝身边的侍卫，是正宗的道教人物。但好景不长，一次不小心打碎了宫中的琉璃盏，被贬下界，落草为寇在流沙河谋财害命吃人，当起了河妖。后经观音菩萨相劝，被唐僧师徒收服，加入取经的团队，负责挑担牵马，得成正果后被封为“金身罗汉”，又成了佛家人物。

这个广为流传看似荒诞不经的故事，实则有着非凡的寓意。它打破了百姓、道教、佛教三者之间的壁垒，使之相互自由转换变成了可能，从而为佛道携手在民间传播铺平了道路。在佛道世俗化过程中，“仙佛”在百姓心中成了“长生不老，没有烦恼”的代名词。眼光敏锐、头脑灵活的山西商人和民间匠人，准确地捕捉到了这种百姓信仰的变化，凭借大胆想象，把佛道两家若干个符号组合在一起，创造了一个崭新的仙佛一体的月饼印模。

佛珠又叫念珠，是佛教徒修行中去除妄念的宗教法具。按佩戴的部位分为三种，握在手中掐捻或者持念的叫持珠，戴在手腕或臂上的叫佩珠，挂在脖子上的叫挂珠。佛珠还称“拴马索”，隐喻人心杂念犹如乱马狂奔，念珠好似一根缰绳，可以拴住俗世诸般幻象的诱惑。仙佛月饼模中的寿星佩戴的就是挂珠。

拂尘，又称甩子、尘拂、拂子、尘尾，是一种在手柄前端捆扎上兽毛或丝麻的器物，原本是用来掸除尘迹或驱赶蚊蝇的，后来成了封建时代皇室卤簿仪仗之器和佛家道家的法器。在汉传佛教中，象征扫去烦恼，而禅宗以拂尘作为庄严具，住持或代理者手执拂尘上堂为大众说法，即所谓“秉拂”，因此拂尘就成了说法的象征。拂尘在道教中有拂去尘缘、超凡脱俗的意思，是道士外出云游时的随身之物，既是身份的标志，也是一种防身的软兵器，使用起来讲究形与意合，意与气合，气与神合，其劈缠拉抖扫，有刀剑鞭镖等器械的功能，深受人们的喜爱，是影视功夫片中常用的道具。

如意，又称“握君”“执友”或“谈柄”，由古代的笏和搔杖演变而来，多呈S形，类似于北斗七星的形状。说“搔杖”很多人不知其为何物，说“痒痒挠”大人小孩都知晓，人们用它来抓挠手不够到的痒痒处，非常可如人意，因而得名“如意”。如意在梵语中称“阿娜律”，部分用作佛具，柄端常作“心”形，用竹、骨、铜、玉制作。法师讲经时，手持如意一柄，记经文于上，以防备遗忘。陕西扶风法门寺地宫中曾出土一柄佛僧如意，银质鎏金，首为云头，柄为直柄，再现了法师讲经的场景。到了清代，如意已演化成一种纯粹的陈设工艺品，信不信佛道都可把玩，成了吉祥的代言人。

在仙佛月饼图案的侧面中部，有一个鹿头伸出，栩栩如生，萌态可掬，十分可爱。鹿在传统文化中的地位极高，《史记·淮阴侯列传》一句“秦失其鹿，天下共逐之”，鹿已然成了皇权帝位的代名词。另外，鹿在道教中被视为仙兽，是神仙专享之物，宋人陶谷的《清异录》中就记载：“道家流书，言麞、鹿、麂是玉署三牲。神仙所享，故奉道者不忘。”老百姓千年不断的传说中，寿星外出散心时骑的就是一头白鹿。这大概是仙佛月饼图案中寿星配鹿头的出处吧。

如何理解仙佛月饼图案的含义，或许倾力于研究中国传统文化的美国学者傅路德夫人的话，能为我们提供一个全新的视角：“中国人认为，精神的、超自然的力量存在于日常生活的各个方面，也就是万物有灵，并且关乎自己的生活，每个人都崇拜他认为最能帮到自己的神。对超自然力量的崇拜是中国文化的根基之一……”

富贵牡丹月饼

喜爱一个人就要为他过生日，喜欢一种花就要为它办花会。牡丹花会起于隋唐，盛于宋代。花会期间，人们扶老携幼，倾城而出，热闹非凡。唐朝人爱牡丹偏重感性，留下了刘禹锡的“唯有牡丹真国色，花开时节动京城”，李正封的“天香夜染衣，国色朝酣酒”，皮日休的“落尽残红始吐芳，佳名唤作百花王”，让牡丹登上了百花之王的宝座。

明代冀南太行山区青石牡丹纹月饼模

宋朝人同样爱牡丹，但更偏重于理性。周敦颐在《爱莲说》中对菊花、牡丹和莲花进行了比较，得出了“牡丹，花之富贵者也”的结论，从此牡丹又成了富贵的象征。宋人除歌咏赞美牡丹外，还潜心研究牡丹，写出了很多专著，如欧阳修的《洛阳牡丹记》，陆游的《天彭牡丹谱》，还有张邦基的《陈州牡丹记》等。

伴随着人们赏花审美意识的发展，牡丹纹在唐代也应运而生，并在北宋开始流行。元明之后，牡丹纹饰迅速扩展，到了清代已经融入百姓的日常生活，大凡建筑、陶瓷、纺织、家具、服装以及生活日用品上，都可以看到牡丹纹饰的身影，月饼自然亦不甘落后。

牡丹纹是中秋月饼常用的吉祥图案之一。牡丹图案的月饼大致有三种：或以牡丹为主体，或以牡丹作边饰配图，或是牡丹与其他图案相组合，如“凤凰牡丹”等诸多经典纹样。

牡丹为芍药科、芍药属植物，多年生落叶灌木。茎高可达 2 米以上，是中国特有的名贵花卉，原本生长在长江和黄河流域的深山丘陵地带，各地叫法不一，有叫鼠姑、鹿韭、白茸的，还有叫木芍药、百雨金的，韵味独特且十分好听。先民们见牡丹不仅花儿开得漂亮，还有药用价值，就开始了对它的人工栽培驯化，至今已有 1500 多年的历史。将挖出的鲜牡丹根放入清水中洗净泥土，再轻轻刮去外表的一层薄皮，晒至绵软时抽去根中的木芯，切成薄片干透，就是中药丹皮。其性微寒，味辛无毒，入心、肝、肾三经，具有散淤血、清热、止痛、降压的作用。用牡丹花泡茶或泡酒喝，还有养生、保健、美容的功效。

中国人自古以来就有“药食同源”的观念，牡丹集娇美、药用、养生于一身，当然很早就进入了美食的行列。八百多年前，南宋吴自牧的《梦粱录》卷十六中就有了“金银炙焦牡丹饼”的记载，并与“月饼”比肩并列。它是一种蒸饼，其来历据说与武则天有关。

唐贞观二十三年（649 年）唐太宗李世民驾崩，武则天依例与部分没有子女的嫔妃们一起入长安感业寺为尼，开始了长达五年的寂寞生活。一年牡丹盛开时，百无聊赖的武则天，独自采摘了些花瓣，与糯米、红小豆等放在一起捣碎，蒸制成糕，慢慢咀嚼，感觉味道非凡。当时恰巧唐高宗来访，武则天大喜，忙说：昨晚梦遇圣上，降旨今日幸临，特蒸“牡丹饼”相迎，请陛下品尝。高宗大喜。永徽五年（654 年）三月武则天奉诏回宫，当上了皇后，“牡丹饼”也随之有了“天皇饼”之称，并从皇宫走向了民间，宋代词人黄庭坚的《渔家傲》，就有“方猛省，无声三昧天皇饼”的句子。不仅如此，牡丹饼还远涉重洋传到了日本，虽历经千载，仍在日本民间风行。现在的牡丹饼，经过历代的改造提升，已从“蒸饼”变成了“烤饼”，其制作工艺与外观也与月饼几乎一样，一般顾客很难分辨。目前市场上销售的“牡丹月饼”，以河南洛阳和山东菏泽两地出产的最受欢迎。

中国人爱牡丹，不仅仅是爱其娇美的外表，更爱的是她那傲骨丹心的气节。说来也巧，牡丹这种与中华民族的骨气一脉相承的气节，也是武则天所赋予的，不过此时的武则天已从尼姑变成了女皇帝。

牡丹有一个特殊的名字，叫“焦骨牡丹”，这名字的由来时常引起人们的沉思。说是天授二年即公元 691 年腊八那天，已经当了皇帝并把唐改名为周的武则天，在洛阳作了一首题为《腊日宣昭幸上苑》的诗：“明朝游上苑，火急报春知。花须连夜发，莫待晓风吹。”译成白话是：明天我游御花园，急速告知春天神，下令百花连夜开，不要等到晨风吹。网上的评论说，这首诗充分反映了女皇洞察一切的睿智，随机应变的能力，刚毅果断的作风，以及号令一切、吞吐宇宙的气概。而笔者的评论只一字：横。

后来，这首诗演绎成了一则民间故事，把地点从洛阳改到了长安。说是

清代冀南红陶月饼模

武则天腊月天要游御花园，命令花神让百花在滴水成冰的深夜全部盛开，百花们害怕武则天的淫威不敢不开，唯有牡丹抗旨不遵，不但不开花，连个绿芽也不长。武则天知道后雷霆大怒，把牡丹逐出长安，贬往洛阳。谁知这牡丹到了洛阳，竟然鲜花怒放，香气冲天。武则天闻讯，下令把牡丹统统烧死。牡丹的叶子烧光了，枝干烧焦了，但花朵依然不败，更加灿烂夺目。牡丹因此获得了“焦骨牡丹”的美称，成了不畏强权富贵、一身正气的象征。

凡事都有缘由。天授二年，女皇初登大位，朝野想必还在议论纷纷，武则天需要树立绝对权威，方能驾驭天下。此诗的真正用意，是向世人宣示女皇主宰一切的神气和至高无上的尊严。《全唐诗》的编者心知肚明，所以在该诗题解中写道：“天授二年，腊，卿相欲诈称花发，请幸上苑，有所谋也，许之。寻疑有异图，乃遣使宣诏云云。于是，凌晨名花布苑。群臣咸服其异。后托术以移唐祚。此皆妖妄，不足信也。”说白了，是朝中重臣出于政治宣传的需要，以古老的“圣天子百灵相助”为主题，借着夜幕的掩护，事先在花园中进行了布置，武则天看破不说破，主动积极配合，君臣密切合作，运用冬天赏花的离奇故事，上演了一出“君权神授”的活报剧。

戏是假的，生活却是真的。近代以来，牡丹常被国人称为“国花”，而月饼呢，近年以来又有了“国饼”的称号。当国饼上盛开着国花时，就能咀嚼出一种自豪的历史味道。

独特的吉语汉字月饼

人类创造出文字，是从野蛮进入文明的重要标志。世界上所有的自源文字，都起源于图画，如古埃及的圣书字，古苏美尔人的楔形字，还有中国商代的甲骨文。象形字是一切文字的始祖。之后，花开两枝，多数演变成了表音的字母文字，少数初心不改，一直沿着象形表意的方向发展。汉字属于后者，是目前世界上保留象形文字原始信息最多的表意文字。由于它的原始图画性，使得汉字在还原到绘画图案时，有着比字母天生的优势，于是汉字转变成装饰图案，就成了中华文化一道亮丽的风景。

吉语就是好听的吉祥话，是人们对美好未来的期盼和祝福，对幸福生活的渴望和追求。把吉语同汉字有机结合，设计成精美的装饰图案，是民间美术的一大特色，把这些吉语汉字图案打制到月饼上，使原本甜嘴的月饼，又多了一层甜心的味道。如福寿康宁月饼、吉祥如意月饼、合家团圆月饼、百子千孙月饼，只听这暖暖的吉祥话，就能招惹出人的馋虫。

如果说上述吉语汉字镶嵌方式，与现在青年人送给情人的生日蛋糕上写着“I love you”如出一辙的话，那么“福禄壽”三字变形组合图案，远看是“福”字，近看“禄壽”隐藏在田字里，肯定让人眼前一亮，顿生对传统汉字的敬畏感叹之情。哇，这汉字的变化比百变金刚还酷！

汉字是中华文化的根，它起源于物象，“近取诸身，远取诸物”，象形会意形声而成，日月山水，花鸟鱼虫，莫不如此，文字和图画密切相连，既体现了中国人的思维特征，也深深地影响了中国文化的整体面貌，在三千多年的使用

民国木质“福禄寿囍”月饼模

清代木质“福禄寿”月饼印

演变过程中，形成了甲骨、金文、篆书、隶书以及楷行草等多种字体，为图案设计留下了极大想象发挥的空间，仅仅一个“福”字，就能变幻出100多种写法，民间流传着多种多样的“百福图”，福字月饼是市场上长盛不衰的吉祥月饼。

福字的含义，如今流传着一种解释，说是“福”就是左边一个“衣”，加右边“一口田”，意思是有衣穿有饭吃就是“福”。这其实是一种误解。“福”字读四声 fù，常用的词典都没有收录此字，只有在《康熙字典》上能查得到，其解释为：“【唐韵】【集韵】敷救切，覆去声。衣一福。今文作副。”太平天国时期，为了避洪秀全长子洪天贵福的名讳，当时规定“福”字一律加笔改为“福”字。

而真正的“福”字，右边不是衣字旁而是示字旁，读二声 fú。2021年1月25日，“福和福是同一个字吗”还登上了微博热搜，斩获了3.3亿阅读量。《咬文嚼字》杂志创始人郝铭鉴先生对“福”字的起源作过专门的解释：“通常是这样说的：左边的‘示’字其实是个祭台，祭祀用的。右边的一口田，在甲骨文中，是个整体，它描绘的是盛满酒的酒樽，通俗地说，就是酒坛子的形象。所以这是一个会意字，就是拿酒坛子在祭台的前面倒酒，表示向上天、向神灵、向祖先祈福，这才是‘福’字的本义。‘福’字的甲骨文中，酒坛子下面还有两只手，把倒酒的动作，表现得更加到位、更加生动。”

百善孝为先，传统文化中“孝”处于主体地位，封建统治者以孝治天下，而孝在民间的直观体现，就是看得见摸得着的“寿”字。寿，《说文解字》解释为“久也”，指人年纪大，活得长久。追求长寿是人的本能，寿命本是一，其他万事都是零，没有了寿，一切都得清零。于是“壽”便成了具有双重意义的吉瑞字符，既作为祝福也作为提醒印在了月饼上。

寿字纹月饼，按其外部形态可分为三种：团寿、长寿和花寿。团寿又称圆寿，寿字的整体被团在一个圆中，以其线条环绕不断，寓意生命绵延不断，是万寿无疆的视觉性表达。长寿因寿字呈长条形而得名，其边缘不受任何限制，相对于圆寿而言有更大的发挥空间，所以长寿的形态更是多种多样。花寿，是寿字与其他图案的组合搭配，以寿字为主题，辅以各种具有吉祥意义的花卉、人物、瑞兽等，最常见的图案是“五福捧寿”，五只蝙蝠张开翅膀围绕着一个寿字。

汉字是单音节文字，在特定的语境中一个字只能读一个音。但是，也有例外，“囍”字在多数情况下被称之为“双喜”，是一种典型的图案性文字。只要一见到“囍”字，人们的第一反应是“结婚”。

民国冀南“福、寿、囍”字月饼模

无论世界上哪个国家和哪个民族，都是男大当婚女大当嫁。结婚是人生的大事，中国民间有“久旱逢甘霖、他乡遇故知、洞房花烛夜、金榜题名时”的人生四大喜之说，“洞房花烛夜”就位列其中。结婚贴“囍”字，已经成为一项重要的习俗，据说这个习俗与北宋文豪宰相王安石有关。

相传王安石当年进京赶考时，路过一个叫马庄的村子，村里有个马员外，有一个年方二八的千金，人不但长得漂亮，而且学问还高。更让小姐远近闻名的是，她要用对对联找婆家。马家的大门口挂着一盏走马灯，灯笼上手书了半句对联：走马灯，灯马走，灯熄马停步。扬言谁能对出下联就嫁给谁。王安石瞥了一眼，微微一笑转身而去。

到了京城汴京，王安石顺利地闯过了诗、赋、策论三关。没想到主考官突然增加了面试，当场对对联。主考官一指考棚前竖立的飞虎旗，出了上联：飞虎旗，旗虎飞，旗卷虎藏身。王安石不假思索，张口就用马姑娘的上联作答。考官大喜，连连称赞。王安石考试完，不等发榜就连夜赶到了马庄，见灯笼上的对联还无人对出，便用考官出的上联应对。马员外听了连连称妙，马姑娘也心满意足，于是择日举办了成婚大礼。正当要拜天地时，忽然有报子来传：王安石金榜题名，进士及第！喜从天降，天下四喜同时拥有其二，岂不快哉！王安石喝得大醉，借着酒劲挥笔在洞房的墙壁上，把两个单“喜”字写成了一个大大的连体“囍”。

从此以后，好事成双，夫妻恩爱，双喜临门，就都蕴含在了这个“囍”字里。如此好的寓意，这样美妙对称的连体汉字，当然也就成了月饼的图案。还有，按照冀中地区的老习俗，新媳妇头一次在婆家过中秋，除了吃“囍”字月饼外，还要吃“龙凤呈祥”月饼，二者搭配，相得益彰，让团圆丰收的中秋节，更平添了浓浓的喜气。

麒麟送子月饼

中国南方与北方的差异，不仅仅表现在地理气候等自然环境上，更表现在思维性格等文化气质上。南方人时常自豪地夸耀：阿拉南方，多山多水多才子。这话不假，历史上的状元，南方几乎是北方的一倍。北方人听了这话，满脸不服气，斜眼一瞟硬怼：俺们北方，一天一地一圣人。此话当真，你南方人考状元读的书，是北方孔圣人编订的。

清代南方木质“麒麟送子”月饼印

南北方这种差异，反映到“麒麟送子”月饼上，就形成了一道有趣的风景：北方的品种少、个头小，图案雕刻粗犷抽象，趋向于写意；南方的品种多、个头大，图案雕刻细腻逼真，趋向于写实。南北方的朋友们聚在一起共度中秋，酒喝到八分醉时，南方的朋友常常神秘地告诉北方的哥们儿：知道我们南方为什么状元多吗？告诉你……新媳妇个个爱吃麒麟送子月饼。麒麟上驮着的小孩，知道是谁吗？孔圣人……

在民间，《麒麟送子》的图案既有繁，也有简。繁者有的以童子为中心，戴长命锁，持莲抱笙；有的是童子骑麒麟，角上挂着书；还有的童子背后有一仕女护送，仕女张伞持扇。简者为童子骑麒麟，手持莲花。在民间年画上，还大多配有“天上麒麟儿，地下状元郎”的吉祥联语。麒麟送的孩子，长大读书中状元，一定是经世良材，辅国贤臣。

麒麟也写作“骐麟”，简称“麟”。

是中国古代传说中的仁兽、瑞兽，和凤凰一样，有雌雄之分，麒为公，麟乃母。长相汇集众家之长，麋身、牛尾、鱼鳞，脚为偶蹄，头上有角，角顶有肉。它与龙、凤、龟并称为“四灵”，被尊称为圣兽王，是毛类动物的老大，而且还是神的坐骑，有谁能遇到它，一定是前途无量。历朝历代的皇帝们，无论是中原人还是外族，都把麒麟视为吉祥之物，汉武帝在未央宫建有麒麟阁，清朝一品武官的补子图案就是麒麟，其地位仅次于至尊的龙，仅从这一点上便可以窥见麒麟在传统文化中的分量。

清代北方木质“麒麟送子”月饼模

中国人讲究天人感应，麒麟降世必有圣人出。东晋时一个叫王嘉的滑稽方士，写了一部名为《拾遗记》的书，记述了孔子诞生之前，曾有麒麟在他家门口吐玉书的故事，这个典故就是“麒麟送子”的来源出处。不过，典故描述得过于简单，听起来不过瘾，于是人们就对典故进行了二度创作。

说是在曲阜城中一条名叫阙里的街上，有一家的老爷，子姓，孔氏，名纥，字叔梁。他人品出众，博学多才，能文善武，曾官居陬邑大夫。孔老爷和睦乡邻，勤俭仁爱，深受人们的爱戴。但有件事儿让老爷子非常闹心，正妻施氏生了九个闺女，没有儿子；妾倒是生了个儿子，名叫孟皮，但天生腿脚不利索，不能继承祖业。为此，66 岁的孔老爷不得不再次结婚，找了一个比他小 50 岁的女孩颜徵在。一天，老夫少妻一起到城外的尼山，虔诚地向老天爷祈祷，盼望早日有个儿子。

心诚则灵。九个月后的一天夜里，街上忽然来了一头麒麟，街坊邻居们奔走相告，全挤过来围观。只见麒麟举止优雅，不慌不忙地从嘴里吐出一方帛书，上面写着：“水精之子孙，衰周而素王，徵在贤明。”意思是，此乃天地造化的圣人，虽然没有帝王之位，却有帝王之德，堪称无冕之“素王”。第二天早晨，孔老爷家便传出了一阵阵响亮的婴儿啼哭声，这个婴儿就是日后的孔子。根据这个故事，人们创作了《麒麟吐书》图，用在文庙和学宫的装饰中，意为祥瑞降临、圣贤诞生。

故事归故事，现实归现实。南方比北方状元多已经成为历史。但这历史绝不是新媳妇爱吃麒麟送子月饼所创造的。不过从这句玩笑话里，透露出南方人已经把渴望孩子读书成才融入节庆习俗里，则是值得学习推广的。

鲤鱼跳龙门月饼

清代木质“鲤鱼跳龙门”月饼模

鲤鱼跃龙门月饼，全国各地都有销售，其中在黄河中下游的陕西、山西、河南、河北、山东一带，尤为流行。

鲤鱼跳龙门，一个通过自身努力改变生存命运的传说，在中国家喻户晓。这个传说源自一种自然现象，发生地在山西河津西北的龙门，即禹门口。古老的《竹书纪年》中记载：每年春天，黄河里的鲟鱼，成群结队地洄游到龙门穴洞处集结，产卵前的两三天，雌雄相互追逐拍打跳跃，刹那间成千上万充血发红的鱼鳍在河面滚动，远远望去红光一片。鱼跃时间，可以持续数日长达数里，蔚为壮观。于是山陕交界的黄河上，又多了一处奇特景观，“赤河三日”与“赤河三里”。

古人不懂得有些鱼到了生殖期，生理上就会发生变化，开始分泌刺激性激素，使神经系统处于兴奋状态，从而喜欢跳跃的科学道理，把原本是鲟鱼临产前需要跳跃的本能现象，附会到了鲤鱼身上，创作了一则千古流传的动人神话。从《艺文类聚》与《太平广记》的引文可以看到，已经散佚的汉代地方志书《三秦记》中多处记载了鲤鱼跳龙门的传说。如“河津，一名龙门。水险不通，鱼鳖之属莫能上。江海大鱼薄集龙门下数千，不得上，上则为龙也。”还有：“龙门山，在河东界。禹凿山断门一里余。黄河自中流下，两岸不通车马。每岁季春，有黄鲤鱼，自海及诸川，争来赴之。一岁中，登龙门者，不过七十二。初登龙门，即有云雨随之，天火自后烧其尾，乃化为龙矣。”

神话传说流行有个规律，凡是著名的都有典籍和民间两个版本。典籍的记述大多简约概略，体量很小；民间口头则与之相反，体量普遍较大，细节描述毫发毕现，生动活泼引人入胜。民间传说是这样的：

很早以前，龙门还没有凿开，伊水流到这里就被龙门山挡住了，在山南积聚了一个大湖。

居住在黄河里的鲤鱼听说龙门风光好，都想去看看。它们从河南孟津出发，通过洛河，又顺伊河来到龙门水溅口的地方，但龙门山上无水路，上不去，只好聚在龙门的北山脚下商量。“我有个主意，咱们跳过这龙门山怎样？”一条大红鲤鱼对大家说。“那么高，怎么跳啊？”“跳不好会摔死的！”伙伴们七嘴八舌拿不定主意。

大红鲤鱼便自告奋勇地说：“我先跳，试一试。”只见它从半里外就使出全身力量，像离弦的箭，纵身一跃，一下子跳到半天云里，带动着空中的云和雨往前走。一团天火从身后追来，烧掉了它的尾巴。它忍着疼痛，继续朝前飞跃，终于越过龙门山，落到山南的湖水中，一眨眼就变成了一条巨龙。

山北的鲤鱼们见此情景，一个个被吓得缩在一块儿，不敢再去冒这个险了。这时，忽见天上降下一条巨龙说：“不要怕，我就是你们的伙伴大红鲤鱼，因为我跳过了龙门，就变成了龙，你们也要勇敢地跳呀！”

鲤鱼们听了这话，受到鼓舞，开始一个个挨着跳龙门山。可是除了个别的跳过去化为龙以外，大多数都过不去。凡是跳不过去，从空中摔下来的，额头上就落一个黑疤。直到今天，这个黑疤还长在黄河鲤鱼的额头上呢。

后来，唐朝大诗人李白，专门为这件事写了一首诗：“黄河三尺鲤，本在孟津居，点额不成龙，归来伴凡鱼。”

这个故事之所以千年不衰，是因为追求幸福美好生活是人类永恒的主题。

清代木质“鲤鱼跳龙门”月饼模

人人生而平等，只是一种理想，其实人生本来就是不平等的。以家庭来论，有的出生在权贵富豪之家，有的出生在寒门小户；以相貌而言，有的天生丽质、英俊帅气，有的娘胎里带出容貌平平。由出身不同而导致的不平等，满眼皆是。于是，地位卑微家境贫寒者，要求改变自身命运的理想便成了一生奋斗的目标，而与这一目标自然巧合的“鲤鱼跳龙门”故事，自然就成了月饼图案的绝佳题材。至于这款鲤鱼跳龙门月饼的顾客群体，历来就是“十年寒窗读，只为跃龙门”，以毕生精力上下求索，期盼科举考试一举成名的莘莘学子。

科举是典型的“跳龙门”。这一制度从公元6世纪末的隋代建立，到大清光绪三十一年（1905年），由于袁世凯、张之洞等朝中重臣的极力反对而废止，前后实行了1300多年，共选拔出了十万名以上的进士，百万名以上的举人，形成了一支庞大的古代干部队伍。余秋雨先生称其在宏观上创造了两大正面效果：“第一，中国虽大，却能够源源不断地涌现出一批批官吏资源管理各方，使中华文明始终未因彻底失序而溃散；第二，普及了一种‘以文取士’的全民共识，而范围又没有太多限制，极大地提升了整个社会崇尚文化的气氛。”特别是“以文取士”的考官，造就了一种“朝为田舍郎，暮登天子堂；将相本无种，男儿当自强”的奋发向上氛围。

科举考试分为乡试、会试、殿试三个阶段。乡试及格称为举人，会试中试者曰进士，再由皇帝亲试，是为殿试，又称廷试。最后由皇帝钦定的第一名，就是读书人梦寐以求的状元。会试在贡院进行，南京的江南贡院是中国历史上规模最大、影响最广的科举考场。四周两层围墙，上面布满荆棘，人称“棘围”。贡院门前是广场，东西两侧有辕门，主牌坊正中匾额书有“贡院”二字，“明经取士”“为国求贤”分题于两座石坊之上。门有三重，分别为头门、仪门和龙门。龙门上书有李笠翁的“变化鱼龙地”“飞翔鸾凤天”等楹联，每个参加考试的人，都要穿过龙门才能进入考场。

大凡考试的结局只有两种，非成即败。科举考试成功者被尊呼为“登龙门”，李白《与韩荆州书》中便有“一登龙门，则声价十倍”的感慨。反之，落榜者则被戏称为“曝鳃龙门”，犹如鲤鱼仰望龙门，既然无力跳过，那就只能暴晒两鳃了。

此时，如果轻轻地递给落榜者一块中秋节留下的“鲤鱼跳龙门”月饼，或许是对他莫大的鼓励和祝福吧。

中秋戏曲月饼

电影电视普及以前，人们看戏、听曲儿、听说书的机会，较之当下要多得多。那时过年过节，红事白事，老人过寿孩子过百天，以及店铺开业、盖房奠基上梁，都要搭台请戏班唱戏，或说书唱曲演杂耍。有钱的人家唱堂会或进剧院看名角儿，钱少的百姓则看草台班子，到集市地摊儿听书曲儿。八月十五是大节，看戏是不可或缺的。福建作家林双华，写过一篇《中秋戏》的散文，描写了家乡中秋看戏的习俗。

清代《八仙过海》剧目月饼模

旧历八月，我们家乡都要演中秋戏。请庙里的神看，也请人看。皆大欢喜。

演戏时最隆重的要算请客了。远近亲戚，同行好友，以及村学校的老师，一并请来。提前几日到家门上，说中秋做戏，全家一定都过去热闹。客人说好的好的一定过去。到时就各派一个代表，欣然前往。

戏要在下午和晚上演，四四方方的戏台披红戴绿，看戏的坐在台下，也有骑在对面的庙墙上，或爬到人家的石屋顶去看。从台上望去，下面全是黑鸦鸦的人头，很是壮观……

作家把乡下中秋节唱戏的场景，描绘得活灵活现，历历在目。但在商家眼里，有人的地方就有商机，黑鸦鸦的人头就是滚滚的财源。月饼店铺抓住人们节日看戏听书曲儿的机会，不失时机地推出了应景的戏曲月饼，把戏台上的剧目、人物和场景，精心地打印到了月饼上。观众或一边看戏一边吃戏曲月饼，或曲终人散时买一包戏曲月饼带回家，边享用美味边回味戏中的场景，是一种少有的物质与精神互动的高级享受。

科技不发达的古代，人们把丰收的希望寄托在土地爷身上，播种时通过“春祈”祈求丰收，收割时则通过“秋报”答谢神祇的庇佑。因此与农事和季节密切相关的中秋节，“感恩”就成了除团圆之外的第二主题。中秋是收获的季节，在衍生出感恩天地赐予的同时，更具有了自我价值实现的期许，同时也有几多自我慰劳，享用丰收果实的成分。于是，飨宴和娱乐便成了中秋节的外在表现形式，而在娱乐方式较为匮乏的年代，最令人向往的莫过于说书、唱戏、耍把式了。

老年间的戏曲界，也像糕饼铺按节令制售应节的糕点那样，每逢年节都要演出一些“节头戏”，有的地方称之为“应节戏”。八月十五中秋节，主要演出含有中秋或明月元素的剧目，诸如《唐明皇游月宫》《白兔记》《拜月亭》《天香庆节》《嫦娥奔月》《八仙过海》《貂蝉拜月》《仙姬送子》等。《天香庆节》又名《中秋庆节》，自好大喜功的乾隆朝开始，宫中每到中秋循例必演的节庆剧目，剧情故事神怪荒诞，是一出以兔为主的神话“爱情戏”，情节虽然无聊，但场面极为热闹，满台神仙妖怪，扮相绚丽，深受上层社会的喜爱。白兔被人们视为灵物，《白兔记》中的白兔助人完孝于先，帮人全忠在后，故事在民间广为流传。其中精彩的《瓜园分别》等场次，被昆曲、川剧、苏剧、湘剧等剧种拿来当作小戏演出。

清代《仙姬送子》剧目月饼模，董永“状元游街”

中秋时节，城里人在剧场里看整出全本的大戏，乡下人没有这个条件和闲工夫，只能看短小的折子戏。折子戏是相对全本戏而言的，原本是大戏中内容好看，矛盾冲突尖锐激烈，人物形象鲜活生动，故事情节相对完整的一折或是一出，大多是全本戏中最精华的部分。《仙姬送子》是大戏《槐荫记》中的一出，讲述的是玉帝强迫已有身孕的七仙女返回天宫，董永发奋读书一举成名，骑马在皇都城“状元游街”，七仙女重返人间，将孩子送还给董永。故事既催人奋进又团圆吉祥，是乡间八月节必演的剧目。

清代木质《指日高升》月饼印

折子戏群众基础广泛，因此戏曲月饼的图案，大多选自折子戏中的典型场景，重点在于刻画剧中的人物，穿着打扮是戏装，既讲究形似更追求神似，故事场面不必拘泥于舞台，细致入微与粗犷简洁均可，从审美的角度观察，戏剧月饼印模的雕刻艺术成就很高，是藏家喜爱的题材。

中秋节各地的人们除看戏外，还到书场、茶馆或街头地摊去观看各种曲艺节目，主要包括评书、相声、大鼓、单弦、琴书、评弹等，具有浓厚的乡土地域特色。曲艺节目的内容或与中秋有关，或忠勇吉祥英雄美人，或与月亮、兔爷有牵连，内容比舞台上的剧目宽广得多。总之一句话，观众喜欢什么就演出什么。老人们回忆，深受欢迎的是梅花大鼓《指日高升》。

以曲艺故事为题材制作月饼，创作空间极为广泛，图案更为灵活生动，看一眼图案咬一口月饼，记住了一件往事。这时的月饼无意间竟然具有了教育启蒙的作用，成了传播历史文化信息的独特载体，这超出了以往我们对月饼的认知范围。

拜月祈福的月饼宝塔

塔来自西天印度，胡饼来自西域波斯，在通往中土的丝绸之路上，塔和胡饼可曾有过碰面？如若有缘碰面是否促膝而谈？是窃窃私语还是咆哮相争？谈论的内容是什么……多少人在苦思冥想着，但没有答案。

来到中土之后，在和缓的华夏之风徐徐吹拂下，胡饼汉化成了月饼，塔也改变了原来的模样。不知在何时，智慧聪明的中国人把二者组合在了一起，构成了一个新的场景，月饼宝塔被人们虔诚地摆在了供桌上。

旧时的北京，九成以上人家供有佛龛或神像。到了除夕夜，家家户户要上供，三堂、五堂、七堂都可，最讲究的人家要摆九堂大供。供品各式各样，包括成堂蜜供、成堂套饼、成堂面鲜、成堂水果、百果蜜饯、花糕大小八件、年糕年饭、素炒菜或炸食、素饺子或蒸食等。其中成堂套饼五碗，每碗由大到小叠起五个月饼，最上面放置一个插着供花带着红寿字的面桃，远远望去嫣然就像五座月饼宝塔。

《清国京城市景风俗图》中的《卖月饼》

然而，月饼宝塔到底是何等模样，我们只能靠想象了。现在能看得到的古代月饼宝塔，是1800年前后，法国无名氏画家绘制的一组水粉彩画《清国京城市景风俗图》，其中一幅题为《卖月饼》的画面中，小贩面前摆放着一张方桌。桌子上有一个大白瓷盘，盘中码放着一座七层月饼宝塔，塔尖是一个涂了红色的寿桃。

不同的地域对月饼宝塔的称呼也不尽相同。有资料介绍，南京有一种独特的“金陵套饼”，以大小不同尺寸的月饼依次堆叠，顶部用一只寿桃点缀，其状如宝塔，成套出售。孙中山先生任临时大总统时，位于中华门内的涌茂食品店曾将套饼献给他品尝，从此孙中山先生就喜爱上了它。这“金陵套饼”，其实就是月饼宝塔。

塔起源于印度，公元1世纪佛教传入中土以前，我国没有“塔”。古印度的塔是用来珍藏佛家舍利子和供奉佛像、佛经用的，曾被音译为“塔婆”“佛图”“浮图”“浮屠”等，或意译为“方坟”或“圆冢”，直到隋唐时，翻译家才创造出了“塔”字，作为统一的译名沿用至今。受阴阳学说的影响，我国塔的层数一般为单数，成语“救人一命，胜造七级浮屠”，指的是七层塔。它源于金、银、琉璃、砗磲、玛瑙、真珠、玫瑰七宝。十三层塔是因为佛教传入中国后分为天台宗、涅槃宗、三论宗、法相宗、摄论宗、禅宗、成实宗、净土宗、华严宗、地论宗、俱舍宗、律宗、密宗，共计十三宗。与西方基督教文化观念相反，十三在佛教中被认为是一个吉祥的数字，代表功德圆满。

在中国广袤的大地上，除了佛塔外，还有一种与佛无关的“文昌塔”，又名“文峰塔”或“文笔塔”。建造这种塔，一是希望本地科举成功人才辈出，二是弥补当地风水上的不足，三是作为地标起装饰作用。文昌塔主要有三种，在层数上讲究，七层寓意学业进步，九层代表步步高升、学业有成，十三层则象征功成名就。

古代风俗画中拜月供桌上的月饼宝塔

月饼宝塔究竟是佛塔呢，还是文昌塔？这个没用明确的说法。信佛的人自然认为是佛塔，而在读书人心中，当然大多为文昌塔。既信佛又要求取功名呢？这个好办，有句老话叫“谁的孩子谁做主”，到时候谁的事儿谁决定吧。

中国向来地大人多，一样的故事有数种讲法，这也许是传统文化博大精深的原因之一吧。在乡下一些地方，至今还流行着儿童“垒宝塔拜月亮”的习俗。

中秋将至，村里大大小小的男孩女娃们，四处寻找废弃在田间地头或房前屋后的砖头瓦块，筐背篮提，抑或手搬肩扛，想尽一切办法，在村中的十字街或村口小广场，要垒一座和十来岁孩子高低差不多的宝塔。塔分七层，中间空心，下面三层用砖头，上面四层用瓦片，边垒边收口，垒到最高处便是塔尖了，最后还要写副对联贴在塔门旁边。

八月十五月亮升起的前刻，孩子们怀着一种焦急的心情，手里拿着月饼，急急忙忙从各自的家门奔出，一路小跑向砖塔飞去。此时，塔前已经摆上了供桌，塔中的小菜籽油灯已经点亮，散发着幽幽的微光和淡淡的幽香。小伙伴们轻轻地把各自的月饼放在供桌上，之后一起躲到很远的地方，大人们说只有这样，才能引来天狗吃月饼，免得它吞吃月亮天下变黑。等时间差不多了，孩子们一哄而上，看看自己的月饼是否被天狗咬了一口。然后围着宝塔，一边品尝月饼一边疯跑，笑声夹带着月饼的芳香，在村庄的上空四处飘荡。

月饼和塔，有时全身心紧密结合为一体不分你我，“月饼塔”便是实证；也有时若影若离仅为松散的伙伴关系，如南方一些地区的“烧塔”。每年中秋，人们除走亲访友馈送月饼外，还要在村中空旷的地方，用砖瓦垒筑10多米的高大宝塔。中秋之夜，人们点燃塔内的木材油脂等燃料，待大火燃起时再扬撒盐粒儿引焰助威，同时伴有舞狮、烟花等娱乐表演，舞狮的锣鼓声和烟火的爆炸声，以及人们的欢笑声，此起彼伏，热闹非凡。

塔、胡饼、月饼，这些来自不同文化背景的东西，在时间的长河里，不断地相互交流、碰撞、借鉴和创新，这也许就是文化发展壮大的必由之路吧。

天圆地方的哲理月饼

现在的人们追求个性化，想怎样便怎样。比如八月十五到超市散装柜台选月饼，想买几个就买几个，不高兴了随便买一个，没有人说你什么。老年间可不是这样，衣食住行，吃喝拉撒睡，事事有讲究，虽然不是硬性的明文规定，但那叫约定俗成的规矩，人们都得照规矩办。不然，那叫另类不合群。比如还是过八月节买月饼，讲究买双不买单，背后的理儿是“孤阴不生，独阳不长”，买一块不吉利。如果真买一个，那干的是绝户事，让人不齿。不光要买双，最好还要一块圆一块方，叫阴阳搭配。

糕饼铺里偶尔也会遇到买一块月饼的顾客，掌柜的明白，这主一定是吃凉不管酸的光棍儿混混，不好惹也不能惹。就会拿出商人的圆滑，满脸堆笑，一边打着哈哈，一边让伙计包上一圆一方两块月饼递过去。钱呢？给不给或给多少，都由他，绝不计较。为的是赶紧把这瘟神打发走，免得晦气耽误买卖。

月饼一方一圆阴阳搭配着买，绝非一般意义上的迷信，而是中国几千年“天圆地方”传统文化使然。

说起“天圆地方”，人们自然会想起南北朝民歌《刺勒歌》中的“天似穹庐，笼盖四野”，或“天圆似张盖，地方如棋盘”。据此，有人曾尖锐地批评中国文化没有科学精神。天如果真是圆的，地如果真是方的，那么从几何学的角度考察，天地之间的关系是方中圆呢？还是圆中方呢？但无论是二者中的哪一个，天和地都不能严丝合缝地咬合。要么是天大地小，要么是地大天小，中间一定有缝隙。其实，这个问题早在三千多年前的《周髀算经》中我们的祖先就已经提了出来。孔夫子的得意门生曾子就已给出了答案。

传统的方圆哲理月饼

《大戴礼记·曾子·天圆》记载：单居离问于曾子曰："天圆而地方者，诚有之乎？"曾子曰："离！而闻之，云乎！"单居离曰："弟子不察，此以敢问也。"曾子曰："天之所生上首，地之所生下首，上首谓之圆，下首谓之方，如诚天圆而地方，则是四角之不揜（yǎn，同掩）也。"单居离向曾子请教，天圆地方，真是这么回事吗？曾子说：如果真是天圆而地方，要么圆的天完全罩住方的地，那地的四边都缺一块；要么圆的天罩不住方的地，那地的四角都得露在天外面。

批评传统文化缺少科学精神的人所提出的问题，与曾子所言完全一样。那么，曾子是如何回答的呢？他说：这天圆地方讲的是天地之道，阴阳之理，探讨的是形而上，看不见摸不着的道理、法则、精神。用现在的话说，中国的天圆地方说，不是一个数学几何问题，而是一个哲学问题。

古人好奇地仰望着浩瀚的天空，日落夜来，夜去日升，东升西落，循环往复，永不停歇。太阳照耀、涵盖着一切，它的轨迹好似一个巨大的圆，神秘而未知。于是人们开始用圆这个抽象概念来表达神秘的宇宙太空。与此相反，古人脚下的大地，实实在在，稳稳当当，可以触摸，可以了解，人无论面向何方，都能辨别把握前后左右四个方位。所以，他们就用四方所表达的易知概念来形象地代表大地。由此《易经·系辞》上便有了"圆以神，方以知"的说法。

天圆地方的哲学概念，本质上是《易经》阴阳体系对天地生成及其运行的解读。它运用先天八卦的演化，推演出天地运行的规律。外圆卦象环绕，代表天的运转规律，中间六十四卦象方形排列，代表地的运转法则。整体上理解，天主为阳代表运动，地从为阴代表静止，天地阴阳相互感应，生育构成了万物世界。由此衍生出了男为阳和女为阴，以及“天人合一”的理论。

哲学需要抽象。吕不韦在他的《吕氏春秋》中，把“天圆地方”概括成了一个中国哲学术语“道”。说：“精气一上一下，圜周复杂，无所稽留，故曰天道圜。”“万物殊类殊形，皆有分职，不能相为，故曰地道方。”清著名校勘学家卢文弨解释说，“道曰方圆耳，非形也”，是天地运行的规律和秩序。

还有一点需要特别提示，“天圆地方”中的“圆”字原为古字“圜”，汉字简化后二者合一，但是这两个字的字义原本就有差别。浑圆是“圜”，平圆是“圆”。也就是说圜是指三维圆球体，圆则是二维平面圆形。所以这个规律、秩序涉及的空间是立体的，而不是平面的。

圆象征周流不息。天体循环，精气消长，圆周运动，周而复始，所以天道为圆。方代表物各有理。天地之间，万物化生，有机无机，动物植物，各不相同，各行其道，所以地道为方。圆方说是传统文化的精髓，这一理念影响了中国人的方方面面，方圆也演化出了另外一个词“规矩”。做人讲究“内方外圆”，内心要方正，有原则有节操；行为处事讲方法有情商，对外要圆滑。这就是糕饼铺老板对付光棍混混的办法。

饼小乾坤大，风俗礼数多。一块小小的月饼，买双不买单，方圆阴阳巧配搭，浓缩了中国人认识世界的思维方式，蕴含着中国人为人处世的行为准则。用数学方程式表达，假设中国思维或行为准则的固定值为 100，则 $100=x+y$，x 和 y 为未知数方和圆。

古老的徽州书法月饼

“徽州月饼”又称“徽州麻饼”，是古徽州中秋佳节的传统糕点；“过中秋，吃麻饼”是徽州民间的传统习俗。徽州月饼的特别之处在于，它上面的汉字不是模具印制的，而是用毛笔蘸着麦芽糖浆直接书写上的。

古法徽州汉字月饼的制作，有配料、打面皮、包馅、打饼、固形、写字、沾黑芝麻、上白芝麻和炭火烤九道工序，与其他月饼制作相比，徽州饼师除掌握制饼技术而外，还多了一手文字功夫——书法。汉字书法在我国几千年璀璨的文明长河中，有着独特的历史地位，被誉为无言的诗、无行的舞、无图的画、无声的乐，是千年文明得以记录传承的载体。它集理论知识与刻苦实践于一体，学问博大精深，有人终其一生为之求索。

老年间饼师被称为手艺人，多数贫寒出身不识字，要想练一手拿得出手的好字，绝非一日之功。况且一饼一字，字的大小比例和气势，既要经得起单个的审视，更要经得住组合成语后的联展，做到整体协调、连贯、美观。听老饼师讲，学做汉字月饼跟学木匠一个规矩，三年学徒，五年半足，七年成师傅，十年才能提笔写饼。最见功夫的是，如果哪天哪位老先生或小少爷来了兴趣，亲自登门到饼铺一显身手，你还要对老爷或少爷的书法做一番吹捧式的鉴赏评论，既要讲出对方书法的门道和精妙，又要用词得当合体，让对方笑逐颜开。这后一项察言观色加评说的功夫，比写字还要难十倍。由于有了老少文化人的参与，使得徽州汉字月饼比一般月饼又平添了几分文人气息，具备了更高的审美价值。

“沾黑芝麻”是制作徽州汉字月饼的第七道工序，是将写有汉字的月饼生坯，放到满是黑芝麻的篾盘里，借助麦芽糖的黏性，沾上黑芝麻，形成一个黑色的字迹。这道工序是关系汉字能否突出显现的关键，操作时既要稳当又要麻利。如果拖泥带水，轻则难以反映书法的气势，重则会造成汉字边沿模糊不清。汉字月饼以楷书、隶书、篆书为主，大多笔画粗壮雄健，运笔遒劲厚重，绝少行书、草书，更没有藕断丝连的飘逸神韵，目的就是为这道工序服务，以确保汉字笔画的清晰。

沾满黑芝麻的汉字生坯月饼，要重新捡拾放置到案板上，用专用的木滚子轻轻碾压，让黑芝麻缓缓嵌入饼皮面中。之后，再将饼坯子放进装满白芝麻的篾盘里，轻柔地翻滚摇动，让两面均匀地沾满白芝麻。于是一个白芝麻做底，黑芝麻为字的徽州月饼生坯，大功告成。

滚沾白芝麻

远远望去，案板上排列整齐的生月饼坯，黑白分明，晶莹透亮；充满羊脂玉般柔和光泽的月饼坯，像一个个穿着汉服的谦谦君子，彬彬有礼，让人顿生爱慕和敬畏。

徽州月饼不用现代化的烤箱，而是通过传统的土火炉烤制。用砖砌成的土炉内，摆放着麻饼坯的黑色的平底锅，被放置在火炉中央，下面是熊熊的炭火，侧面也是炽热的炭火，热浪在麻饼坯周围上下滚动，“天火地火”四面夹击均匀受热，火焰跳动之间，脆而不碎、入口酥松、甜而不腻的徽州月饼，就这样在炭火的炙烤中涅槃诞生了，小小作坊的每一个角落里都飘散着甜蜜诱人的香火气。

徽州麻饼是月饼与国粹书法的结合体，与其单纯地说它是食物，不如说它是食物艺术品，充盈着满满的华夏文化味道。

生生不息的旋涡纹月饼

中华文明千年不断的奥秘在哪里？外国人在追问，中国人在研究。其实，说来并不神秘，也可以说极为简单，就是既在庙堂也在民间，活在全社会的日常生活里，活在老百姓家长里短的言行里，古老的文明始终是活体文化。看得见、摸得着、经常用，甚至是天天用。在众多月饼图案中，有一种旋涡纹，这种图案的月饼大多是先供后吃，特别是八月十五，要供奉在祖宗的神龛前，以示慎终追远，不忘先人。

旋涡纹是中国最早出现的传统纹样之一，有华夏文明第一纹饰的美誉。其特征是圆形，多以单个旋涡的形式组成纹样，呈旋转状弧线，中间有小圆圈，如同水涡，最早出现在新石器时代的彩陶上，古代常用于玉器、青铜器、瓷器等纹饰，被认为是中国传统纹样审美思想和造型意识的起源，历史极为悠久。

关于“旋涡纹”的起源有多种猜测，对于它的解读，属于文化史上公认的世界性难题。有的认为它由鸟纹逐渐几何化演变而成；有的说手工原始陶器上留下的指纹是它的源头；也有的则说云雷纹才是它真正的祖先。但主流观点认为它起源于自然界的水涡，或者是源于对蛇形图腾的崇拜。李中元先生的《论中国旋涡纹样造型的起源与成形》，提出了让人浮想联翩的三涡说。

民国红陶旋涡纹月饼模

一是“天涡”。电闪雷鸣，云影悠悠，飞鸟翱翔，还有传说中的龙飞凤舞，这是天空的世界。隆隆的雷声，伴随着顶天立地划破长空的闪电，形成了极具张力左旋和右旋的“雷纹”，仓颉据此画出发明了“申”字，申再加祭祀含义的“礻”字旁，组成了至高无上的“神”字。同时，鸟的图案也在经历着由具象向抽象的转变，鸟头减缩成了圆点，正面鸟纹减缩为圆点和弧边三角形，侧面鸟纹减缩为钩羽形。后来又融合了翻滚的“云纹”、盘卧的“蛇纹”、弯曲的“凤纹”，以及象征太阳崇拜和太阳光辉变形的“卍”字纹，造就了天涡纹庄严的神性。

二是“地涡”。高山、平原、河流、湖泊、植物、动物，大地母亲厚德载物。湍急的水面，流动着无数个大大小小的旋涡，裹挟着泥沙，夹带着枯枝败叶，浩浩荡荡，勇往向前一去不返，古人战战兢兢地守望着、思考着……水是生命之源，或平静或汹涌，它不断变换着身姿，留下了流动的“水浪纹”；水中的鱼儿，一会儿独自漫游、一会儿成双成对相互追逐、一会儿躁动着滚成一团，形成了多样的“鱼纹”；水岸上茂盛的百草，根蔓滋生、茎叶蔓延，一直延伸到天的尽头，简化成了“蔓草纹”。所有这一切，组成了承载诞生养育万物的“地涡纹”。

三是“人涡”。天地之间人为大，不是个头大力气大，而是思想伟大。人类天生群居，善于观察、抽象、论证、推理，在食色吃喝繁衍的同时，开始了对生命本质的思索和感悟，力图通过抽象的图形，进行个体与群体的心灵沟通，建立起可以传承的社会共识性群体符号。女娲人首蛇身，中国上古神话中的创世女神，其名中的“咼”字，即是由旋转的水涡演化而来。

人体上有许多旋涡，既有看得见的指纹和头旋儿，也有看不见的DNA双螺旋结构。先人不懂得基因学，他们靠手工制陶，不经意间将清晰的指纹留在了陶器上，形成了最为原始的旋涡纹。创造和迎接新的生命，是人类永恒的责任，从古至今，一刻也未曾停歇。有观点认为，新生胎儿由脐带和胎盘

清代木质旋涡纹团圆馍模

血肉相连，具象的脐带和胎盘，就是一个抽象的“旋涡”。《道德经》中说：“谷神不死，是谓玄牝；玄牝之门，是谓天地根。”其中，“谷”即“牝”，是雌性生育器官的通称，“牝神”是孕育生命之神，“玄”是脐带，“玄牝”是与脐带相连的生育器官。用现在话讲就是：生命之神不会死，因为有那孕育生命的玄牝；怀孕和分娩生命的阴门，是天地长存的根本。“旋涡纹”的本源是孕育生命的胎盘的象形符号，祈求的是生命的繁衍。

无论是天涡，还是地涡，抑或是人涡，旋涡纹所蕴含的都是人类亘古不变的生命意识，所崇拜的都是生生不息的繁衍理念，是对大自然的礼赞，对美好生活的祈盼。

闭上眼睛，将八月十五供奉祖宗牌位的神龛、旋涡纹月饼、不谙世事的孩童、慈祥衰老的祖父祖母，这些独立的画面组合在一起，配上充满奶味与烟火味的问答声，这不就是中华文明活体传承的经典场景吗？

人见人爱的十二生肖月饼

文化差异在对比中表现在具体的细节上。请问您多大啦？面对这样的提问，西方人的回答干脆而直接：21、35或80，简单明了；中国人的回答则大多比较间接：属龙的、属虎的或属蛇的，含蓄而委婉。每个人都有一个对应的属相，通晓十二属相的人，结合回答者的外貌特征，就能快速地推算出回答者的年龄。这就是中国传统的十二生肖文化，个性十足的华夏韵味。

当中秋节遇上生肖文化，让每一个人都拥有一个属于自己专享的月饼，便有了从梦想变成现实的可能。于是，人见人爱的十二生肖月饼诞生了。十二种动物，或大或小、或站或立、或飞或跑，甚至或公或母……姿态万千，风情万种，千娇百媚，为月饼图案的设计提供了广阔的创作空间。生肖月饼

甘肃张掖十二生肖土月饼

已然成了月饼大家族中一个具有独特审美价值的部落，千百年来在中国人的手中传递着浓浓的亲情。

十二生肖又叫属相，它源于中国古代的传统历法“天干地支纪年法”。“地支”就是中华民族用来记录时间的子、丑、寅、卯、辰、巳、午、未、申、酉、戌、亥十二个字，借用鼠、牛、虎、兔、龙、蛇、马、羊、猴、鸡、狗、猪十二种动物分别替代地支，并用来记录人们出生的年份，便是十二生肖。十二生肖的产生，本质上是中国人对于时间的把握和独特的表述。是华夏先民早期天文学观察和动物崇拜、图腾崇拜的结晶。

中华传统文化博大精深，用来记录时间的十二地支中的每一个字，都有着特定的含义。子是兹，指万物滋萌于既动之阳气下。丑是纽，代表阳气在上未降。寅是移，引的意思，指万物始生寅然也。卯是茂，言万物茂也。辰是震，诉说物经震动而长。巳是起，指阳气之盛。午是仵，象征万物盛大枝柯密布。未是味，万物皆成有滋味也。申是身，寓意万物的身体都已成就。酉是老，指万物终将老朽也。戌是灭，万物必将毁灭。亥是核，万物收藏。这些文字和含义，不要说现代人难以理解，就是在古代也没有多少人明白。也许出于这种缘由吧，先人们想到了“肖”。肖，相似的意思。就是用与十二地支含义相似或相关的十二种动物来纪年。

古时把一天分为十二个时辰，每个时辰两小时，第一个时辰叫子时，时间在23点至次日凌晨1点，此时夜深人静，正是老鼠活动频繁的时间。丑时，老牛白天干活，夜间默默吃草补充体力。寅时，黎明将至，喜欢昼伏夜行的

民国山西枣木虎猪兔月饼模

老虎饱餐之后，用舌头舔净爪子上的血迹，一声长啸，向百兽宣示着王者的威严。卯时，5~7点，天已破晓，喜欢吃带有晨露青草的兔子，正在悄悄钻出窝洞。辰时，正值旭日东升，云蒸霞蔚，传说是东海龙王腾云驾雾之时。巳时，9~11点，这时的蛇不会伤人，也不在人行走的路上游荡，大多隐蔽在草丛之中。午时，太阳当头，阳气达到极点，阴气逐渐增加，一般动物都躺着休息，只有马还习惯地站着，甚至睡觉也站着，从不躺下。未时，13~15点，据说羊在这时吃草才长得膘肥体壮。申时，太阳开始偏西，猴子喜欢于此时打斗啼叫。酉时，17~19点，太阳落山，鸡该上架钻窝。戌时，夜幕开始降临，万物朦胧，看家护院的狗该上岗了。亥时，21~23点，万籁俱寂，贪吃的猪睡意正酣。用人们熟悉了解的动物来替代难懂的地支，虽然个别之处牵强附会，但多数是前人对周围动物习性观察总结的结果。

三千多年前，中国就已开始使用十二生肖计时，《诗经·小雅·吉日》记载"吉日庚午，即差我马"。意思是"庚午之日时辰吉，跃马出猎好日子"。1975年湖北省云梦县睡虎地出土的竹简《日书》，进一步证明十二生肖在春秋前后就已经存在。公元1世纪的东汉人王充，在其《论衡·物势》中记载的十二生肖，与目前流行的完全一致。南北朝时，已有按人的出生年份称其属某种动物的记载，《周书·列传第三》收录了宇文护母亲的一封信，说："昔在武川镇生汝兄弟，大者属鼠，次者属兔，汝身属蛇。"表明当时民间已有用生肖言说出生年份的习俗。

位次是名分和地位的象征，中国人历来非常注重排序。关于十二生肖的排序，学者和民间有多种解释和传说，说来十分有趣。有的说是依据阴阳搭配按动物足趾的奇偶参差搭配两个一组排列的。老鼠很特别，前爪四趾后爪五趾视为阳，物以稀为贵排第一，牛偶蹄排老二；虎五趾兔四趾，龙五爪蛇无足，马圆蹄不分瓣为阳，羊偶蹄为阴；猴五指鸡四爪，狗五趾猪偶蹄，阴阳分明。更有令人忍俊不禁的解释，明人叶子奇在其《草木子》中说：“术家以十二肖配十二辰，每肖各有不足之形焉。如鼠无牙、牛无齿、虎无脾、兔无唇、龙无耳、蛇无足、马无胆、羊无神、猴无臀、鸡无肾、犬无肠、猪无筋、人则无不足。”

也许人们讨厌这种生拉硬扯式的解释，民间才创作了更加简明生动的故事。传说玉皇大帝要举办动物大赛，以此来挑选十二名宫廷卫士。猫托老鼠报名，老鼠给忘了，结果无缘参赛，与鼠成了冤家。大象被老鼠钻了鼻子，疼跑了。其余的动物原本推举牛为老大，老鼠却蹿到了牛背上，猪也跟着起哄，于是老鼠排第一，猪排最后。虎和龙坚决不服。兔子也不服，要求和龙赛跑，结果赢了。狗更加不服，一气之下咬了兔子，为此被罚在了倒数第二。蛇、马、羊、猴、鸡经过一番较量，一一排定了位置，最后按丛林法则靠实力排定了今天的顺序。

十二种动物，每个都有长处和短处。十二生肖月饼，个个都是形象独立，不与其他图案组合。如果与其他图案组合配搭使用，其含义大多会增添其他象征性意义，超出了单纯属相生肖的范畴。如猴出现在月宫桂树下，就有了“折桂与封侯”的新意；牛的图案与月亮相组合，表现的是牛郎对织女的思念，诉说的是对阖家团圆的盼望；而龙的形象加上海水，则成了“蛟龙出海大有作为”的寓意；兔子呢，既不能与月宫组合，也不可手持木杵捣药，如果如此那就不是生肖兔的造型，而是月中兔神的形象。另外，十二生肖月饼一般不用作供品祭拜月神，因为生肖背后代表的是一个个具体的人。

十二生肖文化，不仅在中国流行，在东亚地区和欧洲以及北非的一些国家，也十分流行，并各具特色。如越南有猫无兔，印度则有狮无虎。埃及的十二个生肖分别是牡牛、山羊、猴、驴、蟹、蛇、犬、猫、鳄、红鹤、狮子、鹰。欧洲各国的生肖基本相同，多采用天文学上的星宿。如法国以宝瓶、双鱼、摩羯、金牛、白羊、巨蟹、双子、狮子、室女、天秤、天蝎、人马为十二生肖。世界各地丰富多彩的十二生肖文化，不仅为中外生肖文化交流提供了可能，也为中国生肖月饼的远销提供了基础。

赞美民族团结的“交和”月饼

一个万里挑一极其罕见的月饼模具，图案雅致到非同凡响：万里晴空，祥云翻腾，肥膘马上身材婀娜多姿的女官，身披宽大飘逸的金丝流苏斗篷，秀发高绾，风情万种，前有文质彬彬的持节使者引路，后有英俊潇洒的侍卫高举黄罗伞盖。马饰精美，鞍具富丽堂皇，人物虽少，但场面恢宏，一派皇家气象。这种场景，如果没有文字说明，相信大多数人不明就里。模具的设计雕刻者也许考虑到了这层因素，在图案的空隙之中，巧妙地镶嵌雕刻了“交和”二字，点名了“交和结好，昭君是福”的主题。这是一个讲述昭君出塞故事的月饼。

昭君姓王名嫱，昭君是她的字，晋朝时为避司马昭名讳，改称明妃和王明君。她是西汉南郡秭归，今湖北省兴山县人，大约出生于公元前 54 年，与貂蝉、西施、杨贵妃并称中国古代四大美女。昭君出塞属于真人真事系列，最早见于《汉书 · 元帝纪》和《匈奴传》。大致情节是：西汉竟宁元年（前 33 年）正月，汉朝的属国南匈奴首领呼韩邪来长安朝觐天子，以尽藩臣之礼，并且自请为婿。元帝恩准，将宫女昭君赐给了他，并改元为竟宁，希望天下因此而安宁。单于也上书表示愿意永保塞上边境平安。昭君嫁到匈奴后，被立为正妻称“宁胡阏氏”，她与呼韩邪单于共同生活了近三年，生有一子。前 31 年呼韩邪单于去世，昭君向朝廷上书请求回汉，汉成帝敕令她“从胡俗”，依照游牧民族收继婚制，又嫁给了呼韩邪单于的长子复株累单于，两人共同生活 11 年，育有二女。前 20 年复株累单于去世，其胞弟继任，昭君从

清代木质“交和结好”月饼模

此寡居，一年后病逝，终年 33 岁。14 年间侍奉了父子两代单于。

汉元帝时，天下大势为汉强匈奴弱，昭君出塞，是元帝实行民族和睦政策的具体表现。但后来，可能出于大汉自尊的缘故，部分故事情节发生了较大变化，主要是把昭君从被动出嫁变成了主动要求出嫁，并增加了宫廷画师毛延寿这个奸佞形象，变成了如下广为流传的故事。

传说两千多年前，长江西陵峡秭归县宝坪村，有位叫王忠的农夫，婚后一直没有孩子，一年八月十五早上，就到村旁的屈原庙烧香许愿，祈求得个一男半女。这庙还真灵，当夜他老婆便梦见一轮明月投入怀中，后来生了个俊丫头，取名王昭君。这丫头长到十来岁时，已经出落得亭亭玉立，14 岁就被选中入宫。原来宫女进宫后，皇帝不见本人，而是让画工毛延寿画像，靠美人册挑选妃子。这毛延寿是个贪财小人，谁送礼就把谁画得美如仙女，否则就画丑。王昭君没有送礼，脸上被无端点了一个痦子，自然落选了。

昭君 19 岁那年，南匈奴单于赶着牛羊来到长安磕头进贡，拜见汉元帝，并请求和亲当女婿。汉元帝非常高兴，立刻下诏宫女们报名，操办认干女儿出塞之事。这宫女们都不愿报名，一是嫌单于岁数大，二是害怕匈奴的特殊婚俗，老爹死了儿子娶后娘。正在这时，昭君主动要求，愿意出塞嫁给老单于。元帝赶紧召见，一见面顿感六宫粉黛无颜色，想把昭君留下，但又担心失信于匈奴，只好忍痛割爱。事后只好严惩了毛延寿。

传说因昭君出塞而流行的河北彩色门帘

汉元帝为干女儿准备了丰厚的嫁妆，临行前问昭君还需要什么。昭君说：皇父，听说草原上的房屋不比长安，虽有门可总是敞开着，外边人一眼就能看到里屋，多有不便。请求父亲把宫中的门帘送给我，一来遮屋挡门起居方便，二来天天看到门帘就如同看到皇宫，看到父亲您。元帝感觉在理，便立即传旨制作门帘，指派专使在婚礼那天为昭君挂在门上。结婚由娘家派人挂门帘的习俗，在黄河中下游地区，一直流传至今。特别是中秋，一定要挂上陪嫁门帘吃月饼，思念亲人之情，胜于言表。

一个天高气爽的日子，昭君告别长安登程北

去。马嘶雁鸣，心绪复杂，昭君在马上怀抱琵琶，轻轻拨动琴弦，奏起了悲壮的离别之曲，天上高飞的大雁为琴声所感动，竟然忘记了扇动翅膀，跌落地下，昭君从此有了“落雁”之美名。

昭君出塞和亲，后人称之为和平使者，功在当代，惠及子孙。清代女诗人郭润玉赞美王昭君：“琵琶一曲千戈靖，论到这功是美人。”将这样一个万古流芳的故事印到月饼上，表现了千百年来，人们对于民族大团圆的渴望与赞美。

终结帝制的共和月饼

中国饮食内容和形式的关系，有个十分有趣又令人深思的现象，液体的饮品喜欢旧瓶装新酒，固体的糕点爱好新样用老馅料。月饼自明清到现在，馅料和做法没有颠覆性的改革，但外观造型和纹饰图案却层出不穷。不过，要说月饼纹饰革新洗面般的改变，是辛亥革命成功后带有缨带的五色国旗和铁血十八星军旗交叉图案，自豪地印在了月饼上。

1911 年，上海、江苏军政府成立，采用宋教仁、陈其美提议的“五色旗”为新政权的标志。之后临时政府成立，正式确定以红、黄、蓝、白、黑五色旗为国旗，表示汉、满、蒙、回、藏五族共和。1911 年 10 月武昌起义成功，宣布以“十八星旗”为军旗。旗帜中心为黑色九角形图案，缀有十八颗黄星，内外两圈各九颗，意为联合十八行省，红底象征以“铁血主义”实行革命。袁世凯篡权当政以后，正式宣布五色旗为中华民国国旗，十八星旗为中华民国军旗。北洋政府时期，全国各地为适应时代需要，掀起了宣传和使用国旗和军旗的热潮，钱币、邮品、火花、饰品及日用瓷器和广告等，普遍采用了寓意全国一统与民族大团结的双旗纹。这个图案的出现，标志着古老的中华帝制的终结，现代化理念的共和制国体在中国的诞生。在此背景下，国家意识和国家意志，第一次和月饼结合在了一起，诞生了双旗月饼。

民国初年的第一个中秋，一款福佑双旗的月饼给剪去了辫子留着齐耳长发的中华热血男儿带来了狂喜。一只蝙蝠从天而降，口衔连环，悬挂着交叉的双旗，寓意浅显明白，福佑双旗福满中华。是的，中华文明，从三皇五帝群星灿烂的古国时代，到大禹开创的父传子承一家独大万邦来朝的王国时代，再到秦王嬴政横扫六合，鲸吞天下，一统江山让中国走进帝国时代，浩浩荡荡几千年。有一件事不知是偶然而成，还是必然如此：中国有确切纪年的历史始于西周的“共和元年”，即公元前 841 年，巧合的是，1911 年孙中山先生领导的辛亥革命，以推翻帝制创建共和为目的，其中竟然也有“共和”二字。“共和”究竟为何物，让中国人 2752 年念念不忘，梦寐以求。

民国初期木质共和月饼模

周朝实行嫡长制，王位世袭，天子直接管理都城地区，边远地区依据血缘亲疏进行分封，建立诸侯国以拱卫中央。公元前 878 年前后，周厉王即位。他执政期间，连年灾荒，民不聊生，贵族们却不顾百姓死活，依然花天酒地，挥霍享乐。为了聚敛更多的财物，周厉王让虢公长父和荣夷公负责，强行宣布山川林泽为王室所有，实行“专利”政策，不许平民随便上山砍柴打猎，下河捕鱼。于是民怨沸腾，街头巷尾议论纷纷。周厉王为平息舆情，从卫国找来巫师，用巫术监视敢于“谤言”的怨恨者，并告谕全城，凡有私议朝政者，杀无赦。周厉王以为这样就可以消除“诽谤”。大臣召穆公进谏厉王说：防民之口，甚于防川。一旦决口便无法收拾。厉王不听，到公元前 841 年，都城镐京的“国人”集结起来，手持武器攻入王宫。周厉王下令镇压，却无兵可用。于是逃离镐京跑到了彘，即今山西霍州，直至公元前 828 年病死于此地。“国人暴动”后的 13 年间，宗周无主，召穆公和周定公共同代行王政，号为“共和”。另外一说，周厉王出逃后，诸侯们推举共伯和代行天子事，所以称为“共和”。

如果说西周的“共和”是民众反对周厉王个人的暴政，那么两千多年后孙中山和革命党人的“创建共和”，则是推翻帝制，在古老的中华大地上建立现代化的“共和制”国家。

从公元前 221 年秦王嬴政统一六国建立大秦，到公元 1912 年 2 月 12 日，大清末代皇帝溥仪宣布退位，2133 年间中华帝国总是一以贯之：君权神授，皇帝世袭，皇权至高无上，皇帝直接统率国家军队，朝廷直接任命中央和地方官员，全国按区域实行分级管理。在官民心中，国家是皇帝个人的，文人们用“刘汉李唐、赵宋朱明”作诗行文；百姓们说话直截了当：汉朝姓刘，唐朝李姓，老赵家的宋朝，清朝是满人爱新觉罗家的天下。无论谁做皇帝，老百姓也是种地纳粮。这样的中华帝制，到了20世纪初，走到了历史的尽头。

孙中山和他的战友们，大批中华民族的仁人志士，面对清朝的腐败无能，面对帝国主义的瓜分，面对破碎的山河，开始了血与火的探索。先是打出了“驱除鞑虏　恢复中华”的大旗，后来改为“推翻帝制　五族共和”，其宗旨只有一个，顺应世界潮流，抛弃落后的帝制，在古老的中华大地上建立“共和制”国家。民主共和制是资本主义国家的一种政体形式，其本质是权力相互制约，国家元首由选举产生并有一定的任期。

民国初期木质“恒盛双旗”月饼模

辛亥革命胜利了，皇帝下台，共和政体建立，终结了两千多年的君主专制，政治家和史学家们认为，这是20世纪中国第一次历史性巨变，是中国人民为改变自己命运而奋起革命的一个伟大里程碑。百姓们心里嘀咕，没了皇帝太阳照常出来，日子照样过；民主真是个好物件，国家的大事儿百姓也可以插嘴了。然而，希望很丰满，现实很骨感。这次共和是锅夹生饭，借着共和起家的各路军阀们，我行我素，谁的话也不听，多坏的事儿都敢干，百姓们依旧吃不饱肚子。

伟大的抗美援朝月饼

2007年9月26日，《三秦都市报》刊发了《“抗美援朝”月饼模子现身西安》的消息，70多岁的路慧芳老人读到后，兴奋不已，尘封多年的记忆顿时被打开，50多年前她就曾经吃过这种月饼。在记者的帮助下，路慧芳见到了当年制作抗美援朝月饼如今已经94岁高龄的孙秀英。两位老人手拉着手共同回忆起 1951 年，那个令她们终生难忘的中秋。

西安市西关孙秀英奶奶

孙秀英和丈夫都是陕西华阴县（现华阴市）人，16 岁那年夫妇二人辗转来到了西安城，凭借着在家乡学会的面点制作技术，在今天解放路东三路一带，开了一家名叫“春发祥”的小糕点坊，由于诚信经营，糕点制作精良、口味好，生意很红火。1951 年中秋前夕，面对全国各地高涨的抗美援朝运动，小两口就想“咋能为国出些力气呢”？心眼灵活的丈夫想出了一个好主意，设计定做了一个“抗美援朝”月饼模。模子凹槽直径大约 12 厘米，深 2 厘米左右，图案核心是一个小圆，圆内镌刻着一个醒目的五角星；小圆外围是一个大圆，两圆中间留白部分被一个双线“×”分成了四份，正好刻写“抗美援朝”四字。图案的边缘是两层点状光芒线，整体设计庄重大方简洁，透露出一种刚毅坚强的豪气。这种抗美援朝月饼上市后，赢得了附近市民的广泛赞誉，把家人团聚和朝鲜战场紧密地连在了一起。

此时的朝鲜战场最前线，战壕里的志愿军战士们早已杀红了眼，忘记了一切，他们所有的心思都集中在如何打掉对面的敌人身上。一位老战士回忆，炮火连天的战场，大家都记不得哪天是中秋，更谈不上聚在一起过节了。但敌人倒是记得我们的节日，派了一架飞机在低空盘旋，没有丢炸弹，雪片般地撒了一地传单，传单上面画着一家人围坐在一起吃饭的场景，目的是勾起战士们的思乡团圆之情，瓦解我军的战斗力。但敌人越是这样，志愿军战士反而更加同仇敌忾。这就是美军无法理解的中国式太极思维，我们既有修身、齐家、治国、平天下的家国情怀，同时还拥有家是最小国，国是千万家，为了千万家，大丈夫为国弃家的舍生取义。这种奇妙的家国关系，用 1951 年的“保家卫国”月饼图案，似乎更能准确地诠释志愿军战士英勇杀敌的原因。

这是一个让传统古老纹饰焕发新意的案例。核心是中国人恒久追求的“福”，福上是光芒四射的太阳，太阳周围镌刻着“保家卫国”，两旁是左右对称的凤凰。这种纹饰造型相当古老，它曾是华夏先民的古老图腾“日鸟崇拜”，名叫“双凤朝阳”，有学者解读为“双鹄护日”，即两只大鸟护卫太阳，早在 7000 多年前的新石器时期就已经流行。太阳象征永恒、光明、生机、繁盛、温暖和希望，太阳崇拜几乎是全世界所有原始民族共有的神话思维。凤凰为“百鸟之王”，凤为公凰为母，凤是男凰是女，两者天生的一对，地造的一双，寓意阴阳和合，化育万物。

20 世纪 50 年代木质“保家卫国”月饼模

《东方红》，一个时代的赞歌。翻身解放做主人的手艺人，口里哼着“共产党像太阳，照到哪里哪里亮。哪里有了共产党，呼儿嗨哟，哪里人民得解放”，脑海中构思着一个新月饼模子的图案，他把共产党领导人民刚刚建立的新中国雕成了太阳，把千千万万翻身解放的男男女女们雕成了凤凰……就这样，“保家卫国”月饼诞生了。

其实，不是所有的入朝志愿军战士都吃不上月饼。志愿军老战士顾菊康撰写的《1952 年中秋节的子母弹和半块月饼》一文提及，1952 年中秋节，入朝参战的探照兵部队的战士们，就吃到了炊事班自己加工的土月饼。

这是一场敌我军事装备无法对比的战争，制空权完全掌握在美军手里，我们的空军不仅飞机少，而且还不具备夜间作战的能力。美军死死抓住我军的弱点，晚上出动大批轰炸机对我桥梁、铁路、交通枢纽等战略要地进行狂轰滥炸，我们只能用高射炮进行还击。但夜间一片黑暗，高炮手看不清敌机在哪里，不得已只能用探照灯强烈的光柱照明，配合高射炮打飞机。

志愿军探照灯兵团老战士顾菊康回忆：“1952 年我在 602 站担任卫生员，这是我们参加抗美援朝在朝鲜过的第一个中秋节，炊事班用面皮包了金针菜、鸡蛋粉和一小块肉罐头，压扁后在锅里烙制了土月饼，每人两个，还烧了几个菜，正当我们举起茶杯，以茶代酒，共祝中秋佳节时，突然一阵防空枪响，敌机来了，排长立即命令：‘一等准备！’我们赶紧放下茶缸、筷子和吃了一半的月饼，跑步进入探照灯阵地。”

敌人 B-26 中型轰炸机飞到了阵地上空，开灯照射后，敌机对准探照灯光就是俯冲、扫射、轰炸。但是这次的炸弹声音很轻，但范围很大，周围听到噼里啪啦的响声，好奇怪？敌人要什么花招？后来才知道，敌人在我强大的高射炮打击下，空中优势受到很大打击，为此他们专门研制了杀伤力极大的

“子母弹”，一个母弹爆炸后飞出 60 个子弹，每个子弹炸出 60 块弹片，3600 块弹片覆盖直径 300 米范围。20 分钟的轰炸后，在我高射炮火的射击下，敌机溜走了。连长开始统计伤亡情况，年仅 20 岁的 633 站长，不幸中弹，当场光荣牺牲，将年轻的生命献给了可爱的祖国。他没有留下什么遗言，只留下了半块没吃完的月饼。这半块土月饼，成了顾菊康老人中秋佳节永恒的记忆！

1951 年抗美援朝保家卫国月饼广告

月饼象征着团圆、和谐、吉祥，但是当有人刻意要剥夺中国人这些权利的时候，他们也自然有勇气把战争和团圆统一起来，用战争来捍卫团圆，牺牲个人的团圆，捍卫父母和妻子、兄弟姐妹以及他们孩子的团圆，这就是中国人对战争与和平的诠释。牺牲个人，为千万个家庭与国家赢得团圆，这个朴实无华的理念，在 1951 年的中秋月饼广告上，中国人就已经昭告了全世界。

走下神坛祭桌的时代印记月饼

古往今来，一切发明创造都是时代的产物，同时也必然追随着时代的脚步而不断前进与发展。正是时代所赋予的创造力，成就了月饼，使它从四时皆有的一种普通饼食，一步步走上了中华第一饼的国饼位置。但是，诞生于宋代的月饼，仅仅走过了千年历程，便遇上了三千年未有之大变局。

20 世纪，工业文明推进了全球生产力的快速发展，由此而导致的上层建筑巨变，使古老的中国终结了帝制走进了共和，随之也彻底废除了帝王祭月礼制。月亮崇拜是月饼文化的根脉，国家祭月制度的消亡，使月饼成了无本之木，加之城市化步伐急速加快，进城后人们家族观念日益淡化，家庭瞬间变小，由此民间祭月活动缓慢萎缩，月饼逐渐失去了祭月供品的功能，特别是代表国家形象的“双旗”月饼的应运而生，使传统月饼图案迎来了前所未

20 世纪 10 年代木质“双旗爱国”月饼模

有的挑战，用于祭祀的月饼迈出了走下神坛的第一步。

抗美援朝战争的胜利，中国这头东方睡狮，不仅睁开了眼睛，还又一次站立起来，发出了王者震荡河山的吼声，古老的中国从此开始了伟大而艰难的复兴。与之相伴而生的抗美援朝月饼，图案虽然简单，但内涵却极为新颖，表达了全国各族人民保卫新中国的强烈愿望，引起了人们的热捧，使月饼又迈出了走下神坛的第二步。

科学在发展，神话被打破。1969 年 7 月 16 日上午，巨大的“土星 5 号”火箭载着“阿波罗 11 号”飞船，从美国卡纳维拉尔角肯尼迪航天中心点火升空，开始了人类首次登月的太空飞行。7 月 21 日，宇航员阿姆斯特朗迈出了历史性的第一步，首次实现了人类登月的梦想。事实上，月球之上一片荒凉，既没有月宫，也没有桂树玉兔，更没有嫦娥和仙女，阿姆斯特朗的这一步，踏碎了我们几千年来关于月亮的神话传说。新一代年轻人不再相信嫦娥奔月的神话，再让他们对月亮顶礼膜拜和祈福求吉已无可能。这种文化信仰上的崩塌，让月饼彻底被请下了神坛。

走下神坛的月饼，已经没有了月亮所给予它的光环和文化内涵，剩下的仅仅是“团圆”的象征，以及由圆所联想引发的圆润、和谐、完美、自然、天衣无缝与合家欢乐等寓意，由此重构月饼

20 世纪 50 年代木质“赶上先进”月饼模

文化及其信仰的问题，已经变得非常急迫。

时代大变革必然带来文化大创新。月饼由拜月礼佛敬神的供品，开始向主要供人享用的食品转变，在这种功能转型中图案该如何更新设计，传统的习俗该如何注入新的时代精神，百废待兴的中国人民，一方面进行着物质财富的大生产，另一方面又开始了传统文化的大改造。

人们最先想到的是，让月饼与时代同行，将人民追求幸福生活的新祈盼，国家追求富强的新规划，社会主义建设取得的新成就，融进月饼图案设计。由此产生了世界人民大团结、力争上游、多快好省、卫星饼等内容的月饼印模，在那个火红的年代，对坚定人们保卫和平的决心，建设美好家园的斗志，起到了前所未有的鼓舞人心作用，得到了时代的肯定。

其次，人们尝试着将现实生活中的新口号、新目标、新工作，乃至于各项政治运动，直接搬上了月饼。如世界和平、斗私批修、革命委员会好、一不怕苦二不怕死、批林批孔等。总体而言，这种直接搬运直白使用的方式，与传统月饼文化内涵相去甚远，甚至毫无关联，效果不佳，有时还闹出了令人啼笑皆非的笑话。例如，“一不怕苦，二不怕死”，是20世纪70年代最为响亮的政治口号，号召人们继续发扬不怕艰难困苦、不怕流血牺牲的革命英雄主义精神，勇于迎接时代挑战。于是，有的单位在中秋节就制作了这个口号的月饼。相传有人拿到月饼后开玩笑地说：这月饼是苦的？有毒？要舍得出性命不怕死才敢吃？为此险些受到处分。目前，人们把此类月饼印模统称为“时代印记”进行宣传和展出，引来的是年轻人好奇的目光和不解的评论，以及已经耄耋之年的亲历者们无言的反思。

20世纪60年代灰陶“为人民服务”月饼模

最后，坚持古为今用和推陈出新的原则，对传统的优秀月饼图案进行梳理和改造，采用老瓶装新酒的模式，为老图案注入新内容。如将寿桃图案中的寿字改为五角星，再刻上“赶上先进”四字，送给长者时一语双关，既希望百尺

20 世纪 70 年代灰陶“促工作　促生产”月饼印

竿头更进一步，向更健康更年长者看齐进而更长寿，又希望老人思想进步赶上时代潮流，可谓匠心独具之作。还有，将传统的月宫光芒图案加以改造，月宫图换成了铁路徽，表达了对铁路安全运行、家人幸福团圆的祈盼，让人顿生耳目一新之感；而光芒四射的月光，既保留了传统的中秋元素，又好似火车头前明亮的大灯。这款月饼，有极强的时代感和行业感，深受铁路职工和家人的喜欢，经受住了岁月的考验，为月饼印模图案的创新发展积累了宝贵经验，至今仍不失为经典之作。

探索的道路终究要充满坎坷，败多胜少是常态。几十年来，对月饼图案创新的探索，一言以蔽之，亦是败多胜少。那些充满时代印记的图案，要么在当时就没有被接受，要么短暂被接受又很快被扬弃，在惨痛的教训面前，人们开始了反思。对于月饼而言，没有继承传统的创新，无异于自我戕害，只有在传统的基础上，创新才能走得更远。否定之否定，人们又一次把目光转向了月亮神话。

神话不在于它的内容是否科学与真实，而在于它无拘无束、大胆自由、主宰宇宙万物的神话式思维，在于它超越一切自然的精神力量，它是一个民族的灵魂家园。月亮是地球唯一的天然卫星，其上一片荒凉，中国航天人对此早已了然于心，但仍然将登月工程命名为“嫦娥计划”，将月球车起名为“月兔”，为几千年的传统文化注入了新的内涵，让古老的月亮崇拜和嫦娥奔月神话，焕发了新春，进而展示出恒久的中华魅力。这，似乎为月饼图案的创新指明了方向。未来的月饼图案，必然是古老月亮崇拜、嫦娥奔月神话和现代科学审美三者的完美结合，既围绕永恒的“团圆”主题，又饱含传统基因且充满现代因素。

翱翔太空的高科技月饼

神话是人类童年时代对大自然现象和社会生活的原始解释，是民族精神的内核，文明秩序的基石，文化创新的源头。早在三千多年前，中华民族凭借着好奇和智慧，勇敢地把自己的第一位女宇航员嫦娥，成功地送上了月球，并在月球上建造了高大的广寒宫，创办了玉兔捣药公司，种植了桂树，开办了桂花酒酿造厂，养殖了蟾蜍，配备了园丁吴刚和大批仙女。从此，嫦娥、广寒宫、桂树、玉兔、吴刚等，就成了中国人描绘月球的专用符号。一千多年前，当中国人开始欢度中秋节吃月饼的时候，又陆陆续续把这些月球符号成功地移植到了月饼上，成了月饼的标配图案。不管是何种造型，何种馅料，何种加工方法，只要是饼上有月宫、嫦娥、桂树以及玉兔捣药等图案，中国人统统称之为月饼。

斗转星移，当中国人开始向太空挺进，誓言要登上月球，看望久未回娘家的嫦娥时，神话中的月亮符号，又一次被庄重地请了出来，和中国的探月计划发生了千丝万缕的联系。2004 年 3 月 1 日，中国探月工程正式启动，被命名为“嫦娥工程”，第一颗绕月卫星命名为“嫦娥一号”，2013 年中国首辆月球探测车取了一个温馨可爱的名字“玉兔号”。2019 年 9 月 13 日是传统的中秋佳节，当天 11 时 05 分，中国航天科技集团官微发布了一张“玉兔二号”在月球背面画月饼的照片，引起了广大网友的围观。从照片可以看出，玉兔号探测车缓缓爬行，在松软的月壤上留下了清晰的车辙，行驶轨迹形成了一

“玉兔二号”月球探测车辙画的月饼

个正圆，酷似月饼的形状，以此对地球上欢度中秋节的人们表示满满的祝福。有网友开玩笑地追问，这月球月饼到底是啥馅儿的？有说五仁的，有说九仁的，有一个回答得到了广泛认可：这次是“无人”馅儿的，下次肯定是“有人”馅儿的。

中国的月饼秀，不仅仅是在月球背面用无人驾驶的月球车画假月饼，还有宇航员在宇宙飞船中吃月饼的真实场景。2003 年 10 月 15 日，中国第一艘载人飞船“神舟”五号从酒泉卫星发射中心载人航天发射场发射升空。这是中国首次进行载人航天飞行，也是全世界第 241 次载人飞行，执行任务的是杨利伟，他在太空飞行了近 22 个小时，将近一天一夜。

航天科技非常人可以理解，人们最感兴趣的航天员的吃喝拉撒睡。《每日新报》迅速以《杨利伟太空之旅吃的嘛？》为题作了介绍：据航天医学工程研究所航天食品分系统白树民主任介绍，杨利伟在太空的吃喝，与平时在地球上分别不大。由于杨利伟是东北人，喜欢吃面食，尤其又是第一次正式进入太空，所以为他准备的主食是印有“飞天”“奔月”字样的小月饼。

杨利伟在“神舟”五号载人飞船上吃月饼

为了真实记录吃月饼的场景，杨利伟在太空座椅的上面固定了一个 DV 摄像机，记录了自己在太空舱中的生活状态。海平面 100 千米之上是太空，地球的引力微乎其微，什么东西都可以自由地飘飞起来，不用担心掉落摔坏。杨利伟轻轻地把小方块月饼扔向嘴边，月饼没有坠落而是缓慢地翻滚着飘浮着向嘴而去，其景象在地球上是看不到的。事后，杨利伟在接受记者采访时，专门讲述他吃月饼的细节，在地面吃月饼，张开嘴就可以吃，但在太空就不能这样了。在失重的情况下，屑子会飞出去的。所以要一口全吃下，闭着嘴咀嚼。这也是为什么太空月饼做得很小的科学道理。

杨利伟在“神舟”五号上食用的所有东西，都是由中国航天医学工程研究所制作的。航天员在太空中闻不见气味，对于食物没有了嗅觉反应，不容易产生食欲，而且在太空还容易出现空间运动病，症状类似于地面上的晕车，恶心、出虚汗，甚至呕吐。为了保证宇航员身体的正常需要，看似平常的饮食，成了航天工程研究的众多内容之一，包括水分、pH 值、水活性、营养成分、颜色和质地、保质期、温度变化等指标，都要进行定量分析。

新闻报道中讲，研究所里有一条小巧玲珑的“航天食品”生产线，生产各种月饼、冻干水果、硬罐头食品以及蒸煮袋装等航天食品。这些食品不仅具有重量轻、体积小、营养好、无残渣等特点，熟制后还要全部小包装密封，符合在天上吃的各项要求，而且从选材到制作甚至色香味形，都具有典型的中国饮食文化特色。这里制作的航天月饼，只有正常月饼的五分之一大小，具体配方严格保密。

如果说神话是人类童年智慧的结晶，那么科幻小说就是现代人的神话。一名小学生的科幻作文这样写道：

2049 年 9 月 11 日，新中国成立 100 周年的中秋节，晚上月亮刚刚从东南方升起的时候，孩子们纷纷穿上嫦娥宇航服，成群结队地向太空飞去，相互追逐着打闹着。突然，代号小兔子的同学突发奇想，笑着启动了穿越程序，看到槐花盛开的大树下，几个宋朝小朋友在祭拜月饼。供桌上摆放着石榴、桃子、毛豆，还有切成花瓣形的西瓜，最吸引人的是月饼。宋朝的月饼什么味道？我得尝尝。他的小手一召唤，月饼就向他自动飞来……

2049 年中秋，小兔子在召唤宋代的月饼

早点化的上海鲜肉月饼

早餐，是一个地区饮食文化的底色。到上海出差，给当地两男一女三位朋友发短信，请他们推荐上海最具代表性的早餐。回复都很快，第一位男士：粢饭团、生煎、羌饼、锅贴、浇头面、甜豆浆；第二位男士：小笼包、小馄饨、老虎脚爪、咸豆花。女士的推荐让我们深感意外：鲜肉月饼、红豆薏仁

汤、杧果、蒸红枣，或鲜肉月饼、隔夜燕麦、黑咖啡，还配发了图片。

上海是中国首屈一指的国际化大都市，饮食文化汇聚四面八方、古今中外，这是情理之中的事，意外的是中秋节的应节食品鲜肉月饼，也成了四季皆有的早点，与“月饼”一词九百年前第一次出现在《梦粱录》中的情景一样，仍然是随时可点，不误主顾。历史的车轮向前滚动过了九百多年，月饼又回到了它起步的原点。

谈起上海鲜肉月饼的历史，据说只有100多年，属于苏式月饼中的咸月饼，最与众不同的核心是鲜肉，必须选用三分肥、七分瘦的新鲜猪肉做馅儿，再加入适量肉皮冻，用盐、糖、胡椒、素油、香油、酱油、高粱酒和姜末、香葱等按比例调和而成，大致和水煎包的馅儿类似。起初也是应节食品，后来由于广受欢迎，成了四季都有、代表上海味道的小吃。老上海过中秋的习俗，包括鲜肉月饼在内的“苏式”月饼大多是买来自家吃的，那些包装精美的广式月饼则是用来走亲访友送人的。

师傅领进门，修行在个人。晚上闲来无事，便开始为嘴做功课，在网上浏览有关鲜肉月饼的图文。鲜肉月饼的用材极为一般，属于多数市民厨房里的常备之物，加工制作也不复杂，但要真正做好也绝非易事。上海滩做鲜肉月饼的店铺厂家倒也不少，可真正能做到皮酥香脆，肉馅鲜嫩多汁的却是不多见。上海人聪明精细，喜欢用数字说话，用排名直观表述人们的喜爱程度，甚至连大公司哪个门店都标注得清清楚楚。多年来经常榜上有名的主要有：光明邨大酒家（淮海中路总店）、泰康食品（南京东路店）、真老大房（南京东路店）、德兴面馆（广东路总店）、老大昌（打浦路店）、西区老大房（愚园路总店）、王家沙点心店（南京西路总店）、沈大成（南京东路店）等等。历史上为了表明自己的正宗地位，老板们在店铺名称上也费尽了心机。相传最早做鲜肉月饼的是“老大房”，因为生意火爆而引发了一场店名之争，所以特意在名前加了个“真”字以示区别。现在“真老大房”的生意依旧火爆，地处南京东路的总店门前，时常排出几百米的长队，尽显着品牌的魅力，令人感叹不已！正当我们在图文中精神享受时，朋友的短信又提醒，不要机制的，要现做现卖现吃。关键时候指条明路，这就是朋友之情吧。

听人劝吃饱饭。第二天一早我们便来到了路边一家小吃店，这是一对扬州夫妇开的夫妻店，主打小笼包和鲜肉月饼。男主人老实厚道少言寡语，负责在后厨制作，女老板热情好客在前台照顾买卖。她一边为我们一行三人端盘上饼，一边像唠家常似的介绍着“苏式”月饼的历史：“苏式”月饼根本不是发源于苏州，而是我们扬州人的发明。和其他地方月饼的最大不同，是用上好的猪板油和面，饼皮酥软香甜，本来叫“酥式”月饼，后来“酥”字误传成了“苏”，鸠占雀窝，现在大家都叫“苏式”月饼，我们扬州人吃哑巴亏啦……没想到，在这里还听到了月饼历史的故事。

上海鲜肉月饼

女老板还告诉我们，鲜肉月饼还是传统平底锅烤制才好，露天透气，火候旺盛，别看色泽没有机制的漂亮，但皮更酥香，肉馅更嫩，味道更纯正，趁热咬一口，虽然不会流出小笼包里那样的鲜汤，但绝对保证能吃出只有鲜肉月饼才有的肉汁来，那叫一个鲜香！直接透过齿颊一下溜进胃底，妙不可言。传统的鲜肉月饼绝不添加任何防腐剂，保质期只有一天，夏天甚至只有半天，讲究趁热吃。如果放凉了，酥皮会变得耷拉，吃起来像个面疙瘩似的，皮中包裹着的鲜肉馅儿心也变成了硬肉丸，失去了原有的松软、弹性和只有热烫时才散发出的肉香。

众里寻他千百度，蓦然回首，那人却在，灯火阑珊处。一个来自古代四时都吃，后来演变成应节食品的月饼，在现代化飞速发展的今天，它究竟向何处而去，其主流发展趋势是什么，这个困扰了多少企业家和研究人员的方向性问题，在中国国际化程度最高的城市上海，似乎找到了答案。

月饼，既是一种美食，也是一种特定文化的载体，它体现了不同文化之间的交流和融合，表现在固定的民俗活动和日常生活之中。基于此，在重点做好中秋节供应的同时，月饼生产企业和小店铺，应该不断创新经营方式，开发更多新品种，将月饼从糕点逐步变成小吃和主食，从应节食品重回百姓的一日三餐，努力保持原料的本真和新鲜，引入限时销毁理念，倡导现做现卖现吃，在站稳国内市场的同时，积极开拓国际市场，与全世界共同分享中国月饼的美味。

新疆的月饼馕

公元前100多年前的汉代初期，馕，也就是胡饼，从遥远的西域来到了中原，开始了在中国的流行传播。经过一千多年的普及和汉化历程，到宋代时，已经发展成长为有几十个成员的胡饼大家族，这其中就包括从胡饼演化而来，但是已经完全中国化了的“月饼”。

令人匪夷所思的是，又过了一千多年，当历史的车轮滚滚驶进崭新的21世纪之后，已经成为中国中秋节日食品，并且拥有百十来个成员的月饼大家族，有一个品种又返祖归宗回到了历史的起点，在其古代的故乡西域即现在的新疆，重新找到了祖先馕，并与之与杂交组合，诞生了一个名为“月饼馕”的最新品种。

发明月饼馕，是人们面对现实痛苦思考后创新的结果。进入网络时代以后，每当中秋，总有这样的文字出现在网上，流传在年轻人当中：临近中秋节，大家都开始买月饼应景了。笔者还记得小时候，家里亲戚朋友都会互相赠送月饼票，父母拉着孩子们的手欢天喜地地去买月饼。很多朋友们小时候一吃月饼就停不下来，连饭都可以不吃。与从前相比，现在的年轻人似乎把

新疆民间的中秋月饼馕

月饼变成了“节日道具”，摆着只是应应景。经常放到过期，偶尔收拾东西时翻出来随手丢掉。

其实，不能怪年轻人不再喜欢传统食物了，只是因为这月饼，实在是太油、太甜、太腻了！传统的莲蓉、豆沙这样的馅，对于现代人来说显得“口味重”，相比之下冰皮月饼或者水果月饼，会更加符合年青一代的口味，而且造型好看，晒朋友圈也是倍儿有格调。除了口味，另一个原因，甜的东西热量高，女孩们天天喊着要减肥，好不容易有点效果，怎么能被破坏呢。

一个约190克的双黄莲蓉月饼，含有高达800卡路里热量，一般成年人每天需要摄取1800～2200卡路里，一个双黄莲蓉月饼所提供的热量已经相等或超过一顿正餐的需要了。而且，一个双黄莲蓉月饼，热量等于一碟粟米肉粒饭、一碗罗宋汤、一杯冻奶茶的总和。为了一个月饼放弃这么多好吃的吗？即使想吃，也会忍耐并且催眠自己：月饼一点也不好吃！

年轻人不再像以前那样喜爱月饼了，这是一个不争的事实。这一现实不但引起了内地食品企业的关注，也引起了新疆美食界的思考。

胡饼源于西域，在新疆的历史源远流长，有过多种称呼，直到伊斯兰教传入后才叫馕。新疆的馕可以演变成月饼，马可波罗可以把中国的葱花饼改造成比萨，那么，馕非要在馕坑里烤吗？馕的成分可以演变成月饼模式吗？月饼可以在馕坑里烤吗？月饼里有皮牙子肉会怎样……

思考的结果，胡饼、馕和月饼，实现了珠联璧合般的新千年融合，在中秋节日食品月饼大家族里，又增添了一位新成员，极具创新意味的“月饼馕”。

这种月饼馕，在馕坑中烤制，区别于传统烤馕的是，增加了馅料，味道更好。在月饼馕外皮，按压嵌入了核桃仁、巴旦木、杏仁、葡萄干等新疆特产干果。与内地月饼比较，面皮厚，不油腻；馅料少，干果多；甜度小，热量低。口感既有馕的柔韧清爽麦香，又有月饼的松软细滑香酥，给人一种妙不可言的享受。

2018年9月21日，新疆维吾尔自治区库车县举行以“园·缘·圆·援·愿”为主题的首届中国农民丰收节、中秋节系列活动。当日，由库车县大馕城的10名打馕师花费30个小时，制作了一个重达100多千克，直径1.7米的月饼馕，来迎接丰收节的庆典活动。

创新是一个民族进步的灵魂，是一个国家兴旺发达的不竭动力。这个“月饼馕”，用了 70 千克面粉，50 千克玫瑰花酱，10 多千克核桃仁、巴旦木、杏仁等干果。它的出现，引起了网友的一片赞誉，线上销售异常火爆，新疆又新添了一款独具特色的美味，成就了又一道亮丽的新风景。

第七章 月饼逸事趣谈

追寻胡饼的主人——“胡人”

月饼由馕演变而来，馕自“胡人”从西域带入中土后，被称之为“胡饼”，意思是胡人制作的饼或沾着胡麻（芝麻）的饼。于是，探究月饼的由来，“胡人”就成了一道绕不开的坎儿，需要做抽丝剥茧般的追溯。

“胡”原本是秦汉时期北方游牧民族匈奴的自称，为匈奴的缩译，本意是“儿子”“孩子”的意思。《汉书·匈奴传》记载，单于遣使遗汉书云：“南有大汉，北有强胡。胡者，天之骄子也，不为小礼以自烦。”也就是说匈奴一词在匈奴语里是“天之骄子”的意思。

华夏民族有“天圆地方”之说，认为苍天是圆的，陆地是方的，华夏族居住在大地的中央，周围四方居住的各个部落，分别称为东夷、南蛮、西戎、北狄，以区别于中原华夏。在西周的时候，中原各地除了周朝所封的诸侯国外还生活着大量戎狄人，晋、卫、邢、燕、鲁等国当时还都属于城邦国家，统治范围很小，周边广大山区都有戎狄人存在，站在卫国都城的城墙上都可以望见戎狄人的村落。最著名的是白狄人曾在燕赵两国中间，建立过一个盛极一时的中山国，妇孺皆知的寓言故事“中山狼”就发生在那里。后来戎狄人或远走他方，或逐渐被华夏和蒙古高原崛起的匈奴人所同化。

近代历史学家一般认为，中原北部的匈奴历史悠久，是一些喜欢以马征战与结盟的混合游牧民族，但只是民族集团而非同种族群。他们居住在欧亚大陆的西伯利亚寒温带森林和草原交界地带，披发左衽。关于匈奴人的起源，司马迁在《史记·匈奴列传》中记载：“匈奴，其先祖夏后氏之苗裔也，曰淳维。”说是夏朝灭亡后，夏桀的儿子淳维率领部分遗民逃到了北方，与当地部落融合并逐渐吞并其他部族，其后代为匈奴。对于匈奴的称呼，各个朝代叫法不一，商朝时的鬼方、混夷、獯鬻（xūn yù），周朝时的猃狁（xiǎn yǔn），春秋时的戎、狄，战国时的胡，都属于后世所称的匈奴。匈奴人逐水草而居，随畜牧而转移，最强盛的时期是从周代到东汉，多次与中原王朝交战，燕、赵、秦在北部修筑的长城，就是防御匈奴的。

交战也是一种交流，一种刀兵相见的铁血硬交流。凡交流必有借鉴。赵武灵王名垂千古的“胡服骑射”，就是华夏人向胡人学习，脱掉宽衣博带长袖的大袍子，穿上衣短袖窄的紧身服，开中原人骑马射箭作战之先河，进而大大提高了中原人战斗力的著名范例。除了硬交流外，还有软交流，千古一帝秦始皇曾娶了个胡人媳妇胡姬，二人甜甜蜜蜜生了个儿子，那就是窝囊无比的秦二世，为了表示对匈奴人的憎恨，根据巫师的建议，秦始皇为儿子取名胡亥，以此暗示“胡儿祸害，早晚完蛋”。谁曾想事与愿违，完蛋的不是匈奴，而是大秦，正应了那句话“亡秦者，胡也”。

胡人有广义和狭义之分。广义的胡人，是我国古代中原汉民族对北方和西方异族的统称。先秦的肃慎、汉晋的乌恒、鲜卑等民族，因地处匈奴之东故此称之为“东胡”。到了西晋末年，被汉武帝打败跑到大漠之北的匈奴，伙同氐、鲜卑、羌、羯等“五胡”，趁八王之乱国力衰弱之际，陆续建立数个非汉族政权，形成了与南方汉人政权对峙的局面，史称“五胡乱华”，事实上五胡只是乱华胡人的代表，数目远非这五个，“胡”成了对北方少数民族的统称，他们入主中原，在给汉民族带来深重灾难的同时，也促进了民族间的融合。一代雄主唐太宗李世民，就有着胡人的血脉，他的祖母和母亲都是鲜卑人。再往后，“胡”的范围越来越广，不仅仅是北方的少数民族，就连来华做买卖的高鼻子外国商人，也都统统成了胡人。

狭义的胡人，是特指隋唐时期的粟特人。他们沿着“丝绸之路”而来，能歌善舞，具有非凡的语言天赋，既是聪明的商人，也是出色的匠人，还是骁勇善战的军人。从人种上来说，他们属于伊朗系统的中亚古代民族；从语言上来讲，则是操印欧语系伊朗语族中的一个分支。粟特人四海为家，敢于冒险，“安史之乱”的始作俑者安禄山、史思明就是粟特人。

胡人的成分这样众多和复杂，难道他们统统都是胡饼的主人吗？当然不是。要想成为胡饼的主人也是有条件的。

胡人大多为游牧民族，他们的饮食习俗史书上有比较详细的记载。1232年南宋朝官员彭大雅出使蒙古国时，曾根据其见闻写有《黑鞑事略》一文，对游牧民族的饮食有详细记述：“其食肉而不粒，猎而得者曰兔、曰鹿、曰野彘、曰黄鼠、曰顽羊、曰黄羊、曰野马、曰河源之鱼。牧而庖者以羊为常，牛次之，非大宴会不刑马……其饮，食马乳与牛羊酪……”如果彭大雅记述的是上层贵族的饮食情况，那么我们再看看1247年意大利传教士加宾尼在《出使蒙古记》中对普通牧民饮食的描写：“他们把小米放在水里煮，早晨喝一二杯汤，白天就不再吃东西；晚上吃一点肉，并且喝肉汤。”上层饮食肉多粮少，喝马奶吃牛羊奶酪，下层一天两顿饭，早晨喝小米粥，晚上吃肉并喝汤，这样的游牧饮食是很难成为胡饼主人的。

胡饼由面粉烤制加工而成，小麦—加工—面粉，这三样是必不可少的。具备这种条件的，必定不是一般意义上的游牧胡人，而应该是居有定所，以从事农业为主、畜牧业为辅的胡人。尼雅遗址的发掘，对此提供了有力的证据。

尼雅遗址，1901 年由英国探险家斯坦因首次发现，它是汉晋时期精绝国的故址，位于新疆南部塔克拉玛干沙漠南部边缘的民丰县，年代为公元前 2 世纪至公元 5 世纪。遗址内有房屋、场院、墓地、佛塔、田地、果园、畜圈、河渠、陶窑等遗迹。2000 多年前，这里曾是沙漠中的一片绿洲，精绝人过着田园牧歌式的生活，既有农业，也有畜牧业。农作物主要有小麦、青稞、粟、黍、棉花等，饲养着牛、马、羊和骆驼。出土了很多陶木铁器、漆器和丝织品，特别是还出土了用汉和佉卢两种文字书写的木简，上面都有“小麦”的记录，1901 年斯坦因第一次到来时，还发现了大量保存良好的麦秸，同时发现了收割工具和粮食加工工具，这些为加工制作馕提供了可能。

更令人惊喜的是，1958 年新疆维吾尔自治区博物馆考古队在这里进行考古调查时，曾发现过一个馕坑；1988 年中日联合考古队，在一座木结构建筑内又发现了一个馕坑，这个囊坑的形制与现在的馕坑一模一样，用泥土盘制，口小底大，由于长期受风沙侵蚀，口沿及内壁已龟裂，但由于长久被沙土深深掩埋着，整体保存基本完整，还明显遗留着使用过的痕迹。

“馕”源于波斯语，流行在阿拉伯半岛、土耳其、中亚西亚各国。维吾尔族原先把馕叫“艾买克”，直到伊斯兰教传入新疆后才改叫“馕”。在中亚和西亚人眼中，馕是一种结实的面包，利于长期保存，便于长途携带，是丝路驼队商旅的理想食物。精绝国是西域三十六国之一，东连且末，南邻戎卢，西通于阗，是丝绸之路南线上的重要补给站，和中原王朝关系密切，相传东汉在西域的最高行政长官

唐 章怀太子墓壁画《西客使图》（局部）

班超曾到过精绝，国宝“五星出东方利中国”织锦护膊就出土于此。在这里发现馕坑意义非凡，它为追寻究竟是哪些胡人才是胡饼的真正主人，以及胡饼向中原内地的传播，提供了一个重要的证据。

寻找馕的前世今生

胡饼是月饼的前身，作为西域味道的精华，自“玉石之路”传入中原后，距今已有两千多年的历史。那么，内地人是何时开始用汉字“馕”来替代“胡饼”的呢？又是谁的首创呢？现有资料证实，这项发明专利属于伟大的民族英雄林则徐。1840 年第一次鸦片战争后他被贬新疆达三年之久，在深入天山以南勘地期间，创作了三十首《回疆竹枝词》，真实地反映了清末维吾尔族人民的生活现实和风土人情，第十九首为：“桑葚才肥杏又黄，甜瓜沙枣亦糇粮。村村绝少炊烟起，冷饼盈怀唤作馕。”诗中最早使用了“馕”字，并自注“回语馍名馕也”。

古代口语中“馕”字常作动词，《西游记》中孙悟空就责骂猪八戒“你这馕糠的夯货”，意思是拼命往嘴里塞东西的吃货；胡三省注《资治通鉴》有“馕，古饷字”之说，在书面语中常作名词，当“军资、军饷”讲。《史记·高祖本纪》有“镇国家，抚百姓，给馈馕，不绝粮道，吾不如萧何”之句。林则徐的诗，不但真实记录了当时新疆百姓的饮食状况，大概是考虑到军中“粮饷”与饼食关系密切吧，直接把彼时少数民族的“冷饼”音译成了“馕”，开创了内地把新疆波斯语面包称为馕的历史，这也可以视为林则徐对新疆文化的一项特殊贡献吧。

语言文字是名字存在的根基，谁发明谁命名，名字中隐藏着发明者的 DNA。汉字“馕”由林则徐从维吾尔语中音译而来，其历史不足二百年，要想寻找馕的发明者，还需追溯维吾尔语中 náng 音的来历和源头。历史上，随着伊斯兰教的传入，波斯语和阿拉伯语对我国新疆地区少数民族的语言产生了重要而深远的影响。维吾尔语中的“馕”来源于波斯语，意思为面包。它是农耕文明的产物，作为波斯饮食文化的使者，先是在阿拉伯半岛、土耳其、中亚各国流行，之后沿着“玉石之路”缓缓东进，翻越葱岭来到了新疆地区。从

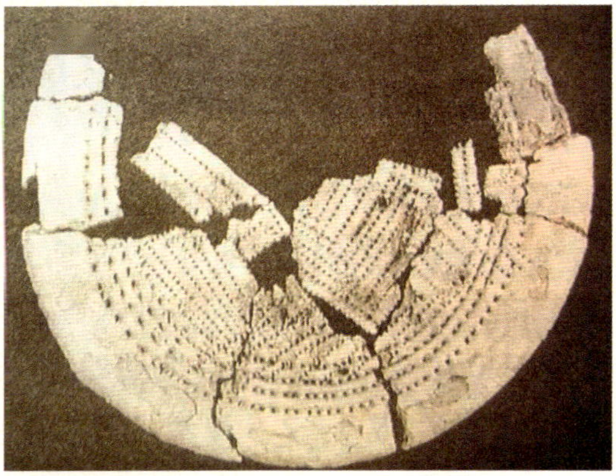

新疆阿斯塔那唐墓出土的一千多年前的薄馕

语言上溯源，馕起源于中西亚。

寻找没有姓名没有记载的发明者，一方面需要沿着语言文字的方向顺藤摸瓜，另一方面更需要出土文物的印证。在新疆考古工作者多年努力下，1972年，在阿斯塔那唐墓发现了一个土黄色圆形馕，它中心薄，边缘厚，中央戳有花纹，直径19.5厘米，出土时已经脱水干化破碎为12块，是以小麦粉为原料，在馕坑中烤制而成的，样子与现在新疆维吾尔族家庭日常所吃的馕完全一样。之后，在新疆哈密县的五堡和且末县的扎滚鲁克出土了3000年前的馕，说明很早以前，馕就是新疆人的传统食物。这与维吾尔族原先把馕叫作“艾买克”，直到伊斯兰教传入新疆后才改叫“馕”的历史完全吻合。因而有学者依据考古发现判断，馕起源于新疆。

新疆广袤而多彩。这里生机与萧瑟并存，草原与戈壁共生，沙漠与绿洲相邻，雪山与湖泊互映，白色、绿色、黄色变幻莫测。绿洲是农耕的天堂，麦浪滚滚，瓜果飘香；草原是游牧的胜地，赶着牛羊追逐水草；沙漠是生命的禁地，勇敢的商人牵着驼队，载着丝绸、漆器和香料、玉石，风餐露宿，踏出了一条从长安、新疆到中亚、西亚、罗马的商道。从经济类型和生态食物的角度探究，一种易于长期储存和便于携带的面食，应该在这里诞生。因此，就有了馕是阿拉伯伊斯兰面食习俗与新疆地域特色相结合的产物的观点。

还有一种观点，认为馕起源于我国中原地区。在丝绸之路起点长安之东的河南南阳，在汉代曾是中西方交流的重镇。此地将尚未烧制好的半生不熟的水缸，去掉底部，使之上下相通，然后用铁皮把缸包成圆桶，用土泥将缸与铁皮间的缝隙填满封严，大口向下中间放置炭火，以此为炉烤制而成的“缸炉烧饼”，与维吾尔族的馕外形几乎一样，并且馕的发音又与南阳方言中的“好”发音十分相近。商人将这种“缸炉烧饼”带入新疆后逐步演变成了馕。

新疆的花有千百种，新疆的馕也是千姿百态。比如油馕、窝窝馕、芝麻馕、片馕、葱花馕、奶子馕、辣皮子馕、玫瑰花馕、果酱馕，还有肉馕等。除了品种多外，馕的形状也争奇斗艳，有花形、葡萄形、香蕉形、鸟形、蛇

新疆历史上千姿百态的馕

形、鱼形、鳄鱼形、骆驼形、心形等，还有按照维吾尔民族乐器“热瓦扑”形状打制的，品种多达上百个。随着伊斯兰教的传入，这些形状各异的馕逐渐被禁止，现在的馕多为圆形。就品种与口味而言，总体上按照制作馕的原料划分，分为面馕与馅馕。按照熟制加工方法划分，有烤馕、焖馕、蒸馕以及在油中煎制而成的煎馕等，与月饼的熟制加工方法几乎完全一样。

探索馕的起源是一个严肃的科学问题，应该从不同的语言、不同的学科、不同的视角入手，然后系统综合地评估各个研究成果，才能取得较为真实可信的结论。

馕在新疆寓意神圣而高贵。维吾尔族的丧葬、祭祀礼仪中，馕是重要的献祭、施舍之物。亲人去世后的第三天、第七天、第四十天以及百日、周年、三周年，维吾尔族在举行悼念祭祀仪式“乃孜尔”时要烤制馕，招待来宾，为亡者布施。馕被赋予了神圣的寓意，成了精神信仰的崇拜以及神灵的象征。维吾尔族有句名言：“馕是信仰，无馕遭殃。”

馕在新疆是吉祥幸福的象征。馕的味道已经融入新疆各族人民生活的各个方面。维吾尔族的婚嫁习俗中，馕是传达美好祝福的使者。提亲时，男方的见面礼除了衣料、食盐、方块糖外，一定要有五个馕。婚礼前，要用馕招待双方的亲朋好友。婚礼中，新郎和新娘要在众人面前抢吃蘸有盐水的馕，以表对爱情的忠贞和对携手同行的决心。在新生婴儿的命名仪式上，主人要提前准备好馕，不仅用来招待宾客，还用来为新生的孩子祈福。

馕在新疆还是情感的纽带。在维吾尔族人心里，馕被摆在了“圣餐”的

新疆库车月饼馕

位置。亲戚朋友间往来，相互赠送馕是千年的习俗。看望长辈，什么都可以不带，唯独馕必不可少。它表示一种尊重，一种诚意，用维吾尔族朋友的话说：馕到了，就把心带来了！不但送馕有规矩，吃馕也有规矩。严禁整个啃食，一定要把馕用手掰成小块吃，还要懂得与他人分享。

馕的历史古老而绵长，它穿越悠悠几千载，依然活跃在西亚、中亚和东亚各国的餐桌上。在中原，馕和月团、宫饼融合变成了月饼；在新疆，馕和月饼联姻诞生了月饼馕。

月饼行的演变史

笔者在《月饼行的祖师爷》一文中说，月饼既是糕点的一个品种，又是糕饼的一种类型。因此，月饼制作横跨糕点和糕饼两个行当，属于交叉学科，这只是从宏观上讲出了结果。其实，月饼制作所属行业问题在历史中是不断变化的，有一个逐步演进跳行的发展历史。

"月饼"一词，最早出现在南宋，是一种蒸饼，属于面点食品中的"蒸作行"，就是用水蒸气的热力把食品加热或使熟的行业。《武林旧事》卷第六记载，蒸作的种类包括"诸色馃子、诸色包子、诸色角儿、诸色果实"等，具体品种有"大包子、荷叶饼、羊肉馒头、月饼、胡饼"等。

十分有趣的是，唐朝首都长安城中，烧烤行和烘焙食品十分发达，胡饼是在饼炉中烘烤而成的；而宋朝首都无论是开封或临安（今杭州），反倒是蒸煮食品非常发达，烧烤行和烘焙食品则相对落后，胡饼是在笼屉中蒸制而成的。究其原因，不是人们饮食习惯和口味发生了改变，而是用于食品加工的燃料发生了变化。唐代长安的烹饪多以粗大的薪柴和木炭为燃料，适合于烧烤和烘焙；宋代开封、临安的烹饪则多以细柴乃至植物秸秆、毛草为燃料，并开始使用煤炭，适合于灶台架锅烧火，所以宋代的食品以锅煮笼蒸者居多。

到了明代后期，在首都北京城，专门经营糕点食品的从业者们，开始把月饼从面点食品的“蒸作行”中分离出来，归入了“茶食行”。

开门七件事，柴米油盐酱醋茶。中国人喝茶的历史有数千年之久，汉代《神农本草经》记载：“神农尝百草，日遇七十二毒，得茶而解之。”当时茶主要是作为治病解毒的药用，唐宋以后，随着茶文化的兴起，茶逐渐发展成为独立的饮品，并且在选茗、择水、烹茶技术、茶具艺术、品茶论道、环境选择，以及茶文化理论等方面日臻完善，形成了茶艺，现在日本的茶道就是源自唐宋，由此可窥视当年茶文化的风采。什么东西，只要和艺术连在了一起，就会登峰造极，茶艺讲究品茶后要吃点什么，于是佐茶的食物“茶食”应运而生。茶食为喝茶时吃的点心，是包括茶在内的糕饼点心之类的统称。其名称最早出现在宋朝人宇文懋所著《大金国志・婚姻》中：“婿纳币，皆先期拜门，亲属偕行，以酒馔往……次进蜜糕，人各一盘，曰茶食。”

元代，茶食已进入成熟阶段。元朝皇宫中的饮膳太医忽思慧著有《饮膳正要》一书，记载各类茶食茶品近20种。茶食大致分为四类：一是瓜果类，有瓜子、花生、枣、栗子、菱角等；二是糕饼类，有核桃酥、赤豆糕、雪片糕、马蹄糕、凤梨酥等；三是糖果类，有花生糖、芝麻糖、软糖等；四是小吃类，如蒸包、饺子、豆腐干、肉干、卤制品等。其中，最具代表性的茶食是北京的“京八件”，它们是以枣泥、青梅、葡萄干、玫瑰、豆沙、白糖、香蕉、椒盐八种原料为馅，用猪油与水和面做皮，以皮包馅，烘烤而成的八种点心。将“以果为馅，巧名异状”的月饼归入茶食行，是时代发展的选择。这一选择影响极为深远，以至于清朝末年的月饼广告用语中仍有“茶食”二字的身影，甚至在一些古老乡镇，至今仍将月饼称为“茶食”或两者并称为“茶食月饼”。

北京的张平真先生，是一位研究北京地区蔬菜、食品方面的专家，他在

清末月饼广告印章上的“茶食”与“月饼”

其《旧京食谭——北京副食品行业文化史》一书中，对月饼所属行业演变的问题，进行了较为深入的探讨和记述。

“进入清代，茶食业者又和从江南进京的糖饼商人逐渐结合，最终形成京师的‘糖饼行’，专门经营包括月饼在内的各式糕点食品。由专营店铺生产的月饼以食油、面粉制成面团作剂擀皮，内包馅料制成生坯，再用模具成型，最后经烘烤熟制而成。由于设备齐全、工艺考究、品种多样、贮存期长，这些集约化生产的月饼最终取代家庭自制品而占领了中秋市场……清代北京的应节月饼名家首推‘致美斋’，它曾荣膺‘京都第一’的美誉。其他名店还有‘合芳楼’‘金兰斋’和‘正明斋’。”

当历史进入民国时期，伴随着“五四”新文化运动的开展，大量新名词批量产生。在北京，“糖饼行”改称“糕点行”，著名的月饼制作店铺有正明斋、庆云斋、聚兴斋，以及稻香村、桂香村，等等。北京之外，一些地方和北京的叫法一样称“糕点行”，也有另外一些地方月饼制作则归入了“糕饼行”，从宋代的“蒸作行”，到明末的“茶食行”，再到清代的“糖饼行”，最后到民国时期的“糕点行”或“糕饼行”，月饼制作不断跳行演变的本质，是社会生产力不断发展的必然结果，从一个侧面反映了社会行业分工越来越细、专业化程度越来越高、产品质量越来越好的总趋势。

众说纷纭的陶月饼

1995年，在太原的一个古董摊上，我们第一次见到了陶月饼。摊主是位60多岁的人，摊位上摆满了民俗杂品，其中有三个月饼模子，都是木头的，两个品相极佳，一个品相很差，三个一起走不单卖。几经交涉，我们让步了，他呢也让了一步，从背包里拿出了一个陶月饼，白送。这就是晋商的智慧。

我们问他陶月饼的用途和来历，他说是供品，在山里收的。其实，无论是真月饼还是陶月饼，神佛都享用不了，心诚则灵，供奉着是个心意罢了。

从此，我们开始关注陶月饼。从目前收藏到的实物分析，陶月饼共有三种，好的红陶挂釉，一般的不挂釉，最差的直接用胶泥制作。泥月饼分两种，有的在灶膛中烧燎过，但温度不够似陶非陶，有的就是一块阴干的泥。陶月饼的数量很少，主要分布在黄河中下游地区，目前尚未有人进行过专题研究，其用途大多来自古董商贩的描述，各地众说纷纭，莫衷一是，综合起来大概有四种说法。

一是明器，也写作冥器，为墓中的随葬品。中国十佳设计师、小罐茶联合创始人、资深视觉营销策划人、新中式点心于小菓创始人于进江先生，收藏了一块国内目前仅见的唐代陶月饼。据网上相关文章介绍，这块唐代陶月饼，是于先生在西安碑林附近古董市场上淘到的，外圈环绕着唐代流行的西域连珠纹，中心图案为缠绕在一起的连理枝。文章说：“于进江想象，也许在开元年间，某个中秋，陶制月饼最初的主人获得了宫廷的赏赐，他被这荣耀所打动，念念不忘，于是延请工匠，用烧陶保留下了宫廷月饼的形状……这枚陶制月饼保留着出土的痕迹，应该曾作为随葬品带入墓穴。死无法浇熄生的热望，即将踏上长路之前，这位唐代士子仍试图随身携带一点人世的喜悦。”以复兴弘扬中国传统糕点为己任的于先生，迅速组织专业团队，对这块唐代陶月饼进行了复原，并申请了国家专利。

唐代陶月饼

古董摊店购买的古物，既无准确的出土地点，更缺少专业痕迹考古的记录，很多历史信息在转手买卖中丢失了，这常令研究者仰天长叹。古人认为灵魂不死，人死只是到了另一个世界，那里同人世间一模一样。因此“事死如事生”，一些生活用品，能用实物的就用实物，如壶碗盆罐、简牍印章等，不能用或不便用实物的就用陶制品替代，如房舍、水井、灶台，以及猪狗鸡羊等，林林总总，一起随葬埋进了坟墓。只有一种，人生前吃的粮食和食物，都用真实的东西。长沙马王堆汉墓出土了藕片汤，新疆吐鲁番阿斯塔那唐墓出土了饺子和点心，张家口辽代贵族墓出土了一桌宴席，目前尚未有出土陶制食品的报道。这大概是蒸制一个真馒头，比烧制一个陶馒头还省事的缘故吧。由此推论，于先生收藏的随葬品陶月饼，尚缺少科学考古证据的支撑，既不能随意肯定亦不能轻易否定，只能等待时间的验证。

二是供品，摆在神佛之前。最流行的说法是，由于家境贫寒，一些小户人家无力用真月饼敬神礼佛，于是就借用陶制的月饼来代替，这种习俗一直流传至今，只是制作材料有了些许变化提高。玉石雕琢、陶瓷烧制，以及各种塑料制作的糕点，依旧被人们虔诚地供奉在神佛之前，既漂亮又省事，还不会腐烂变质，一用好多年，成本核算很便宜。这一说法，得到了一些老烧窑工匠的证实，他们确实烧造过陶月饼。

三是玩具，让小孩子拿着玩耍。在河南、河北、山东等地的广大农村，有使用陶质月饼模制作月饼的历史。过去这些地区的砖窑、瓦窑和盆窑，除烧制砖瓦盆外，也烧制月饼模。一些雕刻陶月饼模子的师傅，偶尔也顺手捎带制作烧制几个陶月饼，作为小礼物送给自己的孩子，或亲戚朋友的孩子，但很少成批烧制出售。原因极简单，以往乡间这类哄孩子的玩具，都是由杂货郎走村串巷叫卖的，顾客也大多是年轻的妈妈。孩子们看到陶月饼，就会哭闹着向妈妈讨要真月饼吃，日子不富裕的庄稼人，哪儿舍得花这闲钱，妈妈们会抱起孩子边哄边嚷，急速转身离开，该买的东西也顾不得买了。这种砸买卖的“孩子闹”玩意，货郎们是不愿经销的。

红陶挂釉供品月饼

四是模型，或是模具铺向顾客展示的专用样品，或是糕饼店摆在橱窗的广告宣传品。

过去专门制作出售食品模具的店铺，多数都备有图样本子，供顾客随意挑选定制。但纸图样是平面的，只绘有主要图案，既看不出模具线条雕刻的深浅，也看不明白月饼成品的薄厚和倾斜度。一些头脑灵活的师傅，就想出了一个土办法，每刻完一个模子，就用它扣出一个泥胎月饼做样子，供顾客参考。北京市顺义区的孙宝德先生，是非物质文化遗产孙氏糕点模具木刻技艺的第五代传人，孙家这门手艺，已经传承了200多年，为庆贺慈禧太后六十六岁寿诞，祖师孙万祥当年雕刻的百福饼和百寿饼模子，至今还收藏在故宫博物院里。孙先生是个有心人，40多年积攒的泥月饼，摆满了工作室里的两面墙，无论是顾客还是记者，都伸出拇指叹为观止。

除了模具店铺制作泥或陶月饼外，过去糕饼店铺也有制作陶月饼模型的习惯。中秋前后，糕饼店铺就会用盘子摆放，或者用红线穿挂出这些月饼模型，以招徕南来北往的客人。现在，一些老字号糕饼店铺内，还可以看到这个习俗，网上也可以买到各种仿真月饼模型。

另外，陶饼和陶月饼虽然只差一字，但二者是风马牛不相及的两种东西，搞不好很容易使人迷惑误判。陶饼是一种随葬的圆形泥质灰陶冥币，有素面和纹面之别，在河南和陕西等地汉墓中常有发现，并且大多与陶质五铢、鎏金铜饼等一起出土，挖出时经常存放在一个罐子中，数量从一个到几十个不等，是来代替昂贵的金饼即金币的，与陶月饼无关。但就是这看似与月饼毫无关系的汉代陶饼，系由模具批量制作，其样式和制坯工艺，无意间为月饼的诞生和制作直接提供了借鉴，奠定了坚实的基础。

出土陶饼（钱币）

物无妄然，必有其理。无论陶月饼的用途多么不同，但有一点是相同的，它的存在弥补了史书记载不详的缺憾，为我们探索月饼的由来，又提供了一条新途径。

三十年读懂袁景澜的《咏月饼》

尺有所短，寸有所长。别看诗歌文字少，四行五行，要么让你怒发冲冠热血沸腾，要么让你愁绪满怀肝肠寸断。诗的长处是抒情，要是用它来叙述或描写，十有八九让你似懂非懂。这不，清晚期苏州望族出身的大学问家袁景澜写的《咏月饼》诗，就够十五个人琢磨半个月的。

形殊寒具制，名从食单核。
巧出饼师心，貌得婵娟月。
入厨光夺霜，蒸釜气流液。
揉搓细面尘，点缀胭脂迹。
戚里相馈遗，节物无容忽。
高阁启风秋，华筵设烟夕。
皓月瑶池怨，碗中泛青光。
玉食皆入口，此饼乃独绝。
沾巾银丝透，举头相思愁。
儿女坐团圆，杯盘散狼藉。

第一次见到这首诗是在 1986 年，当时正读夜大。讲授古典文学的老师在中秋前留的作业，让我们把这首诗翻译成白话。那时夜大的同学都是三十岁上下的大龄青年，有一半还是“文化大革命”时期的老三届，见多识广，其中有几位已是小有名气的诗人或作家，区区一首小诗，不在话下。

但是，一上手，问题就来了。诗的第一句中的“寒具”是个什么东西？把大家难住了。翻遍当时能找的所有词典，结果出乎大家的意料。

寒具，原来是一种古代的食品。文献上称之为“粔籹”“环饼”或“馓”，老百姓叫“馓子”。用面粉、糯米粉加盐或蜜、糖和面，搓成细条，放入油锅炸制而成。馓子有多种形状，有像麻花的，有似栅栏的。这种食品起源于寒食节禁火，寒食节那天不能生火做饭，人们以此代餐，所以叫寒具。后来成为一种副食品。

寒具这种食品很古老，屈原生活的两千多年前就已经流行。《楚辞·招魂》中的：“粔籹蜜饵，有怅惶些。”汉代王逸注释说：“以蜜和米面，熬煎作粔籹。”宋代朱熹又解释说：“粔籹，环饼也，吴谓之膏环，亦谓之寒具。”清代官修的大型类书《渊鉴类函·食物部·粔籹》中记述：“粔籹，蜜和米面煎之，作之冬春，成者可留数月，寒具禁烟时用也。”

寒具俗称馓子

一个小小的“寒具”，资料从战国一直查到了清代，这功夫下的够大的吧。但仍然无法说明白“形殊寒具制”是什么意思。有的说是“形状特殊用馓子做”，有的说是“形状各异像馓子一样多”……馓子和月饼不搭界呀，总也扯不到一块。有位生活经验十分丰富的大姐说了，下乡时包饺子没有肉，就炸几个果子片切碎了当肉做馅，很好吃的。这意思是“月饼的形状各异用馓子做馅”吧。对，就以大姐说的为准。

上课时，老师第一句话就问：“弄明白‘寒具’是什么东西了吧？”大姐勇敢地站起来回答：“弄明白了。‘寒具’就是馓子，和炸果子片差不多，是用来制作月饼馅的。”老师听了先是一愣，接着捧腹大笑。老师也是老三届，和我们的年龄和经历差不多，只是早上了几年大学而已。笑完了他说，这是个知识点，像大姐这样的答案他是头一次听说。学古汉语，要一个字一个字地去抠，去理解。

“寒具”不是一个词，是两个词。“寒”是“冷”的意思。比如，寒光，给人以寒冷感觉的光，使人胆怯的光。多指刀剑之光，借此指刀剑，引申为金属。《封神演义》第七十五回中的话“李靖刀寒光灿灿”，就是指铁器之光。“具”字，指工具，此处特指月饼模具。“寒具”就是金属月饼模。“形殊寒具制”，用白话说是，形状各异的月饼是用金属模具制作的。记住了，古汉语大多一字一词，一字多义。

听着老师的讲解，我们面面相觑，惭愧不已。突然，一位同学举手示意要发言。老师点头同意。“老师，我是食品厂的，我们车间就做月饼。您刚才讲的寒具是金属月饼模，我想到过。还就此向师傅们作了调查，我师傅还专程请教了他师傅的师傅。大家都说没见过金属月饼模子。我师傅的师傅在解放前给一个大户人家做厨子，说有钱人家的月饼模都是木质的，忌讳金属模子。说是金主西属阴，充满杀气。”说着，还从书包里掏出了几个木质月饼模，以示佐证。

这下热闹了，大家开始议论。老师清清嗓子说：“刚才这位同学说的，我也听说过。大家想想看，月饼模子属于炊具，炊具忌讳金属，可能吗？那些大户人家厨房里有没有菜刀？菜刀总不能是木头的吧？”大家笑起来，为老师睿智幽默的回答而笑。老师接着说：“诗人用诗歌叙事，总有些夸张的成分。李白的‘白发三千丈，缘愁似个长’怎么理解，谁的头发有三千丈？一丈的有吗？还有苏东坡的‘小饼如嚼月，中有酥和饴’，请问这小饼是什么形状的？有人说是圆的，嚼咬的月饼如满月吗？有人则说是月牙形的，圆月般的月饼咬了一口，是不是月牙形？”诗歌，原来可以这样解读，同学们茅塞顿开。

最后，老师总结道：诗歌是朦胧的，诗歌是多解的，诗歌是不确切的。一千个读者就有一千个李白。这就是诗歌独特的魅力！

上这节课的时候，笔者已经开始了糕饼印模的收藏。诚如那位同学所言，金属的糕饼模具确实很少。之后十几年，笔者曾查阅过多种资料，请教过数位老师，对“形殊寒具制”这句诗，始终没有找到理想的解释。更让笔者始料不及的是，老师当年没有说明，这首诗比较长，他讲授的只是前半部分，该诗还有另一半，就是：

术向齐民传，说听吴均发。
岂惜千钱买，不作十字画。
轻宜玉指持，软受瓠犀龁。
悦口胜红绫，投怀俨白璧。
虾蟆未容啖，鹭鸶良难匹。
莫作画中看，宜饷抄书客。

真是，一波未平一波又起。老师讲的诗文竟然也有差错，遗漏了“高阁启风秋，华筵设烟夕”二句，多出了“皓月瑶池怨，碗中泛青光。玉食皆入口，此饼乃独绝。沾巾银丝透，举头相思愁”六句。不知原来就是两个版本，还是流传过程中后人进行了删改。由此，笔者真正体会到了注解古诗的艰辛。好在功夫不负有心人，2010 年的一天，在网上笔者终于找到了满意的答案。

循着老师当年指引的路子，笔者开始一字一抠地查找“寒具”二字。东汉刘熙的《释名》，是一部从语言声音的角度来推求字义由来的专著。该书说：寒，捍也。捍，格也。坚，捍格也。原来，寒、捍、格、捍格、坚，就是坚固、坚硬的意思。“寒”字通了，一起问题迎刃而解。“寒具”就是用坚硬的木头制作的月饼印模，这个解释与历史上月饼印模的材质情况正好吻合。

至于这首诗的流传版本问题，目前尚无定论，相信以后也很难有定论，目前只能将两者合二为一。经过 30 年的苦苦求索，终于可以通畅地翻译袁景澜的《咏月饼》诗啦。

月饼形状各异用硬木模子打制，
名字总是菜单上面点中的核心。
精美月饼由饼师巧手专心制作，
模样俊俏好似那少女般的月亮。
走入厨房案板上白面犹如雪霜，
锅灶上的笼屉冒着滚滚的热浪。
揉搓细白的面团导致面尘飞扬，
做好的月饼坯上打着红胭脂点。
亲戚乡里都要相互上门馈赠呀，
这中秋佳节的礼物可不能忽忘。
高高的阁楼秋风轻轻拂面而过，
丰盛的宴席笼罩着初升的月光。
池中月影引来游子思乡的愁怨，
大碗的解忧酒泛着幽幽的青光。
色香味形俱佳的食物都曾吃过，
唯独这中秋的月饼味道最独特。
白发苍苍呀泪流满面沾湿衣巾，
举头望明月呀充满相思的忧愁。
儿女团圆围坐在一起共进晚餐，

酒足饭饱后满桌子上杯盘狼藉。
齐国百姓世代相传制饼的技术，
梁朝的吴均著书立说广为宣传。
哪里是舍不得花高价买月饼吃，
只是不会为买月饼去画押借钱。
玉笋般的手指轻盈团捏着面团，
姑娘的美齿咬嚼着酥软的月饼。
可口又美味胜过宫中的红绫饼，
拿在怀抱前好似那礼天的白璧。
不要说象征多子多福的蛤蟆啦，
就是美丽高贵的白鹭也难匹敌。
这美妙好吃的月饼不要当画看，
最适宜款待勤奋好学的读书郎。

中国的古诗汗牛充栋，数以万计，而真正完整地描写中秋节制作月饼、馈赠月饼、共享月饼，以及探究月饼来历、反映月饼销售和价格等信息的诗，却少之又少。文化自信来源于文化了解，文化了解基于文化介绍，文化介绍水平的高低，取决于文化诠释。对于这样一首诗，我们理应百般珍惜，精确注释，以便让今天的人们顺利阅读，进而了解并喜爱我们传统的月饼文化。

附录：《咏月饼》全诗。

版本一，民间流传较广。

形殊寒具制，名从食单核。
巧出饼师心，貌得婵娟月。
入厨光夺霜，蒸釜气流液。
揉搓细面尘，点缀胭脂迹。
戚里相馈遗，节物无容忽。
皓月瑶池怨，碗中泛青光。
玉食皆入口，此饼乃独绝。
沾巾银丝透，举头相思愁。
儿女坐团圆，杯盘散狼藉。

版本二，《历代风俗诗选》收录，岳麓书社，1990 年 3 月第 1 版。

形殊寒具制，名从食单核。
巧出饼师心，貌得婵娟月。
入厨光夺霜，蒸釜气流液。
揉搓细面尘，点缀胭脂迹。
戚里相馈遗，节物无容忽。
高阁启风秋，华筵设烟夕。
儿女坐团圆，杯盘散狼藉。
术向齐民传，说听吴均发。
岂惜千钱买，不作十字画。
轻宜玉指持，软受瓠犀龁。
悦口胜红绫，投怀俪白璧。
虾蟆未容啖，鹭鸶良难匹。
莫作画中看，宜饷抄书客。

清宫过年吃月饼

酒桌之言不可信，此话说得未免太绝对。其实，人间处处有真言，看你参透参不透。2010 年 7 月在河北易县清西陵，游完雍正帝的泰陵，我们一行五人到景区一餐馆小饮，席间一向爱讲段子的老刘突然问：你们说，皇上过年吃什么？这还用问，天上飞的、水里游的、地上跑的，山珍海味呗！

老刘神秘地一笑：我说你们不信，还是让贝勒爷来吧。老刘是易县人，人地两熟，这次旅游就是他号召的。贝勒爷是餐馆的老板，老刘的朋友，据说祖上曾是贝勒府的管家，雍正帝驾崩，随主子一起到这里守灵。贝勒爷闻声而至，笑着对老刘说："喝美了，又吹上了。"之后极为认真地告诉大家，皇上过年吃月饼，清宫档案有记载。

乾隆四十三年（1778 年）七月二十日，乾隆帝率领八旗官兵从京师启程，开始第三次东巡盛京谒拜祖陵，途中正好赶上中秋节，御膳房太监在每日"进膳底档”中记录：

八月十五日初酉，在莲花套大营西洋房东院内，坐西北、向东南设摆月光花插一个，挨插屏前，摆条桌二张，一字摆着。用黄缎桌套一个。安毕，茶膳房遂摆供一桌，十九品，摆三路。从怀里往外摆。月光码两边，供子母耦一对（用斑竹杆，上捆鲜花。捆在月光码插屏架上）。供桌后桌边上供黄豆角两把（高一尺五寸，挨着月光码供）。头一路（供桌后桌边）中间设斗一个，上供大月饼一个（重十斤，彩画圆光）。斗左边鲜果三品，西瓜一品。右边鲜果三品，西瓜一品。二路，中间设香炉一个，左边茶三钟，西瓜一品。右边酒三钟，西瓜一品。三路，香炉前，中间设檀香炉一个，炉左边，月饼一品二个（每个月饼重三斤），蜡台一个（此供子母耦，豆角，十斤重月饼，三斤重月饼，俱系随果报发来）。

万岁爷供前拈香行礼，还西洋房少坐。

酉正，小太监常宁传送上用黄盘野意酒膳一桌，十五品。用茶房紫檀木折叠矮桌摆。

总管萧云鹏用茶房如意茶盘请茶三钟、酒三杯。跪进，与上奠茶、酒，送焚化。毕，随撤供一桌。大月饼（十斤重）遵例收贮，除夕共进。随将三斤重月饼两个呈送。切一个，托一个，用金龙盒盛，送上进。毕，赏随营妃嫔等位。整个月饼果报来之日，随果报带进京去，交与养心殿内总管王成，赏京内妃嫔、阿哥、公主等位。

供前鲜果、西瓜、月饼赏给随侍太监等。

这个记录极为详细，除有特殊需求外，一般人很难有耐心从头到尾读一遍。这些对皇家祭月供桌供品数量和摆放位场景的具体描述，为今天的影视创作提供了依据，有谁费心把它拍摄出来挂网上，肯定爆红赚流量。同时，里面提到的两个与民间迥异不同的场景，既耐人寻味，又有深刻的文化内涵。

民间有“男不拜月，女不祭灶”之说，这规矩不适用于天下第一男人皇帝。因为民间八月十五拜月，拜的是太阴星君与嫦娥仙子合二为一的月神；皇帝则不然，根据清乾隆七年编纂的大清《国朝宫史》规定，仲秋之望（八月十五）祭月，是清宫非常重要的节令祭祀活动，属于天子之礼，有着隆重而具体的典制。那是祭不是拜，祭的是与日相对的月，与仙女嫦娥毫无关系。祈求的是国泰民安，五谷丰登，天下太平。皇帝祭月用的月饼，10 斤重彩画圆光月饼 1 个，3 斤重月饼 2 个，赏人用的 2 寸月饼 150 个。更为奇特的是，彩画圆光月饼并非当场分享，而是将其切成三角，放在坛子里密闭保存起来，待到除夕过年时与“太阳糕”一起食用。

“太阳糕”是“中和节”的节日食品。农历二月初一为“太阳诞辰”，俗称“太阳生日”，正式称呼为“中和节”。“中”指冬夏中分；“和”指阴阳合同。古时祭祀太阳在春分，也就是每年公历 3 月 21 日前后，太阳到达黄经零度时，阳光直射赤道，昼夜基本等长。春分这个节气与农事关系密切，古人十分重视，全国上下都要祭祀，国家有大典，百姓有小祀，以祈祷丰收。到了唐贞元五年（789 年），德宗帝采纳大臣李泌的建议，把中和节从春分改为了二月初一。明清时，这一天要举行隆重的“御耕”仪式，皇帝亲自扶犁，以示重视农业；民间亲朋好友则畅饮中和酒，互赠刀尺，以勉励耕作。

晚清文人富察敦崇在他的《燕京岁时记》里说：“二月初一日，市人以米面团成小饼，五枚一层，上贯以寸余小鸡，谓之‘太阳糕’，都人祭日者买而供之，三五具不等。”为什么上面要站个小鸡呢？传说东方有棵扶桑树，树上站着一只玉鸡，每逢太阳从汤谷冉冉升起时，玉鸡就会打鸣报晓，随后民间的公鸡也跟着叫起来。

同样的东西，只要一进宫就变得娇贵起来，用江米和绵白糖蒸制的“太阳糕”，百姓叫成“小鸡糕”，到了宫中就改名叫“太阳鸡糕”或“元光”了。档册记载：每年的二月初一日，茶膳房在养心殿院内，坐西北向东南摆供大太阳糕一个，重七十四斤八两，彩画元光两边捶手太阳糕两套，每套十一个

北京市场上的太阳糕

重六十斤。上拈香行礼毕，晚晌遵例将大太阳糕元光取下收着，另各切二件用小金龙盒盛，晚膳伺候，上进毕赏用。

到了过年，存贮许久的祭日“元光”和祭月“月饼”有了新用场，膳档记载：“除夕，晚晌，上进酒膳毕，随送八月十五日收的月饼一个，元光一个，切成二件，用红漆皮盘盛。边栏一品，用红漆皮盘，上进毕，赏阿哥公主等。”皇帝除了自己享用外，还要用它赏赐，象征一年到头，日月辉映，国泰民安。这种习俗民间没有，是皇宫独有的仪式礼节，其礼仪作用远远大于食用价值。

凡事儿抬杠较真，是老王不变的性格，当贝勒爷津津有味地讲述时，他冷不防打了横炮：“我就不信！太阳糕放整整10个月，月饼放105天，那时又没冰箱，这东西不坏才怪！”

贝勒爷似乎早有准备，微微一笑说：“您说的在理儿。太阳糕为什么放不坏我不知道，可这大月饼我清楚。宫里制作彩画圆光大月饼有‘秘方’，就是用陈猪油。把肥猪板油切成寸段，加入少许黄豆和大料，高温熬炼半个时辰，倒入瓷罐，趁热放入白糖和盐慢慢搅拌，待凝固后封口深埋，至少10年以上。用这样的陈猪油做月饼，放上一年半载的保准儿不坏！”

贝勒爷说的猪油防腐，得到了资深厨师的认可；皇帝除夕夜吃元光和月饼，在清宫档案中也找到了记载。细细思量，皇宫过年吃太阳糕和月饼，绝不是享口福，分明是借此祈祷大清日月长恒、江山永固。

独树一帜的月饼广告

好酒也怕巷子深，有商品就有广告，尤其在糕点行业，积极做广告宣传和闷头不语等客上门，效果肯定大不一样。世上之事，靠谁也不如靠自己。在做广告上，与同为节日食品的元宵、粽子、重阳糕等相比，月饼上可以印有文字和图案，不依托外物就能自己替自己吆喝宣传，这是月饼独特的优势。

清末民初，山西晋城有一款月饼，精明的商人把月饼自身的广告潜能发挥到了极致。月饼的整体图案分为三层，外层是一圈花牙；内层圆内是一棵高大的桂树，树下的玉兔憨态可掬，一边捣药一边回头凝望着自己的主人——月宫中的嫦娥。第二层是文字，呈环状排列，十六个楷书字“同聚斋在泽州府衙前开设造提糖月饼”，异常粗壮醒目，紧紧地抓住了人们的注意力。就这样寥寥数字，把什么字号，开设在什么位置，制造销售什么样式的月饼，交代得清清楚楚，明明白白。哪位有需要，顺着这个导航就可可以轻轻松松找到。

清末民初山西泽州同聚斋月饼模

晋城市地处山西南部，古称泽州，清雍正六年（1728 年）升泽州为府，府衙就在晋城老城的大十字街西北角，东面是考院、都司署、千总署、东关帝庙、元妙观，西面是袁公祠、节孝祠、城隍庙、西关帝庙。“同聚斋”糕点铺就开设在这样寸土寸金的繁华地段，并把“泽州府衙”即“泽州市政府”印在了月饼上，没有相当的实力和背景，是断然不敢如此的。

清代兴顺和月饼模

这种霸气的硬广告，有其长亦有其短，长处是彰显了店家无与伦比的实力，短处是商业气息太浓，冲淡了月饼图案本身的吉祥气氛。聪明的古人对此早有认识，其实一种不打印地址和月饼名称，只打印店铺的字号的软广告，比这种硬广告流行得更为广泛。

古人对商铺的命名十分讲究，字里行间无一不浸透着以义取利的儒家思想，字号喜欢使用德、兴、顺、聚、正、全、祥、善、仁、福、同、和、茂、盛等吉祥字眼，对未来充满着美好憧憬，期盼天地和谐、家国繁荣昌盛，对自己也对社会饱含着恒久的祝福，将字号名和吉祥完美地

民国山东招远义盛东月饼广告

民国介休县木质兴记号广告印版

民国益都城瑞祥号广告印版

融在一起，这种广告洋溢着暖暖的爱意，使人倍感温馨舒适，乐于接受。

大道不言，挚爱无痕。尽管软广告充满着爱意柔情，但毕竟还是广告。月饼，是人们与月光菩萨、太阴星君和嫦娥娘娘沟通的媒介，借此诉说自己心中的秘密和愿望，容不得他人横插参与或偷听，月饼上的软广告，无论文字多么吉祥美妙，但归根结底是属于商家的，更多的人还是喜欢没有任何广告信息的“纯”月饼。己所不欲，勿施于人。商家深谙此理。月饼广告的主流天地，自古以来一直是月饼的外包装，这里商家可以天马行空，尽情发挥。

民国以前，月饼的外包装相对简朴，四个一斤的普通月饼，竖立整齐，用一张方形草纸周身一裹，两头一折，形成一个圆柱或方柱形，再在上面附上一张彩色广告纸，用一根麻绳一捆，既简洁方便又喜庆，提在手上离老远就能看得见。待到食用时，心细的女主人们会小心解开麻绳，将彩色广告纸轻轻收起，或贴在炕头墙上，或折成小鸡小鸭什么的，悬挂在镜子角，为房间平添一份喜色。家中念书识字的孩子，会时不时诵读广告上的文字：荣邑，鸿聚斋，仲秋月饼，本号开设，东夏庄村大街，坐北向南门面便是。不识字的弟弟妹妹，也会随声跟读。

民国以后，随着社会经济的发展，人们消费水平的提高，城市里的高档月饼已不满足于草纸包装，开始专门糊制纸板月饼包装盒，盒子上粘贴精美的月饼广告招贴画，画面除精心撰写的文字外，还配有时髦的现代摩登女郎像，开始为古老的月饼，注入工业化的时代气息。当时，这种纸盒包装的高档月饼，大多在上流社会消费，偶尔进入城市市民或农家百姓家中，糊有包装纸的月饼盒子即刻变成了宝贝，属于稀罕之物，被珍藏在隐蔽之处，用于存放钱财、证件和贵重物品。进入20世纪90年代以后，随着中国钢铁工业的迅猛发展，市场上开始出现精美的印铁月饼包装盒，人们起初用它来存放糖果瓜子，后来盒子逐年增多，往日的宝贝成了无用的废物，被随手丢进了垃圾桶。

民国时期糕饼店铺招幌照片

中秋节给人们带来的是团圆和喜悦，为商家带来的是忙碌和滚滚财源。每年一进入农历八月，大大小小的糕饼店铺老板们，就会早早吩咐伙计，把珍藏了一年的月饼“招幌”，细细擦拭，然后选准太阳升起的时辰，庄重地高高挂在自己的店铺前。招幌是招牌和幌子的复合式统称，既是店铺展示行业的广告宣传商品，又是招徕买主、促进销售的标识，大多由漆木和绸缎组合而成。一般的仅是一块长条油漆木板，上书月饼名称。讲究的则造型各异，漆光闪烁，底部莲花盛开，承载着圆形富贵无头的吉祥纹饰，环绕簇拥着“中秋月饼”四字，圆形的中心，或阴阳鱼或月宫图，底端和周边，钉有数目不等的小铁环，捆扎在铁环上的各色彩绸，鲜艳夺目，随风在空中飘荡着，既远远地吸

清代中秋月饼招幌

民国中秋月饼招幌

引着顾客的眼球，也营造了节日般的喜庆气氛。

招幌的历史，穿越时空直指远方和诗。宋代科学家诗人苏颂，就留下了“朱版刻旗村赐食”的诗句，生动地描绘了古代店铺悬挂木刻朱旗来吸引顾客的情景。《清明上河图》中，则对宋代店铺招幌做了全景式写真，画面中的招幌样式，直到现在也未曾改变，显示了传统招幌广告的持久魅力。作为传统商业符号或行业标识，招幌不仅可以招徕生意，还象征着中国商人的精神追求，它所蕴含的深厚文化底蕴和丰富艺术气息，是一笔宝贵的传统商业文化遗产，相信随着文化自信的不断增强，华夏之风一定会凤凰涅槃，在信息化的今天重放异彩。

禅宗的云门胡饼

月饼的祖先胡饼能与禅宗结缘，既是胡饼之幸，也是中国佛教文化之幸，更是大千世界芸芸食客之幸。

禅宗是中国佛教史上最大的一个宗派，因主张修习禅定而得名禅宗。其代表性经典是《六祖坛经》，主张“教外别传，不立文字，直指人心，见性成佛”，即禅家悟道，不涉文字不依经卷，唯以师徒心心相印，理解契合，传法授受。认为一切般若智慧，皆从自性而生，不从外入，若识自性，“一闻言下大悟，顿见真如本性”，提出了“即身成佛”的“顿悟”思想。更直白地讲就是，佛性天生，不需要刻意追求，去除欺骗与伪装，内心清空欲望，心中空无一物，回归本真生活，人人都可成佛。因此，禅宗传播佛学思想从不引经据典，讲究生活体验，喜欢用生活中的语言和事例，甚至是粗俗的语言和举动来唤醒人们的佛性。

云门宗是禅宗五家七宗之一，因开山祖师云门文偃禅师而得名。云门禅师最为人津津乐道的，是留下了著名的禅宗公案云门胡饼，也称云门饼、韶阳糊饼。《碧岩录》中记载：僧问：“如何是超佛越祖之谈？”师云：“糊饼。”进云：“这个有什么交涉？”师云：“灼然有什么交涉。”糊饼就是沾有胡麻（芝麻）的胡饼。此公案中云门禅师毫不犹豫干净利索脆，以“胡饼”回答他人关于如何是超佛越祖的问题，即显示超佛越祖之言，除穿衣吃饭、屙屎送尿外，别无他意。进而表达，即便是超佛越祖的理论，也没有什么了不起的，就像日常喝茶吃胡饼一样，吃完就了事，自自然然。因此，当再有僧来问，云门禅师还以此意对答。如僧问："如何是佛？"师云："干屎橛。"僧问："如何是尘尘三昧？"师云："钵里饭，桶里水。"

为了帮助人们理解这一经典公案的内涵，有人还创作了一首《云门胡饼》歌，歌词是：

手把青秧插满田，低头便见水中天。
用功修行在当下，盘腿打坐忙里闲。
借教悟宗明心性，农禅并重学圣贤。
胡饼芳规传万世，桂花潭水映大千。
六根清净方为道，回光返照是向前。
金秋穗谷沉甸甸，丰收归来星满天。

曾经有信众追问，云门禅师为什么以吃胡饼作答呢？细细思量，这或许与另一著名禅宗公案"赵州茶"异曲同工，或许与当时寺院僧侣的日常饮食习惯有关。

"赵州茶"公案的发生地在唐代的赵州，现在的河北省赵县柏林禅寺。主人公赵州禅师，生于778年，卒年是897年，住世120岁，是禅宗史上一位震古烁今的大师。他法号从谂，俗家姓郝，今山东菏泽人。唐大中十一年（857年），年已80高龄的从谂禅师行脚至赵州古城，受信众敦请驻锡观音院，弘法传禅达40年，道化大行，僧俗共仰，为丛林模范，当时中国禅林有"南有雪峰，北有赵州"之说，人称"赵州古佛"。

《五灯会元·南泉愿禅师法嗣·赵州从谂禅师》记载：一次，一位和尚来访，赵州禅师问：到过这里吗？和尚答：到过。赵州禅师说：吃茶去。过了几天，又有一位和尚来访，赵州禅师问：到过这里吗？和尚答：没到过。赵州禅师说：吃茶去。寺院主事好奇地问：来过的您叫他吃茶去，没来过的您也叫他吃茶去，这是什么道理？赵州禅师没有正面回答，还是三个字：吃茶去。赵州禅师以这种方式警示学佛之人，学佛不是一个知识性问题，而是一个实践性问题。对禅的体验也同样如此，要想知道茶的味道，唯有反复喝反复琢磨才能有所收获。正如唐朝高僧皎然在《饮茶歌诮崔世使君》一诗中所写的那样：“一饮涤昏寐，情来爽朗满天地。再饮清我神，忽如飞雨洒轻尘。三饮便得道，何须苦心破烦恼。”这大概就是“禅茶一味”或“茶禅一味”吧。

云门禅师，俗姓张，姑苏嘉兴人，唐懿宗咸通五年，即864年出生，比赵州禅师小86岁，古人20岁一代，两人相差四代，前辈能言“吃茶去”，晚辈当然可以说吃“胡饼”啦。其实，除了传承借鉴之外，两位高僧用茶和胡饼来解释禅法，是与当时寺院的饮食习惯密切相关的。

佛教和胡饼均来自西域，两者几乎是在两汉之际公元前后同时到达中原内地的，说不定当年传教的高僧，就是吃着胡饼长途跋涉一路东进的。佛教五戒首先戒杀生，所以僧人食素，而沾有芝麻的胡饼，便自然而然成了寺院里最理想的素食。信佛讲究供养，一切修法都可说是供养法。位于长安城的大兴善寺，寺内修建文殊阁上梁大吉时，至高无上的唐代宗，除敕赐千僧饭外，还赏赐了上梁赤钱二百贯，蒸饼二千颗，胡饼二千枚，茶二百串。唐代的茶多为茶饼，常用线贯穿，所以才有“茶二百串”之说。由此可见，当时胡饼和茶都属于寺院日常所需，而皇帝还拿得出手的高档之物。以至于著名高僧鉴真法师东渡日本前，还在扬州市场上采购了两车干胡饼。更为有趣的是，敦煌文书中记载，寺院对违反“法律”的僧人，惩罚缴纳的物品竟然是胡饼，足见其在寺院地位的重要，以至于赵州禅师在和徒弟文远禅师一起谈禅论道打赌时，赌的就是一枚胡饼，规则是“不得占胜”，胜者为输，这也许就是禅师和凡夫的差别吧。

《五灯会元》是南宋编纂的一部禅宗史书，卷九资福如宝禅师条记载：“问：如何是和尚家风？师曰：饭后三碗茶。”看来坐禅饮茶是僧人的必修课。坐禅一炷香，寺院监值就要供僧众饮茶，时称“打茶”，多至“行茶四五匝”，于是茶成了僧伽生活中必备的饮品，以茶敬客，更是寺院的常规。

古时喝茶和今天不同，还要配备茶食，大多为一些味美可口、生津开胃的小食品，特点是甜香酸咸，味感鲜明，形小量少耐嚼，主要包括各式糖食、蜜饯和炒货、点心等。因此，社会上诞生了一个新行业——茶食行，专门制作干点糕饼，并伴随着茶道的兴起，形成了宫廷茶食、寺院茶食和文人茶食三大流派，为日后中国糕点的发展奠定了基础。

由于上述因缘，茶和胡饼成了寺院中不可或缺的饮品和斋食，加之赵州茶和云门胡饼公案的影响，“云门胡饼赵州茶”也几乎变成了“成语”，频繁地出现在具有禅味的诗词中，进入了千古绝唱的行列，广为流传。“云门胡饼赵州茶，里许明明著得些。公案见成知味底，一千二百衲僧家。”这是宋朝释正觉法师的大作。“一径直，二周遮。眉毛眼睫，地角天涯。云门胡饼赵州茶，惠崇芦雁赵昌花。会则星河秋一雁，一会砧杵夜千家。”则出自宋朝释绍昙禅师之口。

如果说佛教是外来文化与中国文化结合的典范，那么月饼就是外来食品与中华饮食融合的榜样。地处河北平原和古代南北官道上的赵州，继承了战国七雄之一赵国的威名，凭借着盛产优质小麦的优势，依托千年古刹的文化底蕴，不仅建造了闻名世界的赵州桥，成就了南来北往交通要道的地位，还博采寺院、民间、宫廷糕饼技艺之长，融合创造了独树一帜的赵州糕饼文化，这里的名吃石塔烧饼、棋子烧饼、缸炉烧饼和自来红月饼，充满着淡淡的禅味，一种顿悟生命的觉醒，会伴随着静慢的咀嚼，不期而遇。

用科学解开自来红月饼的奥秘

白饼坯进去，红月饼出来，是何方神仙有如此的法力？古人不明就里，给了它一个顺乎自然的名字——自来红月饼，就好似枣子由青变红一样，瓜熟蒂落，自然而然，无理由可讲。然而，坐拥赵州桥和柏林禅寺两项国宝的河北赵县人可不这样看，他们认为这是佛法无边所为，高深莫测，非常人能够感悟其中的奥妙。

云门胡饼赵州茶，是禅宗两大著名公案。其实，赵州城内的柏林禅寺，作为中国禅宗史上一座重要祖庭，不仅“禅茶一味”，胡饼也很同样具有禅意。名扬佛坛的赵州法师就曾用胡饼与徒弟打赌，斗劣不斗胜，阐释了无论环境多么糟糕都要心静如水，泰然处之的哲理。

禅宗主张不立文字，提倡心性本净、佛性本有、直指人心、见性成佛。受此影响，赵州柏林禅寺的饼食与儒家追求的“食不厌精，脍不厌细”的传统不同，它追求古朴纯真，注重真材实料，制作简单便利，反对烦琐奢华，在简单中尽显食材的天然本真味道。柏林禅寺的制饼理念传至民间，深深地影响了当地的饼食。与周边地区相比，赵州的饼食风味独特，产生了石塔烧饼、自来红月饼等充满佛心禅性、哲理的著名小吃。

好似莲蓬的赵州自来红月饼

自来红月饼是传统的京式月饼，烫面制皮，内包芝麻仁、瓜子仁、花生仁、核桃仁、桃仁、葡萄干、果脯、冰糖等馅料，纯手工制作，不用模具，坯饼型浑圆洁白如玉，一经送进烤炉烤制，就会变成棕红色，面粉中掺入的白糖越多，烤制后的颜色越重，而且在月饼上会出现一个深红色的圆圈，这个红圈就是“磨水戳”。磨水戳起初印在饼坯上时也是白色，烤制以后圆圈自己会神奇般地变成深红色。

自来红月饼从京城传到赵州后，经过禅宗理念的熏陶，使其具有了与众不同的禅文化味道。赵州自来红月饼，要在饼的正面戳扎若干个放气孔，中间红色一点，给人以清水莲蓬的感觉，小小的莲房、莲子，在佛间弟子眼中，广阔无边，是人们所参悟，也是应该觉醒的本心、佛性。有佛教圣物之形态的月饼，平添了几分禅意和对佛祖的崇敬。

那么？自来红月饼变红的奥妙究竟在哪里呢？1912 年法国著名化学家路易斯·卡米尔·美拉德，在实验中发现将氨基酸和糖类水溶液混合加热后溶液会变成黄棕色，进而科学地揭示了烤制面包过程中由白变红的奥秘，他将这一发现告诉了法国科学院的科学家们，但没有引起注意。1913 年，美拉德又将自己的发现写成论文发表，之后科学界花了 50 多年的时间才建立起一个精确模型，直到 1953 年美国化学家约翰·霍奇才将它正式命名为“美拉德反应”。

美拉德反应是氨基酸和还原糖之间发生的化学反应，即非酶促褐变，通常在 140 ~ 165 ℃快速进行，使得食物变成褐色并具有独特的香味。反应温度、水分含量、加热时间，都会对预期的效果产生影响。它在烘焙食品、肉类加工、食品储藏、香精生产、中药研究等领域处处可见，是目前世界上应用最广泛的化学反应。自来红月饼由白变红的原因，只是千万种美拉德反应案例中一个普普通通的案例，并无奥妙可言。

国家行政学院林雅华教授在一次演讲中曾说：“今天的中国是历史上的

一个中国，但今天的中国也是一个走向现代化、面向西方的、面向世界的中国。”是的，中国要走向现代化，有一个问题不得不思考，不得不回答：面对一种美食，为什么东方人总是喜欢前赴后继，为它杜撰一些传奇故事，或借助神鬼的力量，使其变得神秘从而具有更高的文化价值呢？而面对同样的美食，西方人总是习惯于反复观察实验，去寻找它背后变化的必然原因，从个别到一般总结出规律，使其上升为科学原理呢？

被遗忘的中秋主角品玩月羹

中秋赏月，大约始于魏晋，至唐代在上层社会已蔚然成风，虽然彼时还没有名副其实的中秋节，但却有一道与之配套的应时美食，名曰“玩月羹”，成为月饼诞生之前，中秋节形成过程中和中秋节初期的标配食品。后来这道美食在现实中神秘地消失了，只存在于历史典籍中的文字上，让今天的吃货们时常挂念，倍感牵肠挂肚，一些饮食专家一边查阅古书，一边走访民间乡贤宿老，正在努力挖掘使之重见天日，重回人间。

预想寻回消失的“玩月羹”，必先从其名称入手，了解名字的含义以及诞生的时代背景。中国人讲究“名不正则言不顺”，追求语不惊人死不休，非常注重遣词用字。一个长期被忽视了的细节，唐人称赏月多为“玩月”，虽一字之差，但意境有天壤之别。“玩月”只有在大唐才能盛行。

大唐之大，不仅仅是说疆域广阔，国库殷实充盈，军力强悍无敌，更在于它对外开放的心胸，放眼世界的视野，包容万物的胆识，海纳百川地栽万物的气度，和乐与山川为伴星月为友的豪放洒脱。唐代之前，人们对月亮知之甚少，充满敬畏；唐代之后，人们对月亮星辰有了比较理性的认知。他们继承发扬了魏晋风流名士崇尚自然、超然物外、率真任诞而风流自赏的传统，继续向外发现自然美，向内发现人格美，视山水为朋友，将之虚灵化和情致化。他们在自然的美景中流连忘返，寻找精神的归宿，而万古如一的朗朗明月，也自然成了他们的戏耍欣赏的对象。

中唐诗人欧阳詹不仅写了《玩月》诗，还在诗序中提出了一整套玩月的理论：“月之为玩，冬则繁霜太寒，夏则蒸云太热，云蔽月，霜侵人，蔽与侵俱害乎玩。秋之于时，后夏先冬；八月于秋，季始孟终；十五于夜，又月之中。稽于天道，则寒暑均；取于月数，则蟾兔圆。况埃壒不流，太空悠悠，婵娟裴回，桂华上浮，升东林，入西楼，肌骨与之疏凉，神气与之清冷。”将玩月与人之肌骨，进而与人的神气紧密地整合在了一起，使玩月上升到了精神的世界。

赏月，是远远地观看，暗暗地赞美，但感觉平淡，好像与月亮有一种隔膜；玩月，是想与之为伴为友，不仅可以远观近看，还可以亲密地戏耍，似乎可以笼在袖中、托于掌上，甚至含在嘴里咀嚼。此时此刻，如能享用一杯半流体的玩月羹，那是何等的逍遥飘逸。

唐代的玩月，天子和重臣可以在宫中玩，《开元天宝遗事》记载：“苏颋与李乂对掌文诰，玄宗顾念之深也，八月十五日夜，于禁中直宿诸学士玩月，备文酒之宴。时长天无云，月色如昼，苏曰：清光可爱，何用灯烛？遂使撤去。”为了玩月，唐玄宗和大臣可以在夜晚撤去照明的灯烛。

诗人和地方官员可以在庭院、山头、河边、寺庙随意地玩，白居易的《华阳观中八月十五日夜招友玩月》，写的是中秋月夜与友人聚会玩月之事，读起来让人顿感友情四溢：“人道秋中明月好，欲邀同赏意如何？华阳洞里秋坛上，今夜清光此处多。”

玩月之风到宋代已经普及了民间，《东京梦华录》中说：“中秋夜，贵家结饰台榭，民间争占酒楼玩月。……闾里儿童，连宵嬉戏。夜市骈阗，至于通晓。”但不知何因，宋朝之后玩月豪气慢慢黯淡，从此国人失去了洒脱。

“羹”是个会意字，从羔从美。通过会意人们可以窥探先人的心理与远古对话。古人的主要肉食是羊肉，所以用“羔”与“美”表示肉的味道鲜美，

今人复原的玩月羹与月饼

而羹也就成了用肉或菜调和五味，然后烹煮而成的带有汤汁食物的总称。这样的讲述既枯燥又费解，聪明的电视编导在拍摄纪录片《餐桌上的节日》时，用精美的画面，配上富有哲理的解说，把“羹”淋漓尽致地展现在了观众面前：羹，是中华文明脱离原始，开创繁复饮食文化的起

点。不满于最初实物直接与火接触的烧烤方法，智慧的先人，开始以水为媒介，调和五味，丰富了味道的层次……

最早将玩月与羹联系记录在一起的，是北宋人陶谷在他的随笔集《清异录》中，这部杂采隋唐五代期间趣闻逸事的笔记，保存了汉族文化史和社会史方面的很多重要史料，书中半数以上的条目被《辞源》或《汉语大词典》采录，其价值可见一斑。其中记述道：阊阖门外大道旁，有家叫张手美的厨师开的饭店，非常会做生意，开创性地按需供应，依照时令和节日制作相应的专门食物出售，极为火爆。比如："元阳脔元日……六一菜人日……绿荷包子伏日……玩月羹中秋……"就是正月初一元日专售貌似超级坛肉的"元阳脔"，正月初七人日专卖"六一菜"，六月三伏天的伏日专售卖"绿荷包子"，八月十五中秋专门出售"玩月羹"。这种玩月羹不仅仅是唐人在享用，随后的宋人也在享用，《膳夫录》记载："汴中节食，中秋玩月羹。"

但是"玩月羹"究竟为何物，没有详细说明，给后人留下了无限遐想的空间。有人揣测也许是鸡蛋羹之类，或许有像月之形，至少是浇汁鸡蛋饼吧。有人说，苏菜中的一款"西施玩月"，灵感源于西施在苏州灵岩山赏月的故事，也许还留有玩月羹的遗味吧。此菜以鸡蓉、鱼蓉等做成的丸子为主料，火腿片、春笋、香菇、小青菜和鸡汤为辅料，菜肴汤汁清澈，丸子洁白无瑕，让食客极易联想到天上的明月。不过烹饪专家研究发现，清朝末年岭南一带仍有玩月羹应市。莲子去芯，上等桂圆，以清水煮熟捞出，锅中加入勾兑好的藕粉，轻轻搅拌形成浓稠的汤汁，重新倒回莲子、桂圆，少许文火慢熬，一碗穿越千年的唐代玩月羹成功复原，如人所愿地又回到了中秋的餐桌上。

宋朝以后，随着月饼的横空出世，玩月羹慢慢地退出了中秋的舞台，究其原因，可从二者的对比中看出端倪：一个固体，一个汤汁；一个易于长久存储便于携带馈赠亲友，一个只能器皿盛装当场享用；一个可以随意造型并压印纹饰增加文化内涵，表达人们的心愿，一个只是用莲子、桂圆、藕粉等少量食材烹制的一碗浓汁……月饼兴起，玩月羹被淘汰，是历史的选择。同样，千年之后人们要寻回被时间淹没的玩月羹，也是一种历史的选择。

帝王祭月与月坛的兴衰

在古人心里，国家大事只有两件，一曰祭祀，二是战争。所以《左传》中才有"国之大事，在祀与戎"之说。民间可以祭祖先拜龙王，但祭祀天地日月，是国家行为，从古至今一直由皇家独自垄断，一般臣民无权祭祀，违者以僭越谋反罪论处，杀头掉脑袋。

夜明神即月亮、月神，祭月是重要的国家活动，各种正史都有记载，由福建侯官人陈梦雷编辑，清康熙大帝钦定的大型类书《古今图书集成》中的《经济汇编》，就专门设立了《礼仪典·日月祀典部》，汇集记述了从上古炎帝神农氏到明代的主要祀月活动，预想研究中国帝王如何祭月，这个权威的官方资料不可不读。

《日月祀典部》的开篇之句是："炎帝神农氏，始祀朝日，揖夜光。"由此我们得知，远古时期的炎帝，就已经开始祭祀月神。早期没有固定的祭祀场所，随时随地都可祭献，场地也比较简陋，比如祭天，可以在高山之上或者大树之下，也可以在水边，甚至随地竖起根大木杆也可以。后来，随着生产力的发展和祭祀活动的制度化、规范化，为了表示对神灵的虔诚，开始修建祭坛或神庙。坛和庙区别很大，台而不屋为坛，设屋而祭为庙，也就是说"坛"是露天的，"庙"在室内。

到了周朝，各种祭祀制度逐步建立和完善，《周礼》中将祭祀对象分为天神、地祇、人鬼三类。天神包括皇天日月、风雨雷电等；地祇包括后土社稷、山岳河海等；人鬼则是祖先和古圣先贤。同时，规定了祭祀时间，"天子春朝日，秋夕月"，即春分祭日，秋分祀月，这个规定一直沿用到清末，长达三千年之久；还任命了掌管邦国祭祀鬼神事务的礼官，官职名称"大宗伯"。春秋时期的管子在《轻重己》中，对周朝的祭月过程进行了详细的记述：秋分是禾谷成熟的时候，此时天子要祭祀月神，出国都西门一百三十八里筑起祭坛，穿白衣，戴白冕，插玉笏，带锡鉴，吹奏埙篪，敲击金石，在和谐动听的音乐声中，召见诸侯、卿大夫和列士，并宣示百姓。这就是祭月，用整头猪做祭品。祭祀仪式的最后，是架起一堆干柴，放上玉帛和肥壮的整猪，点火开烧，让带着香气的浓烟把人们的期盼带给月神，以此达到人神的沟通。

那么，天子干吗要劳神破财地搞祭祀呢？《国语·周语上》讲得明白："古者先王即有天下，又崇立于上帝神明而敬事之，于是乎有朝日、夕月，以教民事君。"《通典》上也说："王者父天而母地，兄日而姊月，故常以春分朝日，秋分夕月，况人得不事耶。"原来，朝日祭月的真正目的是让老百姓尊崇君王，服从统治。

史书记载，始皇二十九年（前218年），千古第一帝秦始皇东游齐地，祭祀了天主、地主、兵主、阴主、阳主、月主、日主、四时主，史称"八神"，为后世皇帝的祭祀圈定了范围，其中祭祀月主在莱山进行。汉光武帝刘秀，于建武二年（26年），在洛阳城南七里，建筑圆坛，"有四通道以为门。日月在中营内南道，日在东，月在西"。日、月与北斗星一起祭祀，祭品为一头牛。至北周时，祭祀月神进一步规范化，开创历史先河，在都城西门外修建了"夕月坛"，从此祭月有了固定的场所，成为皇家权力的象征。坛建在一个"凹"形埳中，方四丈，深四尺，祭祀用品的标准与朝日相同。隋统一中国，"又于国西开远门外为坎，深三尺，广四丈。为坛于坎中，高一尺，广四尺"。之后，历朝历代不管建都何处，基本上都照此行事，但尺寸略有差异。唐朝大诗人刘禹锡的《监祠夕月坛书事》："西皞司分昼夜平，羲和停午太阴生。铿锵揖让秋光里，观者如云出凤城。"真实地描写了秋分之日，长安城男女老少倾城出动，到夕月坛观看祭月的盛况。

世上之事，一切皆有例外。明朝的朱元璋，是个特立独行之人。定都南京后，他一切依照周制复兴古礼，以体现朱家驱除蒙古统治者、恢复中华的正统身份。在南郊钟山之阳建圜丘，于冬至日祭天；在北郊钟山之阴建方丘，于夏至日祭地；在东城门外建日坛，于春分日祭日；在西城门外建月坛，于秋分日祭月。周礼虽然完备，但实际操作起来，太过烦琐，搞得皇帝整天都泡在各种仪式中，加之祭祀天地时正是南京最阴冷和闷热的时候，使得朱元璋疲惫不堪。迫不得已，朱元璋以天地如父母，分开祭祀不合人情为由，新建大祀殿，改"分祀"为"合祀"，洪武二十一年（1388年）开始罢朝日夕月之祭，实行一站式祭祀，每年正月中旬一次性祭祀天地日月和诸神。

明成祖朱棣迁都北京后，祭祀上一切按照其父朱元璋定下的规矩行事，在北京南郊修建了天地坛，也实行天地合祀。但是到了嘉靖九年（1530年），情况有了变化，嘉靖帝以天地合祀不符合周礼为由，一鼓作气修建了天地日月四坛，彻底恢复了四郊分祀的古制。史书记载：“夕月坛在阜成门外，方广四丈，高四尺六寸，坛面砖白色琉璃。四出陛六级，方壝墙二十四丈，高八尺，厚二尺二寸八分。棂星门六，正东三，南北西各一。外围方墙，东北各三门，墙东北有石坊，亦曰礼神街。”至于祭祀，皇帝不用每年必到，逢牛蛇羊狗这四年才亲自主祭，其他年份则由文官代他祭日，武将代他祭月。

清朝承袭明制，月坛的形制、格局和祀典礼仪一并沿袭，《大清会典》载：“凡夕月，每年秋分酉时祭……玉用白璧，礼神制帛一，色白，牲用太牢，乐六奏，用光字，舞八佾。”还设立了专门机构“夕月坛祠祭署”，置奉祀官一人，秩从七品，另有执事生一人。负责日常巡视，督促杂役洒扫，修理墙宇和植树栽花等园艺。除祭祀夜明神外，同时配祀二十八宿和木、火、土、金、水五星及周天星辰。

如今的月坛位于闹市区，但在明清时这里属于西郊，所以皇帝重臣大晚上到郊外祭祀，保卫工作要相当严密。故宫博物院里留存着一份当年崇祯皇帝祭月时，朝廷发布的安保通告“禁卫档”。那天晚上，京城九个城门的负责人要亲自到岗值守，兵部在西郊增派 500 兵勇，80 名近卫军将祭坛团团围住，随行人员中，上过战场的武将多达 13 人……祭祀场面庄严有序，赞礼官、后护大臣、乐舞生、文武百官一身白服，早就在指定位置站立。崇祯帝先到“具服殿”更换白衣白冕，然后登坛祭月，希望夜明神“福我兆民”，祈求天下平安祥和。

子孙无能，殃及神灵，祸害列祖列宗。1840 年鸦片战争失败，皇家祭日活动停止，据说理由有二，一是为了缩减国库开支，二是清朝皇帝不再相信明朝皇帝所立之神。1865 年英法联军攻入北京，损毁了地坛；1900 年八国联军入京，天坛遭到大面积损毁，由此祭祀天地仪式中断。与天坛、地坛、日坛的命运一样，光绪三十二年（1906 年），皇家终止了祭月活动。

1912 年民国建立，皇帝退位，帝制从此在中华大地终结，月坛变成了驻兵场和学校。1937 年日军侵华占领北平，月坛的古树多遭砍伐，坛庙景观被毁殆尽。1955 年，月坛被辟为公园对公众开放，20 世纪 60 年代末，月坛古建筑遭到破坏，坛墙大部分被拆，在祭坛原址上建起了一座广播电视信号塔矗立至今。2004 年，为恢复月坛历史景观，政府对公园开始整体改造。2006 年 5 月，月坛被列为全国重点文物保护单位。

2009 年 9 月 11 日晚，为弘扬中华传统文化，中断百年之久的皇家祭月在此得以恢复，身着月白色龙袍的“皇帝”，在“侍卫”“后护大臣”“对引”“赞引”等陪同下，于“吉时到”时登上仿古“月坛祭台”。乐奏缓缓响起，“皇帝”献玉帛、献爵后，撩起龙袍跪拜、起身，待撤馔之后，由中路下祭台，整个演出持续15分钟，再现了“人法地，地法天，天法道，道法自然”的华夏思维，把观众引向了对中秋文化原点的思考……

小孩儿为何拜兔儿爷

民间有“男不拜月，女不祭灶”的习俗，所以中秋节祭拜月亮者多为携儿抱女的妇女。老辈儿人婚配早，女人十五六岁出嫁，十六七岁便做了母亲，三十五六岁就当上了祖母或外婆。妇女的一生，要么照看自己的儿女，要么照看晚辈，总是和孩子形影不离。

好奇、淘气，是孩子的天性，老话说“闺女淘是巧的，小子嘎是好的”。要想让两三岁，乃至四五岁的孩子乖乖地去做一件事儿，那可不容易，需要大智慧和真本事。每年祭拜月亮，祈祷阖家团圆，或盼望容貌娇美并找到如意郎君，是妇女们头等的要事。在这样一个与月神沟通的庄严时刻，如何不因孩子的无知而搅乱了仪式，确实是件令人颇费周折的难事。

把小孩儿们关屋里，或者让家里的男人们带出去玩儿，这问题不就结了。田野考察时，一名年轻的学者曾向一位胡同里的老奶奶这样说。亏你说得出口！老奶奶非常不满。大过节的，谁家不盼着高高兴兴的，把孩子关起来，那这节还有什么过头？过日子就是过人的，过年过节人人都该咧嘴笑！叫男人带孩子，丢尽娘家人的脸哪！娘不离孩儿，孩儿不离娘，这是老天爷的理儿。

小孩子乱拿、乱跑、乱说，这也是苍天赋予他们的特权。童言无忌，为了防止他们在大人拜月时说不该说的话，拿不该拿的东西，或者乱跑碰撞了供品跌坏了身子，妇女们拿出了她们哄孩子的绝招，讲故事、给好吃的、奖励玩具。孩子们天生喜欢模仿，就寓教于乐，将大人庄严的拜月祭祀活动，变通成了孩子们祭拜兔儿爷的游戏。另摆一张供桌，买来可爱诱人的兔儿爷，立起兔神的牌位，放上瓜果梨桃和月饼，中秋之夜孩子们就可以和大人一起祭拜了。这事儿早在四百年前就已经有了记述，明代纪坤在其诗集《花王阁剩稿》中曾说："京中秋节多以泥抟兔形，衣冠踞坐如人状，儿女祀而拜之。"

为孩子选购兔儿爷可不是一件轻松的事儿。一要先掂量口袋里的钱有多少，兔儿爷的尺寸和价格相差巨大，那些贵的一般家庭消费不起。清末徐柯在《清稗类钞·时令类》有言："中秋日，京师以泥塑兔神，兔面人身，面贴金泥，身施彩绘，巨者高三四尺，值近万钱。贵家巨室多购归，以香花饼果供养之，禁中（皇宫）亦然。"二要根据自家孩子的日常喜好，尽量挑选他们喜欢的；三要根据兔儿爷的造型和特定的含义，结合大人对孩子的期望挑选，那心思无异于今天为孩子填报高考志愿。

爷，是旧时对权贵者的尊称，进而引申到对神的尊称。玉兔既不是凡间的家畜，也不是田间的野兔，而是广寒宫里的神兔。神历来善变，故此兔儿爷的造型也有多种多样，但万变不离其宗，身体、脸形、姿态都是人的样子，两只竖耳和三瓣嘴则是兔子的典型特征，环形大眼，三角眉，面色粉白，染着粉红色的脸蛋，表情不失童稚又透着英气和机灵，属于艺术加工的渲染。正统的兔儿爷总是一身武将打扮，披甲戴盔，外罩战袍，大的背插一把伞盖，小的背插两面护背旗，手上拿着刀，或左手托臼，右手持杵，或怀中抱杵，或手中什么也不拿。

骑象兔儿爷

除了戏剧武将造型的兔儿爷外，还有市井原生态造型的，如剃头师傅、缝鞋匠、挑担的、磨刀的、闲坐的，都可做成兔儿爷。最有趣的，是有一种兔儿奶奶，模仿妇女的时装、神态，梳着时髦的发髻，跟兔儿爷成双配对出售，极具生活气息。

兔儿爷的不同用途和寓意表现在他的坐骑上：坐鹿兔儿爷寓意身体健康、长寿；坐黑虎兔儿爷保佑平安、祛病强身；坐黄虎兔儿爷用以镇宅，象征事业兴盛；坐麒麟兔儿爷代表学识广博、学业有成；坐牡丹兔儿爷预示富贵尊荣；坐葫芦兔儿爷暗喻福禄双全、平安吉祥。兔儿爷也有地域性，济南把兔儿爷称作“兔子王”，兔子王底座下有一根长线绳，拉动线绳，兔王的手臂和刀枪就会上下舞动起来，嘴里还会发出吧嗒、吧嗒的响声，类似于提线木偶。

从市场买回兔儿爷后，孩子们总缠着娘和奶奶讲述兔儿爷的故事，这似乎成了年年中秋前的固定保留曲目。

相传，有一年北京城里忽然起了瘟疫，几乎每家都有人病倒，就是治不好。嫦娥看到这种情景，心里十分难过，就派身边的玉兔下凡来为百姓们治病。玉兔变成了一个漂亮姑娘，挨家挨户地走，治好了很多人。人们为表达谢意，纷纷送给她好东西；可玉兔什么也不要，只是向人们借衣服穿，每到一处就换一身装扮，有时候打扮得像个卖油的，有时候又像个算命的……一会儿是男人装束，一会儿又是女人打扮。为了能给更多的人治病，玉兔就骑上马、鹿或狮子、老虎，走遍了京城内外。消除了京城的瘟疫后，玉兔就回月宫了。

人们为了感恩玉兔，就仿照她治病的样子，用胶泥塑造了各式各样的玉兔形象，每到八月十五那一天，家家户户都要供奉，摆上好吃的瓜果菜豆，酬谢她给人间带来的吉祥和幸福。从此，兔儿爷便成了老北京人的吉祥物，老北京城的保护神。人们心疼兔儿爷一个人孤单，还给他保媒娶了位兔儿奶奶，一天到晚陪伴他。

在娘和奶奶的讲述声中，中

兔儿爷和兔儿奶奶

秋节终于到了。娘在准备祭月的供品，奶奶又一次把孩子们招到身边，开始嘱咐祭拜兔儿爷要遵守的规矩。一要有大小，先哥哥后弟弟，次要有先后，姐姐先妹妹后；还要不准乱摸乱动，供品是给兔儿爷的，祭拜结束了全给你们吃，兔儿爷也送你们当玩具……有了好吃好玩的应许，孩子们自然会乖乖从事。

清乾隆年间，天津杨柳青印过一幅《桂序升平》年画，真实地再现了当时儿童们祭拜兔儿爷的场景。庭院中设案，兔儿爷身着红袍，头顶伞盖，居案中间端坐。面前供有桃、西瓜、石榴和月饼，两儿跪拜，一儿击磬司仪，还有两儿吹笙箫，一儿持械舞蹈助兴，整个画面充满幼稚的童趣。

孩子们祭拜兔儿爷，本质上是早期礼俗启蒙教育活动。祭祀从娃娃抓起，规矩从儿时建立，秩序从童年确定。各安其位，各司其职，团结合作，和谐共处，人生从此便逐步走上了正轨。

男不拜月女不祭灶的深层含义

“张先生好！您刚才讲：有的地方，受男尊女卑思想的影响，坚守着‘男不拜月，女不祭灶’的习俗。我认为，男不拜月是男人不拜月中的女子嫦娥，是大男子主义的体现；但女不祭灶是不让女人拜男人，这与男尊女卑似乎扯不上。是不是这句话还有更深层次的含义？我在网上查过，都含含糊糊，欲言又止，似乎有什么难言之隐……”

这是笔者在宣讲月饼文化时一位学员的提问，非常深刻和有意义。细究起来，男不拜月的习俗，不是全国性而是地方性的，不是社会所有成员都要遵守，而是特定阶层成员遵循的。国人的思维强调实用性，拜不拜？谁来拜？一切取决于有用无用。比如清末科举考试废除前，每逢中秋，几乎所有的学子都要虔诚地拜月，以求早日蟾宫折桂高榜得中，这些学子可都是男人。在宋代，男女也都能祈愿，罗烨的《新编醉翁谈录》载：“京师赏月之会，异于他郡。倾城人家，不以贫富，自能行至十二三，皆以成人之服饰之。登楼或于庭中，焚香拜月，各有所期。男则愿早步蟾宫，高攀仙桂，女则愿貌似嫦娥，圆如洁月。”对此，清末富察敦崇之《燕京岁时记》表述较为精准，中秋节“惟供月时男子多不叩拜。故京师谚曰：‘男不拜月，女不祭灶。’”没有说不拜，而是言“多不叩拜”，言外之意少数也有拜的。

既然如此，男不拜月之语又从何说起呢？阴阳是中国传统文化的总根，凡是不好解释的问题，都可以从中找到依据。阴阳五行认为，日阳月阴，男阳女阴，阳尊阴卑，乃天之道。所以阳不拜阴，男不拜月。也有人说此言无理，儿子为阳，母亲为阴，那为什么过年儿子要磕头跪拜母亲呢？老百姓说得真切，因为儿是母生养的。这就是中国的阴阳，每时每刻，随时随地，太极总是处于动态，解决具体问题需要灵活运用。

其实，男不拜月习俗的流行，还有一个男女授受不亲的封建礼教问题。古时的中国，总是想尽一切办法减少陌生男女接触的机会。月中的女主人嫦娥，是个人见人爱的少妇，未婚的小伙见了，必想娶之为妻，已婚的男人见了，也想纳她为妾，这不是道德问题，而是男性荷尔蒙决定的。古人言“食色，性也”。今人说“哪个男子不多情，哪个少女不怀春”。这些话台面上不好讲，为了家庭幸福，杜绝第三者插足，只好想了个“男不拜月”的说辞，以防患于未然。这大概就是深层的原因吧。但是，此说对皇家无效，清宫档案记载，每逢八月十五，皇帝都要亲率后妃、皇子等，对月祭拜。

至于“女不祭灶”的深层原因，和“男不拜月”大同小异，二者是同一性质的问题。

灶神，是玉皇大帝派遣到人间的官员，负责掌管家庭饮食，考察一家善恶。官职全称“九天东厨司命太乙元皇定福奏善天尊”，又名司命真君、九天东厨司命主、香厨妙供天尊，百姓俗称灶君、灶王爷。古今中外有一通例，名字和头衔越多，身份就越复杂。灶神的身份到底有多复杂，说出来怕你不信，连是男是女都一直存有争议。有人说是一位老妇，身着赤衣，头上绾着发髻，状如美女；有人说是炎帝、祝融或宋无忌等神怪的化身，当属男神；还有学者考证，灶神原本就是蟑螂。

不管学者们如何争论，百姓们笃信，灶王爷肯定是个纯爷们儿，民间的纸马上就是一位神情肃穆的男性官员。神祇流行的年代，农耕之家都是男人主外，女子主内。那时候，家家户户灶台墙壁上，都虔诚地供奉着灶神像，家庭主妇们一天到晚和灶王爷厮守在一起，为一家老少烹煮三餐。孤男寡女处久了，难免招来闲话，所以好心的人们就把灶王奶奶也请了出来，灶王纸马印成了灶王公和灶王母二人的结婚照，并且还为他们夫妻二人起了名字。有的地方灶王爷姓苏名吉利，灶王奶奶名博颊；有的地方按《封神演义》中

月光菩萨印版

灶王爷、灶王奶印版

姜太公所封，灶王爷叫张奎，灶王奶奶叫高兰英。

有了灶王奶奶的全天候监控，人们放心了。只是这每年送灶王爷上天的仪式，还是不愿让女人参与。冠冕堂皇的理由，祭祀乃一家之大事，攸关寿夭祸福，理应由一家之主的男人打理，这样才显得尊敬和庄重。还有一种说法，女人祭灶容易被灶王爷吸引产生邪念，如此这般有违礼制，所以不准女人祭灶。另外，从具体操作上来看，有的地方行祭时必须要扒开灶膛灰烬，将祭品埋入其中；也有的地方要在灶坑里抓把草灰，平撒在灶前，并慢声细语地叮嘱："多多吃糖。上天言好事，回宫降吉祥。"目的是戏弄灶王，用糖封粘住他的嘴，以防胡言乱语。如果换成女人窃窃私语戏耍灶王爷，有违男女授受不亲之古训。还有，只要女人和灶灰连在一起，便有老公公与儿媳有染的"扒灰"之嫌，此等家丑还是及早回避为好。不知为什么，皇家总是搞特殊。有资料显示每年腊月二十三，大清皇帝们都要例行在坤宁宫大祭灶神，同时安设天、地神位，皇帝先在神位前行九拜礼，之后是后妃依次向灶君等神位行礼，以祈盼来年福禧。为什么同为人妻，皇后能祭灶民妇祭不得？想必没人回答。

总之，民间习俗是世俗的，只有从世俗的角度观察，用世俗的标准衡量，拿世俗的语言解读，才能明白世俗的心理：男不拜月，女人心中不能容小三；女不祭灶，男人头上不可戴绿帽。这或许就是人们不愿明说的深层次原因。

江南贡院月饼风波与中秋博饼

江南贡院，位于南京市秦淮区，是中国历史上规模最大、影响最广的科举考场。它始建于南宋乾道四年（1168 年），明清时期达到鼎盛，占地面积超过 30 余万平方米。清同治年间，仅考试号舍就有 20644 间，可同时接纳 2 万多名考生考试。光绪三十一年（1905 年），晚清重臣袁世凯、张之洞奏请朝廷，为咸趋实学，推广学堂，建议停止科举，从此江南贡院完成了它的历史使命。2014 年，在此创建了中国科举博物馆，成为全国第一个集科举文化展示、科举文物保护和科举制度研究的中心。

科举肇始于隋代，是国家选拔官员的制度。月饼产生在宋代，是中秋节拜月的供品。超乎人们的想象，无所不至的时间老人，竟然把这两个不相干的东西，硬是匪夷所思地捆绑在了一起。

科举分为童试、乡试、会试、殿试四级，其中的乡试每三年在省城开考一次，大多安排在秋季，故而又称秋闱。但全国考试时间不统一，多数省份在八月，少数省份在六月或七月，给考生异地再考或冒名顶替提供了可乘之机。为了封堵这一漏洞，绍兴十三年（1143 年）宋高宗诏定，乡试开考时间统一定在秋八月，每闱三场，每场三昼夜，第三场十四日进场，十五日考试，十六日出场。就这样，乡试与中秋节及月饼就有了结缘的机会。

江南贡院开考的七百多年间，共为国家输送了八百多状元、十万多进士、上百万名举人，明清时期全国半数以上官员出自于此，曾被誉为“中国古代官员的摇篮”，人们耳熟能详的唐伯虎、郑板桥、吴敬梓、施耐庵、翁同龢、张謇等，皆在此院起步，中国共产党的主要创始人陈独秀，1897 年也在这里参加过乡试。名人多了故事自然多，其中“江南贡院月饼风波”，就是介绍中国科举制度时，经常被讲述的一则。

据说清朝末年，南京曾发生过一场震动朝野的月饼风波。光绪二十九年（1904 年）农历八月，会集江苏、安徽两省两万士子的江南乡试，在南京夫子庙的江南贡院举行。当时清朝腐朽统治已到穷途末日，社会风气极坏。试卷题目晦涩费解，且有禁止反清“邪说”及取缔新书报之意。恰逢中秋节，官方照例发给考生每人月饼两块，但饼已霉变。这下子，本已对试卷不满的众多考生群情激愤，他们冲破考场禁令，纷纷走出号舍，砸毁“说话要有范用”的禁令牌，对着关闭的栅门大声呼喊：“我们不要月饼，我们要惩治贪官！惩治贪官是正义，庇护贪官是邪说！请主考官大人出来说话！”考生万众一心，从薄暮与官方对峙到半夜三更。主考官吓坏了，因为按照考试程序，将考生全封闭后，二更时分发新题目，此时夜已深，万余考生仍聚众不归号舍，如再推迟，必形成罢考。按照清廷规定，如发生罢考风潮，即对相关官吏严惩不贷，轻者治罪、重者杀头。主考官不得已屈尊道歉，承认采购月饼的两位官员有拿回扣之嫌疑，拟参奏严办。但考生不依不饶，要求当场兑现。于是，此二人的顶戴即被摘下，绑跪在地，叩头谢罪。至此，这场由月饼引起的反腐败斗争风波方告平息。

上述故事，究竟是民间传说还是历史事实，遍查有关史料，没用找到相关记载。2019 年由秦淮区委区政府、新华报业传媒集团联合主办的《我们的节日 · 我在秦淮品诗赏月——扬子晚报 12 小时全媒体直播》中，中国科举博物馆馆长冯家红女士，应邀讲述了中秋节与科举制度的渊源，以及中秋习俗中的科举元素等，但未提及此“风波”，由此推断该事可能仅仅是传说而已。至于“官方照例发给考生每人月饼两块”之说，倒是在清人安致远《青社遗闻》中找到了一则记载：“山左己卯秋闱，大中丞奉天王公监临。第三场尚有六千人，瓜梨之外，人给月饼一圆。场中供给久经裁减，公捐俸偶为之。”不过，这是主考官在山东监考时偶然自掏腰包的善举，并非“官方照例”的制度性规定。

当时考试纪律很严，考生需自备铺盖、食物、笔墨等用品，用篮子提着进入考场。入场时由两位安检人员点名查验，考生要打开被褥、解衣、脱帽、脱鞋、散发。乾隆时还规定，考生的衣裤、帽子、袜子都要单层，糕饼要切开，砚台不许过厚，搜身后按号入闱。由此看来，考生有自带月饼入场的可能，但须切开查验，以防夹藏纸条小抄。

那么，“月饼风波”传说是如何产生的呢？细究起来原因有二：一是历史上确曾有过秋闱发月饼的先例，二是科举与月饼的关系确实非同一般。其中，最具代表性的“中秋博饼”，是一项传统的民俗活动，由科举与月饼融合而生，主要流行于闽南地区，在台湾中部和东部地区的一些城乡以及金门县，至今深受欢迎。金门县的金城镇吴厝社区发展协会，每年庆祝中秋的社区联欢晚会，最热闹的就是博状元饼大赛。

中秋博饼奖品“状元游街”月饼

这是中秋时节用于娱乐的一种游戏，依照状元、榜眼、探花、进士、举人、秀才六个等级，制作六种规格不同和馅料各异的月饼，靠掷骰子按点数赢得不同等级的月饼，行话称为“会饼”或“饼金”。骰子六面一至六点，一点和四点为红色，博玩时六粒一起投掷。如果六粒中只有一个四点就是秀才，六粒中两个四点是举人，四粒一样的就是进士，三粒四点是探花，六粒点数相连是榜眼又叫对堂，至于状元呢，有七种点数组合……除了中秋博饼外，全国各地的学子们，还都喜欢蟾宫折桂、鲤鱼跳龙门、状元游街图案的月饼，这些形成了一个独具特色的科举月饼文化现象。

《月饼文化研究》之构架

笔者收藏研究月饼印模的目的，原本是想写一本《月饼文化研究》的专著，以此从学术上认真回答月饼由来的问题。因为，一个民族对于自己重要节日食品的来龙去脉，不应只停留在传说的水平，理应有一个科学的回答。为此，笔者进行了精心准备，查阅了前人的相关著述，购买了相关图书资料，收藏了宋代以来2000多个月饼印模以及相关实物，并数易其稿写出了《目录》，构建起了该书的总体框架。正式动笔之前，笔者请教了一位老朋友，他思忖良久问了我一个非常现实的问题：你的书是写给谁看的？现在除了专业人士外，还有几个人购买阅读学术著作？笔者只有沉默，无言以对。他接着说，你的选题更适合撰写一本大众通俗读物。

闻听此言后，笔者陷入了痛苦的沉思，是写一本很少人问津的学术著作，还是写一本通俗读物？书是给人读的，对于民俗类的图书而言，读者少意味着传播力就弱。缘于此，便撰写了这些故事。与一般故事不同，笔者是把一本学术著作写成了故事，故事中的叙事和观点，都有相应的资料和实物以及民俗活动支撑。

其实，对于月饼文化的研究，既需要学术专著，也需要通俗读物。中秋节是全世界华人和汉文化圈的共同节日，相信今后会有更多的学者以及业余爱好者关注和从事月饼文化研究，这不仅是某个人的爱好，而是时代赋予我们的使命。为了推进这项研究的尽快发展，笔者不揣浅陋，将《月饼文化研究》的整体构架抄录于下，以供有相同志愿的朋友们参考，并希望相关的专著能早日问世。

第一章，概述。第一节，月饼的概念：一、各类辞书对月饼的定义。二、国家标准对月饼的定义。第二节，月饼的种类：一、唐宋熟制方式的差异；二、熟制方式分类法（蒸、烙、煎、烤、冷冻）；三、成型分类法（捏塑、棍擀、印压、模磕）；四、地域分类法（京、广、苏、洋……）；五、皮壳分类法（硬皮、酥皮、浆皮）；六、荤素分类法（荤、素）；七、清真月饼；八、皇家月饼。第三节，月饼在节日食品中的地位。第四节，月饼起源的研究方法。

第二章，与月饼相关的食物。第一节，太师饼。第二节，秦饼和锅盔。第三节，胡饼和馕、库麦其。第四节，圆饼与红绫饼、饦饦馍。第五节，月团和宫饼、小饼。第六节，金饼。第七节，麦饼和华月之糕。第八节，团圆馍和团圆饼。第九节，火烧和烧饼。第十节，月（山东省潍坊市）。第十一节，蒸月饼（甘肃省张掖市）。第十二节，花托（山西省高平市）。第十三节，糖糕（浙江省嘉兴市）。第十四节，红龟粿（福建省南部）。第十五节，月光饼和月光糕（台湾省和福建省）。第十六节，云腿包子（云南省）。第十七节，其他。

第三章，月饼由来的传说及其价值。第一节，神话说及其价值：一、嫦娥奔月；二、七仙女下凡。第二节，太师说及其价值。第三节，胡饼说及其价值：一、胡饼邀蟾蜍；二、杨贵妃赐名。第四节，军粮说及其价值。第五节，梦游说及其价值。第六节，朝鲜说及其价值。第七节，月团团说及其价值。第八节，苏轼小饼说及其价值。第九节，反元说及其价值：一、朱元璋传递反元信息；二、张士诚传递反元信息；三、刘福通传递反元信息；四、明教聚会。第十节，创新说及其价值。

第四章，历代对饼的文字记述。第一节，对饼食的文字记述。第二节，对月饼的文字记述。

第五章，月饼产生的文化背景。第一节，古老的月亮崇拜：一、敬神夕月；二、娱乐玩月；三、祈福拜月。第二节，中秋节的形成。第三节，嫦娥形象的改变。

第六章，月饼产生的社会背景。第一节，唐代人的故乡思恋。第二节，北宋人的旧土怀念。第三节，南宋人的家国情怀。

第七章，月饼产生的物质基础。第一节，小麦的广泛种植。第二节，石磨和罗的日益普及。第三节，制糖工艺的改进和相关辅料的传入。第四节，食用油的充足供应。

第八章，月饼产生的饮食条件。第一节，中外和南北饮食文化的交流：一、西域胡饼文化的传入；二、北方饮食文化的南迁。第二节，粉食习俗的日益普及。第三节，面食加工的成熟发达（饼的历史）。第四节，糕点制作的丰富多彩（糕点的历史）。

第九章，月饼产生的历史过程。第一节，目前学术界关于月饼产生时代的四种观点：一、汉代说；二、唐代说；三、宋代说；四、元末明初说。第二节，月饼产生时代的研究结论：一、月饼的孕育时期（汉唐）；二、月饼的诞生时期（宋）；三、月饼的成长时期（元）；四、月饼的成熟时期（明清）。

第十章，月饼印模概述。第一节，食品印模的历史。第二节，陶拍、印章、月饼印。第三节，陶范、石范、月饼模。第四节，月饼印模的类型。第五节，月饼印模的材质。第六节，月饼印模的形状。

第十一章，月饼印模图案概述。第一节，月饼印模图案的由来。第二节，月饼印模图案的内容。第三节，月饼印模图案的特点。第四节，月饼印模图案的创新。

第十二章，月饼印模图案的美学价值。第一节，月饼印模图案的审美标准。第二节，月饼印模图案的审美过程。第三节，月饼印模图案的创意设计。

第十三章，月饼未来发展的趋势。第一节，传统老字号月饼的保护与传承。第二节，各地特色土月饼的挖掘与整理。第三节，从中秋应节食品重归日常食物。第四节，中国月饼的国际化研发与推介。

就月饼问题答网友问

2020 年 9 月 17 日，无论对于笔者个人，还是对于关爱笔者的亲友们，都是一个难忘的喜日子。这一天，一个名为“糕饼传奇”的微信公众号正式上线，推出了第一篇文稿《众说纷纭话月饼》，标志着一个旨在解开月饼起源之谜的专栏诞生了。

公众号开通后，引起了读者的广泛兴趣，与网友问答交流相关问题，遂成一大乐事，现择其要者或怪者汇总成文，希望与朋友们一道，共同探讨研究。

（1）君王夕月与民间拜月的区别

问：张先生您说过，月亮崇拜是月饼文化的源头，不通晓月亮崇拜就遑论中秋文化，更不用说正确解读月饼文化。月亮崇拜具体表现在月神祭祀上，请问国家祭月和民间拜月，或者说皇帝祭月与百姓祭月有什么区别吗？

答：国家祭月这个词用得好，笔者在文章中常用皇帝祭月或者皇家祭月，这三个词比较，国家祭月比较学术，较为准确。因为，无论皇帝祭月还是皇家祭月，都是皇权垄断的国家行为。皇家祭月与民间拜月的区别很大，主要有十点。

① 神明不同。虽然国家和民间祭祀的都是月亮，但前者是夜明神；后者则是道家的太阴星君或佛家的月光菩萨。

② 祭祀者不同。前者为帝王或帝王指定的朝廷重臣；后者人人均可，但以妇女和学子为主。

③ 时间不同。前者在秋分之日，后者在八月十五。

④ 场所不同。前者北周以前主要在都城西门外，以后主要在都城西郊特定场所夕月坛；后者则主要在自家庭院。

⑤ 历史不同。前者从远古的炎帝开始一直到清末结束，民国创立帝制终结，国家祭月亦随之终结，目前的北京月坛祭月只是帝王拜月的表演，仅具有某种文化意义，不具备国家意志的政治意义。民间拜月则是从君王祭月分化演变而来，大致自隋唐的玩月开始，到唐宋中秋节确立正式流行，一直赓续到现在，并且将传承到永远。

⑥ 目的不同。前者为的是国泰民安，古人认为，五谷丰登离不开月亮的滋润照射，所以在秋天要答谢月神的护佑，以此祈祷国家长治久安。后者为的是家族繁盛，六畜兴旺，阖家团圆，家人平安。

⑦ 祭品不同。前者按固定的礼制献祭，《大清会典》载："凡夕月……玉用白璧，礼神制帛一，色白，牲用太牢，乐六奏，用光字，舞八佾。"民间则机动灵活，烟火气味浓烈，多为时令瓜果，由于各地物产不同祭品自然有异，但月饼必不可少。乾隆年间的《帝京岁时纪胜》记述："十五日祭月，香灯品供之外，则团圆月饼也。雕西瓜为莲瓣，摘萝卜叶作娑罗。香果苹婆，花红脆枣，中山御李，豫省岗榴，紫葡萄，绿毛豆，黄梨丹柿，白藕青莲。"非常丰盛多样。

⑧ 穿戴不同。前者有明确的礼制规定，穿白戴白；后者则可以随意选择，没有具体要求。

⑨ 气氛不同。前者为国家大典，庄严肃穆；后者为百姓狂欢节日，喜庆热闹。

⑩ 皇帝既可秋分夕月，也可中秋节拜月；臣民只能中秋节拜月，严禁秋分夕月。

总之，帝王祭月与民间拜月，是主与流或母与子的关系。现在，母已完成历史使命而寿终正寝，子则风华正茂，借助中秋佳节将青春永驻。

（2）清帝一年祭拜几次月神

问：有资料说，清帝在秋分之日到月坛夕月，中秋节夜晚在皇宫拜月。请问清帝一年祭拜几次月神呀？

答：皇帝与我们常人不同，由于君权神授的理念，使他具有了双重人格。他既是与你我一样的肉眼凡胎普通人，又是老天的儿子国家的君主。所以他一年之内要祭拜两次月神。

一次是秋分夕月，祭祀夜明神，属于国家祭祀行为，《大清会典》载："凡夕月，每年秋分酉时祭；遇丑、辰、未、戌年祭，余年遣大臣摄祭……”也就是说凡遇牛、龙、羊、狗这四年，由皇帝亲自祭祀，其余年份则改派大臣代为祭拜。

另一次是中秋拜月，也称月供，以皇宫男主人的身份，率领后妃们祭拜太阴星君和月光菩萨，属于与民同乐的礼俗活动。北京泰和嘉成拍卖公司举办的2021年春季艺术品拍卖会上，有一份纸本的“中秋节升平署内学首领何庆喜带队紫光阁月供前念斋意奏折”，全文是：“奴才边得奎谨奏，太监马得安、安进禄、李全福在紫光阁月供前念斋意，随乐太监方富顺、安来顺、李文合、李如寿、刘进喜，谨此，奏闻。”清早期拜月时间是下午五时左右开始，地点在紫禁城内的皇帝寝宫外；自康熙帝重修紫光阁后，这里便成了皇宫拜月之地，清末拜月时间也提前到了下午三时。拜月活动由清宫演剧机构升平署组织。先是内务府总管率领内学首领和太监穿蟒袍补褂伺候“念斋意”，即诵念祷文；随后是皇帝亲手拈香、行礼，后妃宫女依次行礼；再是内学随乐伺候献戏，人们开始吃月饼看戏。

（3）为什么中秋女子一定要拜月？

问：我是女生。您的《男不拜月女不祭灶的深层含义》，回答的是为什么不，而我的问题是：老辈人说，过去中秋之夜女子一定要拜月，为什么？

答：《礼记·祭器》云：“大明生于东，月生于西，此阴阳之分，夫妇之位也。”中国的阴阳学理论，称日为“太阳”，称月为“太阴”，月亮与妇女都属于阴。在道教里月亮被称为“太阴星君”，民间则叫“太阴娘娘、月娘、月姑”。汉墓砖画《伏羲女娲》中，伏羲手托太阳，女娲手托月亮，始祖伏羲和女娲已然成了中国的日神和月神。《说文解字》中，把象征着太阴之神的女娲，解释为“古之神圣女，化万物者也”。故而月亮作为女性的象征，开启了人类原始的女性生殖崇拜；月神也就成了女子的保护神，主司婚姻和生殖。由此注定了女子和月亮与生俱来的联系。

《本草纲目·人部·妇人月水》中记述：“月有盈亏，潮有朝夕，月事一月一行，与之相符，故谓之月水、月信，月经。”现代医学研究表明，女性经期与月相变化周期极为相似，两者合称月信和月经。再者，月亮的盈亏圆缺与女性孕期腹部的膨胀以及分娩后的平复也极为相似，这更加坚定了古人对月亮与生殖紧密相关的认知，认为月亮有着某种神奇的能量，能赋予女性繁衍生育的神力。不仅中国先人这样认为，古巴比伦神话中，月亮女神伊什塔尔离开人间后，大地上所有的人类和动物都丧失了性欲和繁殖能力；古希腊神话中，月神阿尔忒弥斯也是狩猎女神和丰产女神。

在这些认知的基础上，诞生了托月寄情、乞月为媒、拜月求子、感月而孕、照月得子的独特风俗，并产生了相应的传说：女人若想生子，只要面月仰卧让月光普照，肚子就会像月亮一样膨胀起来，自然怀孕。浙江一带，久婚不孕的妇女，有中秋之夜独自一人，静坐庭院沐浴月光，祈盼月宫仙女洒下甘露尽早怀孕的习俗。在古埃及，女人为了怀孕，会把溶在水里的月光喝下，在月光摇曳的池塘中沐浴，躺在地面上让月光映照。

在这些古今中外的月亮崇拜习俗中，月亮和女人融为了一体，被赋予了神奇的力量，成了生殖的象征，决定了女子要一辈子祭祀月亮。小时候跟着母亲拜，长大后自己单独拜，结婚后跟着婆家的女人们共同拜，到了老年要像《红楼梦》中的老祖宗贾母那样，率领家中的儿孙们一起拜月。

（4）新疆阿斯塔那出土的“唐代月饼”是月饼吗？

问：您的文章多次提到“月饼”一词最早见于南宋吴自牧的《梦粱录》，并以此得出月饼诞生于宋代的结论，但媒体上有关新疆博物馆展出唐代月饼的消息和照片，推翻了您的结论。这块土黄色月饼，1972年出土于吐鲁番阿斯塔那230号墓，直径6.5厘米，由模压成型后烘烤而成，与现在的月饼几乎一样。有出土实物为证，本着以物补史的原则，早在唐代就已经有了月饼，您对此还有何话可说？

答：您说的那块黄色糕点，以往媒体的报道中曾有多种不同的称谓，如“月饼式点心”“新疆花式点心”“宝相花纹月饼”“宝相花纹点心”“唐代月饼”等等，从这些名称中不难看出，对它是否是月饼是有不同看法的。严格严肃地讲，此物不是月饼，它只是与现在的月饼非常相似的一种糕点，或许可以说是月饼的前身。因为，月饼是中秋节的节日食品，与中秋节密不可分。中秋节诞生之前，即使有与现在月饼完全一样的糕点，也不能称之为月饼。月饼不仅仅是一种食品，其核心价值是中秋文化的载体，华人祭拜月神的供品，追求家庭幸福团圆的物化象征。月饼脱离了中秋文化，就是一款普通的糕饼或糕点，与桃酥、老婆饼、绿豆糕、千层糕等一般无二。再则，古籍记载中唐人赏月时不吃此物，吃的是“玩月羹”，当时也没有月饼之名，将其称之为

"唐代月饼"是现代人的想当然。这款糕点的真正价值在于，它证明唐代已经具有了生产月饼的原料和技术，为中秋节饼类应时食品的诞生提供了坚实的物质和技术保障。

(5)为什么至今没有出土陶瓷月饼印模?

问：看了你收藏的月饼印模图片，非常美，赞！问题是：为什么我国历年的考古发掘报告中没有出土月饼印模的消息？如果说木质印模容易腐朽不易保存的话，那么陶瓷印模为什么也始终没有发现？

答：专业的问题应该由专业工作者回答。我朋友老赵，祖上开棺材铺，现在开殡葬用品店，卖寿衣骨灰盒，商品展示区有别墅、轿车、电视、冰箱、洗衣机、手机、游戏机、麻将桌、金童玉女以及时髦小姐，全是纸糊的，应有尽有，非常逼真。老赵曾对我说：看懂了现在就明白了过去。人们买随葬品，要么是娱乐品，要么是享受品，哪里有买劳动工具的。逝者辛苦了一生，死了该到天堂享福了。木匠死了，随葬斧子锯子；铁匠死了，随葬大锤小锤；厨子死了，随葬菜刀炒勺，还有你说的什么月饼印模……在人世间还没辛苦够，到了另一个世界还要接着干？你想想这合乎情理吗？孝男孝女们总是烧多多的享乐品和纸钱，一面哭一面嘱咐爹妈：辛苦了一辈子，再也别节俭了，有事儿就让金童玉女去干，想穿什么吃什么，只管去买……古人主张事死如事生，并不是说随葬品你想放什么就放什么，是有规矩的。

老赵不会讲理论，但他用活生生的殡葬用品实物回答我们，月饼印模属于厨具或生产工具，为逝者随葬它不符合传统的随葬礼仪规矩。这一点在历年考古发掘报告数据中得到了印证。先秦出土的炊具以陶制鼎、甑、鬲、釜、罐和地灶、砖灶、石灶为主；汉魏时期则以流行的灶、井、磨、碓等炊厨模型明器为主，但出土比例不断下降；隋唐时期，反映社会身份等级差异的武士俑、镇墓兽、金银器等随葬品大量出现，锅灶等炊厨明器则少之又少；到了宋代以后，炊厨明器几乎完成了它的历史使命，退出了明器行列。究其原因，是社会生产力不断发展，人们生活水平不断提高的必然结果。借用恩格尔系数理论可以解释这一历史现象，墓中的食物和加工食物的炊厨具在随葬品中的比重，是衡量逝者所处年代社会生活水平高低的一项重要指标。从先秦的非常大，到汉魏的比较大，再到隋唐的比较小，宋以后的非常小，表明食物在逝者生活支出中的占比越来越低，人们追求的是更高层次的社会地位和生活奢侈品。月饼诞生于宋代，其印模在古墓中没有出土，符合随葬品自身历史发展变化的规律，苏瑞晨先生的《唐墓出土的炊厨模型明器研究》一文，对此有较为详尽的论述。

还有一个重要的原因也不可忽视，早期的明器，大多是真实的实用品，挖出来洗洗就能用。不过从宋朝开始，实物的明器所占比例越来越少，纸质明器越来越多，这一转变，一直影响到后世。促成这一历史性转变的原因很多，但有三条极为关键。一是佛教影响下的观念转变，佛教倡导火葬，朱熹曾言“自佛法入中国，上自朝廷，下达闾巷，治丧礼者，一用其法”。延伸到随葬品上，人们认为焚烧后也能起到同样的效果。二是造纸业的发达，为社会提供了廉价的纸张，使纸扎明器迅速普及，过去花费巨资才能拥有的实物明器，如车马、人偶、房舍等，现在花费很少银两就可购得纸质替代品。三是纸质货币“交子”的流通，影响了人们的丧葬理念，认为纸钱焚烧后逝者就能收到，在阴间照样通用，可以随意购买任何物品。同时受孟夫子“君子远庖厨”思想的影响，无论是男君子还是女君子，生前总是尽量远离厨房，死后也不会携带厨具踏上黄泉之路。

基于上述原因，古墓中发现厨具月饼印模的可能性不大，但也不能妄断不可能。古墓随葬的可能性小，并不意味着今后不可能出土，明建文三年（1401 年）被一场洪水深埋于地下四米的宋代名城大名府，就像世界著名的庞贝古城那样，瞬间封存了历史，只要有朝一日进行发掘，很可能会有大家祈盼已久的月饼印模出土。之所以这样讲，是因为笔者收藏有五个陶质月饼模，有关专家判断为宋代，是邯郸附近的农民在农田取土时挖出的。至于是出自墓地还是古村遗址，抑或什么故地，不得而知。尽管如此，笔者仍对未来充满希望和期待。

（6）古墓中为什么至今没有出土陶月饼？

问：古玩市场上有出售陶月饼的，说是出土的文物。但我国年度考古发掘报告中，为什么至今没有古墓中出土陶月饼的任何信息？

答：古墓中的陶月饼属于随葬的明器。这个问题笔者已关注和研究了 30 余年，起初是到处寻找古墓出土陶月饼的消息，一直找了 20 多年没有任何发现。后来便产生了怀疑，我们到底依据什么认定古墓中就一定要有随葬品陶月饼呢？是否这种随葬品根本就不存在呢？随葬品主要有礼器、装饰品、生产工具、生活用具和金银财宝、绫罗绸缎等贵重物品以及食物六类，陶月饼属于食物类。

在墓中随葬主人生前喜欢的食物，古今一直如此，所不同的仅仅是数量多寡和品种各异。考古学上有“湿万年，干千年，不干不湿就半年”之说，历年来出土的食物印证了此说不伪。1973 年发掘的长沙马王堆三号汉墓，地处水中，距今已有两千多年，出土的随葬品清单“遣策”，共有木牍 6 件、竹简 402 支，其中 159 支用于记录食物，约占总数的 39%。遣策上不仅写明了食物的名称，如“鹿肉芋白羹一鼎、鹿肉鲍鱼生笋白羹一鼎”等，同时还记述了食物的烹制加工方式，仅肉类就有羹、熬、炙等十几种做法，还配有饼、点心等主食，一应俱全；这些食物盛装在竹笥、陶器和漆器等器皿中，可谓把逝者生前的真实生活原封不动地搬到了坟墓里，一丝不苟地践行了“事死如事生”的传统丧葬理念。墓中的鹿、牛、狗、豕、鸡、兔、雁、鸽、鱼等肉食品及鸡蛋等，甜瓜、豆、枣、香橙、梨、柿、菱角、梅、枇杷等农产品和水果，这些有机物埋葬了两千多年后大多保存不佳，有的已经炭化，而有的则光鲜如初，其中的一鼎藕片汤，出土时还能清楚地分辨汤中洁白藕片的轮廓，令人叹为观止。

新疆吐鲁番阿斯塔那古墓，是从西晋到唐代高昌都城居民的公共墓地，这里地处戈壁沙丘之中，气候干燥，埋葬在这里的主人，既有达官贵人，也有威武显赫的将军和士兵，但多数是普通百姓。在这些唐墓中，先后出土了距今一千多年的饺子、馕、糕点等，其中的花式点心，至今保存较好，是我国唯一的唐朝糕点实物。张家口宣化辽代古墓中出土的一桌一千年前的酒菜，这些随葬食物都是货真价实的真东西，绝非陶质的替代品，无一例外。

再则，目前我国农村土葬区下葬棺椁时，仍然有在墓穴中摆放碗筷和食物的葬俗，依然是亲人亲手制作的真食品。一些地方的糕点铺，还专门制作祭祀糕点出售，以满足人们祭奠亲人的需求。追问其究竟，凡是随葬粮食和糕点、菜肴等食物，真东西比假东西还容易获得，如制作一盘真饺子，比烧制一盘陶饺子要省事方便得多。有方便现成的真食物可以随葬，谁还会费心费力地去烧制假食物呢？由此判断，古人没有在墓中随葬陶质假食物的习俗，因此人们也就不会找到墓中出土的陶月饼。

（7）为什么我国最早的月饼是蒸制的及其他？

问：史料记载，我国最早的月饼是宋朝的蒸月饼，为什么不是烤月饼？另外，为什么西方人喜欢烤制食品而中国人则喜欢蒸制食品？还有现在的月饼为什么以烤制为主？

答：这三个问题，回答了中间的“为什么西方人喜欢烤制食品而中国人则喜欢蒸制食品”，其余两头的问题就迎刃而解了。

人类茹毛饮血时代，地球人都靠采集野果和捕食野生动物为生，飞禽、走兽、游鱼要么生吃，要么架火烧烤而食。但进入游牧和农耕时代以后，人类食物的熟制加工方式出现了明显分化，东亚地区以煮蒸为主，其他地区如非洲、欧洲和南亚、中西亚等地则以烧烤为主，造成这种差异的根本原因何在呢？以世界上最先进的四个原创文明古国为例，他们都属于农耕文明，最主要的粮食作物主要是麦、稻、粟三大类。其中，古埃及和古巴比伦均以麦为主；古印度先是以麦为主辅以稻，后是麦稻平分天下；中国的情况比较复杂，汉代以前以粟、稻为主，汉代以后麦后来者居上，超越了粟形成了稻、粟、麦三足鼎立的局面。大致相同的主粮，为什么中国是蒸煮而食，其他三国则是烧烤而食呢？学者们对此多有研究，最终发现主要是由于粮食本身的特性和地理气候原因所致。

粟和稻脱粒去壳后即为小米和大米，用于煮粥既方便省火又松软可口，而麦脱粒去壳后的大麦仁或小麦仁，用于煮粥则既费火又难以下咽。与此相反，将大麦或小麦加工成面粉再做成面包或馒头，则松软筋道香甜可口得多，而将大米或小米加工成面粉再做成窝窝头，与面包和馒头相比，味道和口感则相差很多。这些是由粮食本身的特性决定的，人类无力改变只能顺势而为。

再从地理气候的角度观察，四大文明古国所处的纬度大致相同，但只有中国有着较为寒冷的冬季。北方西伯利亚的冷空气每年都会南下侵扰黄河、长江流域，使中国成为同纬度地区中最为寒冷的地方。《竹书纪年》记载，西周孝王七年（前 878 年）冬，大雨雹，牛马死，江、汉俱冻；唐天复元年（901 年），自冬至春，雨雪不止。对生活在冰天雪地中以粮食为主的华夏民族而言，熟食、热食无疑是最佳的饮食方式。而在夏季，受太平洋季风的强劲影响，气候温暖潮湿，微生物极易繁殖，生食容易致病。所以，中国人的饭菜大多是煮熟了才吃。

正是煮熟热食的习俗，加之做体力活需要吃干饭产生更多热量的需求，催生我们的祖先发明了蒸器和蒸法。就是在烧水或煮粥的陶鬲（锅）上，叠套一个陶甑（笼屉），把煮得半熟的米从鬲里捞出，再放入甑中蒸熟，将米粥变成了干饭。沿着这条思路，利用现成的煮粥锅和蒸饭笼屉，中国人利用水蒸气把面团蒸成了馒头，这一发明一直沿用至今。但是，无论是古代与当代，家中蒸制的干饭或馒头很难一次吃完，不可避免地要重新加热食用，在没有微波炉的年代，笼屉和蒸法又成了温热剩饭和馒头的最佳炊具和方式。

酷热沙漠干旱，始终陪伴着古埃及和古巴比伦，炙热也是印度的主旋律，这三个国家常年与炎热厮守，没有漫长寒冷的冬季，无须用笼屉这样的温食器来重新加热食物，因此蒸法可有可无，所以他们也就免去了另辟新径的思索，一直坚守着延续古老烧烤的习俗，将面团烤制成面包，是他们最睿智的选择。但令人心生疑窦的是，比我们地处更北更寒冷的古代欧洲人，为什么没有流行蒸器呢？其根本原因是他们大多为游牧民族，食物以肉类为主，烧烤更适合他们的生产和生活方式。烤制肉食同时烤制面食，一条龙式的加工方法，顺理成章，况且烤制的面包比蒸制的馒头水分少，更易长期保存和携带，食用时也无须加热。其实，寒冷地区的欧洲人，古时也有将面包撕碎，放入炖煮的热汤中浸泡食用的习俗。

再则，自商周至汉唐，随着人口的不断增长，以及制瓷、冶炼、缫丝等手工业的快速发展，建筑和燃料所用木材成倍增加，到北宋定都开封时，中原地区的森林几乎砍伐殆尽，致使百姓不得不以农作物秸秆替代薪柴烧火做饭。秸秆易点燃旺火快，但热量低不持久，不适宜烤制食品，但非常适宜煮饭熬汤和蒸制食物，也从客观上促进了蒸法的普遍应用，成为我国民间主要的食物烹饪加工方式。

由于上述原因的相互叠加，最早的宋朝月饼才得以以四时皆有的蒸制食物身份，匆忙地走上了中国食品的历史舞台。很快，伴随着社会生产力的整体提高，特别是商品经济的快速发展，烤制食品重油重糖、储存期长、不易变质的特点，迅速得到了人们的追捧。蒸月饼此时也华丽转身变成了烤月饼，从一般意义上的小吃变成了高档的糕点和中秋应节食品，在味道、营养和文化三个层面发生了质的飞跃，标志着中国应节食品已开始进入奢侈品的行列。

(8)《唐书·太宗记》中有“八月十五中秋节”的记载吗?

问: 网上有不少介绍中秋节历史的文章说:到了唐代,中秋赏月颇为盛行,《唐书·太宗记》就记载有“八月十五中秋节”。这种说法对吗?

答: 这些文章的引文属于以讹传讹,没有依据。《唐书》是五代后晋官修的史书,包括《本纪》20卷、《志》30卷、《列传》150卷。后来,宋代宋祁、欧阳修等编写的《新唐书》问世后,《唐书》开始改名《旧唐书》。因此,记录唐代的正史,实际上就就有了两部史书,而在这两部《唐书》中,都找不到关于“八月十五中秋节”的记述。

那么,网上这种说法来自何方呢?可能与清代官修大型类书《渊鉴类函》有关,该书卷二〇《中秋三》下说:“《唐太宗记》:‘八月十五为中秋节,三公以下献镜及承露囊。’”但是,《唐太宗记》为何书何篇则不得而知,新旧《唐书》中的《太宗本纪》也均无此语。不过在唐代封演编撰的《封氏闻见记·降诞》中,倒是可以找到类似的文字:“玄宗开元十七年,丞相张说遂奏以八月五日降诞日为千秋节,百寮有献承露囊者。”记述的是公元729年丞相张说,奏请唐玄宗将皇上生日定为千秋节,百官中有献荷包的历史。宋代王溥撰写的《唐会要》卷二九《节日》中,也有相关记载。由此可以推断,“八月十五”是“八月五日”之误,“中秋节”是“千秋节”之讹,《渊鉴类函》中的记载是唐玄宗千秋节的讹传误记。

(9)胡麻是张骞引进的吗?

问: 我是一名小学教师。月饼由胡饼演变而来,胡饼因饼上有胡麻粒儿而得名,胡麻就是芝麻,由张骞出使西域时引入,每年中秋我都是这样给学生们讲述。但您的文章却说:有学者认为我国自古就有芝麻,并非张骞所引进,这颠覆了我的认知,究竟是怎么回事?

答: 我在文章中没有展开讲,是因为这是一个相当复杂而至今没有定论的问题。芝麻是一年生草本植物,胡麻科芝麻属,世界上最古老的油料作物之一,喜高温怕潮湿。埃及、中东和印度的相关资料显示,人类种植芝麻的历史已有5000年之久,由于人工栽培年代较早和分布较广,仅据现有考古发现和文字史料,目前尚难准确探明芝麻的起源和在不同国度的种植历史。近百年来,经过各国科学家的艰苦探索,主要形成了5种观点。

一是多数研究者认为，非洲热带地区是芝麻的第一起源中心，印度是芝麻的第二起源中心。非洲有大量野生芝麻，目前已发现的37个种，有28个源自非洲。印度的芝麻种植历史悠久，也有野生种，芝麻属中发现的唯一栽培种就在印度，而且栽培种的变异类型十分丰富。在今巴基斯坦境内的印度河谷考古遗址中，发现过约5000年前的炭化芝麻籽。二是起源于太平洋与印度洋之间的巽他群岛，是史前人把芝麻从那里引入印度。之后芝麻便从印度向西传播到西亚、埃及、非洲，向东传播到中国、日本，向南传播到东南亚。三是起源于印度尼西亚的爪哇岛。四是原产于非洲的埃及。埃及既有野生芝麻，还有4000多年前拉美西斯三世的古墓为证，因为墓内壁画的麦饼上有芝麻粒。四是原产于中国云贵高原。中国既有野生芝麻，20世纪50年代又在浙江省吴兴县钱山漾新石器时代遗址和杭州水田畈史前遗址中，发现了炭化芝麻粒，据考证这些芝麻的年代，相当于公元前770年至前480年的春秋时期，证明我国栽培芝麻的历史，至少已有2000多年，比张骞通西域早200~500年。历代古文献中，对芝麻有许多象形的称谓，如“巨胜、方茎、狗虱、油麻、脂麻”等，但通常沿用“胡麻”，宋代才有“芝麻”之名。有一种看法，认为芝麻仍是外来物种，只不过早在张骞开拓丝绸之路之前，芝麻就通过更古老的“玉石之路”来到了中国。

另外，同样来自西域的亚麻，历史上也叫胡麻。现在的新疆、宁夏、甘肃、内蒙古等西北地区，以及山西大同、河北张家口等地，人们依然将亚麻称之为胡麻，并有喜欢食用“胡麻油”的传统。麻油月饼和混糖月饼，就是用胡麻油打制的地方特色美味，在月饼大家族中占有一席之地。总之，共同拥有胡麻之名的芝麻和亚麻，都对月饼的诞生和发展作出了积极贡献。

（10）月饼上为什么少有吴刚的形象？

问：张老师好。由于新冠肺炎疫情的原因，学校要求我们在校过中秋。为了丰富节日生活，食堂广而告之，有偿征集学生自己设计的月饼图案。这样，就诞生了嫦娥奔月、月兔捣药、蟾宫折桂、吴刚伐桂等几十种图案的月饼。很多同学把这些校园月饼拍照发给家人，让他们共享校园中秋的快乐。但出乎意料的是，一些家在乡下的同学，收到了内容大致相同的反馈信息，说我们大学生不懂规矩，不该制作吴刚伐桂图案的月饼，说是吃了这种月饼要倒霉的。请问这是怎么回事呢？

答：在回答你的问题之前，首先让我们了解一下吴刚这个人物形象的基本情况。关于吴刚的最早记载，出现于唐代段成式的《酉阳杂俎·天咫》中："旧言月中有桂，有蟾蜍，故异书言，月桂高五百丈，下有一人常斫之，树创随合。人姓吴名刚，西河人，学仙有过，谪令伐树。"只有这寥寥数语，后来在民间有了极大发展，出现了很多版本的故事，其中最具代表性的有三个。

一个故事如段氏记载所言，汉朝人吴刚，学仙中犯了大错，惹得天帝大怒，下令把他拘留在月宫服刑，砍伐那棵随砍随愈合的神桂树。另一个由《山海经》中的故事衍生而来，说西河人吴刚还叫吴权，外出三年学仙，炎帝的孙子伯陵趁此和他的妻子私通，还生了三个儿子。吴刚得知后杀死了伯陵，炎帝为此把吴刚发配到了月亮之上，罚他砍伐神树。第三个故事，吴刚原来是守卫天庭南天门的小神，和月宫中的嫦娥很要好，二人经常相会，时常疏于职守。玉皇大帝知道后，一气之下，就罚吴刚到月中去砍"月亮树"，并放下话，不砍倒月亮树不能重返南天门。

无论上述哪个传说，吴刚都是一个被惩罚服刑的人。中国故事很幽默，不言判你无期徒刑，只让你砍伤口自动愈合的神树，树不倒人不放。这就是吴刚，一个永无休止被惩罚劳改的人，也就是月饼上少有吴刚形象的根本原因。

有人也许要问了，嫦娥最初不也是窃贼被处罚变成癞蛤蟆的人吗？她为何能堂而皇之地出现在月饼上，吴刚为什么不能？这个我在故事中讲过，嫦娥在宋代以后被彻底漂白，癞蛤蟆变成了美女，成了月亮的象征；吴刚呢，也曾被漂白，民间有吴刚假扮瘫汉和担柴老人，下凡到杭州两项山，向善良的寡妇仙酒娘子，赠送桂子和传授酿造桂花酒技艺的传说，但漂白得不彻底，他依旧是被惩罚不停地在砍树。

不过倒是有这样一段有趣的插曲。糕饼印模收藏界在民间发现了一个月饼印，图案上的广寒宫前，除了嫦娥和玉兔捣药外，还有一个手举桂花枝的人，一些藏友认为是吴刚；另一些藏友不同意，说此人女子装扮，应该是民间传说中苏北沭阳贤官镇八集村的八桂姐，就是把人间桂花移植到月亮之上被西王母封赏的"桂花仙子"；还有的藏友认为，这是典型的"折桂童子"图，孩子尚小所以难辨雌雄，出现在广寒宫前，分明是"蟾宫折桂"的主题。三方各说其理，互不相让。

中国地域广阔，同一个传说人物在不同的地区，或在同一地区的不同人群中，评价各异是常有的事儿。但是，月饼上很少有吴刚的形象却是不争的事实。

（11）为什么中国糕点造型那么多？

问：我是一名在美的中国留学生。去年我的几个外国同学到咱们中国去旅游，回来后问我，你们中国的糕点不仅非常好吃，还特别好看。有几何形、动物形、植物形、器物形和汉字形等等，很多种造型，为什么？有什么含义吗？

答：这是一个非常中国化的问题，笔者在给外国留学生讲授月饼文化时，他们看着笔者收藏的各式各样的月饼印模，也曾提出过类似的问题，问同一种馅料和口味，为什么要制作成 N 种形状。对此民间最为直接的回答：吃什么补什么，吃什么有什么。看似浅显直白的答案，其实有着深厚的哲学思想和文化基础，体现的是中华天人合一的世界观和宇宙观，表达的是天地人三位一体和福禄寿共享同春的思维。与西方拼音文字造就的喜欢抽象思维不同，中国受象形文字的熏陶更爱具象思维，善于用图案和造型来表达抽象的理念。

在我们先人心目中，天地生人，人禀得天地之灵气，为世间最贵。既然人是天地之精华，那么利用天地间最精华的矿物、植物和动物，自然可以达到滋养生命的目的，这就是我们中国人最原始最朴素的养生观。此种观念和道教修炼的丹道理念不谋而合，即人身乃是小天地，小天地的生存之道必然效仿大天地的运转方式。这样的理念与阴阳五行相结合，就诞生了人体疾病是阴阳不谐所致的结论，而不同的食物和药物，或具阴性或具阳性，用之于人体，就会产生或滋阴或壮阳的效果。同时对于食物也分出五果、五谷、五畜、五菜等，与人体五脏六腑遥相呼应，形成了中国传统的药食同源养生的理论体系。

这种体系在中医经典《黄帝内经》中总结为：五味分阴阳，酸、苦、咸属阴，辛、甘、淡属阳，药食的运用如果能够保持阴阳平衡、五味调和，人体就会健康。如果人体出了毛病，必定是阴阳失衡、五味不和，就需要调理治疗，老百姓最简便的调理方法就是吃什么补什么，用通俗的语言说：吃眼睛补眼、吃腰子补肾、吃蛋和鞭（睾丸和阴茎）壮阳，吃核桃仁补脑子。那么，吃什么东西能补幸福如意呢？

幸福如意是一种理想追求和心理感受，我们的祖先非常聪明，借用长久以来形成的传统吉祥文化，根据各种动物、植物和器物的习性和功用，以及它们的读音和文字在民俗文化中的特定含义，将形而上的各种理想具象化，转变成千姿百态的糕点造型，以此满足人们祈福纳祥的心理需求。如分别用蝙蝠、梅花鹿、龟和蜘蛛代表福、禄、寿、喜；用石榴、佛手、蜜桃象征多子多福多寿的“三多”；用鲤鱼莲藕表示连年有余；用花瓶代表平安、笙表示高升，用如意则不言自明，自然就是吉祥如意。不同造型的糕点，象征不同的祝福，满足的是特定的心理祈盼和追求。人的祈盼和追求各有不同，中国传统糕点的造型自然也就多种多样精彩纷呈。最精彩的是，中国人站在哲学的高度，把最便于加工制作的圆形，赋予了至高无上的内涵，吃了圆形糕点，心想事成，一切圆满。

（12）中秋和月饼的关键词

问：我是理科生，喜欢复杂问题简单化。您能否把中秋节和月饼的重要内容及时间节点，梳理提炼关键词搞成清单体，这样有利于提纲挈领，从宏观上把握月饼文化的全局。

答：这是个绝妙的主意，希望你在提纲挈领的同时，也能更多地了解一些细节内容。

一、夕月（祭月、祀月）。即祭祀月神。春秋左丘明编撰的《国语·周语上》记载：“古者先王即有天下，又崇立于上帝神明而敬事之，于是乎有朝日、夕月，以教民事君。”《宋史·志·卷五十六》：“按礼，秋分夕月。盖其时昼夜平分，太阳当午而阴魄已生，遂行夕拜之祭以祀月。”清潘荣陛在《帝京岁时纪胜》中记述：“春分祭日，秋分祭月，乃国之大典，士民不得擅祀。”另外，清陈梦雷编辑的《古今图书集成·经济汇编·日月祀典部》中的开篇之句：“炎帝神农氏，始祀朝日，揖夜光。”把夕月追溯到了远古炎帝。

二、嫦娥奔月。中国上古神话，源自古人对星辰的崇拜，最早出现于西汉淮南王刘安及门客编撰的《淮南子》等。

三、月坛。系帝王祭祀月神的固定场所，又称夕月坛，是皇家权力的象征。北周始建，定秋分皇帝祭月于京城西门外，唐朝以后历代因之。唐刘禹锡有《监祠夕月坛书事》之诗，宋苏轼有“道人幽梦晓初还，已觉笙箫下月坛”的名句。

四、仲秋与中秋。唐代以前二者通用，均指农历八月；唐代之后随着中秋节的形成，中秋则特指农历八月十五，但典籍和民间经常混用。“仲秋”一词最早见于《尚书·尧典》：“宵中，星虚，以殷仲秋。”“中秋”则最早见于《周礼·春官》：“中秋，夜迎寒亦如之。”唐代白居易、裴说、张祜、薛莹、许昼等创作的同名诗歌《中秋月》，“中秋”均指八月十五。

五、胡饼。《太平御览》卷八六〇引《续汉书》云：“灵帝好胡饼，京师皆食胡饼。”西晋史学家司马彪的《续汉书》，是最早记录胡饼的史书。

六、玩月。即赏月。始于魏晋，盛行于唐宋。鲍照有《玩月城西门廨中》诗，欧阳詹在创作《玩月》诗的同时，还特意写了序，详细介绍了八月十五最适宜玩月的理由。

七、唐明皇游月宫。最早最完整的记载大概是敦煌文献《叶净能话》，《龙城录》《逸史》等唐人小说集中也有相关故事。

八、玩月羹。出自北宋人陶谷的《清异录》，这是一部杂采隋唐至五代期间趣闻轶事的随笔集，其“馔馐门”写道：“张手美家。闾阖门外，通衢有食肆，人呼为‘张手美家’。水产陆贩，随需而供，每节则专卖一物，遍京辐凑，号曰‘浇店’。偶记其名，播告四方事口腹者……玩月羹中秋……”这是第一种见诸文献记载的中秋节令食品。

九、中秋八月十五与团圆。晚唐诗人殷文圭，最先将八月十五和团圆加以联系，他在《八月十五夜》中吟唱道：“万里无云镜九州，最团圆夜是中秋”，是中秋核心内容由赏月向团圆转移的真实写照。

十、中秋节。最早明确记载“中秋节”的，应该是南宋孟元老的《东京梦华录》，此书创作于宋钦宗靖康二年（1127年），追述了北宋都城东京汴梁的风俗人情，其中记载：“中秋节前，诸店皆卖新酒，贵家结饰台榭，民家争占酒楼玩月，笙歌远闻千里，嬉戏连坐至晓。”

十一、月饼。南宋吴自牧的《梦粱录》卷一六，《荤素从食店》云：“市食点心，四时皆有，任便索唤，不误主顾。且如蒸作面行卖……枣箍荷叶饼、芙蓉饼、菊花饼、月饼、梅花饼、开炉饼……”宋末元初周密创作的杂史《武林旧事》卷六，《蒸作从食》记载：“母子茧、春茧……月饼……烧饼……春饼、胡饼、韭饼……”在宋代，月饼以蒸制的身份首次登上历史舞台。

十二、拜月。宋金盈之撰写的《新编醉翁谈录》卷四“八月”中记载：“中秋，京师赏月之会，异于他郡。倾城人家子女，不以贫富，能自行至十二三，皆以成人之服饰之，登楼或在中庭拜月，各有所期：男则愿早步蟾宫，高攀仙桂；女则愿貌似嫦娥，颜如皓月。”详细记载了宋人拜月的场景。

十三、中秋节与家人团聚共餐。南宋《梦粱录》卷四记载：“八月十五日中秋节……安排家宴，团子女，以酬佳节。”第一次记录了中秋节“安排家宴，团子女”，即家人团聚共餐的内容。

十四、月饼与中秋团圆。明田汝成《西湖游览志余》卷二十《熙朝乐事》记载：“八月十五日谓之中秋，民间以月饼相遗，取团圆之义……”第一次将月饼和中秋团圆连在了一起，也是民间相互赠送月饼行为的最早记录。

十五、月饼纹饰。明末陆启泓的《北京岁华记》言：“中秋夜，人家各置月宫符像，陈供瓜果于庭，男女肃拜烧香，旦而焚之。符上兔如人立。饼面咸绘月中蟾兔。”既是拜月场景的写真，又是对月饼纹饰的最早记载。

主要参考文献及资料

［1］程俊英．诗经译注［M］．上海：上海古籍出版社，1985.

［2］袁珂．山海经校译［M］．上海：上海古籍出版社，1985.

［3］刘俊田，林松，禹克坤．四书全译［M］．贵阳：贵州人民出版社，1990.

［4］江灏，钱宗武．今古文尚书全译［M］．贵阳：贵州人民出版社，1990.

［5］薛安勤，王连生．国语译注［M］．长春：吉林文史出版社，1991.

［6］周才珠，齐端端．墨子全译［M］．贵阳：贵州人民出版社，1995.

［7］谢浩范，朱迎平．管子全译［M］．贵阳：贵州人民出版社，1996.

［8］杨天宇．周礼译注［M］．上海：上海古籍出版社，2004.

［9］陈广忠．淮南子译注［M］．长春：吉林文史出版社，1990.

［10］司马迁．史记［M］．北京：中华书局，2006.

［11］王充．论衡［M］上海：上海人民出版社，1974.

［12］刘熙．释名［M］．北京：中华书局，2016.

［13］干宝．搜神记全译［M］．黄涤明，译注．贵阳：贵州人民出版社，1991.

［14］葛洪．抱朴子内篇全译［M］．顾久，译注．贵阳：贵州人民出版社，1995.

［15］贾思勰．齐民要术［M］．石声汉，译注；石定枎，谭光万，补注．北京：中华书局，2015.

［16］房玄龄．晋书［M］．北京：中华书局，1974.

［17］刘传鸿．《酉阳杂俎》校证：兼字词考释［M］．北京：北京大学出版社，2014.

［18］圆仁．入唐求法巡礼行记［M］．桂林：广西师范大学出版社，2007.

［19］封演，等．古今注；封氏闻见记；苏氏演义［M］．沈阳：辽宁教育出版社，1998.

［20］刘昫．旧唐书［M］．北京：中华书局，1975.

［21］欧阳修，宋祁．新唐书［M］．北京：中华书局，1975.

［22］司马光．资治通鉴［M］．北京：中华书局，2011.

［23］孟元老，等．东京梦华录；都城纪胜；西湖老人繁胜录［M］．北京：中国商业出版社，1982.

［24］黄朝英．靖康缃素杂记［M］．吴企明，点校．北京：中华书局，2014.

［25］李昉．太平御览［M］．夏剑钦，王巽斋，点校．石家庄：河北教育出版社，1994.

［26］金盈之．新编醉翁谈录［M］．周晓薇，点校．沈阳：辽宁教育出版社，1998.

［27］陶谷．清异录（饮食部分）［M］．李益民，王明德，王子辉，注．北京：中国商业出版社，1985.

［28］马可·波罗．马可波罗游记［M］．陈开俊，等，译．福州：福建科学技术出版社，1981.

［29］陶宗仪．元氏掖庭侈政；椒宫旧事［M］．北京：中华书局，1991.

［30］宋应星．《天工开物》注释：上册［M］．北京：科学出版社，1976.

［31］刘侗，于奕正．帝京景物略［M］．孙小力，校注．上海：上海古籍出版社，2001.

［32］田汝成．西湖游览志馀［M］．陈志明，校．北京：东方出版社，2012.

［33］沈榜．宛署杂记［M］．北京：北京古籍出版社，1982.

［34］刘若愚，高士奇．明宫史；金鳌退食笔记［M］．北京：北京古籍出版社，1982.

［35］袁枚．食经［M］．李三，译注．北京：中国纺织出版社，2006.

［36］彭定求．全唐诗［M］．北京：中华书局，2003.

［37］潘荣陛，富察敦崇．帝京岁时记；燕京岁时记［M］．北京：北京古籍出版社，1981.

［38］蔡省吾．燕京风土录［M］．北京：光明日报出版社，2000.

［39］简荣聪．高平民间艺术［M］．北京：今日中国出版社，1999.
［40］杨光宇．中国传统印糕版［M］．北京：人民美术出版社，2008.
［41］王静．慈城年糕的文化记忆［M］．宁波：宁波出版社，2010.
［42］薛勇．中国糕饼印模图鉴［M］．西安：西安出版社，2013.
［43］翟吉昌．抱月轩点心模子荟萃［M］．北京：北京出版社，2013.
［44］王来华．中国传统糕饼印模［M］．天津：天津社会科学院出版社，2014.
［45］王来华．乡食美刻：广西传统糕饼印模珍赏［M］．桂林：广西师范大学出版社，2020.
［46］卫虎周．中秋印记：山西灵石月饼模鉴赏［M］．太原：三晋出版社，2017.
［47］申云艳．中国古代瓦当研究［M］．北京：文物出版社，2006.
［48］吴磬军．燕下都瓦当文化考论［M］．石家庄：河北大学出版社，2008.
［49］魏跃进．宋代陶模［M］．郑州：河南大学出版社，2010.
［50］李恩佳，常素霞．河北泥塑［M］．北京：科学出版社，2011.
［51］孙永行．齐国陶拍［M］．济南：齐鲁书社，2012.
［52］中国书法家协会．秦汉瓦当书法特辑［J］．中国书法，2014（1）.
［53］童燕．清宫糕点模具［J］．紫禁城，1987（3）.
［54］翁婷皓．月饼模子里的闲情逸致［J］．中华文化画报，2008（9）.
［55］杨琳．中秋节的起源［J］．寻根，1997（4）.
［56］张勃．重月传统与文化选择：中秋节在唐代的形成［J］．民族艺术，2013（1）.
［57］黄涛．中秋节［M］．北京：中国社会出版社，2006.
［58］萧放．话说中秋：汉英双语版［M］．上海：上海外语教育出版社，2008.
［59］韩养民．中秋旧事［M］．石家庄：河北大学出版社，2009.
［60］黄涛．中秋［M］．北京：生活·读书·新知三联书店，2010.
［61］北京市互联网信息办公室，首都互联网协会组织．民俗网事中秋节［M］．北京：北京出版社，2013.
［62］杨文骐．中国饮食民俗学［M］．北京：中国展望出版社，1983.

[63] 罗启荣，欧仁煊 . 中国年节 [M]. 北京：科学普及出版社，1983.
[64] 乌丙安 . 中国民俗学 [M]. 沈阳：辽宁大学出版社，1985.
[65] 吉星 . 中国民俗传说故事 [M]. 北京：中国民间文学出版社，1985.
[66] 张紫晨 . 中国民俗与民俗学 [M]. 杭州：浙江人民出版社，1986.
[67] 张紫晨 . 民俗学讲演集 [M]. 北京：书目文献出版社，1986.
[68] 张紫晨 . 民俗调查与研究 [M]. 石家庄：河北人民出版社，1988.
[69] 张紫晨 . 中国民俗风情揽胜 [M]. 石家庄：河北人民出版社，1995.
[70] 胡朴安 . 中华全国风俗志 [M]. 石家庄：河北人民出版社，1986.
[71] 陈勤建 . 当代中国民俗学 [M]. 上海：上海文艺出版社，1988.
[72] 叶大兵，乌丙安 . 中国风俗辞典 [M]. 上海：上海辞书出版社，1990.
[73] 赵杏根 . 历代风俗诗选 [M]. 长沙：岳麓书社，1990.
[74] 杨哲 . 钟敬文生平 · 思想及著作 [M]. 石家庄：河北教育出版社，1991.
[75] 曹金财 . 卢氏民俗志 [M]. 郑州：中州古籍出版社，1991.
[76] 王森泉，屈殿奎 . 黄土地民俗风情录 [M]. 太原：山西人民出版社，1992.
[77] 知识出版社 . 食俗大观 [M]. 北京：知识出版社，1992.
[78] 金善宝 . 中国小麦学 [M]. 北京：中国农业出版社，1996.
[79] 蔡尚思 . 中国民俗史话 [M]. 合肥：黄山书社，1997.
[80] 徐海荣 . 中国饮食史：全六卷 [M]. 北京：华夏出版社，1999.
[81] 何虎生 . 中国民间故事：节日习俗卷 [M]. 北京：中国世界语出版社，1999.
[82] 杨琳 . 中国传统节日文化 [M]. 北京：宗教文化出版社，2000.
[83] 曲彦斌 . 中国招幌与招徕市声：传统广告艺术史略 [M]. 沈阳：辽宁人民出版社，2000.
[84] 张渭莲，段宏振 . 燕赵民俗文化 [M]. 北京：当代中国出版社，2002.
[85] 完颜绍元 . 中国风俗之谜 [M]. 上海：上海辞书出版社，2004.
[86] 徐艺乙 . 中国民俗文物概论 [M]. 上海：上海文艺出版社，2007.
[87] 方志新 . 节日与时代：北京高碑店村对传统民俗节日的记忆 [M].

北京：中国书画出版社，2007.
［88］白石．河北传统节日故事［M］．石家庄：河北人民出版社，2009.
［89］刘德泉．门头沟民俗实用研究［M］．北京：团结出版社，2009.
［90］仲富兰，等．水清土润：江南民俗［M］．上海：上海人民出版社，2010.
［91］张勃．明代岁时民俗文献研究［M］．北京：商务印书馆，2011.
［92］山东大学民俗研究所．节日研究：第五辑［C］// 节日与传播专辑．济南：泰山出版社，2012.
［93］王志军，田永翔．中国蔚州民俗文化集成：古城堡里百工考［M］．北京：中国戏剧出版社，2012.
［94］赵睿才．唐诗与民俗［M］．石家庄：河北人民出版社，2013.
［95］任聘整理．七十二行祖师爷的传说［M］．郑州：河南文艺出版社，2017.
［96］黄涛，王心愿．中秋月饼考［J］．温州大学学报，2014（2）.
［97］汪国钧，陆国璇．中国月饼［M］．上海：上海科学技术出版社，2008.
［98］戴东坚．月饼传奇［M］．北京：中国商务出版社，2011.
［99］王学政，王启贵．中西糕点大全［M］．北京：中国旅游出版社，1982.
［100］刘枋．吃的艺术续集［M］．香港：大地出版社，1986.
［101］王一奇．中国食品传说［M］．北京：光明日报出版社，1986.
［102］首届中国饮食文化国际研讨会论文组．首届中国饮食文化国际研讨会论文集［C］.1991.
［103］乔正康．餐饮文学［M］．北京：中国商业出版社，1992.
［104］万建中．饮食与中国文化［M］．南昌：江西高校出版社，1994.
［105］李世靖．中华食苑：第一集［M］．北京：经济科学出版社，1994.
［106］李世靖．中华食苑：第二集至第十集［M］．北京：中国社会科学出版社，1996.
［107］雪犁．中华民俗源流集成：饮食卷 8［M］．兰州：甘肃人民出版社，1994.
［108］赵连友．中国饮食文化［M］．北京：中国铁道出版社，1997.
［109］朱伟．考吃［M］．北京：中国书店，1997.

[110] 王利华. 中古华北饮食文化的变迁 [M]. 北京：生活·读书·新知三联书店，2018.

[111] 相进军. 烹饪文学 [M]. 北京：中国轻工业出版社，2000.

[112] 薛麦喜. 黄河文化丛书：民食卷 [M]. 太原：山西人民出版社，2001.

[113] 谭红丽，唐家路. 面花花 [M]. 石家庄：河北美术出版社，2003.

[114] 刘军茹. 中国饮食 [M]. 北京：五洲传媒出版社，2004.

[115] 王中旺. 中国面文化大典 [M]. 北京：经济日报出版社，2005.

[116] 由国庆. 中国糕点话旧：追忆甜蜜时光 [M]. 天津：百花文艺出版社，2005.

[117] 李春祥. 饮食器具考 [M]. 北京：知识产权出版社，2006.

[118] 刘朴兵. 唐宋饮食文化比较研究 [M]. 北京：中国社会科学出版社，2010.

[119] 王仁湘. 饮食史话 [M]. 北京：社会科学文献出版社，2012.

[120] 楼望皓. 新疆穆斯林饮食文化 [M]. 乌鲁木齐：新疆青少年出版社，2012.

[121] 王学泰. 华夏饮食文化 [M]. 北京：商务印书馆，2013.

[122] 杜文玉，林兴霞. 中国古代饮食 [M]. 北京：世界图书出版公司，2013.

[123] 张云，王慧军. 中国粟文化研究 [M]. 北京：中国农业科学技术出版社，2014.

[124] 李开周. 宋朝饭局 [M]. 北京：东方出版社，2014.

[125] 张平真. 旧京食谭：北京副食品行业文化史 [M]. 北京：北京燕山出版社，2015.

[126] 陈元朋. 粥的历史 [M]. 北京：商务印书馆，2016.

[127] 克里斯多夫·纳哈特. 面食之书 [M]. 李中文，译. 成都：四川文艺出版社，2016.

[128] 于进江. 小点心 大文化 [M]. 桂林：广西师范大学出版社，2018.

[129] 徐吉军. 宋代衣食住行 [M]. 北京：中华书局，2018.

[130] 王旭. 食在唐朝 [M]. 沈阳：万卷出版公司，2021.

[131] 孙鸣晨. 食在宋朝 [M]. 沈阳：万卷出版公司，2021.

［132］种梦卓．食在明朝［M］．沈阳：万卷出版公司，2021.
［133］文美容．食在清朝［M］．沈阳：万卷出版公司，2021.
［134］殷福兰．吐鲁番阿斯塔那古墓出土唐代面食［J］．收藏，2005（2）.
［135］季羡林．季羡林文集：第九卷；第十卷　糖史（一）；糖史（二）［M］．南昌：江西教育出版社，1998.
［136］万国鼎．五谷史话［M］．北京：中华书局，1964.
［137］朱东润，李俊民，罗竹风．中华文史论丛：1979 年第二辑［C］．上海：上海古籍出版社，1979.
［138］罗伯逊．基督教的起源［M］．宋桂煌，译；余荻，校．北京：生活．读书．新知三联书店，1987.
［139］田宗跃，郭建跃．知识溯源大全［M］．南京：江苏科学技术出版社，1989.
［140］赵国华．生殖崇拜文化论［M］．北京：中国社会科学出版社，1990.
［141］袁珂．古神话选释［M］．上海：上海人民出版社，1992.
［142］郭净．中国面具文化［M］．上海：上海人民出版社，1992.
［143］徐孑飞．谈史说粮［M］．北京：中国商业出版社，1992.
［144］张在湘，蔡万江．潍坊文化通鉴［M］．济南：山东友谊书社，1992.
［145］汤一介．国故新知：中国传统文化的再诠释［M］．北京：北京大学出版社，1993.
［146］王树村．中国民间年画［M］．杭州：浙江教育出版社，1995.
［147］张泽咸．唐代工商业［M］．北京：中国社会科学出版社，1995.
［148］张德宝，庞先健，完颜绍元，郭永生．中国吉祥图像解说［M］．上海：上海书店出版社，1997.
［149］中华传说编委会．中华传说（10 卷本）［M］．北京：中国戏剧出版社，2000.
［150］王瑛．中国吉祥图案实用大全［M］．天津：天津杨柳青画社，2004.
［151］周世荣，欧光安．马王堆汉墓探秘［M］．长沙：岳麓书社，2005.
［152］卢兆荫．满城汉墓［M］．北京：生活·读书·新知三联书店，2005.
［153］张兰柱．粮仓史话［M］．石家庄：河北教育出版社，2008.

［154］田培东．明代社会经济史研究［M］．北京：北京燕山出版社，2008.

［155］中央电视台纪录频道．舌尖上的中国［M］．北京：光明日报出版社，2012.

［156］祁连休，程蔷，吕微．中国历代民间文学作品选［C］．石家庄：河北教育出版社，2013.

［157］葛剑雄．黄河与中华文明［M］．北京：中华书局，2020.

［158］叶舒宪．月兔，还是月蟾：比较文化视野中的文学寻根［J］．寻根，2001（3）.

［159］高强．姜炎文化与粟作文化［J］．寻根，2003（1）.

［160］周轩．林则徐《回疆竹枝词三十首》新解［J］．西域研究，2003（2）.

［161］梁漱溟．儒佛异同论［M］// 梁漱溟全集：第 7 卷．济南：山东人民出版社，2005.

［162］李中元．论中国旋涡纹样造型的起源与成形［J］．丝绸，2008（6）.

［163］郑永福．在韩国过中秋节［J］．寻根，2006（5）.

［164］李智信．娲神论［J］．青海民族研究，2007，18（1）.

［165］张宏生．月亮想象与诗思神话［J］．文史知识，2009（10）.

［166］赵志军，贝云．小麦：秦统一天下的力量［J］．中华遗产，2010（1）.

［167］何忠礼．略论南宋在中国历史上的地位和影响［C］// 永久的思念：李埏教授逝世周年纪念文集（论文集）．昆明：云南大学出版社，2011.

［168］黄小峰．谜一样的月亮：读金农《月华图》［J］．中华遗产，2011（9）.

［169］内蒙古师范大学科学技术史研究院，内蒙古文物考古研究所．内蒙古清水河塔尔梁五代壁画墓发掘简报［J］．文物，2014（4）.

［170］潘昆飞．甜味的苦旅［J］．河北航空，2015（3）.

［171］夏挽群．历史学民俗学视角下的仪狄文化研究［J］．寻根，2017（1）.

［172］于东新．中秋诗的起源与发展［J］．文史知识，2017（10）.

［173］苏瑞晨．唐墓出土的炊厨模型明器研究［D］．郑州大学，2020.

后 记

没有文字记载的历史，令人朦胧；没有传说故事的生活，让人乏味。这是一个悖论。月饼就是这个悖论的代表之一，文字记载少，故事传说多。古往今来，讲故事是文化传播的最好形式。河北省容城县《小南头村志》记载："中秋之夜，月亮升上来之时，家家在院中供桌上摆放水果、月饼和其他美味熟食祭月。月亮为女神，由女主人领祭月神。祭毕全家分食供物，边吃边赏月。长辈给孩子们讲述中秋节的来历、嫦娥奔月、吴刚伐桂树、王母娘娘在娑罗树下纺线等传说，还讲述月亮老人为人间赐福的故事。"这是对我国民间千百年来中秋文化传承的真实记述。

笔者对月饼的最初了解，也是来自童年时长辈们讲述的故事。故事听多了，发现月饼的由来不仅说法不一，而且相互矛盾。究竟谁说得对呢？刨根问底儿四处追问的结果几乎完全相同：老辈子就是这么传的。

转瞬之间已结婚生子，儿女牙牙学语，我们也将担负起为孩子们讲述月饼由来故事的责任。私下准备功课时发现，找到的故事和自己童年听过的几乎一样，仍然是相互矛盾、莫衷一是。孩子是一张白纸，每个故事都是一道笔迹一抹颜色，将形成他们童年的永恒印记，是不该马虎也不能马虎的。笔者长期从事地名管理和编研工作，地名学属于交叉学科，与民俗、节日、饮食等有着广泛的联系，于是下乡考察和查阅史料时，开始留心收集与中秋和月饼的相关资料，记录相关的传说和民俗，观察相关食物的制作。出乎意料，从此一发不可收，研究月饼由来竟成了业余生活的一部分。

20 世纪 90 年代，是我国工业化进程迅猛发展的时代，一夜之间，原来传统家庭制作的月饼，大部分变成了工厂生产商家销售，于是家庭祖传自用的月饼印模，被走街串巷的古董商逐渐收购，流入了各地的古旧市场和古玩店。为了用实物来印证历史和传说，以弥补文字史料不足的缺憾，笔者开始了漫长的月饼印模收藏，足迹遍布全国二十多个省份，跑的最多的地方有北京、太原、介休、天津、德州、郑州、武汉、南京、赣州、屯溪、柳州等地，这些地方“宝贝”多，古玩市场发达。1996年是令人难忘的，时任河北省人民检察院检察长、业余爱好收藏的侯磊先生，送来了他珍藏的三个月饼印模，他勉励笔者要耐得住寂寞，沉得下心灵，努力把研究做到极致。

进入新世纪后，笔者的收藏和研究引起了媒体和社会的关注。2006年夏天，河北电视台《故事坊》栏目，以月饼印模收藏为主题，拍摄了专题片《收藏民俗　把根留住》，田伟导演、著名主持人王宁和著名摄影师郗涛为此付出了辛勤劳动，播出后创当年同档节目收视率之最。2007年，石家庄市米莎贝尔饮食食品有限公司举办“首届米莎贝尔中秋文化节”，应刘士进总经理之邀举办了月饼印模展，之后我们开始了长期合作。2011年7月承蒙孔润常先生的盛情邀请，在河北省图书馆“冀图讲坛”举办《月饼文化讲座》，开始尝试与广大民众面对面的直接交流。同年11月，前往心仪已久的新疆考察，参观自治区博物馆，逛国际大巴扎，寻访乌鲁木齐街头小摊，细细咀嚼肉馕、油馕、窝窝馕，体验吐鲁番遗存的西域风情，在交河故城遗址中徘徊，想象高昌古国文化的多元、开放、交流、互鉴和繁荣。

2013年米莎贝尔饮食食品有限公司携手河北师范大学国际文化交流学院，共同举办“情系五洲　月满中秋”活动；又是应刘士进董事长之邀，为外国留学生们讲授中国月饼起源的文化背景、物质基础和社会需求，以及月饼图案的传统含义等中秋文化知识，受到普遍欢迎，引发了“一带一路”沿线国家来华留学生的热烈反响。

研究月饼的由来，不能不到河西走廊实地考察。带着与外国留学生交流而获得的思考，2013年9月27日至10月7日，在老同学石吉昌、谷宝珍夫妇和曹军才、张丽坤夫妇的精心筹划下，一行八人自驾车分别自石家庄和北京同时出发，在山西会合后游历陕西、宁夏、甘肃、内蒙古四省区，行程9000余公里，重点考察了吕梁、中卫、武威、山丹、张掖、黑水城、额济纳、酒泉等地，游走黄河之滨，寻觅丝路重镇，探访匈奴故地，触景生情，睹物思人，深刻体会中西方文明在此碰撞的痛苦和融汇的愉悦。

2014年，我国著名糕点模具收藏家和研究者、衡水市人大常委会翟吉昌副主任，天津市社会科学院舆情研究所王来华所长，不仅惠赠了他们的专著《抱月轩点心模子荟萃》和《中国传统糕饼模》，还毫无保留地传授了写作经验，为笔者从更广阔的视角思考月饼的历史，提供了极为珍贵的模具图片依据和理论观点。研究是枯燥的，思考时常令人陷入苦闷，每当遇到疑难问题，总是求助于河北师范大学秦进才教授、河北人民出版社吕苏生编审和上海辞书出版社王圣良编审，三位先生给予了耐心解答；河北省民间文艺家协会主席郑一民先生和河北省参事室参事梁勇先生，更是面传心授具体指导，使研究变苦为乐得以继续。

2015年9月26日，由七省份的八家收藏家协会共同主办的“京津冀晋蒙鲁豫·首届民间收藏文化周”，在石家庄市世界湾古玩城隆重开幕，在河北省收藏家协会赵德润、李坤堂、杨文志、刘占臣等领导的大力支持下，笔者的月饼印模作为一个独立单元“观‘模’中秋”参加了展览，其中的“元青花月饼印模”荣获“银奖”，各大新闻媒体予以了报道。借助这次展览取得的成功经验和轰动效应，2016年春节，笔者代表河北省参加了在北京首都博物馆举办的“天与民藏·京津冀民间收藏文化展”，送展的仍是月饼印模，同样引起了观众的瞩目。

2016年11月，笔者完成了《月饼文化研究》一书的总体章节设计，并撰写了部分文稿，为慎重起见，借在北京参加《中华人民共和国标准地名词典》编纂研讨会之际，向商务印书馆教科文中心田文祝主任请教撰写该书的注意事项时，田主任建议不要急于写成学术著作，最好先写成读者面更广泛的普及读物，还惠赠新出版的台湾东华大学陈元朋副教授《粥的历史》作为参考。2018年7月，中央电视台《传奇中国节·中秋》特别节目开始拍摄，应邀展示了月饼印模，讲述了中秋月饼的历史。9月24日中秋节下午在四频道播出时，向全国各族人民和世界各地的华人朋友们，送上了最真挚的团圆祝福。

2020年书稿撰写完成近半时，一向自信的笔者平添了一丝疑虑：这故事是讲给年轻人听的，他们能接受吗？感恩我们生活在互联网时代，为调查分析这种疑虑提供了便捷的途径。在民政部地名研究所应用理论研究室张清华主任的帮助下，开设了微信公众号“糕饼传奇”，高宁和王铁松二位小友协助编辑发布推送文稿，在中国人民大学读博的夏懿女士，北京、天津和山西的糕饼印模收藏研究者周伟、张强和郭亮先生，石家庄的儿童教育工作者宋子健先生，广州莲香楼酒家广式月饼非遗传人招炳南先生和其女招咏瑜女士，大学毕业后子承父业的糕点经营者张世谦经理，及时对文稿提出了独到的修改建议或提供了有关图片，一批年轻读者给予了热情关注并提出了许多疑问，从而使书稿增加了“就月饼问题答网友问”部分。好友张福堂、寇莹、苟志俊兄对藏品进行了精心拍照，为本书提供了高质量的照片。小友张子洋还借助在国外学习和工作的机会，把文稿推送给了外国朋友，使笔者获得了外国人对中国传统月饼文化的理解程度和需求。

中国地名学会王胜三会长为研究指明了方向并在百忙中为本书撰写了序言。中国社会出版社乐龄和区划分社魏光洁副社长为责任编辑，是笔者和本书的荣幸，她建议把原名《月饼的故事》改为了现在的《跟着地名寻月饼》，对书稿结构上总体把握，细节上精心推敲，史实上认真核对，倾注了巨大心血。

上述师友的恩德岂是一个谢字所能言表，尽管如此，我们仍然要深情地向他们道声：谢谢！是你们的帮助成就了本书。

最后，希望广大读者以质疑的态度，对我们的观点和史料进行商榷探讨，对书中的缺点和差错进行批评指正，以此推动中秋文化的深入研究和广泛传播，让更多的国人和更多的外国朋友，尽情地享受中秋节的快乐。若能如此，足矣。

张亚杰

2021 年中秋节